本书为
上海市教育委员会人文社科重大项目
“创新驱动发展战略下知识产权公共领域问题研究”
(2019-01-07-00-07-E00077) 的部分成果

马忠法 等 著

知识经济与企业知识产权管理

(第二版)

上海人民出版社

目　录

作 者 分 工

马忠法 第一章、第二章

尚　静 高丽华 第三章

袁真富 第四章

第一版序言

知识经济时代，知识对发展一国经济和建立企业竞争优势的作用居于首要地位：发达国家及其国内的跨国公司主要依赖于知识产权这一工具在全球获取财富，阻止或限制竞争对手；一般的商人（包括商自然人、普通法人和其他经济组织），也在借助知识基础上智力优势获取财富。知识已经成为当今世界各国、各企业和各人在经济、社会生活中最具竞争力的武器，谁创新出先进的知识并长期拥有它，谁就会立于不败之地。美国在经历了2007—2008金融危机之后，对自己相关经济政策进行了反思，并于2011年2月初公布了修改后的《美国创新战略》报告。该报告提出了5项新计划：发展无线网络，在未来5年内使美国高速无线网络接入率达到98%；改革专利审批制度，提高审批效率，将平均审批时间从目前的35个月缩短到20个月；发展清洁能源，到2035年使清洁能源发电占全国发电总量的比例提高到80%；实施教育改革，着重提高学生理工科技能，在未来10年内新培训10万名理工科教师；实施“启动美国伙伴关系”计划，帮助中小企业创业并提振就业。①可以看出，从结果上它依赖于先进技术（如无线网络、清洁能源技术等）获得优势，但从原因上看，它注重两点：一是实施教育改革，二是改革专利审批制度，提高审查效率。除此之外，美国还在试图颁布《2009年美国清洁能源与安全法》②等，意图继续保持在全球的优势。如果纵观美国颁布这一政策的前因后果，可以促使我们面对变革的世界进行思考：在知识一方面促进人类文明进步的同时，它也带来了

---

① See A Strategy for American Innovation, 2011, pp. 1—5, http://www.whitehouse.gov/innovation/strategy.

② 该法案（其他名称《2009年变化研究和数据管理法案》《2009年绿色法案》《国家气候服务法案》《能源效率相邻绿色资源法案》和《安全气候法案》）已于2009年6月26日由美国众议会以微弱优势通过，但根据美国的法律规定，它还需通过参议院投票和总统签署方可正式成为法律；目前后两步尚未完成，它还不是一部法律。See H.R. 2454: American Clean Energy and Security Act of 2009, http://www.govtrack.us/congress/bill.xpd?bill=h111-2454.

诸多的消极结果,如贫富差距进一步拉大,温室气体排放仍在增加等。如何发挥知识的长处,促进本国的发展并造就人类普遍的幸福,是本世纪前十年首先遇到的问题,也是人类需要花更多时间来解决的紧迫问题。

历史上以智慧取胜的政治、军事案例比比皆是,但政治、军事的冲突和斗争往往多是满足于一国经济利益的需要。我们翻开人类史,可以发现越在人类社会的早期,战争越是频繁;而战争的目的主要是为了获取他国或民族的现有财富、自然资源(如土地)和奴役他国人民为自己创造财富,其根源来自人的欲望。因此,长期以来(至少在20世纪50年代前)战争成为有关国家(特别是地区性的大国)争得他国财富的主要手段。但随着人类文明进程的不断发展,由于战争的残酷性、破坏性及其带来的摧毁人类文明进步的可怕后果等,人们日渐反对并否定战争,在人类共同努力下,战争发生的频率变得越来越低,特别是二战以后的60多年里,尽管局部战争时有发生,但全球性的战争没有再次爆发过。

然而,这并不意味着他国,尤其是有霸权意识的大国,对别人的财富不感兴趣,只是它们在变换着获取财富的方式,由原来的暴力和血腥变得越来越温和、文明与不露声色,它们以掌握国际贸易规则制定和修改的话语权为制高点,以无形的各种知识产权为牟利工具,主要通过跨国公司这个载体和国际贸易这个渠道,在国际市场中大肆掠夺或获取别人的财富,而这种温情脉脉的方式似乎更为有效:它使人们不易像自己的领土被别人军事占领那样,聚集在民族或爱国主义的旗帜下,唤起全民意识来保护自己国家的财富和正当利益。由此带来的结果是:在技术发展的基础上,随着西方主导下的国际贸易规则及知识产权制度在全球的广泛推广和扩散,世界上任何一个角落都自觉或不自觉地卷入经济全球化过程中,在西方话语语系的影响和控制下,当今世界财富两极分化进一步加剧,穷国越穷,富国越富。根据国际货币基金组织2010年10月发布的《2009年世界人均GDP排名》中的数据,在排名的182个国家或地区中,人均GDP居前十位的国家中最后一名是阿拉伯联合酋长国,其人均GDP约为45 615美元,排名第一的卢森堡为105 918美元;而排名后17位的国家人均GDP均在500美元以下,其中最后一位的布隆迪人均GDP仅为164美元,①

① 不同来源的统计数据略有出入,如根据世界银行的统计数据卢森堡的人均GDP为10.54万美元,第10名为比利时,人均GDP是4.34万美元,最后一位的布隆迪为160美元;美国中央情报局(CIA)世界实况资料手册统计的数据是:排名(转下页)

分别是卢森堡和阿联酋的0.15%(即卢森堡一人的GDP相当于布隆迪646个人的GDP之和)和0.36%(即阿联酋一人的GDP相当于布隆迪278个人的GDP之和)。2006年《联合国大学报告》指出,世界上最富有的1%的人拥有全球财富的40%,最富有的10%的人拥有世界财富的85%;相反,世界底层的半数人口仅仅拥有世界财富的1%。从人口分布来看,北美、欧洲及亚太高收入国家人口少,却拥有世界财富的大多数。相反,人口众多的中国、非洲、印度及其他亚洲低收入国家却拥有较少的世界财富份额;北美人口只占全球的6%,却占了全球家庭财富的34%。② 差距如此悬殊,让人难以置信。而且穷国的数量(最不发达国家数量从最初1972年的24个增加到2009年的49个;③在全球目前不到200个国家

(接上页)第一的为列支敦士登,人均13.44万美元(2007),第2名的卢森堡为10.47万美元(2009),排名第10的是澳大利亚,为4.63万美元,而排名最后的依然为布隆迪,为200美元。它们与IMF的统计虽不一致,但总体情况差不多。See List of countries by GDP(nominal) per capita, http://en.wikipedia.org/wiki/List_of_countries_by_GDP_(nominal)_per_capita.

② “联合国大学报告指出世界财富分配极不均衡”,http://world.people.com.cn/GB/1029/42408/5132835.html。

③ 至2009年联合国认定的最不发达国家(LDC)有49个,分别是:亚洲的阿富汗、孟加拉国、不丹、柬埔寨、老挝、马尔代夫、缅甸、尼泊尔、东帝汶和也门等10国;非洲安哥拉、贝宁、布基纳法索、布隆迪、佛得角、中非、乍得、科摩罗、刚果(金)、吉布提、赤道几内亚、厄立特里亚、埃塞俄比亚、冈比亚、几内亚、几内亚比绍、莱索托、利比里亚、马达加斯加、马拉维、马里、毛里塔尼亚、莫桑比克、尼日尔、卢旺达、圣多美和普林西比、塞内加尔、塞拉利昂、索马里、苏丹、多哥、乌干达、坦桑尼亚、赞比亚等33国;大洋洲的萨摩亚、瓦努阿图、图瓦卢、基里巴斯、所罗门群岛等5国及拉丁美洲的海地。最不发达国家由联合国经社理事会每三年审核一次,已经超越其所认定标准的,将其排除出去,如2006年,佛得角是其中之一,现已“毕业”。2009年3月,联合国在判定一个国家是否是最不发达国家时遵循下面三个标准:(1)低收入标准,三年平均年人均国民收入(GNI)估计未达905美元门槛的,但如果达到1 086美元即表明该国已从LDC位置中毕业;(2)生活质量偏好标准“human assets weakness”,涉及一系列复杂的指数(生活质量指数),这些指数基于营养(营养不良所占人口的比率)、健康(婴儿死亡率)、入学率(初等教育入学率)及识字率(成人识字率)等指标;(3)经济的脆弱性标准,涉及综合的经济脆弱性指数,它基于自然界冲击(农业生产的不稳定指数、自然灾害影响到的人口比例)、贸易方面的冲击(货物和服务出口方面的不稳定指数)、受到上述冲击的可能性(农业、林业和渔业在GDP中的比例及商品出口的集中度)、经济规模的弱小性(the population in logarithm)和经济的偏僻或偏远性(偏僻指数)等指标。See United Nations Conference on Trade and Develpment: The Least Developed Countries Report 2009, at http://unctad.org/en/docs/ldc2009_en.pdf.至2019年11月底,最不发达国家的数量为47个。

中,①约每四个国家就有一个最不发达国家)在20世纪70年代以后呈逐渐增加的趋势,穷国没有分享到人类文明进程带来的好处;而且即使像中国、印度、巴西等较大的发展中国家,虽然经济获得前所未有的成就,但它们在工业化阶段所付出的代价也是十分巨大的,在整个国际分工体系中,它们长期从事加工制造业等低端的产业,承载着发达国家转移工业污染的压力,以致这些国家无一例外地付出了惨重的环境和资源代价,污染严重,能源和资源的过度消费,一定程度上影响了这些国家的可持续发展。

上述变化发生的重要分水岭就是20世纪70年代萌芽、90年代后得以迅速发展、与经济全球化几乎同步的知识经济的出现,它导致全球的分工体系对落后国家越来越不利:落后国家以廉价的劳动力、原材料、自然资源、技术含量不高的机器设备部件加工、产品组装和一般商品提供等为交换条件,获取可怜的利润,而发达国家则利用数字技术优势,将技术、版权、品牌和创意等知识以新型资本形式(知识资本)②与标准结合起来,作为获取财富的最高手段,进一步拉大了与前者的差距,使前者在知识获得、技术进步等方面难以得到充分发展,进而进入了一个恶性循环之中:技术越落后使它们在全球利益分配方面越处于不利的地位,教育和科技水平越得不到提升,走不可持续发展之路及破坏环境的可能性就越大。短期、孤立地看,它似乎是这些单个国家的事情;但长远、整体地看,它不利于整个人类社会,因为生物圈的相互关联,大气与水循环等,会让气候、环境的变化随着循环影响到地球上的每一个国家。近30年来频发的各

---

① 世界上到底有多少国家,目前并无一个统一的说法,不同的人站在不同的角度得出的国家数量在168到254个之间;如根据最近的统计,美国官方承认的国家为192个,瑞士承认有194个,俄罗斯认为有172个,英国和德国认为有200多个(See Countries Of The World, at http://www.mapping.com/countries.html)。但根据严格的国际法标准,成为国家必须具备一定的内在条件与外在条件;前者含四个要素,即有定居的(永久的)居民、确定的领土、有效运作的政府和独立的主权(对内的最高权力和对外的独立地位);后者含对外处理国际关系的能力和缔约、履约及求偿的能力(参见梁西主编:《国际法》,武汉大学出版社2003年版,第64—65页)。联合国是以主权国家为其基础的国际组织,目前其192个会员国,毫无疑问是确定了的国家,但除此之外,巴勒斯坦没有加入联合国;科索沃目前是否为国家有很大争议;另外还有一些其他难以界定的地区如西撒哈拉等。所以,我们认为说全球不到200个国家是较为准确的。

② See Ove Granstand, *The Economics and Management of Intellectual Property: towards Intellectual Capitalism*, Edward Elgar, 1999, pp.1—50.

种各样自然灾害或人为灾难,如厄尔尼诺现象、切尔诺贝利核电站泄漏、印度洋海啸、北美飓风、21世纪以来的极端气候变化、全球各地的旱灾水患、俄罗斯遍及17个州的大火、日渐严峻的温室气体排放及近期印尼发生的地震、海啸和火山爆发等①,给人类敲响了警钟。虽然出现上述现象的原因很多,但不能否认的是,它们与人类的活动密切相关:人类无节制地利用技术对资源的滥用和过度开采,让人类也受到了自然的报复。英国著名物理学家史蒂芬·霍金2010年8月9日在接受美国著名知识分子视频共享网站BigThink访谈时所称的"地球将在200年内毁灭,而人类要想继续存活只有一条路:移民外星球"并非耸人听闻;其理由是"人类已经步入越来越危险的时期,我们已经历了多次事关生死的事件。由于人类基因中携带的'自私、贪婪'的遗传密码,人类对于地球的掠夺日盛,资源正在一点点耗尽"。②对此,我们虽然不敢完全苟同,但也必须认识到他所提到的理由中的合理成分,如果人类再不通过合作,积极寻求应对全球气候变化、水资源和不可再生资源等过度滥用等带来的短缺等问题,放任"自私、贪婪"的蔓延和膨胀,进一步加剧世界不平衡的发展,人类离毁灭真的不远了。对此,人类有很多成员一直通过各种努力(如促进技术转让和分享,特别是无害环境技术转让,帮助发展中国家形成技术能力,促进经济发展③)来试图消除两极分化,消除贫穷,阻止发展中国家因对自然资源的过度开采而失去生活依赖的基础,④避免全球环境的进一步恶化。

法国历史学家孔多塞在其《人类精神进步史纲》一书中指出,人类历史的主要动力是科学的发展,人类的进步就是知识的进步,人类的文明史就是知识的发展史;而文明进步的动力是知识的创新、传播和应用。⑤各

---

① 印尼连遭地震海啸及火山喷发,中国新闻网,2010年10月27日,at: http://news.qq.com/a/20101027/001605.htm?pgv_ref=aio。

② 梅智敏:"霍金说:地球200年内毁灭快快移民外星球最吓人的言论,"http://news.sohu.com/20100810/n274098113.shtml。

③ M.Blakeney, *Legal Aspects of the Transfer of Technology to Developing Countries*(Oxford: ESC, 1989), pp.60—66, 73.

④ See Klaus Bosselmann, Poverty Alleviation and Environmental Sustainability through Improved Regimes of Technology Transfer, *Law Environment and Development Journal*, V.2/1, 2006, p.22.

⑤ 转自何传启、张凤著:《知识创新》,经济管理出版社2001年版,"总序"第II—III页。

个国家目前发展的状态是我们所有前代人的发现、发明、对知识不断创新和完善进行持续不断努力而累积的结果:它们构成了人类当前知识的整体,每个国家的生产能力多取决于该国如何获得前辈积累的知识成果并通过自己当前获取或创造的新知识来扩充这些成果。①但自知识产权法律制度诞生并逐渐形成、发展和成熟之后,特别是发达国家强调国际层面的"过度保护",在一定程度上抬高了技术落后国家获取知识的门槛,影响了人类文明的共同进步,限制了人类(特别是落后国家)分享知识的机会,阻碍了知识更广范围内的创新、传播和运用。这种状况必须要有所改变,否则人类贫富差距在技术鸿沟面前会进一步拉大,不利于整个人类的可持续发展。

作为一个发展中的大国,我们对第三世界,尤其是非洲国家,近年来在技术、投资等方面给予了诸多帮助,以促进它们经济更为健康地发展;然而,由于我们自身的原因,我们在某些重要领域,尚未掌握核心技术,虽然有帮助其他国家的愿望,但某些方面还力不从心。所以,对我们而言,充分发展自己的技术,拥有更多的自主知识产权,在知识经济年代,先做好自己的事情十分关键,这样不仅在国际竞争中能取得竞争优势,而且从人类长远发展的角度看,也可以通过自己的创新为人类做出更多的贡献。针对国际国内知识经济时代发展的实际情况,我国知识产权战略经历了从实施保护知识产权制度到完善知识产权保护制度,再到实施完整的知识产权战略(强调的是知识产权的创造、管理、保护和运用的统一)②等阶段。处于快速、稳定发展时期的中国,目前的战略更为切合我们的实际:保护和确权是知识产权战略的基础和前提,但知识产权法律制度的真正的目的和功能应在于促进技术流转,③释放出技术应有的能量,服务于我们的建设,而不能仅局限于保护、确权。党的十七大报告就知识产权问题提出的是实施"知识产权战略"而非"知识产权保护战略",就在于让我们明白不能一提到知识产权就将其等同于知识产权保护,而更应当注重其

---

① Chris. Freeman and Luc. Soete, *The Economics of Industrial Innovation* (3rd ed.), Pinter, London and Washington(1997), pp.296—297.

② 《国家知识产权战略纲要》,国发〔2008〕18 号,http://www.gov.cn/zwgk/2008-06/10/content_1012269.htm。

③ See Article 7 of Agreement on Trade-related Aspects of Intellectual Property Rights(1994).

内在价值的实现,关注知识产权的流转、实施、管理和运用。实际上知识产权制度的直接目的在于促进技术、知识的运用和创新,最终目的在于促进经济发展,提高人民的生活水平;恰如江平教授所言:作为财产权一种的知识产权之流转十分重要,它能够促进知识产权价值最大程度地得以实现,①以服务于整个知识产权制度的目标。

基于此,本书意图通过以知识经济为背景,以知识经济背景下的知识产权法律制度为重点,以企业知识产权管理为落脚点,对本科同学介绍知识经济时代知识产权的重要性,以唤起我国未来建设者的知识产权保护、管理和运用的意识,能为他们在工作中充分利用知识产权制度来维护自己、自己所服务的单位、进而维护整个国家的利益,尽点绵薄之力。

梁启超先生曾言:"少年强,则中国强。"此语让我们深有同感。实际上先辈的着眼点在于强调教育对一个国家强盛的重要性和意义。美国、德国、日本和韩国均曾是历史上后进的资本主义国家,但如果我们要分析它们在强大、繁荣的发展史上有何最值得借鉴的经验时,会发现它们无一例外的在立法制度上将教育放在非常重要的位置,在实际工作、生活中,将教育放在无论如何强调也不为过且一时一刻不能放松的位置。近年来,美国历届总统在其就职演说中,无不强调教育的作用,就是典型的例子。②美国是当今世界最为强大的国家,其所谓民主选举产生的国家领导人对教育不敢有丝毫的懈怠,因为它从教育中汲取到无尽的利益。教育能使民族强盛,因为再好的制度也是需要"具体的人"去执行和遵守的;如果教育制度培养出来的人,没有"规则"意识,则执行的人和遵守的人,都会对制度造成巨大的破坏,进而影响制度订立者的初衷。比如,从立法的角度看,我国知识产权制度目前在世界上也较为先进,体系也较为完善,

① 江平教授认为"财产的利用很重要的是在于流通"(参见江平"财产的利用很重要的是在于流通",http://theory.people.com.cn/GB/49157/49165/6133760.html),这一点笔者深为赞同。

② 如美国第44届总统奥巴马在就职演说中指出,美国民众对教育不满,其任职期间内将改革中小学以及大专院校教育,以适应新时代的要求。See Obama's inaugural speech, http://edition.cnn.com/2009/POLITICS/01/20/obama.politics/.第43任总统布什在其第一次就职演说中说:美国失败的教育,潜在的偏见和出身的环境限制了一些美国人的雄心;大家要共同努力,健全美国的学校教育;对公共安全和大众健康,对民权和学校教育,政府都应负有极大的责任。See George W.Bush First Inaugural Address, http://www.bartleby.com/124/pres66.html.

但为何在实践中仍存在诸多问题?原因之一在于执行和遵守这个制度的人身上,发生了问题。如果从本科教育开始普及知识产权及其法律制度知识,也许会在某种程度上逐渐改变这种状况。创新意识、知识财富意识和保护、运用意识在我们的同学走向社会前萌生,则无疑会激励他们的人生,也会利于他们在知识创造的过程中尽量减少成长的代价。有学者言:知识经济是即将到来的经济,即将到来的新时代属于知识青年。①实际上,知识经济已经在我们身边,青年人应当即刻肩负起知识经济时代的使命,以推动中国经济的发展。因此,本书希望对知识经济在已有研究的基础上,作些介绍和梳理,让年轻的同学在较短时间内掌握知识经济的基本知识和原理,结合知识产权法律制度将有关"知识"中形成的财富运用于实践之中,为他们将来依据自己的创新所形成的知识在竞争中获取优势提供意识方面的引导。

笔者于2010年4月5—12日与导师张乃根教授一起在纽约参加一个知识产权法律与政策的国际研讨会;期间,曾经几乘地铁。让我感到惊奇的是:每次乘车,发现车站、车上有不少乘客(各个年龄段的都有)手拿一本书,不论是等车还是乘车,都颇有兴致地阅读着。这一改我过去想当然地认为"美国这个民族现今'不思进取、不好阅读',只是凭借自己通过两次世界大战大发战争横财的优势让自己取得霸权地位,过着优越的生活"的想法。虽然人们看书可能只是为了消遣时光,但至少从这一个很小的侧面说明,在美国,有很多人积极进取、惜时如金,不把时间浪费在无所事事上;而这种习惯多是源自长期的教育。美国的强大不仅仅是其制度,这些默默无闻的、养成良好习惯的普通人可能是其持久强大的更为根本的力量。在知识经济社会或正在转向知识经济的社会中,我们必须不断地在学习上增加时间投入,耗费越来越多的"生命",②以真正做到终身学习,否则我们就面临着落伍和被淘汰。

1999年7月至2003年5月间,笔者曾在上海贝尔阿尔卡特股份有限公司供职近4年。感谢公司在这期间提供的与美国、德国、法国、英国、韩国和以色列等多家跨国公司和国内主要电信、移动行业的企业打交道的

① 参见吴季松:《知识经济学》,首都经济贸易大学出版社2007年版,"内容提要"部分。

② See Ove Granstand, *The Economics and Management of Intellectual Property: towards Intellectual Capitalism*, Edward Elgar, 1999, p.2.

机会，让我从中悟到、学到很多，对我以后的学习、教学和研究产生了深远的影响。①那段时间让我留下印象最深的就是：规模较大的跨国公司在盈利的模式和交易中关注的重点与我们国内企业是截然不同。当别人注重技术研发、软件许可、服务等高附加值的交易活动时，国内企业则沿袭传统观念，在设备、仪器等静态的固定资产和低附加值的生产制造等方面倾注精力，结果是别人在利润分配过程中拿走了高端部分的利润，而国内的不少企业只是在依赖于低成本的劳动力和原材料等获取微薄的利润。特别是在笔者经历过一些涉及技术、软件、商标等许可、转让等商业谈判活动后，深感于在新经济时代，技术、版权或商标权利人利用高新技术成果获取暴利的容易及无技术、版权或为别人加工贴牌者②受人剥削和支配的无奈。为此，在我进一步求学攻读博士学位时，我毫不犹豫地选择了国际技术转让法律问题作为我研究的方向，并得到了导师的肯定，希望通过自己的研究，能够在促进技术转让方面做些有益的探索，引起我国企业在知识经济时代对知识、技术等软性工具已成为企业获取利润主要手段的高度关注。

实际上构成当今国际知识产权制度核心的《与贸易有关的知识产权协议》(TRIPs 协议)文本草案最早就是由美国代表制造业、制药业、娱乐业和软件业等跨国公司的 12 个首席执行官组成的知识产权委员会③提

---

① 特别要感谢当时公司的数据网络事业部(DND)的总经理朱懋先生提供的各种机会(尤其是让我做了一段时间 DND 运营部的代理经理)及给予的指导和教诲，让我快速了解公司实际运作的一些基本原理及跨国公司主要的运营模式与获利之道。

② 其英文简称为 OEM(Original Equipment Manufacturer)，具体含义参见马忠法等：《订立 OEM 协议过程中应注意的法律问题》，《上海企业》2001 年第 1 期。

③ 1986 年，该委员会的成员：布里斯托尔—迈尔斯(Bristol-Myers，一家制药公司，建立于 1887 年；1989 年，与建立于 1858 年的斯奎布公司合并组成布里斯托尔—迈尔斯—斯奎布公司，总部在纽约；See "Bristol-Myers Squibb", at http://en.wikipedia.org/wiki/Bristol-Myers_Squibb)，美国哥伦比亚广播公司(CBS，成立于 1927 年 2 月，美国三大商业广播电视公司之一，经费来自广告广播收入；原为 16 家广播电台组成的独立广播电台联盟，后与哥伦比亚唱机唱片公司联合组成哥伦比亚唱机广播公司，于同年 9 月 18 日通过 16 家附属广播电台向全国广播，成为第二个全国性广播网)，杜邦(美国大型化学公司；1802 年由法国移民 E.I.杜邦在美国特拉华州威尔明顿附近建立，以制造火药为主；20 世纪，开始转入产品和投资多样化，经营范围涉及军工、农业、化工、石油、煤炭、建筑、电子、食品、家具、纺织、冷冻和运输等 20 多个行业，在美国本土和世界近 50 个国家与地区设有 200 多个子公司和经营机构，生(转下页)

出，随后他们游说美国政府，并联合欧盟(当初的欧共体)和日本等工业组织推动本国政府，就他们的强项——知识产权(包括专利权、商标权、著作权和商业秘密等)——等保护问题，①提升到国际层面，通过谈判，使他们

(接上页)产石油化工、日用化学品、医药、涂料、农药以及各种聚合物等1 700个门类，20 000多个品种；1983年总营业额达353.78亿美元，居世界化学公司年销售额之首)，通用电气(制造业)，通用汽车(制造业)，休利特—帕卡特(即惠普公司，总部位于美国加州帕洛阿尔托(Palo Alto)，创建于1939年，在经过了长达70余年的发展过程后，惠普已经发展成为全球领先的IT技术、解决方案与服务供应商)，IBM(International Business Machines Corporation，国际商业机器公司，或万国商业机器公司的简称。总公司在纽约州阿蒙克市，1911年创立于美国，是全球最大的信息技术和业务解决方案公司，目前拥有全球雇员30多万人，业务遍及160多个国家和地区。该公司创立时的主要业务为商用打字机，及后转为文字处理机，然后到计算机和有关服务。2009年总营业收入1 036亿美元，全球雇员约398 455人)，强生(美国一家护理、个人卫生产品、医疗器材的制造商，生产及销售产品涉及护理产品、医药产品和医疗器材及诊断产品市场等多个领域；成立于1885年，至2005年，强生已在全球57个国家建立了230多家分公司或子公司，产品畅销于175个国家和地区，拥有约11万6千余名员工，成为目前世界上最具综合性、分布范围最广的健康护理产品制造商和相关服务提供商，生产及销售产品涉及消费品及个人护理产品、医药产品和医疗器材及诊断产品市场等多个领域)，默克(是世界制药企业的领先者，总部设于美国新泽西州，是一家以科研为本，致力于研究、开发和销售创新医药产品的跨国制药企业；2009年默克在全球总共有约5.52万名雇员，其中2.8万人在美国境内；业务覆盖全球约200个国家和地区；全球设有10个研究中心、33家工厂在25个国家有17个配送中心；2005年全球销售额220亿美元)，孟山都(是一家跨国农业生物技术公司，其生产的旗舰产品Roundup是全球知名的草甘膦除草剂；主要生产农用产品、医用药品、食品添加剂和化工用品等；该公司目前也是转基因种子的领先生产商，占据了多种农作物种子70%—100%的市场份额；创建于1901年)和辉瑞公司(Pfizer，制药业，创立于1849年，是一家拥有150多年历史的以研发为基础的跨国制药公司；它为人类及动物的健康发现、开发、生产和推广各种领先的处方药以及许多世界最驰名的消费产品，其业务包括三个领域：医药保健、动物保健，以及消费者保健品；公司的创新产品行销全球150多个国家和地区；它拥有世界上最先进的生产设施和检测技术，其一流的检测分析手段及其完美的质量保障体系，使公司的产品全部达到或超过了中国药典和美国药典标准，公司产品获准出口日本、澳大利亚、菲律宾及欧洲等地)。See Susan K.Sell, *Private Power, Public Law: the Globalization of Intellectual Property Rights*, Cambridge University Press, 2003, p.2.

① See Susan K.Sell, *Private Power, Public Law: the Globalization of Intellectual Property Rights*, Cambridge University Press, 2003, p.2.

议定的有关知识产权保护规则成为国际法，让发展中国家去遵守，以维护这些公司在未来全球市场中的利益，并将它们可能的对手扼杀在摇篮之中。这12家公司成功了，TRIPs协议被WTO成员方通过一揽子方式全盘接受，表面上的国家间的协议实质上是几家跨国公司意志和利益的体现。这就不难理解，为何WTO成立之后，跨国公司在全球的利益得到了进一步保障，而发展中国家的企业为何在竞争中举步维艰，一不小心就触上了知识产权“雷区”，要么被诉侵权，要么产品被进口国的海关扣押、处罚，要么被赶出有关国家的市场。凡此种种，均与知识产权密切相关。因此，如果我们培养的同学了解了有关知识产权制度和管理，理解和掌握有关知识产权制度的精髓并能灵活运用，他们就能够利用知识产权制度维护我国企业的利益，进而也就维护了我们的国家利益。

自2007年9月起，在学校教务处和法学院有关领导的支持和帮助下，我为复旦大学本科同学开设《知识经济与知识产权管理》课程以来，想出一本这方面教材的想法由来已久；在三年多的教学基础上，经与原宝钢集团原知识产权部主要负责人之一的胡传实处长多次沟通交流后，由他负责知识产权管理这一章的内容。后来，从事知识产权法律业务的尚静律师，希望加盟，并负责知识产权法律制度这一部分的内容。感谢他们二位的大力支持和贡献出的智慧，使本书得以在2010年底出版。本书在形成过程中参阅了众多学者的学术观点，在此表示特别的感谢。我们阅读了他们的专著或论文，也尽所能地将引用的观点在书中标出，但如有疏漏，恳请学者海涵。

由于水平、时间、精力等有限，书中论点、论证等肯定有诸多不正确之处，恳请各位批评指正。

马忠法

2011年4月

第二版序言

自《知识经济与企业知识产权管理》(第一版)2011年面世之后,我在复旦大学以通识课程选修课的方式继续为本科同学开课,除了其中的两年在国外访学之外,每学年均开,甚至有的学年每学期都开,较受选课同学的欢迎。应上海人民出版社徐晓明博士的要求,进行修改,推出第二版。我们也深感有这个必要,尤其是在中美贸易摩擦背景下,更显出知识经济中知识产权的价值及其成为霸权大国予以之为竞争武器的时代。

众所周知,中美贸易摩擦的核心就是美国欲通过种种手段遏制中国的高科技发展,以继续维护自己的世界霸主地位。这是我们必须看到的。知识经济的核心主要是知识产权在其中起到决定性作用。知识经济的本质就是创新,而创新的中心内容实际上就是将科技成果(主要部分是以专利技术、专有技术及作品为代表的智力成果以及以商标为代表的商业性标记)转化为现实的生产力。在知识经济背景下,随着全球化的进一步深入,各国之间的竞争本质上就是知识产权之争。美国在中美贸易摩擦中,拿中国的高新技术企业——中兴通讯和华为等为主要制裁或限制对象,意在遏制中国类似企业在全球的发展,以中国的知识产权保护不力及强制技术转让等为借口,对中国的法律制度提出挑战,目的在于通过其国内的特殊“301条款”等为实现其贸易目标等创造条件,通过所谓的商业秘密保护等法律阻止高新技术人才的全球流动,通过其国内法律的域外效力和长臂管辖制度,对美国之外与其国内企业竞争的他国企业(特别是高新技术企业)进行威慑。所有这一切,均是美国意图通过对高新技术领域的控制以达到维持其长期在该领域取得的竞争优势。

该书初版之后至今已经9年过去了,其中发生了很多重大事件,而每一事件均与知识经济和知识产权发生联系。2012年11月党的十八大召开,提出“依法治国是我们治国的基本方略”,建设社会主义法治国家是我国第五个现代化(即国家治理的现代化,2019年10月31日党的十九届四中全会作出的《中共中央关于坚持和完善中国特色社会主义制度 推进国家治理体系和治理能力现代化若干重大问题的决定》也主要是以制度、国家治理体系和治理能力现代化为核心内容,说明法治对中国当下及今后的重大意义);而“科学立法,严格执法,公正司法,全民守法”成为新时代社会主义法治建设的指导方针,其中“科学立法”就是制定出符合规律和反映广大人民意志的法律,而符合规律的法律就是将经济、社会等领域的规律上升到法律的高度,其中,知识经济领域的规律必然要反映到法律之中。2013 年 9 月中共中央、国务院作出建设中国(上海)自由贸易试验区的重大决策,是在新形势下推进改革开放的重大举措;其对知识产权制度提出了更多要求。2014 年 10 月十八届四中全会通过的《中共中央关于全面深化改革若干重大问题的决定》,对加强社会主义民主政治制度建设和推进法治中国建设提出明确要求。2015 年提出了“一带一路”倡议;修改了《环境保护法》和《促进科技成果转化法》。2016 年亚洲基础设施投资银行建立。2017 年 11 月修改《反不正当竞争法》。2017 年党的十九大召开,提出生态文明建设,同年 3 月通过了《民法总则》并于同年 10 月开始实施,其中专门规定了知识产权内容。2018 年宪法修正案,将生态文明建设写进去;生态文明建设需要清洁能源技术,而其研究、开发和运用离不开知识产权制度。2019 年通过《外商投资法》,明确了加强知识产权保护及行政机关不得进行任何强制技术转让行为等。这些均突出在创新成为一个企业、一个国家提高竞争力的时代,知识产权及其法律制度十分重要。我国在实施《国家知识产权战略纲要》十多年后,又提出了知识产权强国战略。2019 年 11 月 24 日中共中央办公厅与国务院办公厅联合印发《关于强化知识产权保护的意见》,意在突出知识产权保护。这些都为我们在今天这个全球化时代,在知识经济背景下学习相关知识、形成相关思维提出了较高要求。

2019 年 9 月 11 日,“兴业圆融——广州开发区专利许可资产支持专项计划”在深圳证券交易所成功发行设立,这是国内第一支以专利作为底层资产的证券化产品,也是继“第一创业——文科租赁一期资产支持专项计划”发行后,深圳证券交易所推出的又一知识产权类证券化产品。这些成功的知识产权证券化案例告诉我们:知识产权可以同其他任何财产一样,给我们在经济发展和财富集聚的空间带来无限的想象力,当然也给我们学习相关知识带来了巨大的动力和努力的方向。我们希望这本书给我们没有任何法学基础的读者带来最为浅显易懂、易于理解和掌握的知识产权法律知识及其保护、运用和管理,以便于将来走向工作岗位或已经处于工作之中的读者朋友能够认识并充分运用好自己的智力成果,为自己也为社会创造更多积极的财富，共同推动我们社会的发展。

美国国家科学委员会指出：在过去的25年里，各国越来越多地将科学技术能力视为经济增长的引擎。许多国家加强了在广泛领域建设科技能力的努力，并已成为新兴的全球科技环境的一部分，并从中受益。因此，这一景观发生了巨大的变化：传统上以美国、西欧和日本为中心，科学和工程整体状况现在越来越多极。总的来说，发展中国家的科技增长速度比发达国家快，历史上占主导地位的发达国家在全球科技活动中的相对份额缩小，尽管它们的绝对活动水平不断上升。中国的快速、史无前例和持续增长伴随着印度、韩国和其他亚洲经济体的发展，世界各国在各自相对优势的基础上，增强了全球科技能力。这些发展是在一个日益相互关联的世界背景下发生的。研发、人力资本、全球供应链和其他全球基础设施的能力建设和增强，以及通信技术的巨大变化，促进了科技活动的相互关联性和更大的国际合作与竞争。①这些话语对全球技术创新合作做了较为客观的描述，突出了相互依赖的世界在技术发展方面合作的重要性，为百年不遇之变局下的中国知识经济、技术的发展带来了新话题和重要参考。

本书在再版过程中，由于初版第三章知识产权法律制度部分的作者尚静律师日理万机，本章的相关内容的修订和完善由高丽华女士来完成。原宝钢钢铁公司（现在的宝武集团）的知识产权部部长胡传实先生离职创业，初版第四章知识产权管理部分的修订和完善由上海大学知识产权学院副院长袁真富博士来完成，袁教授在该领域进行长期研究，是我们知识产权管理领域的资深专家，他的贡献将同样会给我们带来丰富的内容和启迪。

最后，要特别感谢上海人民出版社提供的机会和该社编审徐晓明博士的鼓励和辛勤付出，使本书得以再次出版。

马忠法

2019年9月26日

① National Science Board：Science & Engineering Indicators 2018，0|p.40.

第一章

绪　论

［**本章导读**］　本章主要运用五个典型案例向读者介绍知识成果在知识经济时代的价值及其存在的主要财产形态。作者通过对耐克公司鞋价值形成过程中的分工及利润分配案、美国向世界贸易组织（WTO）申诉的"中国—影响知识产权保护及执行的措施"案、美国劲量控股集团等指控中国等企业侵害其"无汞碱锰电池"专利的"337条款案"、上海某挡风玻璃厂与日本企业的专利技术与专有技术许可案及出版商利用创意推销书籍案等案的分析，说明在知识经济时代，知识产品对权利人的价值及它们可能存在的五种主要形态：商标权、著作权（版权）、专利技术、专有技术及创意等。本章还通过王致和公司诉德国欧凯公司商标案、一中外合资企业采购专用芯片案及一跨国公司收购国内企业利用技术优势通过合法形式获取利益和主动权案等，说明在知识经济时代，技术、品牌（以商标为核心）和版权及其他形式存在的智力成果成为企业和个人获取财富的最有力的竞争武器。跨国公司攫取财富的手段已经大大不同于传统的资本主义时期，它们往往通过知识产权制度把技术后进国家变成"制造国"（打工者），把发展中国家企业变成为其在全球赢取巨额利润的载体和媒介。事实说明："未来竞争就是知识产权竞争。"学习本课程的意义在于：在了解知识经济基本内容的基础上，领会知识经济背景下的知识产权的获取、保护、经营和管理对于一个国家、企业的意义，它是不同国家和企业在21世纪进行竞争的"撒手锏"。通过学习，意在形成和提高读者知识产权保护和管理意识，以在自己现在或将来的工作中为维护国家、企业知识产权方面的合法利益，推动国家或企业知识产权方面的工作，保证国家或企业知识产权战略目标的实现等方面尽一点自己的贡献。本章对全书的内容也进行了简单介绍，除绪论外主要包括三章，即：知识经济的基本知识、知识产权法律制度及企业知识产权管理等。

知识经济是一个曾经流行一时、并被广泛使用至今的用语。20世纪末21世纪初,不少学者专门研究知识经济,出版了有关知识经济方面的专著,使其有关内容成为经济学的一个分支,形成了"知识经济学"。①让"知识"独立出来成为经济学的一个分支,足以说明知识在我们当今社会经济发展中的重要地位和作用。人类进入文明社会以来,生产工具成为生产力发展水平的主要标志,而自古至今的经济发展,任何生产力工具的进步和使用,无不涉及知识,即使是人类的远祖如新旧石器时代的人,在制造、使用石头材料的工具过程中,也需要相关知识,更不用说后来的农耕时代和工业革命时期所使用的越来越复杂的工具,直至20世纪50、60年代到90年代初期的电气和航空时代,相关知识的创造和使用。只是推动人类历史发展的一个不可或缺的因素;过去300年带来的新知识为人类获得财富和安全提供了源泉。②那么为何它们不被称作知识经济,而只有到90年代后期的信息技术等出现后,有关的经济形态才被称作"知识经济"呢?显然,与以往的经济形态相比,90年代后的经济或其生产工具的使用有其独特之处,而从名称中可以看出,这个独特的因素就是"知识",即它在经济发展中的地位和作用是以往任何形态的经济中都不从有过的。下文通过一些案例可以对这一点作出较好的说明。

---

① 如吴季松先生的《知识经济学:理论、实践和应用》(北京科学技术出版社1999年版)和《知识经济学》(首都经济贸易大学出版社2007年版),袁志刚的《知识经济学导论》(上海人民出版社1999年版),李子卿的《知识经济学简明教程》(花城出版社1999年版),雷家骕、冯婉玲的《知识经济学导论》(清华大学出版社2001年版),高洪深的《知识经济学教程》(中国人民大学出版社2002年版)和《知识经济学》(五南图书出版公司2003年版)及李玉峰的《知识经济学》(南开大学出版社2003年版)等。

② 参见[美]莫基尔:《雅典娜的礼物:知识经济的历史起源》,科学出版社2011年版,第2—3页。

一、案例中涉及的知识经济时代下知识成果的价值与其主要财产形态

知识经济时代，知识对一国经济的发展和企业竞争优势的建立的作用居于首要地位；发达国家及其国内的跨国公司主要依赖于知识产权这一工具在全球获取财富，阻止或限制竞争对手。当然，一般的商人（包括商自然人、法人和其他经济组织），也可以借助知识基础上智力优势获取财富。我们先来看几个案例。

案例一：耐克公司鞋价值形成中的分工及利润分配案

耐克品牌鞋在中国的某生产商，生产一双鞋的出口价是12美元，但在美国本土，一双耐克鞋的售价是80美元至120美元，而该生产商在一双鞋售出后所获取的利润分配中，只能得到1.8美元；①一双鞋所获取的暴利绝大部分被耐克公司攫取。利润分配是如此的不平衡，那么鞋的价值形成和实现的具体分工又是如何的呢？我们现在来看在鞋的价值链形成的过程中，双方投入和分工的情况：加工厂设在中国，厂房、土地是中国的，耗费的能源、水、电、气等来自中国，加工鞋所使用的原材料也主要来自中国，由中国本土的工人（多为进城务工人员，加工企业为他们未必买医疗保险、失业救济险等）为耐克公司制造；而环境污染、劳动力使用后的有关医疗、健康和养老问题等由中国政府或相关人员、单位承担。耐克公司所做的就是提供必要的技术指导，要求加工厂接受其有关质量、标准等方面的管理并允许中国的加工企业在它所制造的鞋上打上"耐克"的商标。为何中国在有形的生产制造或价值形成过程中付出那么多，最终只能获得微薄利润？根本原因在于"耐克"商标是一个全球知名商标，耐克公司依此可以在全球占有较好的市场份额，以较高的价格售出其产品，进而实现其利润目标。对其而言，中国的加工厂及其雇主和雇工只是成本低廉的加工者，是耐克鞋价值形成的一个载体和工具，他们的劳动——加工、制造鞋——行为只是耐克实现目标的准备性活动而已，服务于其依赖"知名品牌"来获取巨额利润之战略。

该案中涉及的"耐克"商标就是知识经济形态下十分重要的知识产权财产中的一个种类。商标本身只是一个符号，在被人创造出来并经申请获得国家有关机关批准时，它没有太大的价值；但是一旦它由企业等经过经营，依赖技术、商业信誉等建立的形象被消费者和市场所接受，就意味着市场份额和利润。而且，在知识产权贸易背景下，商标的转让和许可使用还可以为权利人带来丰厚的回报；如麦当劳、肯德基等餐饮店及家乐福、沃尔玛等超市主要通过以商标为载体的特许经营来实现企业经营目

① "120美元一双耐克鞋 企业利润1.8美元"，http://finance.qq.com/a/20060320/000484.htm（《南方日报》2006年3月20日）。

标就是例子。

案例二:中国——影响知识产权保护及执行的措施案

2007年4月10日美国向世界贸易组织(WTO)争端解决机构(DSB)提出申诉,指控中国海关处理侵犯知识产权的措施与WTO规则不符,中国惩治盗版和假冒注册商标商品的刑罚门槛规定太高,为此类犯罪行为提供了"避风港";要求中国修改《著作权法》第4条第1款(依法禁止出版、传播的作品,不受本法保护)等。DSB专家小组经过一年多的审理,于2009年1月裁定:(1)中国《著作权法》第4条第1款违反了《与贸易有关的知识产权协定》(TRIPs协定)第9条第1款等之规定(主要涉及著作权的自动保护原则)。①(2)TRIPs协定第59条不适用于该案系争的中国海关措施。②(3)驳回美国关于中国的刑事门槛违反TRIPs协定第61条第一句(成员方应规定刑事程序和惩罚,至少适用于具有商业规模的故意的商标仿冒和盗版案件)项下义务的指控。③

该案背后的真正原因是什么?我国《著作权法》于1990年9月7日通过并颁布,至2007年4月已有近17年之久,且离中国2001年12月11日加入世界贸易组织也有近6年时间,为何美国至2007年才提起申诉?我们认为,这其中的主要原因在于美国文化产品(如电影、电视剧、文学艺术作品等)近几年以非常快的速度向中国出口,而它认为我国现有法律未能为其提供充分保护,特别是好莱坞的一些电影制片公司等制作的电影大片,未能收到其国内制作商们所期望的利益,由此它们推定是中国的盗

---

① TRIPs协议第9.1款规定,"各成员应遵守《伯尔尼公约》(1971)第一至二十一条及其附录的规定。然而,各成员对公约第六条之二所给予或派生的权利在本协定下不具有权利和义务。"其中公约的第5条第2款规定"享受和行使这类权利(著作权利)不需履行任何手续,也不管作品起源国是否存在有关保护的规定",即我们通常所说的自动保护原则。公约第六条之二所给予或派生的权利主要是著作权人的精神权利(如表明作者的身份权、保持作品的完整权等),也就是说,TRIPs协议对著作权人的精神权利不予调整或规定。

② 该条规定的是"救济"方面的内容;其规定:在不妨碍权利持有人享有的其他行为权利并在被告有权要求司法当局进行审议的情况下,主管当局应有权根据第四十六条规定的原则命令销毁或处理侵权货物。对假冒商标货物,当局不应允许侵权货物在未作改变的状态下再出口或对其适用不同的海关程序,但例外情况除外。

③ 该条款中何为"商业规模"是一个弹性很大的词,有关国际条约或协议没有对此作出明确的界定;双方分歧很大,最终专家组没有采信美国的观点。详细内容参见Report of the Panel: china-measures affecting the protection and enforcement of intellectual property rights, WT/DS362/R, 26 January 2009, pp.133—134。

版行为影响到它们利益的实现；这些制作商和美国的有关行业协会，通过其非政府组织在中国搜集到的所谓"盗版证据"，认定中国的《著作权法》第 4 条第 1 款有问题，进而推动美国政府向 DSB 提起申诉。这一现象的背后实际上是美国相关权利人认为其文化产品带来的利益受到严重损害。据统计，美国文化产品出口额占其出口比例较高；而我国尽管多年来在有形商品的出口方面对美国一直呈顺差趋势，但在文化产品贸易方面呈现严重的逆差。①

---

①　有关文化产品的逆差问题，我们从下表可以看出一些端倪：

2007—2017 年中国内地版权贸易总体情况

		合计	图书	录音制品	录像制品	电子出版物	软件	电影	电视节目	其他
2007	引进	11 101	10 255	270	106	130	337	1	0	2
	输出	2 593	2 571	0	19	1	0	0	2	0
2008	引进	16 969	15 766	251	153	117	362	0	2	308
	输出	2 455	2 440	8	3	1	3	0	0	0
2009	引进	13 793	12 914	262	124	86	249	0	155	3
	输出	4 205	3 103	77	0	34	0	0	988	3
2010	引进	16 602	13 724	439	356	49	304	284	1 146	0
	输出	5 691	3 380	36	8	187	0	0	1 561	19
2011	引进	16 639	14 708	278	421	185	273	37	734	3
	输出	7 793	5 922	130	20	125	5	2	1 559	20
2012	引进	17 589	16 115	475	503	100	189	12	190	5
	输出	9 365	7 568	97	51	115	2	0	1 531	1
2013	引进	18 167	16 625	378	538	72	169	0	381	4
	输出	10 401	7 305	300	193	6 446	20	0	1 937	0
2014	引进	16 695	15 542	208	451	120	46	8	316	4
	输出	10 293	8 088	139	73	433	5	0	1 555	0
2015	引进	16 467	15 458	133	90	292	34	324	136	0
	输出	10 471	7 998	217	0	650	2	0	1 511	93
2016	引进	17 252	16 587	119	251	217	8	4	66	0
	输出	11 133	8 328	201	18	1 264	0	16	1 249	57
2017	引进	18 120	17 154	147	364	272	12	10	61	0
	输出	13 816	10 670	322	102	1 557	8	2	1 152	3

（转下页）

该案主要涉及的是著作权方面的利益,而著作权是知识经济时代知识财产的一种重要形式。文学、艺术和科学作品等在知识经济时代给很多人带来了传统经济条件下根本带不来的财富:比尔·盖茨主要靠windows软件成为世界最有钱的人之一;学者易中天和于丹等依靠《百家讲坛》及他们出版的与讲坛相关的作品,进入中国知识分子中富人行列;赵本山、小沈阳等依赖自己的艺术表演,让自己也让许多与己相关的人改变了命运,成为中国最先富起来的人之中的一部分。动画片《狮子王》在1994年放映后获得了极大的成功,以四亿九千万英镑(约合52亿人民

(接上页)

2007—2017年图书版权引进地情况

	合计	美国	英国	德国	法国	俄罗斯	加拿大	新加坡	日本	韩国	香港地区	澳门地区	台湾地区	其他地区
2007	10 255	3 878	1 635	585	393	92	33	228	822	416	268	0	892	1 013
2008	15 776	4 011	1 754	600	433	49	59	292	1 134	755	195	4	6 040	450
2009	12 914	4 533	1 847	693	414	58	73	342	1 261	799	398	0	1 444	1 052
2010	16 602	5 284	2 429	739	737	58	111	335	1 766	1 027	877	24	1 747	1 468
2011	16 639	5 182	2 595	895	720	57	140	265	2 161	1 098	658	1	1 497	1 370
2012	17 589	5 606	2 739	941	846	61	138	293	2 079	1 232	590	5	1 558	1 501
2013	18 167	6 210	2 698	763	787	84	114	330	1 905	1 619	509	7	1 215	1 926
2014	16 695	5 451	2 842	841	779	98	165	213	1 783	1 216	229	8	1 270	1 800
2015	16 467	5 251	2 802	815	999	87	153	242	1 771	883	333	1	1 117	2 013
2016	17 252	5 461	2 966	895	1 100	104	152	262	1 952	1 067	248	1	979	2 065
2017	18 120	6 645	2 991	951	1 164	93	170	259	2 232	183	165	0	946	2 321

2007—2017年图书版权输出地情况

	合计	美国	英国	德国	法国	俄罗斯	加拿大	新加坡	日本	韩国	香港地区	澳门地区	台湾地区	其他地区
2007	2 571	196	109	14	50	100	13	171	73	334	116	38	630	727
2008	2 440	122	45	96	64	115	29	127	56	303	297	47	603	536
2009	3 103	267	220	173	26	54	10	60	101	253	219	10	682	1 028
2010	5 691	1 147	178	120	121	11	86	375	214	360	534	6	1 395	1 144
2011	7 783	1 077	433	146	129	40	16	221	187	507	448	37	1 656	2 886
2012	9 365	1 259	606	354	130	104	122	292	405	310	511	1	1 796	3 475
2013	10 401	1 266	731	452	243	125	157	532	388	695	1 051	143	1 899	2 719
2014	10 293	1 216	507	408	371	226	129	416	388	642	437	107	2 412	3 034
2015	10 471	1 185	708	467	199	135	144	555	313	654	499	99	1 857	3 656
2016	11 133	1 483	353	346	164	360	143	403	356	719	710	179	2 110	3 807
2017	13 816	1 213	496	498	222	309	272	363	330	540	1 177	141	2 035	6 219

币)的票房净收入位列史上动画票房榜榜首,在动画界的地位至今仍不可撼动。这些都说明文化产品在知识经济时代,它作为独立的商品所具有的巨大的商业价值。美国基于自己"文化产品"的制造优势,试图通过国际制度的实施来保护自己的利益,该案可见一斑。

案例三:美国劲量控股集团等指控中国等企业"337 条款案"

2003 年 4 月 28 日,美国劲量控股集团和 EVEREADY 电池公司依据美国关税法规定的"337 条款"①指控中国、日本、中国香港、印尼等国家和地区 25 个生产无汞碱锰电池和零件的企业侵害其"无汞碱锰电池"的知识产权而要求美国国际贸易委员会(ITC)展开"337 调查"。2003 年前后几年,中国的电池产量占全球 1/3,而其中 70%的产品用于出口。美国正是中国无汞碱锰电池出口的一个大市场。美国劲量公司希望利用自己"无汞碱锰电池"的专利(简称 709 专利),通过其国内法中的"337 调查",封杀中国电池进入美国市场。在中国电池工业协会组织下,以及中国轻工业联合会、中国工业经济联合会和中国机电产品进出口商会等部门的支持与配合下,18 家电池企业组成了联合应诉团队,迅速组织了由 20 多名电池行业专家学者参加的应诉专家工作组,并采用招标的方式选取称职的律师事务所。2004 年 6 月 2 日,ITC 作出初步裁定,判定包括中国厂家在内的多家电池生产商侵犯了申诉人的专利权。但中国应诉团队没有放弃,要求 ITC 复议,它提交了 100 多页的复议报告,针对初裁裁决者的错误一一驳斥,并列举了大量的案例支持自己的观点。2004 年 10 月 4 日,ITC 作出终裁,裁定:停止一切针对应诉方的调查;中国企业没有违反美国"337 条款";申诉方在诉讼中所称的专利无效。②

该案主要涉及专利及其可能带来垄断利润问题。美国劲量公司意图

---

① "337 条款"因其最早见于《1930 年美国关税法》第 337 条而得名。此后,《美国 1988 年综合关税与竞争法》对其进行了修订,以使其更易于使用并将其约束范围扩大到半导体芯片模板权。《1995 年美国乌拉圭回合协议法》再次对其进行了修订,以使其符合世贸组织规则。"337 条款"主要是用来反对进口贸易中的不公平竞争行为,特别是保护美国知识产权人的权益不受涉嫌侵权进口产品的侵害。其核心内容是:"如果任何进口行为存在不公平竞争方法或者不公平做法(主要指侵犯美国版权、专利权、商标权和实用新型设计方案等知识产权),可能对美国产业造成损害,美国国际贸易委员会可以应美国国内相关企业的申请进行调查"。See Sec. 1337. Unfair practices in import trade of TARIFF ACT OF 1930. 2007—2018 年,美国共发起 552 起 337 调查案件,其中针对中国企业的多达 171 起,占比 31%。See Section 337 Statistics: Number of Section 337 Investigations Brought by NPES, https://www.usitc.gov/intellectual_property/337_statistics_number_section_337_investigations.htm.

② 中国电池冲破海外专利阻击,http://www.cce365.com/wenzhang_detail.asp?id=59633。

通过所谓的“专利”技术,阻止中国等电池厂家的产品出口到美国,从而维护自己的利益。专利作为知识经济中一种最为常见的财富形式(以商业排他使用权获取垄断地位)之一,常是企业营利采用的重要武器。在知识产权中,专利技术争议是企业间最为人们关注的纠纷领域之一,因为人类迄今为止的进步均离不开技术的进步,而在专利制度诞生以来,那些最有价值、最先进的技术多与专利密切相关。该案中,如果美国劲量公司 709 专利最终被认为有效,则中国等电池企业将遭受重大损失,有关产品会被迫退出美国市场;而劲量公司有可能借此占领美国更多的市场,获取巨额利益。

案例四:上海某挡风玻璃厂专利技术与专有技术许可案

国内某挡风玻璃厂商(技术受方)从日本一汽车厂家引进生产有色汽车挡风玻璃专利技术,双方签订专利技术普通许可合同,许可费为 1 500 万美元。为形成特色,在国内有色挡风玻璃市场上获得竞争优势,该厂家投资 2 000 多万美元买地建厂,设备购置和人力成本等花去费用 1 000 多万美元。但等厂家投产后,根据专利技术一直没能生产出质量、效果与技术供方一样的产品,为此在市场上毫无竞争力,形成了大量的产品积压。后来该厂家与技术供方沟通,想找到问题的症结;结果让中国企业没有想到的是:技术供方说,如果要生产出与其一样好的产品,它还需从供方处获得专有技术①的许可,因为只有将专利技术与专有技术结合起来,才可达到满意的生产效果。当中国企业问到专有技术的许可费用时,对方开价竟然是专利技术的 2 倍:3 000 万美元。如果技术受方不接受该价格,则意味着其前期投入 4 500 万美元要么白白浪费,要么被迫转产;如果接受,则明知对方在利用对受方不利的地位获取暴利。最终受方经过权衡,无奈之下再签下专有技术许可合同。

---

① 各国对专有技术含义解释不尽一致;英文通常为 know-how,也称“技术诀窍”“技术秘密”“非专利技术”,意指先进、实用但未申请专利的技术秘密,包括设计图纸、配方、数据公式,以及技术人员的经验和知识等;它是技术贸易的重要客体之一。国际商会在其 1957 年 10 月 17—18 日的会议报告中曾提出如下定义:“专有技术系指生产某项产品的专门知识、操作经验和技术的总和”,“专有技术不仅指保密的配方和技术,而且也指与实施专利所必需的制造方法有关的技术,它还指制造商在研究中开发的、还未被其竞争者所掌握的实用和专有的方法及技术知识”。有学者用商业秘密(trade secrets)来替代它,似有不妥,因为专有技术只是商业秘密中的一个重要方面,商业秘密还应该包括企业的财务信息、客户名单等。《与贸易有关的知识产权协议》(TRIPs 协议)采用“未公开信息”(undisclosed information)一词,意指未公开的、未取得工业产权法律保护的制造某产品或者应用某项工艺以及产品设计、工艺流程、配方、质量控制和管理等方面的技术知识和有商业价值并由当事人采取保密措施的其他信息等;由该含义可以看出它与“商业秘密”近似,但范围远大于“专有技术”。

本案是涉及一些公司利用知识经济时代的另一种不同于专利技术的特有知识形态——专有技术——来获取高额利润的案例。国内外多数学者将其归为“反不正当竞争”中应予保护的一类;再结合实践中,专有技术的保护往往通过当事人之间的合同来完成;由此给人们造成一种感觉:它似乎不属于法定的知识产权范畴。不过,有一部分学者在教材中明确将其归为专利、版权、商标等之外的“其他知识产权”类商业秘密中的重要组成部分。①实际上,具有较强可执行性和效力的《与贸易有关的知识产权协议》第二部分“关于知识产权的可获得性、范围和使用的标准”中,列举了著作权及其相关权利、商标、地理标记、工业品外观设计、专利、集成电路布图设计(拓扑图)及未公开信息的保护等七项内容;②由此可见,未公开信息保护是知识产权制度的重要组成部分,而专有技术是未公开信息的主要内容之一,当然也应被视为知识产权的重要形式。即使它不属于法定知识产权中的一类,专有技术也应当是智力成果的一部分,在知识经济时代,同样具有不可低估的价值。现实中,不少跨国公司对其有信心持有的技术核心内容并不申请专利,它们把专利法要求的那些最基本的成分拿去申请专利,而将核心部分作为秘密武器握在手中,获取或继续占有竞争优势地位,为获取超额利润创造有利条件。例如,英特尔公司的芯片制造技术自 1970 年发明以来,一直以专有技术的方式存在,至今已经近 50 年过去了,它依然可以凭借这一技术获取市场利润;而如果它申请专利的话,则可能从其申请之日起至 20 年保护期结束,其技术就应当进入公有领域,为他人所无偿使用。另一著名例子是可口可乐公司的配方,可口可乐公司不将其拿去申请专利,而是以专有技术的方式持有,至今给可口可乐公司带来了 100 多年的利润。此外,随着技术标准及标准必要专利等的广泛应用,专有技术及其许可在与其相关领域发挥的作用越来越大了,也日渐成为各大公司获取利润撒手锏:2017 年以来发生的中美贸易摩擦,商业秘密保护等成为美国对中国等国家的企业及相关人员采取措施的借口,就是典型例子。

① 参见郑成思:《知识产权论》(第三版),法律出版社 2007 年版,第 190 页;吴汉东:《知识产权法》(第三版),法律出版社 2009 年版,第 19、318—320 页;李明德:《知识产权法》,法律出版社 2008 年版,第 314 页。

② See Article 9-Article 39 in “Standards Concerning the Availability, Scope and Use of Intellectual Property Rights” of TRIPs Agreement.

案例五:出版商借助总统推销书籍案

一个书商有一批滞销书,久久不能脱手。情急之下,他忽然想出了一个主意,给总统送去一本书,并三番五次去征求总统关于此书的意见。忙于政务的总统不愿意与他纠缠,便回了一句:“这本书不错。”于是,书商便大作广告道:“现有总统喜爱的书出售。”于是这本书成为畅销书,那些滞销书被一抢而空。不久,这个书商又有书卖不出去,他故技重演,又给总统送来一本书。总统上过一回当,想奚落他,就说:“这本书简直糟糕透了。”书商听后脑子一转,又打出新广告道:“现有总统讨厌的书出售。”有不少人出于好奇,争相抢购,这批书又很快卖光了。再一次,书商又把卖不出去的书送到总统的手中。总统接受了前两次的教训,便不作任何答复。没想到出版商这次却大作广告道:“现有令总统难以下结论的书,欲购从速。”居然这一次书又被一抢而空。①

有时,智慧是一笔无形财富,擅于运用它,就能将它转化为有形的资产。本案中,这个聪明的书商凭借其机智的头脑,利用总统的特殊身份,巧妙地将总统普普通通的一句话变成了吸引众人眼球的广告语,从而达到了售尽其书的目的。这种智慧在现有的法律框架下,难以发现其法定的财产表现形式,但往往会给权利人带来巨额财富;不过虽无法定形式,并不说明它没有形式,它常以被人们称为的“创意”之形式而存在,也有人称之为“点子”。这也是知识的一种形式。本案中,该出版商就是利用自己的“创意”让总统(有名声、有特殊地位,容易引起人们的关注)给自己创造财富。2010 年 1 月 18 日在北京进行的“中国首场特殊人才拍卖会”上“点子大王”何阳经过拍卖后其每年顾问费高达 100 万元人民币,②说明“点子”这种知识的价值。马云等创立的以经营电子商务委基础的阿里巴巴最初也是源于他们早期的创意。

上述案例涉及了知识经济时代知识以特定财产形式存在的五种主要情形。虽然任何知识都可以给其创作或拥有人带来价值,但人们真正关心的往往是由法律界定的以某种形式表现出来的财产权利;这些财产权以不同方式给有关权利人带来利益。本书将在第二部分对知识经济时代的各主要知识产权形态及其特征等进行探讨。

不过,在我们的生活中,在知识经济时代,除了上述五种主要知识财产形式之外,很多进入公有领域的知识也能给掌握相关方面知识的人带

---

① 具体内容参见:《总统“卖”书》,载纪江红主编:《培养孩子聪明机智的 100 个智慧故事》,北京少年儿童出版社 2007 年版,第 188—189 页。

② 具体内容参见“中国首拍特殊人才‘点子大王’获百万年薪”,http://www.sina.com.cn 2011 年 1 月 19 日。

来财富:如修理电器、电脑、提供一般技术服务的人员通过自己利用公知的技术来获取收益等都是例子。

二、知识经济时代研究知识经济及知识产权管理的意义

2008年春节期间,笔者回了一趟家乡。家乡的官员非常热情地请在外地工作回乡过春节的人员开了一次团拜会。宴会中得知家乡县级辖区人口共27万,年生产总值(GDP)为26.2亿元人民币,财政收入为2.02亿元人民币,创历年经济发展的最佳成绩。听到这些数据时,当时我感到有点吃惊,因为联想到原来我工作过的上海贝尔阿尔卡特股份有限公司,在2001年时,公司的年销售额为130亿人民币,收入10多亿,而员工只有6 000人左右。一个27万人口的区县级单位创造的总值及获得的利润仅约为6 000人(前者人口数的1/45)的一个高新技术企业生产的价值的1/5,即该公司一个人生产出的财富相当于我家乡225个人创造出的财富的总和。其中的原因不言自明,主要是因为:上海贝尔阿尔卡特股份有限公司是一个高科技的企业,生产的是高端产品;而我家乡主要以第一、第二产业为主,其中第二产业还多是传统的制造业等,其创造的价值和获取的利益空间均较低。技术或知识对经济发展所发挥的积极作用,在这一对比中可得到一定程度的体现。

随着人类文明进程的加快,一方面人们生活水平的提高、人口数量的快速增长等使人类对各种资源的客观需求在不断增加;而另一方面,由于工业革命以来人类对自然资源的过度开采和使用,很多资源变得越来越少,资源供需之间客观上存在着越来越大的矛盾。然而,由于部分人的无节制的贪欲,主观上又加剧了资源供需之间的冲突;经济人的贪婪使"经济人是理性的"这种说法受到很大的质疑,它可能是加速地球环境恶化的根本原因。资源有限而欲望无限,恰如圣雄甘地曾言:"地球可以满足人类的需求,但永远满足不了人类的贪欲。"①中国《解人颐》中的描述更是形象地刻画了人类贪欲的无止无境:"终日奔波只为饥,方才一饱便思衣,衣食两般皆具足,又想娇容美貌妻。娶得美妻生下子,恨无田地少根基。买到田园多广阔,出入无船少马骑。槽头扣了骡和马,叹无官职被人欺。县丞主簿还嫌小,又要朝中挂紫衣。作了皇帝求仙术,更想登天跨鹤飞。若要世人心里足,除是南柯一梦西。"②面对资源的日益稀缺和耗尽,在不影响人类生活

---

① 转自吴蓓:《地球满足不了人类的贪欲》,《方法》1998年第10期。

② 转自洪方煜:《"欲望"话题作文导写》,《中学语文》2005年第4期。

质量的前提下,我们还必须花精力去研究、解决资源与人类生存发展之间的冲突问题。除了要通过人类的理性来控制人类欲望于一定的合理范围以避免资源的进一步过度消耗外,更主要的方法是通过人类创造性的智力活动,提高资源利用率,开发出新的资源等。而这需要人类知识的贡献。

前国务院总理温家宝曾在不同场合多次强调"未来竞争就是知识产权竞争"。如 2004 年 6 月 20—22 日,在山东考察时他指出,"世界未来的竞争就是知识产权的竞争,集中表现在一流的技术、一流的产品。我们要从实现国家繁荣昌盛和民族伟大复兴的战略高度出发,鼓励我国的优秀企业争创世界顶级品牌";他还指出,要广泛开展个人干一流工作、企业创一流品牌、社会造一流环境的活动,不断增强整体经济素质和竞争力。① 2009 年 5 月 8 日至 10 日,他在福建考察、调研时强调,一个国家和民族,必须有自己的创新产品、自己的知识产权和高度的创新能力、文化素养,才能赢得全世界的尊重;在星网锐捷通讯有限公司,面对着朝气蓬勃的青年员工,温家宝说,世界各国的竞争归根到底是知识竞争、创新的竞争、人才的竞争。一个国家、一个民族要在世界上赢得尊严,必须要有一大批创新的人才和良好的创新机制和环境。这样,这个国家和民族就会在激烈的竞争中,以自己的产品、自主的知识产权和高度文化素养,赢得世界的尊重。②温家宝的上述话语,突出了知识产权在不同国家、不同企业之间的竞争的重要性。习近平主席多次重申:"产权保护特别是知识产权保护是塑造良好营商环境的重要方面。"

2002 年 8 月,笔者在企业工作过程中,在曾参加的一次公司业务会议上,上海贝尔阿尔卡特知识产权总监约瑟夫·罗杰斯说道:我们已不再依赖设备等硬件来获取利润,我们主要依赖知识产权来实现利益目的。2006 年 5 月,笔者到荷兰埃因霍温访问飞利浦公司总部时,其当时负责全球知识产权事务总裁说:知识产权与标准是我们获取竞争优势的主要工具,作为创新型的公司,知识产权管理是我们工作的重点。其公司不仅在总部设立知识产权与标准部,在全球的子公司也设有这样的部门,以满足公司发展的需要。

---

① 《温家宝总理强调:世界未来的竞争就是知识产权的竞争》,《中国知识产权报》2004 年 7 月 1 日。

② 参见温家宝福建考察强调建海峡西岸经济区要高起点,http://www.gov.cn/ldhd/2009-05/10/content_1309879.htm。

从中国的领导人到跨国公司的高级管理人员都强调知识产权的重要，它要求我们对知识产权的学习、研究和运用已刻不容缓；作为知识经济时代下工作人员，必须掌握知识产权的有关知识，并能实际运用。为了更具体直观地说明问题，这里我们再分别来分析几个案例来证明知识产权对企业、国家经济发展的意义。

案例六：王致和公司诉德国欧凯公司商标案①

王致和商标

中华老字号“王致和”商标2005年在德国被一家名为“欧凯”的公司抢注。2007年1月，在双方协商未果后，王致和集团决定对欧凯公司提起诉讼，追讨其商标权，要求欧凯公司停止使用王致和商标并撤回其注册商标。2007年11月14日，德国慕尼黑地方法院做出一审裁决，禁止欧凯公司在德国擅自使用“王致和”商标，依法撤销欧凯公司抢注的“王致和”商标。王致和集团在德国地方法院一审中胜诉。随后欧凯公司不服，向巴伐利亚州高等法院提起上诉；2008年4月23日州高院二审裁决“王致和”商标侵权案中王致和集团胜诉：根据裁决书，法院要求德国欧凯公司停止使用“王致和”商标，并撤回其在德国专利商标局注册的“王致和”商标。这是中国加入世贸组织后中华老字号企业海外维权胜诉第一案。

“中华老字号海外维权第一案”的德国律师沃尔夫冈
手上举的是涉嫌侵权的在德注册的王致和商标图案。

① 该案中王致和集团取得胜诉的关键因素是其商标图案在先取得了相关著作权(而非该商标在德国是驰名商标)；根据权利冲突的解决原则，后取得的所谓知识产权如与在先取得的知识产权发生冲突，则后取得的权利无效。详细案情参见王晓玥等：“王致和”终胜商标海外侵权案，at http://www.tech-food.com 2009-4-24。

该案表面上主要涉及商标的地域性及其商标专有权的使用问题，实质上涉及商标使用许可或转让背后的巨额利润。根据商标的地域性原则，一个商标只有在某国或某个地区获得批准注册后，才可以得到该国或地区的法律保护，除非它被证明在该国或地区是驰名商标(这类商标不注册也可以得到法律保护)。如果自己使用的商标被他国的公司在外国抢注，则即使自己的产品要在被抢注的国家或地区用被抢注的商标销售，也需要征得抢注方的许可，而许可的代价就是支付商标使用许可费。类似的案例还有海信商标被德国博世—西门子家电集团抢注案①等。王致和案与海信案均除涉及知识产权的地域性及注册商标的保护外，它们还涉及一个问题就是“驰名商标”问题。这些案件发生后，有人认为：如果是驰名商标，根据《保护工业产权的巴黎公约》等国际条约规定，不注册也应当受到保护，“王致和”商标和“海信”商标均是驰名商标，故德国公司毫无疑问无权获得它们的商标权。问题的关键是：驰名商标是有一定地域范围的，除非它在全球被证明是驰名商标；即在中国是驰名商标，在德国和欧盟未必是驰名商标，除非有证据表明它们是全球或在德国与欧盟也是驰

① 该案大概情况是：“Hisense”是青岛海信集团的英文商标，通过多年来的精心培育，成为在国内外知名品牌。1999 年 1 月 5 日，国家工商总局商标局正式认定海信集团的“Hisense”“海信”商标为驰名商标。1999 年 1 月 11 日，德国西门子集团下属的博世—西门子公司在德国抢先注册了“HiSense”商标，与“Hisense”商标仅有微小的差别。1999 年 7 月，该公司又申请了马德里国际商标注册和欧共体商标注册，使得海信在欧盟地区“Hisense”的商标注册受阻。2002 年底，西门子以海信集团多次在德国参加展览会，使用“海信”商标为由，状告海信侵权。海信积极应诉，并要求德国商标局依法撤销博世—西门子公司注册的海信商标。从 2002 年底开始，海信集团与博世—西门子多次就商标抢注和转让问题进行磋商。2003 年 9 月海信集团提出愿意出 5 万欧元作为注册的补偿，2004 年 2 月博世—西门子公司要开天价，要求海信支付商标转让费 4 000 万欧元。海信公司无法接受，使商标转让的谈判陷于僵局。2005 年 3 月 6 日，海信集团与德国博世—西门子在北京共同发表了联合声明。该声明称，海信与博世—西门子经过充分磋商，已在商标争议问题上达成和解协议。博世—西门子同意将其根据当地法律在德国及欧盟等所有地区注册的“HiSense”商标一并转给海信集团，同时撤销针对海信的商标诉讼，海信亦撤销针对博世—西门子的所有商标注册申请。但是，对于外界最为关心的海信收回商标的方式和具体价格，双方的联合声明并未涉及。参见海信商标被抢注案的启示，at http://www.shandongbusiness.gov.cn/index/content/sid/13778.html 及王淑丽：《海信商标国外被抢注案双方达成和解协议》，《法制日报》2005 年 3 月 16 日。

名商标。显然,要证明它们是全球驰名商标或在德国等地也是驰名商标不太可能。我国国内的其他驰名商标如“狗不理”“同仁堂”“红塔山”“康佳”“红星”“桂发祥十八街麻花”“大宝”以及“大白兔”等,在日本、欧美、印度尼西亚、菲律宾、新加坡等国被抢注也都是因为商标背后的巨大利润而引起的。

我国包括商标法在内的知识产权法律制度已经相对健全;问题在于我国的企业如何掌握这些制度并有意识地去充分地利用它们,这恰恰是中国等发展中国家的共同的软肋。著名的知识产权专家、斯坦福大学巴顿教授曾精辟指出:发展中国家与发达国家在知识产权方面的差距不在于制度本身而在于运用。①

实际上知识产权已成为当今各国及企业之间的主要竞争工具,也是各国和跨国公司十分重要的竞争和经济发展战略。发达国家利用自己在该领域的先发优势,充分利用话语权形成利于它们的制度在全球推广,制约和阻碍了发展中国家企业发展战略的选择,进而影响发展中国家经济的可持续发展。但该制度已经形成,否定其已不可能,发展中国家政府更为积极的措施应当是在鼓励和支持企业通过自主创新来获取更多的具有自主知识产权技术以提高企业竞争力、指导企业在依法管理、运用和保护知识产权等方面进一步加大力度。企业要在发展中进一步强化知识产权战略,认真研究国际规则,强化商标先行意识,企业应对即将打入他国市场的商标提前、及时注册,同时要严密监视在国外注册的商标侵权动态,及时防范商标侵权行为;在增强保护知识产权的意识的基础上,进一步提高增强运用知识产权开拓和占领国际市场的能力。

案例七:固化芯片软件程序定价案

一中外合资企业欲生产一批电信设备(ATM 交换机),根据外方设计急需要 2 000 片某种固化某一软件技术程序的专用芯片;外方建议,该批芯片必须从其指定的供应商处采购。根据调查和询价,未固化软件前的通用芯片的市场价是每片 16.5 元(人民币,下同),但外方对固化软件程序后的芯片的报价却为每片 3 400 元,并称增值部分是其知识产权的价值。合作的中方感到无法接受,便试图寻找替代产品,但由于设计上受制于外方,设备使用的芯片为专用芯片,市场上难于找到可以替代的芯片。虽然企业试用了其他类似芯片,但发现它们与整套设备的相关部分不兼容,后不得已双方再次进行艰难的谈判,外方将价格从 3 400 元降到 2 900 元,但它要另收软件服务及其

---

① 转自吴汉东:《国家软实力建设中的知识产权问题研究》,《知识产权》2011 年第 1 期。

他固件费用等300万左右。仅此一项生产成本就需880多万,而该企业与用户所签的整个合同标的额不过7千万左右。

本案主要涉及软件的定价问题。知识产权的定价问题较为复杂,虽然要遵循供需之间的供求关系,但要套用一般商品的价值和价格关系来决定其价格是较为困难的。由于技术的单一性和垄断性,技术供方常利用技术信息的不对称性和其优势地位,对技术价格施加种种有利于自己的因素来限制买方(技术受方),很难确定技术交易是否为等价交换,因为技术价格常不取决于它的价值(如创造该技术的社会必要劳动时间,其量化形式表现为科研投入),而取决于双方对它所能带来的利润的预期,即双方对受方实施该技术所能取得的未来利润的判断,因此,它有较强的主观因素和心理表征。①技术价格本质就是受方将所取得的一定收益按一定的比例支付给供方的利益分成关系;而且在不同的区域供方可以将技术提供给不同的受方,并按一定比例同时收取利益。所以通常技术价格远远高于技术价值,而不像一般的商品交换遵循着等价交换原则。

该案中,当中方对价格提出质疑时,外方指定的供应商就利用"技术定价的信息不对称性"来作出说明。它宣称其增加的价值是其知识产权的价值,原因在于开发出这样的技术他们投入的费用如下:100个研发人员花了近10年的时间,平均每年每人的工资是15万美元,还没有算他们投入的仪器设备、厂房、研发所需的资料及研发该技术所需从他人处引进技术作为准备所花的费用等。②中方对这样的解释无法提出反驳的事实和依据,因为中方难以找到有效的渠道来说明对方所说的这些数据是不真实的。这时的价格就取决于双方(特别是受方)对自己最终收益所得的博弈:如果有利润可赚,哪怕从该交易中所获利润的90%被外方通过这种元器件采购的方式变相夺走,但自己还可获取利润的10%;如果无此交易,受方可能一分钱利润都没有。两害相较取其轻,有利润总比没有利润好。这是多数场合下技术交易价格确定的主要路径,也是受方无奈的原因。而本案中,该企业已经与自己的用户签下了设备供应合同,如果不与外方指定的供应商签下芯片采购合同,则针对自己的"买家"(客户),还

① 具体分析参见马忠法著:《国际技术转让合同实务研究:法律制度与关键条款》,法律出版社2016年版,第209—210页。

② 参见马忠法等:《经济全球化下跨国公司技术转让的新策略》,《上海企业》2004年第10期。

要承担违约责任。就是说，针对这种情况，它无钱可赚，也要采购。实际上，我们知道，外方供应商开发这种软件不可能只针对本案中的交易，其研发成本可能早已通过多年的其他类似交易收回了，但是在获取利益方面，只要有机会，它绝不会放弃，而受方由于处于信息不对称之地位，无法与供方处于平等谈判地位以获取公平价格。

案例八：跨国公司通过合法并购获取利益案

某中外合资中方控股企业在国内经营十分成功，2001 年 1 月某跨国公司欲收购外方股份，并建议：出于双赢，该公司收购外方股份后，跨国公司与中方按 50%+1(跨国公司)与 50%-1(中方)股本结构方式，成立股份有限公司。跨国公司称其采取这种方式的动机是：该方式便于它在财务上可将在中国设立的公司的财务状况与跨国公司在全球的财务报表并表处理，扩大跨国公司的影响及在全球的市场占有率。在具体管理模式和权力分配上，大家平均分配，不分伯仲(董事会中，双方派出的成员人数相等，董事长由中方代表担任，管理层的关键岗位，大家也平均分配，总经理由外方代表担任，人力资源、市场营销、生产平台等由中方代表担任，而财务、法律、采购等涉及经济权利的岗位则由外方代表担任)。作为交换，跨国公司除了股权转让合同中已经明确的其转让的技术外，其在全球的技术资源库还向成立后的新公司开放。几经谈判后，双方签下协议并于 2002 年元月成立新公司。

但公司在运作后与中方预料的有很大不同，带来不少问题，其中的典型之一就是通过收取其指派的技术管理人员的指导费用，变相地提取新公司创造的利润。新公司成立后，跨国公司要求向在华公司派驻技术管理人员，计划派约 150 名专家，每人每年管理费用为 100 万美金。①如此下来不论该新公司一年有无利润，这 1.5 亿美金(当时约合 13 亿人民币)的费用必须支付，这种旱涝保收的方式是仅依附于其技术优势而获得的。实际上该公司的一年的销售额不过 10 亿美元左右，去掉各种成本、费用等，利润约 10%，照此计算，专家的管理费一拿走，该公司一年下来无利润可图。后经中方的激烈辩论，这些所谓的专家人数不断减少；其实这些所谓的专家更多的是在执行跨国公司总部的政策，加强对公司的技术控制，技术上指导倒未必是它们的主要任务。另外一个典型问题是，外方利用自己控制的财务、采购等渠道，变相地转移合资公司所获取的利润；如 2004 年，新公司生产、销售的某一电信产品，当年全球销售约 400 万件，价格因质量较好也比同类厂家的价格高很多，但年终核算时，该产品的利润率却只有 0.9%，而当年该类产品的市场平均利润率为 10%左右，有人估计该公司该类产品的实际利润率至少在 20%以上。为何会出现这种结果？因为在公司运营过程中，外方早已通过采购、研发、管理等手段变相地将应该得到的绝大部分利润转移出去了。尽管如此，根据公司章程等约定，在这剩下的 0.9%利润中，跨国公司还要按股分红，分得其中的一半。

---

① 其中部分为管理人员的薪金(平均为 30%左右)，部分为母公司总部的收入。

该案例说明跨国公司利用中方需要其技术的心理,用貌似合法的股权转让合同等手段,将新设立的公司作为其在中国牟取高额利润的手段。因为其雇佣的员工来自中国,除了一些高技术含量的元器件等来自其他国家外,①生产所消耗的各种材料和资源都来自中国;产品的制造等在中国完成,中国在环境等方面也要付出代价。最终在分配利润时,跨国公司利用一些所谓的规则和名为采购实为内部转移利润等方法,攫取了绝大部分的利益;虽然中方从合作中能够获得一定的技术,但付出的代价是十分昂贵的。

上述案例告诉我们,在经济全球化语境下,在知识经济时代,技术、品牌(以商标为核心)和版权及其他形式存在的智力成果成为企业和个人获取财富的最有力的竞争武器。跨国公司攫取财富的手段已经大大不同于传统的资本主义时期,它们往往通过知识产权制度把技术后进国家变成"制造国"(打工者),把发展中国家企业变成为其在全球赢取巨额利润的载体和媒介。发达国家掌握技术等知识产权的公司通过一定的游戏规则处于商品价值实现链的最高端,赚取超额利润,而发展中国家的企业处于价值链的低端,获取微薄利润。知识产权成为跨国公司获取全球暴利的工具。

对此,多数国家在国家层面开始注重知识产权战略,以获取国家的竞争优势。当然,各国基于自己的技术发展水平等不同,采取的策略也不同。如美国等发达国家因为自己技术的强势,是知识产权的主要拥有者和得益者,在国内,尽力推进技术转让和扩散;但在国际上则竭力推行知识产权强保护制度。实际上,在 20 世纪 80 年代之前,知识产权制度一直未被看作是传统资本主义重要而又强势的因素。但 80 年代后,由于美国面对亚洲成功崛起的几个作为其竞争对手的经济实体,特别是日本,让其认为其国内产业在保护和运用研发投入成果方面遇到了极大的困难(怀疑别人无故分享其研究成果),这成为美国强调要突出专利制度的重要原因之一,美国开始出现了"重专利时代"(pro-patent era),②于是出现了前

① 据调查,不少元器件等原材料的供应商与跨国公司有着种种联系,甚至是其设立的子公司。通过这种采购渠道,跨国公司将在中国取得的利润通过采购等渠道转移到它能控制的中国之外的公司;如同一个人将钱从自己的左口袋移到右口袋一样,他本身不会有任何损失,但左口袋空了;在中国设立的合资公司就是左口袋。

② See Ove Granstand, *The Economics and Management of Intellectual Property: towards Intellectual Capitalism*, Edward Elgar, 1999, p.5.

面所述的对知识产权制度国内国外不同政策的做法：在国内自 1980 年起，先后颁布了 20 多部技术转让的法律法规，促进技术在国内的运用和转让；在国际上则要求加强知识产权保护，成功地将与贸易有关的知识产权议题纳入关税与贸易总协定的乌拉圭谈判（1986—1994）中，并与有关国家展开知识产权保护的双边谈判（如 90 年代初与中国就知识产权问题的谈判等），提高他国获得知识产权的门槛。而发展中国家基于自己的国情，在认可知识产权保护的同时，它们更强调技术的公平转让及先进技术的获取，以提高自身的技术能力；所以在国际层面，它们主张建立合理的国际技术转让制度。可惜，在发达国家掌握知识产权游戏规则话语权的情势下，发展中国家的想法和意图很难得到体现。

就微观的企业层面而言，多数企业，尤其是那些面向全球的企业，也开始注重自身的知识产权战略，在不断加强自主研发，以努力争取拥有更多的核心技术。在企业发展过程中，发展中国家政府对企业在知识产权方面的工作也给予了越来越多的指导、扶持和帮助。因为能否走可持续发展之路，企业是经济发展的主体，而技术是关键。在全球竞争中处于弱势的发展中国家的企业，如果没有政府的扶持，其发展之路是较为艰难的。当然除了政府支持外，企业能够拥有自己的知识产权人才，或企业员工具有较强的知识产权意识，则无疑会促进企业的健康发展。

但现在我们仍有不少企业对知识产权和自主创新在市场分配、利益分占和发达国家跨国公司掠夺资源和财富方面作用有所漠视或认知不深，而仅将眼光放在传统产品的加工、制造和贸易上。如果说，仅在一国之内进行生产、贸易，因各企业之间竞争之故，它们对知识产权制度和创新激励机制注重不够，则其带来的后果及其损害的范围是较为有限的。但在经济全球化时代，一国生产、贸易进入全球经济循环之中后，还对知识产权制度和创新激励机制不予重视，未能建立和实施行之有效的知识产权战略，则其所带来的危害是十分可怕的：即可能若干年后，我们在国内外市场上几无可以与跨国公司相竞争的企业，举国均是外国的品牌，我们全成了外国公司的打工者；在外国知识产权的支配下，我们利用国土上所有的资源（包括人力、物力、财力等）所创造的财富会纷纷流向国外，我们也将几无得到用于创新的资金和财力，最终会让一个民族丧失生命力乃至在这个星球上生存的机会。

以上原因使我们学习知识经济与知识产权管理显得十分必要。我们认为，学习本课程的意义主要在于：通过学习，在了解知识经济及知识经济背景下的知识产权的获取、保护、经营和管理对于一个国家、企业意义的基础上,提高自身的知识产权保护和管理意识(不侵犯他人,也不被他人侵犯);通过案例的分析和有关原理的学习,提高运用所学知识分析问题、把握知识产权领域本质问题及解决问题的能力,以便于自己在将来的工作中为维护国家、企业在知识产权方面的合法利益,推动国家或企业知识产权方面的工作,保证国家或企业知识产权战略目标的实现等方面尽一点自己的贡献。

三、本书的主要内容

根据讲授课程的安排,本书除绪论部分(通过案例阐释知识经济背景下,了解和研究知识产权法及知识产权管理的重要性)外,主要内容分为以下三个部分:

第一部分为知识经济的基本知识,包括知识经济的由来、定义和特征,知识经济对人类经济发展带来的影响及其未来发展趋势及知识的生产、分配、交换和消费等。其中,重点是知识经济的定义、特征及知识的生产、分配、交换和消费,包括知识(以技术的定价为代表)的价值评估等。

第二部分为知识经济形态下的知识产权法律制度,内容主要是对知识经济下知识最为重要的法律表现形式——知识产权——的法律制度进行介绍,包括知识产权及知识产权法概念和主要的知识产权法律体系,涵盖知识产权法律制度概述、专利法、商标法、著作权法、其他知识产权法和知识产权的国际保护等。

第三部分为知识产权管理。主要探讨知识经济与知识产权管理的关系、知识经济与知识产权管理的主要内容。其具体内容包括知识产权管理概述、知识产权管理体系(包括体系设计、目标定位、战略、制度体系和动力机制等)、知识产权的生产管理、保护管理、经营管理及知识产权管理发展等内容。

思考题

1. 本章案例中涉及知识经济下知识产权的主要财产形式有哪些?谈谈你对各种形式的理解。

2. 举例说明“知识”在现今社会财富获取过程中的巨大作用。

第二章

知识经济的基本知识

［**本章导读**］ 本章首先就知识经济的由来、定义和特征及其对人类经济发展的意义做一些探讨，然后分析和介绍知识的生产、分配、交换和消费。

人类自进入文明社会以来，发展至今经济形态以产业结构来分，可以分为农业经济、工业经济、知识（高技术）经济等阶段。从时间的角度来看，一般认为从农业经济时代向工业经济时代转变的“分水岭”是 18 世纪中叶，在此之前农业经济大约维系了数千年。工业经济时代大约可分为两大阶段，前一阶段从 18 世纪中叶到 19 世纪下半叶，为蒸汽动力时代，以英国工业为代表；后一阶段从 19 世纪末叶到 20 世纪中叶，为电力时代，以美国、德国的工业为代表。整个工业经济时代的时间跨度为 200 多年。知识经济萌发于 20 世纪 60、70 年代，发展于 80 年代，90 年代至 21 世纪初逐渐形成，21 世纪上半叶将走向成熟，它以信息技术、人工智能、大数据及区块链等技术的成熟与广泛运用为显著标志，该阶段美国是杰出的代表。

农业经济阶段的经济发展主要取决于劳力资源的占有和配置。这一阶段，由于科学技术不发达，人类活动有限，人类开发和利用自然资源的能力很低，对大多数资源来说，短缺问题并不突出。中国古代农业经济历史悠久，源远流长，生产技术不断进步，长期领先于世界；在欧洲，法国的农业发展水平较高。该阶段体力劳动是创造财富的主要依赖，畜力可以起到一定的辅助作用，知识如铸铁、水利技术等对农业经济的发展起到积极的促进作用，但总体上还是依赖于体力、对土地利用的范围和程度以及其他自然条件等（如气候）。该阶段人们多屈服于自然（听命于自然），以“宿命论”为主要理论基础；解决温饱问题及维护稳定是农业社会的首要目标，而追求小康社会则成为一种理想；在价值观上，主要体现为节俭、服从。

工业经济阶段,经济发展主要取决于资本作用下,对自然资源的占有和配置;由于技术的迅速发展,在很多领域用机器的力量取代了人、畜的力量,并依赖技术和机器,使原来人类无法完成的工作,都可以完成;同时,人类依靠技术对自然的破坏与改造也超过任何时代。该阶段,技术、知识还没有完全独立出来成为一种商品;独立的研发阶层或企业组织尚未出现,但技术、知识通过转让对后进的资本主义国家的经济发展起到重大作用,在工业经济的初步阶段,在知识产权制度不够完善或保护相对较弱的情况下,后进的资本主义国家走模仿和创新之路,在引进英国等先进技术和相关设备、产品的基础上,通过消化、吸收再创新及技术转化,很快完成了自己的工业革命。美国、德国、日本、韩国在该阶段取得了成功。该阶段人们因受到对自然科学和规律认识把握的盲目自信与自大的鼓励,意图征服自然,并以社会财富论来指导自己的行为;其目标就是追求高增长、高消费,并最大限度地创造财富;社会中大部分人的价值观是“金钱至上”,并相互之间在利用有限的资源来争夺财富方面进行激烈的竞争,甚至不惜用战争手段来解决。

知识经济阶段,经济发展主要取决于智力资源的占有和配置,科学技术是第一生产力。由于科学技术的高度发达,科技成果转化为产品的速度大大加快,形成知识形态生产力的物化,人类认识资源的能力、开发富有资源替代短缺资源的能力大大增加。该阶段技术、知识已经开始独立出来成为一种商品,独立的研发阶层或企业组织开始出现并日益壮大,并成为影响经济发展的一支重要力量。该阶段,知识产权制度对知识产权保护更为严密,技术后进国获取关键知识(如核心技术)的成本在增加,它们走模仿发展战略变得艰难。创新成为该阶段所有国家关注的焦点和发展的根本之路。该阶段,人类已经认识到,以传统的方法来发展经济,会使人类遭受到自然的报复,进而毁坏人类本身,所以人、科技与自然相协调成为知识经济时代发展经济的主导思想,而系统平衡论成为知识经济发展的理论基础;该阶段人类发展目标变得较为简单,即促使人、科技与自然可持续发展,但由此也变得更为艰难,它在智力创造上对人类提出了较高要求;该阶段的价值观就是拥有知识,不断创新。

知识经济酝酿、萌芽、发展于20世纪后半叶,它以信息技术的成熟与广泛运用(特别是因特网的广泛使用)为显著标志;其意指“以智力资源的占有、投入和配置,知识产品的生产(产生)、分配(传播)和消费(使用)为最重要因素的经济”;其主要特征有:以数字化信息革命为推动力量,以可持续开发和可共享的知识作为主要资源(以智力资源为经济发展的主要投入),以知识和信息作为主要产品,以知识和信息服务行业为主导产业,以收益和规模报酬递增为原则,以知识的研究、开发和创新为管理的重点,以非标准化和分散化的生产为主要形式,社会主体和分配方式改变,以经济的可持续发展为目标及知识面前,人人平等。

知识经济的意义首先表现在理论上是无限的智力资源成为经济发展的第一要素,它将提高人类有效克制资源有限这一致命弱点,使人类在提高生活质量的同时,不以环境的破坏、后代子孙的生存和发展为代价。在经济发展的实践中,它将引起产业结构的大规模调整和产品构成的全方位变化,促进企业重构,引起劳动力的结构性转移。知识经济对人类文明发展带来的积极影响体现为:它为人类社会开辟了新的发展前景,借助于人类无限的智力资源和创新能力,它可以解决有限自然资源限制人类发展极限这一问题,通过建立人、自然和技术之间的动态平衡,为人类和平、有序、安全、富裕地生活创造条件。但如果不能处理好一些关系,如不能让人类及时分享他人的先进有益的技术和知识,则会对人类文明发展带来消极影响,进一步造成全球的两极分化,促使发展中国家重走工业革命时期的老路,破坏环境,气候变化难以遏制,进而导致世界经济发展的极度不平衡,局部冲突、战争不断;恐怖活动猖獗等;这样也可能加速地球和人类的毁灭。知识经济的本质是创新,其发展趋势主要表现在文化、技术、管理和制度等领域的创新。知识经济对中国而言,既是机遇又是挑战:中国在没有完成工业经济阶段任务的基础上直接面对知识经济,再加上"李约瑟难题"背后隐含的中国创新文化的不足,使我们的知识经济建设面对很多难题;但由于信息技术等高新技术起点各国没有太大差别,中国人聪明才智及一些传统文化等使我们有着诸多机遇,关键是我们能否扬长避短,充分发挥优势,及时进行战略调整和创新,以迎头赶上。

知识经济与其他经济一样,也要涉及生产、分配和消费等问题。知识的生产是整个知识经济体系得以建立的基础,意指知识产品被生产出来的整个过程,主要是指通过科学研究和开发(R&D)而获得新知识的过程;其外在形式主要就是研发,包括基础研究、应用研究和技术开发等三类;其内核与本质是自主创新;其特点有生产主体的多样性、生产的历史继承性、知识产品存在形式的多样性、知识生产的规模效应及不依赖自然资源和正外部性等。

知识的分配是指科技知识等在不同时代或同一时代在不同空间的扩

散,使不同个体之间可以分享知识信息的过程,其使命在于使知识从其拥有者手中传送到接受者手中,使后者能了解、分享和应用同样的知识,其主要使命在于扩散知识和提供解决问题的知识投入。其分配机制主要有教育机制、社会培训机制、各种媒体和信息网络机制及商业传播系统等。

知识消费意指人们受利益(含物质利益、精神利益等)驱动通过学习和积累、获取和使用知识的过程。知识消费者也可分为个人、企业和国家等三类;其中个人是最广泛的消费者,而企业消费知识除了给企业带来收益(主要是经济收益),也给其员工带来知识方面的巨大收益;国家作为消费者主要涉及购买庞大系统的知识,用于国防、国计民生的领域。知识消费具有重复性和共享性、相对整体性更强、增值性和自我满足性及多层次性等特点。

知识应用于经济发展之中是人类社会文明形成以来的普遍现象，任何一种经济形态都不可能不涉及知识的运用，只不过区别在于知识运用的多少和程度有所不同。经济发展史反映的是人类知识积累和发展的历史，只是不同的经济形态应用知识的广度和深度不同，知识在经济发展中的地位和作用不同，它们随着经济发展阶段的不同而有所变化，新知识不断更替旧知识。早期的生产要素主要是劳力、自然资源和土地，知识的作用和地位还不是很突出，经验和体力占一定的主导地位，农业知识与科技开始得到应用。工业革命后，资本、劳动力、工业技术和知识等运用的广度、深度远远大于农业社会；到了知识经济时代，知识在经济发展中的作用占绝对比重，甚至独立成为一种商品。每个时代的经济形式都有自己的特点，其中从知识、科技的角度看，主要是知识和科技在其中起的作用的不同是较为显著的。

第一节　知识经济的产生、定义和特征及其对人类经济发展的意义

知识经济并非突然出现，其形成和发展经历了一个漫长的过程，其之前的农业经济和工业经济阶段为其做了大量的铺垫和准备。在人类社会文明最初的农业经济发展阶段，人们需要的是农业、水利、气候等方面的知识，但这方面的积累为工业经济准备了一定的基础。工业经济在知识积累方面的速度、广度和深度都远大于农业经济，其快速发展直接导致了知识经济时代的到来。

一、人类经济发展的三种形态

（一）人类经济发展的三种形态概述

关于人类经济形态的分类方法，有学者认为，从分类学上分析，人类经济形态以产业结构为标准来分类，可分为农业经济、工业经济、知识（高

技术)经济等阶段;①如以资源配置为依据来分,可分为劳力经济、资源经济和智力经济。②这两类分类方法无实质区别,因为产业结构的特征与本质均取决于资源的配置方式;本书为便于论述,采用农业经济、工业经济和知识经济的分类方法。上述产业结构最终分类均是源自最能集中反映知识发展水平的生产工具的进步与发展,恰如马克思主义经典教材中经常指出的那样:工具改进是生产力发展的最显著的标志,经济发展最根本原因是生产力发展的结果,而生产力是社会变革最活跃的因素,是推动生产关系和社会进步的决定力量。③

自人类有文明史以来,在漫长的历史进程中,人类经历的三个经济发展阶段可以简述如下:农业经济数千年背影已经逐渐远去,因为其效率低下,虽然绵延时间很长,但除了完成延续了人类生命这一主要使命之外,它在知识的积累等方面所创造的业绩远不如后来的工业经济和知识经济。工业经济经过两个多世纪的快速发展后,掌声渐息;因为在推动人类发展的同时,它也污染了环境,浪费了资源和能源,带来过多的温室气体,引起全球气候的变化,④使人类的生存面临着诸多挑战;更不用说期间因为争夺自然资源而爆发的多次破坏程度远甚农业社会的血腥战争。虽然它给人类带来很多知识,但正是人类对某些知识(如核技术)的不当使用给人类带来了更多、更严重的灾难的威胁与不祥的信息,加速人类财富分配的两极分化与不同国家或利益集团的冲突。20 世纪 90 年代,知识经济在一些国家崭露头角,经过近 30 年的发展,它大大促进了人类的文明进程,其所创造的认识超过任何一个时代;这种经济形态将成为

---

① 雷家骕、冯婉玲:《知识经济学导论》,清华大学出版社 2001 年版,第 6—8 页。

② 吴季松:《知识经济学》,首都经济贸易大学出版社 2007 年版,第 18—21 页。

③ 如马克思、恩格斯在《共产党宣言》中指出的“资产阶级除非对生产工具,从而对生产关系,从而对全部社会关系不断地进行革命,否则就不能生存下去”就是一个证明。

④ 国际社会早在 20 世纪 90 年代初就在应对气候变化方面做出努力,于 1992 年 5 月通过《联合国气候变化框架公约》(下称《框架公约》),并在当年 6 月的巴西里约热内卢全球环境峰会上对各国开放签字;《框架公约》于 1994 年 3 月生效。自 1995 年起,《框架公约》成员方大会(又称联合国气候变化大会,简称 COP)每年在世界不同地区轮换举行,至 2018 年底已经召开 24 次 COP 会议。2019 年联合国气候变化大会于 2019 年 12 月在西班牙马德里举行。大会讨论各种应对气候变化的方式、方法及政策、法律等,核心是温室气体减排的义务分配、资金和技术转让等。

一种发展趋势，在解决工业经济带来的一些负面影响和问题方面，被寄予厚望，因为它强调节能、环保、安全和人类的可持续发展。在工业经济基础上发展起来的知识经济，以知识的生产、传播、转让及使用为其主要活动内容，要全面、科学地认识这一新型的经济形态，我们必须从历史角度系统地认识人类经济形态的三个不同发展阶段，把握它们之间的内在联系与规律。

如果从时间的角度来划分的话，一般认为从农业经济时代向工业经济时代转变的“分水岭”是18世纪中叶，在此之前农业经济大约维系了数千年。工业经济时代大约可分为两大阶段，前一阶段从18世纪中叶到19世纪下半叶，为蒸汽动力时代；后一阶段从19世纪末叶到20世纪中叶，为电力时代。整个工业经济时代的时间跨度为200多年。从工业经济时代向知识经济时代过渡的时间大约可认为起始于20世纪中叶，50年代至60年代为酝酿、萌芽期，70年代至80年代为形成发展期；90年代以来为迅速发展期，它以信息技术的成熟与广泛运用，特别是因特网的广泛使用，为显著标志，21世纪上半叶将走向成熟。①在今天，以人工智能、大数据、区块链技术为代表的新技术等，更是将人类发展推向一个新阶段。

农业经济时代的核心资源是土地，土地支配劳动力（农民）；工业经济时代的核心资源是资本，资本支配着一切人与人、人与物之间的关系，其中最重要的是资本家靠资本来掌握和控制一定技术的工人为他们创造财富；知识经济时代的核心资源是人才，很大程度上是知识分子在支配着资源，人类第一次摆脱受物化了的资源的支配，成为自己真正的主人。

（二）农业经济阶段

农业经济阶段即经济发展主要取决于劳动力资源的占有、配置和使用。这一阶段，由于科学技术不发达，人类活动有限，人类开发和利用自然资源的能力很低，对大多数社会集团而言，一方面，自然资源短缺问题并不突出（如直至19世纪人们还认为森林资源是取之不尽的）；但另一方面，他们多被动地适应自然的安排，靠天吃饭。劳动力往往是争夺的对象，战争也多缘此而发生。中国古代农业经济历史悠久，源远流长，生产技术不断进步，长期领先于世界，下文将以其为代表来论述。

---

① 有关具体分析可参见单志刚：《知识经济概论》，中国传媒大学出版社2006年版，第19—28页。

中国农业社会经历了从原始社会向奴隶社会、奴隶社会向封建社会过渡的过程,后长期停滞于封建经济阶段。该阶段的演变均可通过生产工具的进步来展现:如在生产力水平极其低下的原始社会,在石器时代(北京人、山顶洞人为旧石器时代的代表,半坡氏族和河姆渡氏族为新石器时代的代表①)和金(金属,以铜为主)石(石器)并用(大汶口文化中晚期时代,但金属铜主要用于装饰)时代,主要生产工具是石器,后期开始栽培水稻与驯服和使用畜牧,并开始借助畜力(如牛、马等)来完成一定的劳动。奴隶社会生产工具有了进步,开始青铜时代,后至西周晚期出现铁器;到春秋时期,我们的祖先开始在部分地区使用铁农具和牛耕,生产效率大大提高,标志着农业生产水平达到了较高水平,预示着社会生产力的快速发展。

在农业文明时代,冶铁业的发展是生产力进步的明显标志,它有力地推动着社会的变革和进步。战国时期,铁农具和牛耕得到推广,牛耕与铁犁等的运用是农业技术史上的一次革命。两汉时,牛耕广泛使用,并有了改进,出现了两牛抬杠式和一牛挽犁式,铁农具和牛耕都向边疆传播;西汉时发明了翻土、碎土的犁壁,这比欧洲早一千多年;西汉农学家赵过发明了播种机械耧车。三国时,魏国马均发明了灌溉工具翻车;唐朝,发明了灌溉工具筒车和曲辕犁。有学者指出,公元后的14个世纪里,中国是技术革新的伟大中心,向欧亚大陆其他地区传播了许多发明,如有效耕畜挽具(胸带左马驭者)、铸铁、手摇纺丝机械、轮式碾磨机、独轮小车、轭、深孔钻法等。②这表明在农业社会,中国的农业技术在世界上是处于领先地位的,她可以被视为农业经济的代表。

该阶段,与农业经济相联系的水利知识也有较高程度的发展。农业受自然因素影响极大,在生产力不发达,人们抵御自然灾害能力低下的情况下,水利十分关键。中国历代王朝都重视水利工程建设,便与水利在古

---

① 新旧石器时代的显著区别有二:一是石器制作的方法,新石器时代石质工具靠磨制而成而旧石器时代工具是打制而成;二是旧石器时代获取食物主要靠采集和围猎,新石器时代,人们除了采集和狩猎外,更主要的靠栽培植物和驯养动物等。参见[美]斯塔夫里阿诺斯著:《全球通史:1 500以前的世界》,吴象婴等译,上海社会科学院出版社1999年版,第82—83页。

② 参见[美]斯塔夫里阿诺斯著:《全球通史:1 500以前的世界》,吴象婴等译,上海社会科学院出版社1999年版,第334—339页。

代经济中的地位是分不开的，这直接关系到农业生产的发展。当然，兴修水利带来的副产品是：可以扩大交通运输和商业的发展。因此，修筑水利工程，是古代中国国家管理经济中具有决定意义的内容和职能的体现。如春秋时期，在淮河流域，楚相孙叔敖修的芍陂，连接淮水和长江流域的运河，为江淮之间的农业发展创造了条件。战国时期的郑国渠和都江堰，为四川盆地成为"沃野千里"的"粮仓"打下了坚实基础。秦朝的灵渠沟通湘水和漓水，便利了当地的农业发展。在两汉时期，农田水利的地区特色更为明显，黄河流域以营建灌溉渠为主，著名的工程有六辅渠、白渠、龙首渠等；江淮、江汉之间以修建天然陂池为主；西北修筑坎儿井；汉武帝和汉明帝都进行了大规模的治理黄河工程，取得了良好的效果。隋唐时期，隋朝的大运河加速了南北货运沟通，成为南北货物流通的大动脉；唐朝设专职官员管理水利事业，各地兴修的水利超过六朝的总和。北宋时期，王安石变法推行农田水利法，兴修水利工程一万多处，为后世农业发展带来无尽的好处。元朝时期，开凿了会通河和通惠河将几大水系贯通起来。在进行这些工程建设过程中，水利知识和技术得到较大的发展和提升。

在中国，与农业相关的纺织业（包括丝麻纺织与棉纺织）、冶铁业、陶瓷业和造船业等技术也较为先进。这些领域的技术始终因为它们是为农业文明经济发展服务而处于从属地位。除了封建帝王为了求长生不老而允许道人进行所谓炼丹等可能与技术有关的活动外，那些进行与农业无关的技术革新、创造等被看作是"雕虫小技""奇淫技巧"，在一定程度上阻碍了其他领域科学技术的发展。

这个时期，在中国，总体上，由于政府过度强调农业经济发展的作用，历朝历代政府采取的政策均是"重农抑商""固农为本"，脱离于体力劳动的人（成功的读书人除外）多被视为社会的底层：如戏子、衙役、商人、工匠等，长期在中国受到歧视，因此，相关产业、技能及商业经济不可能得到健康、稳步的发展。

在欧洲，由于得天独厚的地理条件和地理位置，法国的农业发展水平相对于其他欧洲国家而言较高，其有关农业技术水平也较高。但总体上欧洲大陆的技术的发展，在公元后的 1 500 年中，主要源于奥斯曼土耳其帝国和蒙古帝国的建立与统治下从中国传播而来的技术。①

---

①　参见[美]斯塔夫里阿诺斯著：《全球通史：1 500 以前的世界》，吴象婴等译，上海社会科学院出版社 1999 年版，第 334—335 页。

这一段时间,体力劳动是创造财富的主要依赖,畜力可以起到一定的辅助作用;知识如铸铁技术、水利技术等对农业经济的发展起到积极的促进作用,但总体上还是依赖于体力、人类对土地利用的范围和程度以及其他自然条件等(如气候和自然环境等)。因此,劳动力、畜力和土地成为主要的争夺对象,有了劳动力就能开发资源,发展经济,获得财富。中国古代许多战争的目的就是掠夺劳动力、占领土地,而西方在发现美洲后进行的一直持续到 19 世纪末的奴隶贩卖活动,主要是为了开发美洲大片的土地,为自己牟取农业上的利益。这些都可以看作是农业经济特征在特定时期的反映。

历史证明,由于依赖体力,而面对自然界的一些不确定性、人力的有限及对自然规律认识的片面性等,单个人或小规模的组织,常难以生存和发展,而集中的管理体制有利于劳动力经济的发展,利用大规模的人力与自然力做一定的抗争,而不是简单地屈服于大自然之下。所以,不难理解为何采取中央集权的中国和法国曾分别是亚、欧大陆上劳动力经济最为发达的国家,中国封建专制下的农业经济维持了 2 000 多年,而法国曾长期是欧洲大陆的强国。

(三) 工业经济阶段

工业经济阶段即经济发展主要取决于资本作用下的对自然资源的占有和配置,由于技术的迅速发展,在很多领域用机器的力量取代了人、畜的力量,并依赖技术和机器,原来人类无法完成的工作,多可以完成;同时,人类依靠技术对自然的破坏与改造也超过了任何时代。

由于科学技术不断发展,人类开发自然资源的能力不断增强,使得大多数可认识资源都成为短缺资源。19 世纪以来世界上至今的绝大多数战争的目的主要是为了掠夺或保卫自然资源,包括 21 世纪以来的美英等国对伊拉克发动的战争等。这个阶段前 100 年左右产生了"主权国家"这个概念;随后在主权国家独立自主的条件下,有了充足的资源,结合一定的工业技术和知识,就能发展经济。在和平时期,自由的市场经济机制能最有效地配置自然资源;商人阶层的独立形成和发展,促进了市场的发展。科技发展使人类可以研制出仿自然资源的生产资料;但技术等主要围绕如何利用资源来满足人类的需求。生产效率有了很大的提高,但对经济发展仍未能起到决定性作用。在这一时期,由于知识和技术的商业价值日渐体现,并被发明人或创作人所认知,有关与知识有关的法律制度开始出现,在国内它以专利法(最早的专利法规范于 1474 年产生于威尼斯,而具有近代意义的专利法则源于英国 1623—1624 年的《关于垄断、刑法上的处置及其罚没的法案》，它规定：一切垄断皆为非法，但涉及创新的除外）、版权法（最早的版权法为1709年的英国《安娜女王法》）、商标法（最早的近代意义上的商标法来自法国1857年制定的《关于以使用原则和不审查原则为内容的制造标记和商标的法律》）为代表；在国际上，它以1883年《保护工业产权的巴黎公约》、1886年《保护艺术作品的伯尔尼公约》及1891年的《马德里商标协定》等为代表。

工业经济大体上可以分为两个阶段。其第一阶段工业发展的科学理论与技术背景主要是以牛顿建立的经典力学体系为核心，以纺织技术的率先突破为起点，以蒸汽机技术的发明和广泛应用为标志，以冶炼技术和机器制造为代表，奠定了近代机械化大生产基础，形成了以蒸汽动力技术为主导的工业技术体系。该阶段的技术发展成就了英国在全球建立的霸主地位，使英国拥有了世界上最多的殖民地，成为“日不落帝国”；因此该阶段英国是工业经济的代表。而且基于这个阶段的知识产权制度尚未完全建立，①技术保护等没有后来那么严密和苛刻，后进的主要资本主义国家从英国的技术发展中受益，它们走模仿发展战略，在很多技术领域快速地赶上甚至超过英国，在不到一个世纪的时间里，带动了人类文明总体上进入工业经济时代。②

工业经济第二阶段发展的主要科技特征是：以电磁理论的建立为科学理论背景，以电力技术广泛应用为标志，电力取代蒸汽动力，形成了电力工业技术体系，让人类由“机械化”时代进入“电气化”时代。该阶段的典型代表是美国和德国，后来的日本也取得了较快发展。在这个阶段，知识产权保护制度日渐完善，保护的范围在不断扩大，保护力度在不断加强，这种态势使技术后进国家发展的成本越来越高，以致走模仿发展战略变得越来越困难，特别是在20世纪80年代后，对于那些尚未完成工业化的国家，发展更为艰难。

---

①　该阶段还没有形成统一的“知识产权”概念，与财产有关的知识大体上包括智力成果（如发明、作品）和标记类的商标等，其中有关发明与商标方面的确权与保护制度被称为工业产权制度，保护作品的法律制度被称为版权法律制度；这些具体制度当时尚不完善。

②　有关具体内容参见马忠法：《从自由资本主义时期国际技术转让的特点反思现行国际技术转让法律制度》，《知识产权论丛》第14卷，知识产权出版社2008年版，第465—487页。

总之,西方后进的主要发达国家均大约花了100多年时间解决了温饱问题,又用了半个世纪进入小康,以后才逐渐富裕起来。其间,它们基本上普及了中等教育,开始了人才的自由流动,比较成功地开发了智力资源,它们为知识经济发展创造并提供了较好条件。然而,这段时间,由于人类认知的有限性,工业经济有意无意地也给人类带来了诸多的灾难和后遗症。

在工业经济的第一阶段,技术、知识还没有完全独立出来成为一种商品;独立的研发阶层或企业组织尚未出现,但技术、知识通过转让对后进的资本主义国家的经济发展起到重大作用,它们走模仿和创新之路,在引进英国等先进技术和相关设备、产品的基础上,通过消化、吸收再创新及技术转化,很快完成了自己的工业革命。美国、德国、日本、韩国在该阶段的成功,可以是一个说明。

1. 美国

跟英国、法国相比,立国时美国是一个在技术上相对落后的国家。但美国政府建国伊始就非常重视科技对国家经济发展的作用,并充分利用它与英国等国之间的渊源关系,发展本国科技。杰弗逊认为:经济和社会的发展很大程度上取决于科学技术的进步。美国宪法规定为促进科学和实用技艺的进步,对作家和发明家的著作和发明,在一定期限内给予专有权的保障。①

在实践中,美国重视高等教育,并在西点军校设立军事技术研究所,此后在有关政府机关和企业也开始设立科研究构。由于客观原因,虽然它注重本土的研究和开发,但企业非常注意引进先进技术;企业主要从英国引进系列技术,在不到30年的时间,解决自己发展所需的基础技术。如在纺织、钢铁、火车等领域,在引进技术的基础上,美国很快形成了自己的技术能力,不但解决了自己的发展所需,还将有些技术回流到英国,如钢铁技术。

当然这种情况的发生是基于当时的时代背景而产生的:人们对技术价值的认识不够深刻,没有将技术独立于有形商品或设备之外给予考虑;技术权利人对技术保护的重视程度没有今天这么高,以至于他们为了卖出设备,而对买方技术人员进行系统全面的培训。可以推定,当时技术受方和技术供方可以说是在相对公平合理的基础上完成技术转让的,在定

① See Section 8, Article 1 of The Constitution of The United States of America, March 4, 1789.

价方面，供方既不漫天要价，也没把核心技术保留下来作为要价的撒手锏；①在条款方面，不但无限制性条款，还提供许多优惠条件。最典型的就是英国船商在造船技术转让方面做出的承诺，对国外买主提供优厚的信用条件，如允许买方在买船后 8 年内付清款项，并为买方提供造船工程师到买方国进行技术指导，还对外国引进技术的造船商提供培训和教育等（举办船舶制造技术培训学校培训外国学员，欢迎外国工程师到本国的造船厂观摩学习）。②虽然当初是受利益驱动，在政府并不过分干预的条件下，英国企业采取种种措施来销售自己的船舶，但客观上为美国低成本获得技术提供了便利；它们还积极与美国造船商进行国际合作，通过自己书刊对技术的演示、讲解等来推动世界造船技术的提高。许多船舶买主买回国后模仿最新设计，通过技术知识的转让走进口替代之路，使美国等二十多个国家的造船术迅速发展起来。③在钢铁制造技术方面，英国拜斯么钢铁厂在 1863 年 12 月 31 日就通过许可合同形式，采取收取使用费的方式将炼钢技术转让给了美国的特洛依集团，同时约定后者有完全买下专利权的选择权；后来由于特洛依集团经营的成功，它们决定完全买下拜斯么的专利权，并于 1865 年 12 月 7 日达成买下专利的协议。1877 年特洛依集团成立拜斯么钢铁公司，并在其运营的头十年里将技术许可给 11 家生产者使用。④美国的铁路及火车头技术在不到 13 年的时间里就赶上

---

① 如为鼓励新技术的推广，当时冶炼铁轨方面技术所有人对被许可使用人的许可使用费的标准是：制造铁轨的铸块每吨收费 5 美元，其他产品是 10 美元。See Charles K.Hyde, Iron and Steel Technologies moving between Europe and the United States before 1914, in David J.Jeremy(Editor), *International Technology Transfer*, Europe, Japan and the USA, 1700—1914, p.64.

② See Simon Ville, Shipping Industry Technologies, in David J. Jeremy (Editor), *International Technology Transfer*, *Europe*, *Japan and the USA*, *1700—1914*, pp.74—94.

③ 其他国家如日本、德国、挪威、意大利、希腊、法国、西班牙、俄国、奥匈帝国和巴西等无不受益。See Simon Ville, Shipping Industry Technologies, in David J.Jeremy (ed.), *International Technology Transfer*, *Europe*, *Japan and the USA*, *1700—1914*, pp.74—94.

④ 许可使用费为铁轨铸钢 5 美元/吨；其他产品 10 美元/吨。See Charles K. Hyde, Iron and Steel Technologies moving between Europe and the United States, before 1914, in David J.Jeremy(Editor), *International Technology Transfer*, *Europe*, *Japan and the USA*, *1700—1914*, pp.62—64.

英国,以致在1841年美国进口最后一辆火车头后,在美国,英国制造的火车头数量不到其总量的1/4。①

上述成就的取得,离不开美国政府在立法和政策上的支持。政府通过制定特别的法律来鼓励引进、吸收、消化、改进和推广某种有重大意义的技术:如宾夕法尼亚州1836年制定特别掺入法,②就旨在鼓励发展无烟煤生铁产业;1861年美国通过联邦关税保护③来帮助所有美国幼稚钢铁产业渡过生存难关,并促进其在后半叶成熟起来;同时用关税保护本国相关产业。美国还通过自己的领事官员和商务代理来帮助国内企业获取技术和信息,为技术转让开辟道路。

此外,美国的实用主义哲学在科技能力形成方面也起到了一定作用,其发明家与企业自身通常是结合在一起的,发明家依赖自己的技术设立企业,将技术研发和生产经营结合了起来。企业普遍重视科研机构设立,如1876年爱迪生投资建立的研究所就为通用电器研发机构的前身。如此使研发的技术能够得到及时转化,大大促进生产力的发展。同时,欧洲掌握先进技术的人员流动对推动美国技术发展也起到了积极作用。

另外一个不可忽略的因素是美国很长时间对国外发明人、著作权人保护的忽视及本国发明人保护的不力,在一定程度上刺激技术的流转和扩散。如在著作权领域,其1790年著作权法规定:重印者的行为是合法的,对不居住美国的作者不提供保护;当时英国的作者们受到的损害最

① David J. Jeremy and Darwin H. Stapleton, Transfers Between Culturally-Related Nations: The Movement of Textile and Railroad Technologies between Britain and the United States, 1780—1840, in David J. Jeremy(ed.), *International Technology Transfer, Europe, Japan and the USA, 1700—1914*, Edward Elgar Publishing Company, 1991, pp.42—43.

② 在冶炼过程中掺入矿物燃料的公司将被允许享有相当价值的特权。See Charles K. Hyde, Iron and Steel Technologies moving between Europe and the United States, before 1914, in David J. Jeremy(Editor), *International Technology Transfer, Europe, Japan and the USA, 1700—1914*, p.55.

③ 1861年莫利尔关税法案通过,它本国钢铁产业以实质保护,免遭外国钢铁产业的冲击,同时允许钢铁制造者改善质量。这对美国的钢铁产业发展非常重要。See Charles K. Hyde, Iron and Steel Technologies moving between Europe and the United States, before 1914, in David J. Jeremy(Editor), *International Technology Transfer, Europe, Japan and the USA, 1700—1914*, p.59.

大，他们试图游说国会对他们的作品予以保护，哪怕要求立法做到“授予外国作者著作权的前提是他们的书在美国编纂”即可，就是这样的一个条款在1840年左右美国法律都不予认可（背后主要是美国国内出版商利益集团所致），直到1891年，在美国也出现了一些世界性的作者，才开始在所谓的蔡斯法案（the Chase Act of 1891）中予以认可；而且，根据美国当时的著作权法，著作权只能通过注册而获得。①显然，这些规定与《伯尔尼公约》规定的内容相去甚远；美国长期以来我行我素，直到1986年其著作权保护方面的某些内容才开始与《伯尔尼公约》规定相一致。这背后的原因是“私人参与者起草了褊狭的立法来维护他们的利益”②。

经过近100年左右的发展，虽然经历了南北战争（实际上这场战争统一了美国市场，客观上大大促进了美国经济与科技的发展），但其技术水平到1891年在许多领域已居于领先地位，为美国后来的发展打下了坚实的基础。

2. 德国和日本

(1) 德国

德国是一个从技术后进国变成先进国的典型代表。在19世纪70年代之前，它是一个容克的、王国林立的落后国家。但其中的普鲁士王国自40年代起，从英国输入蒸汽机、钢轨、轮船、大炮等技术，并于60年代可自行生产。经济强大、技术先进的普鲁士后来促进了德国的统一。1871年统一后的德国，工业发展十分迅速，曾一度成为世界科技的中心，两次世界大战的策源地及战后经济奇迹的创造者。③产生这种效果的因素很多，但务实的德国科学家对此作出了巨大贡献，他们集科学家、工程师和商人于一身，如西门子（他于1847年建立西门子公司）就善于把思想产品变成可以利用的实物，在理论研究、技术开发和产品销售之间建立起良性循环。④德国人善于将科学技术与经济相结合，并将官、产、学、研密切地联系起来，特别是把科技研发和生产链巧妙地结合起来，即在技术研发和

---

① ［美］苏珊·K.塞尔著：《私权、公法——知识产权的全球化》，董刚等译，中国人民大学出版社2008年版，第60页。

② 同上书，第61页。

③ 戴继强、方在庆编著：《德国科技与教育发展》，人民教育出版社2004年版，第1页。

④ 同上书，第48页。

生产销售之间建立了无缝连接关系，技术流转无障碍地让科技成果变成了商品。德国1871年统一后，加强了科技投入，由于生产上所需的技术发明与革新能被授予发明专利而长期被垄断，大企业均设立了大规模的实验室和研究所，投入巨资进行技术研发。①在魏玛共和国时期，科学界与工业界的联系更为紧密，创立了旨在了解工业界对科学之需求的研究所，企业也相应建立相关的研究部门。②

政治权威和科技精英的良性互动有助于国家的发展。③德国早在普鲁士时期，政府就注重将个人研究与教学结合起来，以推动技术产业化和扩散。政府在大学里专门设立席位，提供优厚待遇，让研究人员发现问题，进行研究和教学，并与学术一道探讨实验科学中新出现的问题，教给学生一些方法和程序，共同寻求技术的实际应用。研讨班的活动和实验室的建立，让学生学会了研究并能将自然科学知识、技术等应用于工业领域。这种近似于职业训练的研究培养了大量的药剂师、医生和工程师。④

前文已提及，普鲁士的强大依赖于技术引进和在此基础上形成的技术能力。统一后的德国发展也离不开对当时的技术先进国的技术引进与吸收。比如在造船方面，德国从英国学到很多，以至于德国不得不承认英国造船技术对它们的帮助，称“必须发自内心地承认英国的造船技术自始至终都是非常好的，我们毫不犹豫地在最大程度上使用了这些技术”⑤。

(2) 日本

日本是世界上另一个由技术后进国变为先进国家的典型。明治维新前，日本是一个封建落后的专制国。但明治维新后，它重视教育和法律制度，认识到技术对一国发展的重要性，特别重视从国外引进技术；它也意识到：要把技术变成自己的能力，又必须依赖于法律制度和教育。它先后从英国、德国、法国、美国引进了纺织、轮船、钢铁、通信等技术，依赖

---

① 戴继强、方在庆编著：《德国科技与教育发展》，人民教育出版社2004年版，第47页。

② 同上书，第53页。

③ 同上书，第46页。

④ 同上书，第45页。

⑤ 转自 Simon Ville, Shipping Industry Technologies, in David J. Jeremy(Editor), *International Technology Transfer, Europe, Japan and the USA, 1700—1914*, p.76。

于法律制度的保障和教育奠定的基础，它于19世纪90年代就可以自行生产相关产品。如在造船技术方面，日本的成功在中日甲午战争中得到了充分体现，尽管其在引进的时间上落后于当时的清政府，但技术能力的形成方面远甚于中国，以至于它自己也感到满足，它宣称“没有英国的帮助，日本的造船业不会发展得如此迅速，取得这样令人满意的成就”①。这句话既告诉我们它的技术来源于英国，也表明它对自身在造船技术方面取得成绩的自豪。在当时的高新技术领域，日本人也花了较大精力引进、学习别人的技术。如在1898—1909年间，日本Nippon电子公司、东京电子公司和芝浦(Shibaura)公司分别与美国西部电子、通用电气等签订有关电学技术方面的许可合同，不过它们还伴有直接投资方面的内容；这种通过正式合同形式引进技术开创日本在电子机械方面制造的新时代。②在这些引进技术的基础上，通过有效的法律制度及30多年现代教育培育出的人才，日本企业有效地吸收、改进了相关技术，并进行了创新，使其在这些领域与当时的世界先进技术保持了同步，为其步入强国行列打下了基础。

与德国不同，日本缺少科学家将科学与实务结合起来的传统，但其企业和个人善于学习特定时期他国先进的文化和技术。从某种程度上说，日本企业更多地依赖于技术引进和消化吸收来提高自己的技术能力，像德国那样可以内生一些先进的技术，它们难以做到。尽管如此，日本在技术能力形成和发展方面还是取得了成功，这一点与当时清政府的洋务运动带来的结果形成了鲜明的对比：后者开始引进西方技术比日本至少早10多年，但由于在制度、教育方面的落后，最终它失败了，我们在技术上没有获得太大的进展，民族工业现代化未能形成。

此外，德、日两国政府也通过一些优惠政策和法律来鼓励技术引进、加快新技术的吸收和使用速度，如造船技术方面，它们采取积极有效的优

---

① 转自Simon Ville, Shipping Industry Technologies, in David J. Jeremy(Editor), *International Technology Transfer, Europe, Japan and the USA, 1700—1914*, pp.76—77。

② See Hoshimi Uchida, The Transfer of Electrical Telegraphies from the United States and Europe to Japan 1869—1914, in David J. Jeremy (Editor), *International Technology Transfer, Europe, Japan and the USA, 1700—1914*, pp.233—237.

惠措施,对航运和造船业给予补贴、降低铁路税率和返还航运税等。①这些在客观上都利于技术流转,进而让其对两国的经济发展、技术能力的形成产生了积极作用。

(3) 韩国

韩国是二战后由技术落后国变成先进国的典型。韩国在20世纪60—80年代之间完成了技术创新的关键步骤,用20多年的时间完成了西方多数国家100年工业化路程,其成功之路对我们更有着现实的参考意义。

韩国在1971年前,劳动力密集型产业占主导地位,1972—1980年资本密集型产业渐呈主流,1980年以后形成了技术密集型产业;在1986年实现贸易顺差,1991年进入发达国家行列。但其崛起始自朴正熙时代(1961—1979年)积累起来的自身技术力量。自60年代起,韩国人注意积极引进合理的先进技术,并促进引进技术的消化和吸收,引导和推进企业的主体技术研发活动,派遣科技人员到发达国家现场学习"源泉技术";同时促进收集尖端技术信息并积极普及,加大外国的技术合作。

韩国技术引进可分为三个阶段,即控制阶段(1960—1969年),其间外汇问题较为突出,通过《外资引进法》,明确技术引进合约的要点、审查标准和税额减免等;控制缓和期(1970—1977年),取消合同3年限期,简化手续,将统一支付变为可根据引进的内容及开发利用情况灵活处理;自由化时期(1978—1996年),10次修改外资法,实现引进技术自由化、资本自由化。合作方面,在不同阶段,韩国根据情况,注重形式的多样性和广泛性,如或进行单方面技术引进合作(引进日、美、德的先进技术),或开展双边平等开发合作或参与合作(与掌握高新技术的美国、日本、法国、德国、英国、意大利、瑞士、以色列、俄罗斯等国的企业进行),并积极与发展中国家进行合作。

韩国对作为技术转让最充分的方式即人才流动给予了高度关注,它充分利用海外科技人才,形式不拘一格,有永久引进的,也有暂时引进的(招聘海外人才);同时还积极推进海外研修工作,资助涉外项目研发。设

---

① 如日本1896年通过《鼓励造船法案》,对700—1 000吨位的钢铁结构船每一吨给予12日元的补贴,更大吨位的为20日元/吨;德国对运输出口物品的铁路以优惠税率,免去造船材料的进口税。See Simon Ville, Shipping Industry Technologies, in David J.Jeremy(Editor), *International Technology Transfer, Europe, Japan and the USA, 1700—1914*, pp.88—89.

立海外研究所，注重研究开发的国际化（1987 年始），以便及时收集海外信息和学习技术，展开技术协作，培养本土人才。

韩国政府还重点扶持国内据点企业、大学和政府主管的研发机构并培养他们的研发能力。在其影响下，其各界普遍重视将产业与技术研发结合在一起，企业内广设研发机构，将研发与企业的经营结合起来，政府直接指导产学研合作开发等事宜。政府鼓励民间投资研发，支持建立民间主导型科技开发体制。在科技文化的形成方面，将技术引进、消化等与教育结合在一起，注重思考方式的科学化、科学技术的实用化。韩国在 20 世纪 80 年代崛起之后，美、日等国的先进技术之转让对韩国也开始进行控制，从一定角度说，对韩国自身核心技术的发展也有积极意义：迫使它进行研发。

我们以韩国的信息技术为例来分析其技术能力的形成。它于 20 世纪 60 年代引进外国机种整套配置和运用，20 世纪 70 年代进行组装、销售，20 世纪 80 年代在政府支持下研发积累基础，将单纯的装配技术引进发展至 20 世纪 80 年代的源泉技术特惠权的引进（50%以上），在 20 世纪 80 年代中期为个人电脑、监控器等可生产销售打下基础；20 世纪 90 年代实现新机种的高级化和普及化。在政府实际行为中，国家和公共机构的计算机实现国产化，鼓励企业开发出大型计算机。在移动电话技术方面，其企业通过与跨国公司合作，获得技术研发水平和能力的腾飞；如其国内电信巨头三星公司的 CDMA 技术早在 21 世纪初已取得世界领先地位，并可依此项技术的许可等长时间获取高额利润。

（四）知识经济阶段

知识经济阶段即经济发展主要取决于智力资源的占有和配置，科学技术是第一生产力。由于科学技术的高度发达，科技成果转化为产品的速度大大加快，形成知识形态生产力的物化，人类认识资源的能力、开发富有资源替代短缺资源的能力大大增加。如人类开发出的核能、太阳能和生物能技术在很大的程度上既为人类寻求到发展经济的新能源，又为人类缓解气候变化创造了条件；大规模集成电路及信息技术（IT）使无尽的硅资源成为人类获得财富的手段并使生活方式发生了改变。该阶段技术、知识已经开始独立出来成为一种商品，独立的研发阶层或企业组织开始出现并日益壮大，并成为影响经济发展的一支重要力量。该阶段，知识产权制度对知识产权保护更为严密，技术后进国获取关键知识（如核心技术）的成本在增加，它们走模仿发展战略与 20 世纪 80 年代前相比变得更为艰难。创新成为该阶段所有国家关注的焦点和发展的根本之路。

就作用而言,自然资源退居次要地位,科学技术成为经济发展的决定因素。高科技的发展及其产业化带来的是一场经济生产的革命,是继工业革命之后的一次新的大革命。

由于对智力资源的掠夺已经难以通过战争来实现,随着智力经济的发展,避免世界性战争的可能性日益增加,“和平、发展、合作、共赢”和“环境保护”将是世界上的头等大事。

在知识经济条件下,传统市场概念将发生变化,政府宏观调控作用日益加大。面对前述困境,只有政府干预下的依赖智力资源来开发自然资源的智力经济才能解决人类存在的贫富两极分化问题及人类所面对的诸如公共健康、气候变化、恐怖主义袭击等公共问题,使各国走可持续发展之路,如日本、瑞士、新加坡、韩国和我国的香港特别行政区等,都没有富足的自然资源,只有靠智力资源的开发,才实现了经济上的可持续发展。在这一过程中,政府的宏观调控起到十分重要的作用,上述国家或地区的政府在推动本国或地区知识经济发展中的功能得到了充分的发挥。

知识经济时代的科学技术基础更深厚,背景更广阔,相对论、量子力学、信息论的创立与发展,大大促进了其他基础科学和技术科学的发展。以计算机技术的突破为起点,以信息科学的原理和方法所支撑起的传感技术、通信技术、计算机技术和控制技术为代表,基于固体物理、固体化学、有机合成、冶金学和陶瓷学的新成就而产生的新材料技术以及纳米技术,在分子生物学、生物化学、生化工程、微生物学、细胞生物学等基础上建立起的基因工程、细胞工程、酶工程和发酵工程,能源科学的发展为人类提供了太阳能、地热能、海洋能、核能和其他再生能源等新能源,空间科学研究成果为人类打开了一片未来发展的新天地,它有助于人类从宇宙中寻找新资源和新的生存发展空间。近10年来,大数据、人工智能、无人驾驶、超高速列车、区块链等等可能直接改善我们生活的科学技术构成了新时代的科学技术背景,使人类的每一个均与高新技术和知识密切地联系在一起。

(五) 三种不同经济形态的对比①

1. 人类活动的理念

农业经济遵循的理念主要是听命于自然,宿命论成为绝大多数人接受的理论。这是由该阶段技术发展水平极为有限所决定的;在人力无法

① 该部分内容参考了吴季松著:《知识经济学:理论、实践和应用》,北京科学技术出版社1999年版,第57页。

解决的问题面前，人们总是幻想能有一种超自然的力量来帮助人类，于是宗教有了产生的土壤；当灾难变成现实时，只好认定这是“天命”，任何人无法改变；他们最高的期待就是“风调雨顺、六畜兴旺、五谷丰登”等。这种理论指导下的社会，对任何“改革”都有可能进行抵制。中国封建社会历史上的诸多改革多以失败而告终，改革家们大多成为那个时代的悲剧性人物，便是典型的例子。该阶段人类匍匐在大自然的脚下，总体上对自然的改造处于被动地位，人类活动对自然界难以造成根本性的影响。

工业经济时期，随着人类对自然认识的不断加深，通过很多实验科学的推动，自然科学获得了巨大发展，自然规律不断被人类所发现，随着实用技术带来巨大进步，人类在自然面前出现了前所未有的盲目自信和自大，并在这种自信与自大的鼓励下，借助于技术的力量，试图征服自然，以满足人类经济发展和享受生活的需求。整个资本主义社会在新教伦理的激励下，以个人和组织获取的社会财富来论英雄，以创造财富论来指导自己的行为。所以这一阶段的人们经济活动的主要理念或指导思想是“征服自然”和“以财富论英雄”。由此虽然推动了社会文明和经济的高速发展，但其带来的消极作用也让人类认识到技术作用的两面性：在造福人类的同时，又毁坏人类和其生活的环境。人类今天面对的诸多困境，很大程度上是其自身在工业经济时代对资源无节制的开采、使用及对自然环境的过度破坏所导致。工业经济是资源经济，①在无节制的“追求社会财富”的刺激下，资源短缺是其软肋，所以围绕资源的战争频频爆发，而技术的发展又加剧了战争的惨烈程度，其破坏力远远超过农业经济时代。人类不仅与自己的同类进行战争，还与自然发生“战争”。这种理论如果继续指导人类，将导致更大规模、更为严重的对大自然的掠夺和破坏，它也将会最终葬送人类。

知识经济时代是人类对工业经济带来的消极影响进行反思后力图寻求的一种更为科学的发展模式，其指导思想是促使人、科技与自然相协调，即人类的发展在尊重大自然的前提下，遵循自然规律，充分发挥人的智慧及科技的积极作用，促使人类走可持续发展之路，利用人类智力资源无限的条件，避开自然资源有限性的弊端，使人类、科技和自然相和谐。其理论是遵循人与自然处于动态、积极、协调的系统平衡理论，让人类发展处于良性循环的可持续发展之中，对推动构建人类命运共同体必将起到积极作用。

---

① 吴季松：《知识经济学》，首都经济贸易大学出版社 2007 年版，第 18—19 页。

2. 各经济形态的发展目标

农业经济社会的首要目标追求是使其成员过上温饱生活,社会有序稳定,没有战乱;而理想是达到小康水平,①即人民富裕安康,国家社会稳定。社会成员对生活的追求限于技术发展水平和一定的伦理道德,对财富的追求和消耗有所节制。我们以中国的农业社会为典型代表,可以看出,该时期的先贤们为我们描绘了他们生活的那个时代的追求目标,如陶渊明在《桃花源记》中描述的理想社会及儒家学者为我们所构想的"大同世界"等等。②由于技术的限制,世界各地相互独立的现象较为常见,国际性的贸易频率较低,范围和规模都较为有限;人们对自己生活天地之外的地方了解较少,有许多地方是人类还无法涉猎和到达的。

工业社会的经济发展目标是追求高增长、高消费,并最大限度地创造财富,同时也在极力地消耗社会财富。随着科技的增长,人们的创造财富和消耗财富的欲望也在增长,开拓财富的领域不断扩张:在陆地上从地表到地下,从平原到高山;在人类生活的整个空间中,范围从陆地到海洋再到空中;以至于在工业革命后,地球上没有人类不能够到达的地方,世界的任何地方几乎都留下了人类的足迹和影响。这种经济发展目标虽将人类文明带到一定的高度,但也让人类面临许多困境,其中环境的破坏、资源的过度开采和消耗,已经危及人类的生存和发展。

知识经济时代,为克服工业经济时代给人类带来的消极影响,充分发挥人类潜质,依赖清洁能源或环境友好技术发展经济,走可持续发展之

---

① "小康"一词,最早出自《诗经》"民亦劳止,汔可小康",意思是老百姓很劳苦,应该让他们稍得安宁。后世人们把家庭稍有余财,可以安然度日,称为小康。把小康作为一种社会形态,出自西汉的《礼记·礼运》。在这里,"小康"是仅次于儒家思想中"大同"社会的理想社会模式,指的是人民富裕安康的社会局面。《辞海》中,"小康"被解释为指家庭生活比较宽裕,可以安然度日。

② 《礼记·礼运》中记载,孔子参加完一次重大祭祀之后,一阵唉声叹气,弟子言偃问道:"老师为何叹气?"孔子说:"大道施行的时代和三代英杰辈出的时代,都没赶上,我对它们心向往之。"接着他描述了所向往的那个时代,这就是让千百年来的多少中国人无限憧憬过的理想中的大同社会:大道之行也,天下为公,选贤与能,讲信修睦。故人不独亲其亲,不独子其子,使老有所终、壮有所用、幼有所长。矜寡、孤独、废疾者,皆有所养。男有分,女有归。货,恶其弃于地也,不必藏于已;力,恶其不出于身也,不必为已。是故谋闭而不兴,盗窃乱贼而不作,故外户而不闭,是谓大同。参见韩晓永:《"大同社会"的"古往""今来"》,《法制周末报》2010 年 7 月 15 日。

路，促使人类与自然和谐相处，共同协调使人类健康、和谐地永续发展，成为其经济发展的目标。

与目标相关的价值观①在不同经济形态也有所体现，如受制于技术和人类生产能力的水平，物质财富相对较为贫乏，而靠个人力量与自然抗争（靠天吃饭）让人类较难生存和发展，单个人需要融入集体力量中，才能获得更多的生存机会。故农业经济时代，节俭与服从成为当时多数社会成员的价值观。而在工业经济时代，由于高增长、高消费及拥有和消耗财富等目标的存在，财富的多少成为人们成功与失败的标志，而作为财富最典型的代表是"金钱"；所以金钱至上、拜物教等成为多数人的信念；人逐渐成为金钱和财富的奴隶。但另一方面，由于世界资源的有限性，工业经济时代的个人为了自己的财富最大化，竞争（和平状况下市场经济中的"战争"）成为这个时代的显著特征，竞争由此也与人的生活、工作和学习密切地联系起来，成为人们生活和价值观的重要组成部分。在知识经济时代，以知识价值观为主导；它是一种全新的价值观，意指个人以自己的需要为基础，而形成的对知识重要性的观念与看法；它正确地反映了人们对知识的态度与认识以及运用知识指导实践的能力；它通过指导知识或技能、技巧等运用于生产、交换、贸易等经济活动，为人类带来财富；在花费较少的资源的基础上创造更多的适合人类需要的产品；它是知识经济时代实现经济最优化，实现科学创新、技术创新、创造最大数量与质量的社会财富最有效的资源。②这种知识价值观以创新为其发展和存在的内涵，创新精神是这个时代最有价值的元素和重要标志，在这种价值观下，人们积极创新，为社会增加更多、更有价值的新知识、新技术。

二、知识经济的产生

（一）概述

知识经济有许多不同的称呼，如还被称为信息经济、智力经济、高科技经济、高技术经济、高新科技经济、信息技术经济、数字化经济、新经济

---

① 一般认为，价值观是有关价值与价值关系的观念系统，是实践主体以自身的需要为尺度，对客体的重要性的认识（参见黄希庭、郑涌等：《当代中国大学生心理特点与教育》，上海教育出版社1999年版，第110页）。

② 参见刘铁贵：《试论知识经济时代的价值观》，《河北师范大学学报》（哲学社会科学版）2000年第4期。

等。但不论称谓如何,均是强调知识的作用,只不过不同的称呼在用不同的"知识表现形式"称呼它而已。

在人类发展史中,知识(以科学技术为最集中的代表)的作用是无与伦比的。但人类对知识的这种作用的认识可以说经历了三个阶段,即从培根的"知识就是力量"到马克思的"科学技术是生产力的组成部分"再到邓小平的"科学技术是第一生产力"等三个标志性的判断,分别代表着不同时期人类对知识在经济发展方面作为最为科学的表达。

培根之前,历史上有很多思想家、科学家论及知识对人类经济发展和文明进步的作用;到了培根时代,作为既是试验科学家的始祖又是哲学家的他,在前人认知的基础上,结合自己的经历、实验等,用"知识就是力量"这一名言表明知识对人类发展的影响。这一判断给人带来很多新的理解,在此之前,人类对"知识"的理解和运用可能处于一种较为模糊的阶段,更多地限于"认识世界";而这句话第一次指出了知识能变成人类的一种力量(这一种力量不仅仅限于经济领域,它可以涉及人生不同的领域),掌握知识能让人变得强大,在生存竞争中加以运用就能获得优势,由此带有了较强社会功利性。

培根论点提出 100 多年后,基于当时资本主义社会与科技发展的历史背景,马克思在分析"资本是以生产力的一定的现有的历史发展为前提的"时指出"在这些生产力中包括科学";①他还进一步指出"劳动的社会生产力既包括科学的力量,又包括生产过程中社会力量的结合"②。可见,马克思将科技与其他生产力因素并列,没有突出其特殊地位,这与当时的科技发展水平及其对社会的作用相一致。对此,恩格斯 1883 年 3 月在马克思墓前的讲话中对马克思关于科技与生产力关系的思想做了精辟概述,"在马克思看来,科学是一种历史上起推动作用的、革命的力量"。③这一观点后来被社会主义理论和实践所继承和发展,但均没有突破至"首要"或"第一"的位置。因此,邓小平之前的马克思主义经典理论认为科技是"一般"生产力。

第二次世界大战以后,随着第三次科技革命的到来,以原子能、电子计算机、航天技术、信息生物、空间、海洋、新能源、新材料等为代表的高新

---

① 《马克思恩格斯全集》第 46 卷(下),人民出版社 1972 年版,第 211 页。

② 同上书,第 229 页。

③ 《马克思恩格斯全集》第 19 卷,人民出版社 1963 年版,第 375 页。

技术的迅猛发展,使人类进入知识爆炸时代,生产力实现了巨大的飞跃,使人类社会的物质文明、精神文明、制度文明与社会文明也获得了前所未有的进展。这一切无疑是在科学技术起到领先和主导作用基础上发生的。邓小平同志在多年观察、实践、学习和思考的基础上,于1988年9月5日会见捷克斯洛伐克总统胡萨克时,在总结第二次世界大战后特别是20世纪70年代至80年代世界经济和科学技术发展新形势、新经验基础上,明确提出了“科学技术是第一生产力”的观点,“马克思讲过科学技术是生产力,这是非常正确的,现在看来这样说可能不够,恐怕是第一生产力”。①此后在许多场合他不断强调这一观点。如1991年他进一步重申“科学技术是第一生产力”,并为中国科协题词“发展高科技,实现产业化”;②特别是在1992年南方讲话中,再次强调,“经济发展得快一点,必须依靠科技。我说科学技术是第一生产力”,“高科技领域的一个突破,带动一批产业的发展”。③在很多场合他还强调在高科技领域中国在世界上也要占一席之位。

邓小平同志提出“科学技术是第一生产力”的科学论断是对马克思主义生产力学说的继承、丰富和发展,深刻揭示了科技在生产力诸要素中的重要地位和作用。④生产力发展是邓小平理论的核心内容,他认为解放生产力、发展生产力是社会主义的本质。⑤而科技是第一生产力,可见它是核心的核心。

在今天的知识经济时代,其在经济发展中的决定性作用更是有目共睹:它已渗透到社会生产和生活的每一个角落,大大地改变了人类的生产、生活方式以至于思维方式。互联网络基础上的经济全球化使各国间经济联系日益密切,以信息技术和生命技术为核心的现代科学技术给人类社会的发展提供了新的强大的动力。⑥一国的竞争实力取决于其综合国力,而综合国力取决于该国的生产力水平,而生产力水平又根本上取决

① 《邓小平文选》第三卷,人民出版社1993年版,第274页。

② 严家栋主编:《科学技术是第一生产力十讲》,上海人民出版社1993年版,第43页。

③ 《邓小平文选》第三卷,人民出版社1993年版,第377页。

④ 严家栋主编:《科学技术是第一生产力十讲》,上海人民出版社1993年版,序。

⑤ 《邓小平文选》第三卷,人民出版社1993年版,第373页。

⑥ 全国干部培训教材编审指导委员会组织编写:《21世纪干部科技修养必备》,人民出版社2002年版,第1页。

于科学技术的发展水平。今天,“科学技术是第一生产力”不仅被人们普遍接受,而且通过广泛深刻的社会实践更让人们体会到这一观点的真知灼见和远见卓识。习近平主席多次强调:抓住科技创新,就抓住了发展全局的“牛鼻子”;创新是引领发展的第一动力,是建设现代化经济体系的战略支撑;科技是国之利器,国家赖之以强,企业赖之以赢,人民生活赖之以好。中国要强,中国人民生活要好,必须有强大科技。①这些话语足见科技及其创新对当下发展的重大意义。

在当代,更有数不胜数的科学家、学者论述知识、技术对经济发展的革命性的作用,如原中国科学院院长路甬祥指出:当今世界,经济竞争、社会进步、人民富裕和国家安全都高度依赖科技创新。科技已经成为推动引领经济社会发展的主导力量和保障国家安全的核心要素。近现代史表明,科技的重大创新与突破,都会极大地提高社会生产力,乃至改变社会生产方式、人的生活方式,进而改变世界政治经济格局。以大规模耗用自然资源和破坏生态环境为代价的发展模式难以为继,化石能源、原材料价格大幅攀升,环境和全球气候变化等问题日趋严峻,它们强烈呼唤着科技创新与新的科技革命。2008 年国际金融危机以来,世界主要国家都更寄希望于科技创新,培育战略性新兴产业,加速产业优化升级,抢占新一轮国际竞争的先机和优势。②因此,我们要研究科技经济规律,迎接知识经济挑战。

自 20 世纪 70 年代以来,科技进步日渐成为经济发展的决定性因素,“科学技术是第一生产力”开始成为现实,今天世界的竞争已成为以经济为基础,以科技特别是高科技为先导的综合国力的竞争。在这场竞争中,知识所扮演的角色已越来越重要了。例如,1997 年信息高科技产业已超过美国国内生产总值(GDP)的 10%(我国到 2004 年信息产业总值才占国内生产总值的 7.5%③),以信息技术为主的知识密集服务出口总值已接近商品出口总值的 40%,经合组织(OECD)主要成员国国内生产总值的近 50%来自以知识为基础的产业。④

---

① 参见习近平:《为建设世界科技强国而奋斗》,《人民日报》2016 年 6 月 1 日。

② 路甬祥:《迎接新科技革命挑战　支撑可持续发展》,《科学时报》2010 年 3 月 1 日。

③ 我国信息产业快速增长占国内生产总值 7.5%, http://www.chinalabs.com/html/zhongyingshujuku/2009/0410/6070.html。

④ 吴季松:《21 世纪社会的新趋势——知识经济》,北京科学技术出版社 1998 年版,第 2、13 页。

(二) 知识经济概念的历史发展①

20 世纪 50 年代,随着各种科技理论的出现及科技进步对经济发展作用的日显突出,人们对科技作用下的经济模式开始了思索和探讨,并试图说明知识对经济发展的具体和量化的作用。1962 年美国的弗里茨·马克鲁普在其《美国的知识生产和分配》中提出“知识产业”概念。1973 年美国丹尼尔·贝尔的《后工业社会的来临》一书提出“后工业经济”说法,强调了“知识”的重要性;提出“知识技术”一词。1982 年美国经济学家和未来学家约翰·奈斯比特在《大趋势》中提出的“信息经济”,是以新型经济的主要支柱产业命名这种经济的。②1985 年日本界屋太一《知识价值革命》提出“知识价值社会”说法。1986 年英国汤姆·福莱斯特在《高技术社会》中提出的“高技术经济”,准确地以新型经济的产业支柱群体命名这种经济。1990 年联合国研究机构提出了“知识经济”的概念;③同年美国未来学的代表人物阿尔文·托夫勒明确提出人类世界存在着三种基本的“力”(power),即暴力、金钱和知识。随着人类文明的进步,金钱已经不再是万能的,而暴力除了上升为国家暴力的合法暴力外,非法暴力被限制和禁止,只有知识正在成为这三种力量中“质量最高”的力量。他甚至认为知识正在成为土地、经济、劳动和时间的最终替代物。④

知识经济作为一个全新的经济形态,经历了 20 多年的演进,在 20 世纪 90 年代后期才逐步完备定型,这一过程即是一个科学的提炼过程。至 1996 年,由 OECD 发布的《以知识为基础的经济》第一次系统地论述了知识经济的观念、范围和指标体系。⑤此后,1996 年 12 月 30 日的美国《商业周刊》发表一组文章,提出“新经济”概念,指出了一种新型经济已经形成。

---

① 有关知识经济的历史发展也可以参见谢康、陈禹著:《知识经济思想的由来与发展》,中国人民大学出版社 1998 年版。

② 缪其浩:《知识经济概念的由来和现实意义》,载路甬祥:《知识经济纵横谈》,第 41—45 页。

③ 吴季松:《论知识经济》,载路甬祥、汪继祥:《知识经济纵横谈》,科学出版社 1998 年版,第 57 页。

④ 具体内容参见[美]阿尔文·托夫勒:《力量转移:临近 21 世纪时的知识、财富和暴力》,刘炳章译,新华出版社 1996 年版。

⑤ See Organization for Economic Co-operation and Development, The Knowledge-based Economy, General Distribution OECD/GD(96)102.

1997 年 2 月美国总统克林顿又采用了联合国研究机构以前提出的知识经济(Knowledge-Based Economy)的说法。世界银行《世界发展报告》1998 年版定名为《发展的知识》。①江泽民在 1998 年 3 月初会见美国华纳公司总裁时,正式提出:中国将以积极的姿态迎接知识经济。管理大师彼德·德鲁克认为,在知识社会里,知识将成为社会最核心的资本和经营资源。上述概要基本上说明了知识经济大体形成的过程。"知识经济"成为使用频率较高的一个词。

在知识经济时代,美国是起步最早的国家,也是受益最大的国家。20 世纪 80 年代末 90 年代初,美国经济面临着诸多考验,虽然苏联解体了,但美国因为海湾战争使其经济雪上加霜。但 20 世纪 90 年代中后期的信息技术产业,很快使美国走出低谷,经济上迅猛发展,以至于在克林顿任期满后,美国的财政状况是 20 世纪 60 年代以来最好的。就个人而言,比尔·盖茨依靠软件成为巨富,它是知识经济下的成功者。

经济史上,如果说 20 世纪 50 年代的德国奇迹、60 年代的日本奇迹、70 年代的中东石油国家的奇迹及 80 年代韩国奇迹等多是靠传统发展模式如充分挖掘资本、劳动力和自然资源等优势发展起来的话,那么 90 年代的美国奇迹——持续增长 106 个月低失业、低通胀、高出口、低赤字、高股指、高新技术产业高速发展、社会高度信息化——则主要是依靠知识经济;其发展的动力来自高科技的创新,而其产业发展的基础主要由传统经济变为高新技术经济,即以芯片、计算机、手机、互联网技术和其他信息技术等为核心的经济;这些造就了美国神话。政府从放任"贸易自由"到有所节制地"管理贸易",既是由于传统自然资源的稀缺导致政府管理出现的必然性(如反倾销、反补贴、并购过程中的政府控制等),也是由于知识经济依赖的高新技术需要政府的规划、协调及对基础研究、共性知识的投入等,以为知识经济提供发展的充足动力。传统的经济发展模式是重视资源、资本投资,知识经济模式是重视"智力投资";社会分工从细化到网络化、个性化的变化也反映了知识经济发展的一个趋势。

客观地说,中国改革开放 40 多年的发展也主要依赖知识经济和科技发展等带来的红利和机会,尽管这种发展与我们的预期仍有差距,但它已经将中国推上一个较高的平台,我们必须在这个更高的平台上进

---

① World bank, Knowledge for Development-World Development Report 1998 Annotated Outline, 1998.

一步创新和依赖科技来实现中国未来发展的基本目标：从二〇二〇年到二〇三五年，在全面建成小康社会的基础上，再奋斗十五年，基本实现社会主义现代化；从二〇三五年到本世纪中叶，在基本实现现代化的基础上，再奋斗十五年，把我国建成富强民主文明和谐美丽的社会主义现代化强国。①

三、知识经济的定义、特征及其与经济全球化

虽然有人认为知识经济并不是一个严格的经济学概念，但不可否认它已经是一个被很多人认可的、且在广泛使用的、具有一定影响力的概念。然而，人们对其定义却至今并无一个统一的认识，尽管都认为知识是其不可缺少的讨论部分。我们认为先对“知识”一词进行分析界定，然后在众多的定义中得出我们认为较为可接受的定义，以为后文的讨论准备；在此基础上，我们再分析知识经济的特征。

(一) 知识和知识产品的定义和特征

1. 何为知识？

中国农业经济时代，作为当时被认为最为有用的“知识”四书五经②能直接促进农业经济的发展吗？工业革命时代，特别是起步阶段，从事艺术工作的人员及后来的电影电视演员、导演等有今天的这些从业者富有吗？答案是否定的。同样，在今天，从事农业生产者，很多工业知识、电影电视及其他艺术知识对他们而言也可能是无用的。为弄清楚“知识经济”的含义，我们先要了解其中的“知识”到底为何意？它与科学、技术有着什么样的关系？

关于知识的定义同样分歧较大，难以统一。有人认为知识是用于解决问题的结构化信息，或是决策的、经过整理的易于理解和结构化的信息，或是被认为能够指导思考、行为和交流的正确和真实的洞察、经验和过程的总集合，或是从信息中推导得来，能够积极提升绩效、疑难解决、决策、教、学等方面的集合，或是对事实或思想的一套有系统的阐述所提出的合理判断或经验性结果。知识包含真理和信念，观点和概念，判断和展

---

① 习近平：《决胜全面建成小康社会　夺取新时代中国特色社会主义伟大胜利》，《人民日报》2017 年 10 月 28 日。

② 科举时代下的“万般皆下品唯有读书高；书中自有黄金屋，书中自有颜如玉”等经典名句中“书”主要是指四书五经。

望,方法和诀窍。①

据我国《辞源》中的解释,知识是指人对事物的认识;《辞海》中将其解释为人们在社会实践中积累起来的经验,从本质上此知识属于认识的范畴。李德顺《价值论》一书将知识定义为"是我们对于被意识对象本身的了解,包括对它的视、听、嗅、味、触等知觉和印象、表象、经验、概念、理解、描述等"。毛泽东《整顿党的作风》指出:什么是知识,自从有了阶级的社会存在以来,世界上知识只有两门:一门叫阶级斗争知识,一门叫生产斗争知识。自然科学、社会科学就是这两门知识的结晶。哲学则是关于自然知识和社会知识的概括和总结。《中国大百科全书·教育》(1993)认为:"所谓知识,就它反映的内容而言,是客观事物的属性与联系的反映,是客观世界在人脑中的主观映象。就它的反映活动形式而言,有时表现为主体对事物的感性知觉或表象,属于感性知识,有时表现为关于事物的概念或规律,属于理性知识。"从这一定义中我们可以看出,知识是主客体相互统一的产物。②布卢姆在《教育目标分类学》中认为知识是对具体事物和普遍原理的回忆,对方法和过程的回忆,或者对一种模式、结构或框架的回忆。

一般认为:"知识为人们在改造世界的实践中所获得的认识和经验的总和,是人类的认识成果。知识是以人为主体对客体(客观事物)认识活动的结果;它表现为两种形态:一种是以经验、理解、表象、印象以及语言所表述的思想内容;另一种是以客观存在的图书、杂志、图表等文字形式表现出来的书面内容。还有学者根据知识形成过程中的不同层次,将知识分为四类:数据(原始资料,未经处理)、信息(消息,初步处理,不规范、片面和表面的、仅有外部联系)、知识(学识,经过仔细处理,规范、深入、较全面的,有内部联系)及理论(系统的知识、经过提炼,全面、系统、有规律性的)。"③

我们认为上述有关对知识的理解都有合理因素,但对于解释"知识

① 参见"知识的定义",http://www.baoku168.com/guanli/zhishi/fuwu/dingyi.htm。

② 汪春编:"知识与数学知识",http://learning.sohu.com/20060331/n242556578.shtml。

③ 参见吴季松著:《知识经济学:理论、实践和应用》,北京科学技术出版社1999年版,第5页。

经济”中的“知识”不能起到根本性的作用。理解知识经济中的“知识”时应注意区分“知识”与“信息”①，应从“是什么、为什么、如何做和属于谁的”四个角度来进行，即关于某个或某些事实、现象方面的知识（Know-what），产生该类事实、现象或该类事实运作原理和规律方面的知识（Know-why），该类事实、现象运作的方式（包括技术、技能、技巧和诀窍等）方面的知识（Know-how）和对社会关系的认识，即这些知识由谁掌握和支配（Know-who），以便可能接触他们并有效地利用他们的知识，它们是关于管理的知识和能力。②知识的范围远大于信息，“Know-what”和“Know-why”是知识的一部分，它们构成信息的核心内容，而知识经济中的“知识”更强调最可能成为适宜于发挥经济生产功能的“市场商品”或“经济资源”的内容，即“Know-how”和“Know-who”。③因此，知识经济中的“知识”应指由特定主体掌握和支配的、能够产生积极经济效果的关于特定事实、现象及其运作规律、原理和运作方式的特定经验和创新的认识与信息的总和。这一定义不限于人类对特定的已经存在的事实、现象的认知和人类已有经验的积累，还包括现实中没有出现但基于现有现象、事实认知而创新出来的知识和信息。

在理解知识的含义时，有必要把作为人类社会共同财富的知识与作

---

① 关于“知识”与“信息”的关系，不同的人有不同的看法，有人认为“知识”的范围大于“信息”，有人认为“信息”的范围大于“知识”。本书认为，关键看如何界定这两个概念。(1)从本体论的角度看，“信息”的范围大于“知识”。该论认为信息为事物存在的方式和运动状态的表现形式；这里的“事物”泛指存在于人类社会、思维活动和自然界中一切可能的对象；“存在方式”指事物的内部结构和外部联系；“运动状态”则是指事物在时间和空间上变化信息的载体所展示的特征、态势和规律。知识是人对客观世界的认知，几乎无所不包，当然也包括对信息的认知；但有些信息可能无法被认知，但也客观存在。这样看来，信息的范围似乎大于知识。(2)从认识论的角度看，信息是主体所感知或表述的事物存在的形式和运动状态；主体所感知的是外部世界向主体输入的信息，主体所表述的则是主体向外部世界输出的信息。这种信息通常所说的是“什么”或“为什么”，但不涉及“知道怎么样”或“知道谁”等。故知识的范围大于信息。本书持第二种观点。当然，也有学者认为两者不能简单地做出这样的对比；它们属于两个不同的范畴。

② 参见雷家骕、冯婉玲编著：《知识经济学导论》，清华大学出版社 2001 年版，第 2 页。

③ Organization for Economic Co-operation and Development, The Knowledge-based Economy, General Distribution OECD/GD(96)102, p.12.

为个体头脑中的知识区分开来。前者是客观存在的,但后者中许多并不是客观现实本身,而多是个体的一种主观表征,即人脑中的知识结构,它既包括感觉、知觉、表象等,又包括概念、命题、图式,它们分别标志着个体对客观事物反应的不同广度和深度,这是通过个体的认知活动而形成的。一般来说,个体的知识以从具体到抽象的层次网络结构(认知结构)的形式存储于大脑之中。①有人将知识分为有用知识和无用知识。有用知识是指具有转化为实际应用潜力的知识,它包括反映自然现象和规律的知识和具有指令性或指导性特征的知识,即教人如何做的知识,亦即技术。②这种分类有一定的道理。"知识经济"中的知识主要是指有用的知识。

根据知识外显程度的不同,把知识分为显性知识和隐性知识得到理论界和学术界的广泛认可。显性知识是指可以用书面语言、图表、数学公式表达出来的知识,通常表现为产品外观、文件、数据库、说明书、共识和计算机程序等形式;而隐性知识则是指高度个人化的、与实践相关的、难以清晰表达的知识,通常以个人经验、团队的默契、技术诀窍、组织文化等形式存在。③简言之,隐性知识,就是高度个性化而且难于格式化的知识,主观的理解、直觉和预感都属于这一类。显性知识,就是"能用文字和数字表达出来,容易以硬数据的形式交流和共享,并且经编辑整理的程序或者普遍原则"。

知识与科学、技术之间的关系:科学、技术是知识中最为重要、最为核心的内容之一;科学是关于某一领域、某一学科的概念、原理、规律等系统化了的知识,而技术是科学原理、规律在现实生产、生活等中的具体适用的方案等。我们认为,科学、技术是"知识经济"中"知识"最为根本和重要的部分。

2. 知识产品的定义及其分类

知识产品(knowledge products)是人类在认识自然、改造自然和社会实践过程中,通过付出脑力劳动,依靠已经掌握的知识及自己的智力等要

---

① "知识",http://baike.baidu.com/view/8497.htm#sub8497。

② 参见[美]莫基尔:《雅典娜的礼物:知识经济的历史起源》,科学出版社 2011 年版,第 4 页。

③ 参见中国行政管理学会公共管理研究中心等编著:《知识经济学教程》,中国传媒大学出版社 2005 年版,第 3—4 页。

素进行创造性活动而产生的成果，它可以是以一定形式表现出来的一种自然科学、社会科学的成就，①如学术专著、论文等，也可以是以特定财产权利形式存在的成果，如企业商誉、商标、专利、版权、计算机软件及商业秘密等。它是创造性活动成果，是某一领域的系统知识，能够满足人们的精神需要和物质需要；借助于特定的载体表现出来；商品经济条件下为一种商品：独立出来，具有价值和使用价值。知识产品进入市场后，一般不会以完全的实物形式表现，而要通过对知识的转化和运用，将知识物化在某种载体上，才能获得经济效益。

根据知识产品的表现形式，我们可以将其分为两大类，即硬知识产品和软知识产品。②前者是指有形的，看得见、摸得着集中了大量科技知识而形成的产品，如信息科学技术产品（手机、电脑、网络宽带产品、IP phone 等）、生物技术产品（如生物芯片、新药品）、新材料产品（高分子热缩材料、电子陶瓷材料、双向拉伸膜片材、改性高抗冲聚苯乙烯、金属纳米粉末、有机硅材料、锂电池电极材料等主要产品）、航天科学技术产品等。对于其界定，张守一教授认为，知识对任何一种新产品的贡献率超出了50%，就是知识产品。这种观点有一定的道理，因为在新产品的研制过程中，知识创新应起主导的作用，无创新即无新产品；当新产品可以批量制造后，在生产过程中没有增加新知识，原有的知识价值被分摊到许多产品上，知识对这些产品价值的贡献率比之批量生产前有所下降。但该类产品的知识创新过程不会停止，在新一代产品问世后，较前一代产品而言，其技术处于领先水平，知识的贡献率要高于 50%，它在淘汰旧产品时，也面临着被下一代产品替代的危险。所以，高科技领域的产品的知识创新、产品更新换代速度较传统产品快，原因在于它们受到其内含的知识贡献率要长期保持较高份额的压力和外在的市场竞争对手的压力。③这些产品，我们也可称之为知识密集型产品。

软知识产品是指不以有形体表现其价值的智力成果，有形体只是其价值的载体，真正的价值在于无形的知识本身。这类知识包括：科学思

---

①　高洪深编著：《知识经济学教程》（第四版），中国人民出版社 2010 年版，第 28 页。

②　下述内容可参见李富强等编著：《知识经济与知识产品》，社会科学文献出版社 1998 年版，第 2—12 页。

③　参见“知识产品”，http://baike.baidu.com/view/861557.htm#sub861557。

想、理论、文化艺术、管理方法、工作经验等,在满足一定条件下它们可以被大量复制满足社会需要,也可以在运用中不断改进和完善;硬件产品运行的技术原理、方法、路线及有关产品的设计方案、配方(如可口可乐的配方、中药的祖传秘方等)、计算机程序等;市场服务机构提供的咨询服务业务,如会计师事务所、审计事务所、律师事务所、资产评估事务所等所提供的咨询意见和报告等。①虽然上述三类知识产品离不开物质载体,但就价值而言,物质载体只具有形式的外在价值,其贡献率可忽略不计,主要价值是知识本身。

根据知识产品内容的不同,我们可以将其分为文化产品、科技产品和咨询服务成果等。前者可以包括民间文学艺术、历史典籍、出土文物、小说诗歌散文、剧本、电影电视、歌曲、相声、小品、棋谱、绘画、书法、雕刻及各种各样的学术论文和专著等,②而中者包括技术原理、新技术、新工艺、新配方、计算机软件、设计方案、窍门、点子和高新技术如生物技术、药品技术、电子和微电子技术、计算机技术、3D 打印技术、人工智能技术、区块链技术、空间技术、新材料、新能源技术(含核能技术)、激光技术、海洋开发技术和有益于环境技术等。后者包括各种市场服务机构提供的智力成果,如会计师事务所、审计事务所、律师事务所、资产评估事务所及有关管理等关咨询机构提供的涉及财务、审计、法律、资产评估和企业的制度、组织、管理创新成果和战略等方面的意见。当然有人用最简单的分类方法,将其分为自然科学和哲学社会科学的研究成果,其中后者可以包括软科学的研究成果等。

3. 知识产品的特征

知识产品具有以下特征③:

(1) 知识产品作为商品,主要以非实物形式存在(无形性),其内容可以无形方式存在于人们脑中,但均以一定的有形载体(如光盘、磁盘、书刊等)表现:知识产品一旦被授予特定权利,权利人可以通过无限的复制获取巨额利润。对于硬知识产品而言,物化了的知识仍具无形性,不过此时

---

① 参见"知识产品",http://baike.baidu.com/view/861557.htm#sub861557。

② 有关文化产品的详细论述可参见于平:《文化产品及其相关范畴再论》,《艺术百家》2010 年第 6 期。

③ 该部分内容参阅"知识产品"(http://baike.baidu.com/view/861557.htm#sub861557)的有关论述。

的载体就是产品本身。对知识产品生产者来讲,他出售了知识产品不等于他就失去了知识,除非他将知识的所有权一道转让出去。对于买方,购得了知识产品,并没有直接得到经济利益,而是要经过一定的转化形式才能获得利益;如果不运用、不转化以创造经济利益,则永远只会以静态的形式存在。而且多数场合,他所购得的只是知识产品的使用权,而非所有权。

为形象说明知识的可复制性,我们看下面一个英国的幽默故事。

查尔斯巧致歉意

牛津大学有一个年轻人,大家都认为他有点诗才。一天晚上,他在自己房间里给一些朋友朗诵他的一首诗。这首诗颇受赞赏。但是当朋友们告辞后,有一个叫查尔斯的朋友说:"艾尔弗雷德的诗,我非常感兴趣,不过,他是从一本书中偷窃来的。"

这话传到了艾尔弗雷德的耳朵里,他非常恼火,要求赔礼道歉。"嗯,"查尔斯说,"我很少收回说过的话,不过这一次,我承认是我错了。本来我以为,艾尔弗雷德的诗是从那本书里窃取的,但我回到房间查了一下那本书,发现那首诗仍然在那里。"①

(2) 知识产品作为商品具有潜在的效益和使用上的不可消耗性。②知识产品作为商品本身不能直接发挥作用,不能自动产生效益。如需产生经济效益,它还要经过知识劳动者通过一系列的应用实验等活动将知识产品潜在效益挖掘出来;而且有时,作为知识产品,未必一定能创造出经济效益。由于无形,它可以以各种形式、多数量地重复存在;由此在使用时,不会因使用的次数等而出现损耗等现象,与一般物品不同,它具有永久的耐用性(人类流传至今上千年的知识,特别是经典书籍就是说明);而人类史上任何有形物品没有哪一个能如此。而且知识产品在使用过程中能够创造出更多的价值,人们可在使用中学习、进步,创造出新价值等。

(3) 知识产品作为商品的可复制性使其应用具有广泛的可传播性、可扩散性和共享性。无形性使之借助各种载体,由近及远,扩散和传播于他人,扩大知识的影响和生产;知识产品具有公共物品的性质,即在使用

① 引自李林之、胡洪庆主编:《世界幽默艺术博览》,上海文化出版社1990年版,第164页。

② 参阅朱丽兰:《知识经济的兴起和挑战》,载路甬祥、汪继祥:《知识经济纵横谈》,科学出版社1998年版,第3—22页。

和消费上有非排他性,不影响他人的使用,它可以为很多人分享;进入公有领域的知识,任何人都可以拥有。这意味着,一个人对知识产品的消费或者确切地说是使用,并不减少或排斥他人对该产品的使用。知识产品是"一人创造,数人受益"的财富,而且使用的人越多,范围越大,其社会效益就越大。知识产品的这种公共性质被认为是对知识产权进行适度保护的依据。

(4) 知识的总体价值远大于部分之和。各种相关知识(如数学、物理、化学、生物学、天文学等)的结合,会产生数倍于各单个学科所产生的价值之和。高新技术领域的诸多产品均是跨学科知识的产物;但人们将各知识融合到特定的物质产品中后,会使该产品的价值倍增,产生乘数效应。知识产品是通过脑力劳动而创造出的产物,它在形成的过程中继承了大量前人沉淀和累积的脑力劳动和创造性劳动的成果。而且它在传播、扩散的过程中,被人们不断消化、吸收,被重新加入新的脑力劳动中;知识进入生产过程中后,过去积累的与现时创造的成果均会融入物质产品中,使本来价值一般的商品价值大增。如芯片是信息技术行业的基本材料单元,其元素主要是硅,在地球上存量非常大,沙子是代表,它几乎没有什么价值,但信息技术发展后,硅的价值得到了极大的体现。相关知识之间的在运用中相互影响、相互补充、相互促进(如引进技术方面的专利技术和专有技术之关系),①共同推动某一知识体系的形成和发展,进而在更大规模上形成价值,推动人类文明进程。

(5) 知识产品作为商品,其生产具有质和量上的不平衡。有些知识产品容易商品化,如实用技术、商标、软件等;有些知识产品不易商品化,如基础理论科学、人文社会科学、宗教知识等。知识产品商品化程度的高低取决于满足人们物质和精神需求程度。越是能直接满足人们需要的知识,其商品化程度就越高,反之亦然。直接满足人们文化需要的知识可称为消费性知识;而作为生产知识和物质产品的要素并入生产过程的知识可称为生产性知识。因此,生产性知识又可细分为生产知识的知识和生产物质产品的知识。生产知识的知识属间接满足人们需要的知识,其商品化属性最弱;生产物质产品的知识虽然也间接满足人们的需要,但它可并入生产过程,成为满足人们物质需要的因素,其商品化属性较强。消费

① 有关内容参见马忠法:《技术标准与技术许可之关系探究》,《电子知识产权》2007年第10期。

性知识直接满足人们的文化需求，其商品化属性应该说是最强的。可见，从生产知识的知识、到生产物质产品的知识，再到满足消费的知识，其商品化程度呈递增趋势。对于容易商品化的知识产品，其生产的速度和质量会高于不易商品化的基础理论、文化产品和宗教知识等。当然在物质文明发展到一定阶段后，文化产品、基础理论等的重要性和价值将日显突出。

(6) 知识产品作为商品具有寿命周期的不稳定性。在知识经济时代，随着知识的增长速度的加快，多数知识产品(尤其是高科技产品)的寿命越来越短，其被替代的速度也在加快。新知识产品替代原有知识商品一旦出现，旧知识商品就将被淘汰出局。

(7) 知识产品的生产具有不可替代性。一般而言，由于知识产品生产的劳动个体的差异性，知识产品中的不确定性和非程序性，使知识产品生产的投入与产出在不同的劳动个体之间不具有可比性和可替代性，也使得知识产品的估价具有一定难度。

当然，知识还具有获取的无法被剥夺等特征，一旦知识被他人窃取，是无法要求对方返还的，①充其量是限制对方不能使用，而且，要求返还意义也不大；这与一般有形财产被盗走后可以要求返还完全不同。这一特征，成为人们强调知识产权保护采取不同于一般财产保护的一个重要理由。

(二) 知识经济的定义及特征

1. 知识经济的定义

"知识经济"(knowledge economy-Clinton，或者说 knowledge-based economy)概念的提出源于对知识和技术在经济增长中作用的充分理解，它很好地把科学、技术和经济紧密地联系起来。

知识经济的定义很多，它们的共同之处都在于强调知识在经济发展中的决定性作用，经合组织(OECD)《以知识为基础的经济》将知识经济界定为"建立在知识和信息的生产、分配和使用上的经济"②。有学者综合比较 40 多年来关于知识经济的各种提法，认为知识经济比较确切的定义是"以智力资源的占有、投入和配置，知识产品的生产(产生)、分配(传

① See Ove Granstand, *The Economics and Management of Intellectual Property: towards Intellectual Capitalism*, Edward Elgar, 1999, p.25.

② Organization for Economic Co-operation and Development, The Knowledge-based Economy, General Distribution OECD/GD(96)102, p.7.

播)和消费(使用)为最重要因素的经济”①,本书认为该定义较为准确。这里的智力资源意指含人才、信息、知识、技术、决策和管理方法等,知识产品是指知识含量高、技术含量高、附加值高的高技术产品和服务,其扩大再生产不依赖于稀缺自然资源消耗的增加和环境污染的加剧。②通过对知识经济发展的历史考察,在前述定义的基础上,我们可以将知识经济定义为:以知识的生产和传播为基础,以变革、创新为灵魂,以高新技术产业为主导,以可持续发展为目标的经济;它是在再生产过程中主要依靠脑力劳动或新型劳动利用高科技劳动资料创造价值与财富的经济。

2. 知识经济的特征

知识经济是人类生产力、科技发展及其激烈竞争的必然产物。在现代社会,科学技术的生产(研究和开发)和传播(教育、培训)已经成为经济发展的增长的核心。其特征有:

(1) 以数字化信息革命为推动力量。③人类社会从农业经济向工业经济发展的推动力量,是蒸汽机技术和电气技术。它们促使代替手工作坊的工厂化生产方式与公司化生产方式的出现,促进规模经济的发展。知识经济的推动力量则是20世纪90年代后期出现的电子化、数字化信息革命。随着社会规模上的数字化、网络化、信息化大趋势,再一次改变了人类的生产、工作和生活方式。

(2) 以可持续开发和可共享的知识作为主要资源,即以智力资源为经济发展的主要投入。④前文已述,从资源配置来划分,人类社会经济的发展可以分为劳力(体力)资源经济、自然资源经济、智力资源经济等三类。农业经济主要以劳力(体力)资源经济为基础,工业经济是以稀缺的自然资源为物质基础的,而知识经济则是可以持续开发的知识智力资源为前提,是以知识、信息等智力成果为基础构成的无形资产投入为主的经济,无形资产成为发展经济的主要资本,企业资产中无形资产所占的比例

---

① 吴季松:《知识经济学》,首都经济贸易大学出版社2007年版,第13页。

② 吴季松:《知识经济学:理论、实践和应用》,北京科学技术出版社1999年版,第54—55页。

③ 该部分内容可以参见袁正光:《知识经济的基本特征》,《科技日报》1998年5月9日。

④ 参见吴季松:《知识经济学》,首都经济贸易大学出版社2007年版,第14页;高洪深编著:《知识经济学教程》(第四版),中国人民出版社2010年版,第44页;单志刚:《知识经济概论》,中国传媒大学出版社2006年版,第52—53页。

超过 50%。知识经济是以人才和知识等智力资源为资源配置第一要素的经济，节约并更合理地利用已开发的现有自然资源，通过智力资源去开发富有的、尚待利用的自然资源。知识经济无形资产的核心是知识产权。

（3）以知识和信息作为主要产品，劳动力结构发生改变。工业经济时代的代表性产品是物质产品，大多数物质产品都具有易损、排他、不可变换等特性；而知识经济时代的主要产品是无形的、可共享、可转换的知识或信息产品。劳动力结果方面，据统计，工业经济时代，直接从事生产的工人占劳动力的 80%；而知识经济时代，生产工人的比例将降到 20%以下，从事知识生产和传播的人将占 80%以上。①

（4）以知识和信息服务行业为主导产业。②工业经济时代占主体地位的是第二产业，即制造业；而知识经济时代则是制造业和服务业逐步一体化，而且服务业将占越来越重的地位，特别是提供知识和信息服务的行业将成为社会的主导产业。以至于"数字经济""网络经济""虚拟经济"将逐渐成为知识经济时代的新特点。所以，知识经济时代知识产业化是其最典型的特征之一，高新技术技术创造了新经济。利用知识、信息、智力开发的知识密集型产品所带来的财富，大大超过传统技术创造的物质财富，成为创造社会物质财富的主要形式。

（5）以收益和规模报酬递增为原则。③在工业经济时代，按照经济"增长函数"，资本和劳动力两者的投入必须按比例进行，否则就会出现资本投入过多，造成"收益递减"。而知识经济则表现为"收益递增"，即知识资本的投入打破了"收益递减"的原则，而是按照规模和收益递增的原则促进经济的发展。知识生产率取决于知识的开发与传播，含研发、教育、培训等。

（6）以知识的研究、开发和创新为管理的重点。④工业经济时代管理的重点是生产，核心是提高劳动生产率，政策的目标在于促进资源的有效

---

① 参见高洪深编著：《知识经济学教程》（第四版），中国人民出版社 2010 年版，第 45 页；袁正光：《知识经济的基本特征》，《科技日报》1998 年 5 月 9 日。

② 参见柳卸林：《知识经济导论》，经济管理出版社 1998 年版，第 18—19 页；单志刚：《知识经济概论》，中国传媒大学出版社 2006 年版，第 50 页。

③ 参见高洪深编著：《知识经济学教程》（第四版），中国人民出版社 2010 年版，第 46 页；袁正光：《知识经济的基本特征》，《科技日报》1998 年 5 月 9 日。

④ 可参见雷家骕、冯婉玲编著：《知识经济学导论》，清华大学出版社 2001 年版，第 40—56 页。

配置;而知识经济时代的重点是知识的生产和开发,以及掌握知识的人的培训,政策的核心在于通过有效的措施激励创新。

(7) 以非标准化和分散化的生产为主要形式。①工业经济时代的生产方式是标准化、专业化和社会化。知识经济时代的生产方式却是非标准和分散化,即小批量、多品种、高效率。同时,职工通过计算机网络,在家里或分散的地方进行个别生产。欧美正在流行的 SOHO,就是"小办公室"或"家庭办公室"的生产方式。在知识经济时代,生产的个性化特征日趋明显,它与工业经济时代的规模化、标准化形成鲜明的对比;如 3D 打印技术使产品的个性化特征十分明显,它可以生产出满足任何个性化需求的产品。

(8) 社会主体和分配方式改变。工业经济时代工人阶级是社会的主体;知识经济时代,知识分子将成为社会的主体。工业经济时代的报酬分配主要按"岗位工资制";知识经济时代将过渡到按"业绩报酬制",人们凭各自的业绩在市场中获得自己的"价格",每个人都是经济的主体。②

(9) 以经济的可持续发展为目标。③知识经济重视经济发展的环境效益和生态效益,它采取的是可持续化的、从长远观点有利于人类的发展战略。在知识经济时代,注意处理知识、环境和频发问题,节能低碳技术创新将成为该时代最有发展潜力的知识领域。

(10) 知识经济社会,强调知识面前人人平等。人们的智商差别不大,成为智者或愚者的因素主要在于后天的环境和培养;富人受到的教育机会多些,但随着全民教育的普及,机会将日益均等,知识的取得将取决于自身的努力。知识经济为人们的平等创造的机会较农业经济、工业经济较多。④

其他学者认为知识经济的特征有:社会知识化,生产者劳动智力化,经济发展可持续化,资产投入无形化,支柱产业高新技术化,经济决策与

---

① 袁正光:《知识经济的基本特征》,《科技日报》1998 年 5 月 9 日。

② 王永杰、冷伟编著:《创新与知识经济》,西南交通大学出版社 2005 年版,第 30 页。

③ 参见吴季松:《知识经济学》,首都经济贸易大学出版社 2007 年版,第 14 页;单志刚:《知识经济概论》,中国传媒大学出版社 2006 年版,第 56 页。

④ 农业社会的信条是"力量面前人人平等";工业社会遵循的是"竞争/法律面前人人平等"。参见吴季松著:《知识经济学:理论、实践和应用》,北京科学技术出版社 1999 年版,第 67 页。

管理知识化，市场观念现代化（如网络经济、电子商务盛行等），世界经济一体化，价值取向多元化，社会组织信息网络化及信息、技术、资金、市场、人才等的网络化等；①或知识经济的特征如下：科技的发展和积累带来了经济利益的同时也变得日趋复杂、多元化、成本高昂且受制于私人公司特别是大公司，经济增长的源头相对来说从物质（有形）形态逐渐转向非物质形态（无形），资本主义意识形态（如市场、公司、私人财产权等）随着苏联的解体而得到进一步强化、取得了主导地位并构建了当今的经济秩序，国际化和全球化日趋明显，政治、经济和管理上日趋复杂的多极世界开始出现和新信息与通信技术大规模地出现等。②此外还有其他一些学者对知识经济特征的不同认识，如袁正光认为知识经济具有经济动力、产业内容、效率标准、管理重点、生产方式、经济学原理等九点变化。③这些学者论及的特征大体上与本书前述的特征大同小异；如果有所不同，可以看作是前文所述特征的补充；不过对西方学者所说的市场经济是资本主义的专有品并把它看作是知识经济的重要特征，我们可以持批评态度。

（三）知识经济与经济全球化

经济全球化、政治多极化、文化多元化和信息网络化是 21 世纪的基本特征。全球化——世界范围内日益成长的经济和社会一体化，或物品、服务、人员、技术和资本在世界范围内的流动——成为过去几年国际经济中争论最为热烈的话题之一。然而，不论人们观点如何，在知识经济背景下，经济全球化是一种不可避免、不可逆转的客观事实，并将继续发展下去。

经济全球化是一个历史发展过程，是人类创新和技术进步的结果，④至今还没形成统一的定义；它实质上等同于自由资本主义时期的国际化，经历百年的发展，才自 20 世纪 70 年代起被普遍使用，用之来形象地反映出技术的发展使国际交易——贸易和资金流通——变得更为快捷和容易

① 参见吴季松著：《知识经济学：理论、实践和应用》，北京科学技术出版社 1999 年版，第 58—62 页。

② See Ove Granstand, *The Economics and Management of Intellectual Property: towards Intellectual Capitalism*, Edward Elgar, 1999, pp.3—4.

③ 参见高洪深著：《知识经济学教程》（第五版），中国人民大学出版社 2015 年版，第 42—46 页。

④ See "What is Globalization?", http://www1.worldbank.org/economicpolicy/globalization/.

这一事实和仍在延续、拓展的趋势:它意味着人类在各层次经济活动中已经运行了若干世纪的市场力量在技术的作用下超越了国界,把地球变成了一个更为紧密的村庄。

1. 知识与经济全球化

知识领域中最为核心的内容——高新技术——的发展,缩小了空间、时间的距离,为世界经济全球化创造了前提条件。

全球化不是新鲜事物,早在1848年《共产党宣言》就指出:“由于世界市场的开拓,资产阶级使一切国家的生产消费都成为世界性的了”……“由于一切生产工具的迅速改进及交通的极其便利”,它把各民族都卷到资产阶级文明中,并“迫使它们——如不想灭亡的话——采用资产阶级的生产方式……”①这些成为早期全球化的客观写照。后来随着国际分工和交换迅速发展,20世纪初列宁考察帝国主义阶段情况后指出:“人类的整个经济、政治和精神生活在资本主义制度下已经愈来愈国际化了。”②

但今天的全球化由于知识的作用比他们描述的发展要快,涉及的范围广而且深入,因为它随着交通、通讯、能源、电信等新技术,特别是信息技术的出现而加快了步伐。③“广”指除了传统生产要素外,技术、文化、制度等也相互影响、相互吸收,影响人们生活的每一部分;“深”指货物、资本、人力等的国际化借助于技术之威,在全球各地进行本地化,将各种要素进行巧妙结合,不仅在生产领域,而且在技术领域利用当地人力进行本地化开发(而成果却不归东道国所有),从而通过技术从市场的源头加深全球化。

国际化的加速始自二战以后,发达国家在市场力量的推动下,依赖逐渐建立它们主导的国际组织和制度,④在全球大力推进经济、贸易和金融自由化,它们之间贸易往来和相互投资获得巨大发展,跨国公司成为世界经济增长的发动机;大批发展中国家的独立及进入国际经济体系,使各国处于全球经济网络之中。20世纪70年代,两极世界日趋松动,在电信、

---

① Karl Marx & Frederick Engels, *Manifesto of the Communist Party 1848*, http://www.anu.edu.au/polsci/marx/classics/manifesto.html.

② 《列宁全集》第23卷,人民出版社1990年版,第332页。

③ http://canadianeconomy.gc.ca/english/economy/globalization.html.

④ 如联合国与联合国宪章、国际货币基金组织及其相关的文件和关贸总协定等构筑了利于它们的未来世界发展的组织和制度保障。

交通等领域技术的突破性发展和生产商在超越国界寻求更多利润渠道的强烈欲望推动下，市场全球化趋势开始云涌，许多人认为有必要对本国新的外国竞争者进行反击，反击的办法就是进入它们的国内市场，①由此全球化进入第二个加速期。20 世纪 90 年代在苏联解体后，多极化趋势日显，伴随着新科技的雨露春风，经济全球化大大提速，②以计算机和网络技术为核心的新科技革命迅猛成长，缩小了各国和各地区的时空距离，推动了金融、贸易、投资、生产的全球化发展，世界经济逐渐融为一体；这些让空间失去了意义，使人类社会发展到一个新阶段。

经济全球化是指二战特别是 20 世纪 70 年代以来，商品（货物和服务）及生产要素（原材料、人力、技术和资本）在世界的自由流动，通过流动使资源在全球或地区范围内优化组合、统一配置，从而使全球经济形成一个不可分割的有机整体的发展进程，它是国内国际化和国际国内化之互动和转换；它是资本主义世界性发展的产物，至今仍以资本主义为主导，③但已成为人类共享、共建的事物，而且人类追求、探索的本性及存在的无限创造力不可能让其戛然止步。经济全球化不仅指有形商品、资本的流通，更重要的是知识、信息的流通；以知识产权转让、许可为主要形式的无形商品贸易大大发展。各国综合国力的竞争在很大程度上转化为人才、知识、信息的竞争，集中表现为知识产权的竞争。全球化的经济与知识产权战略密切联为一体。其显性表现是，经济资源跨越国界的流动和配置，各国经济相互依赖程度日益加深，合作日益加强，整个世界各种经济活动相互渗透、交叉；表现为资源和商品生产过程的国际化，外国消费者、投资者、跨国企业、国际金融和贸易组织对各国经济发展的影响力不断扩大，一个产品可能涉及几个甚至十几个国家的生产者和设计者；在一国市场上可以买到几乎所有国家的商品或服务。其隐现的内容体现在：各国产业结构调整在全球范围内进行，发达国家集中精力抓高附加值、节

---

① William Keefauver, The Need for International Thinking In Intellectual Property Law, IDEA: *The Journal of Law and Technology*, 1996, 37 IDEA 181.

② 尽管该词不是最新的发展，但其随着新技术特别是电信领域技术的发展而加快发展速度。See "*Economic Concepts—Globalization*", at http://globalization.about.com/gi/dynamic/offsite.htm?zi=1/XJ&sdn=globalization&zu=http://canadianeconomy.gc.ca/english/economy/globalization.html.

③ 《经济全球化与中华振兴》，http://dj.qetdz.gov.cn/lilun/lilunxuexi17.htm。

能、环保的产业,如金融、保险等高端服务业和高科技产业,而穷国则从事生产、制造、装配、加工等低附加值、劳动密集、高能耗重污染的行业,蓝、白领分工进一步明确。

2. 知识经济背景下的经济全球化特征

知识经济背景下的经济全球化的典型特征是知识贯穿于其整个发展历程中,具体可以描述为:

(1) 它以技术进步和创新为发展的动力和催化剂。科技进步,尤其是信息技术的进步既为经济全球化的形成提供可能性,又构成其发展的核心和当然内容。①信息技术降低了企业的远距离成本控制;多媒体技术的发展与因特网的诞生,使任何有能力进行全球扩张的企业的活动范围都可达全球各地。创新构成了当今时代的特征,新产品、新制度、新技术的发展速度为以往任何时代所无法比拟,它们加速了全球化进程。技术本身让世界连到一起,网络本身无国界诠释的全球化含义,而且其自身也构成了经济全球化的特征。

(2) 生产全球化是经济一体化进程的基础和纽带。生产的整个过程即设计、研发、采购、制造、运输和销售等在跨国公司的组织或直接参与下成为全球性活动。跨国公司完成了由双边到区域再到全球合作的转变,并成为经济活动的主宰,其商品生产环节分布于不同国家,进而使相关各国间的经济关联程度日益提高。现在大部分国家的经济活动都趋于越出国界,各国经济发展在更大的程度上成为一个在全球范围内、由多国企业共同协调、组织的过程,它意味着各国经济发展、活动都逐步摆脱了本国资源、市场的约束、限制;虽然各国经济增长仍按国内的经济活动计算,但构成一国经济增长的活动很多是他国经济主体经营完成的。②

---

① 目前的经济全球化,有着重要的技术基础——代表当代最新科技的信息技术。信息技术的进步,降低了企业的远距离控制成本。对于一个现代企业来说,其经济的活跃程度,表现为企业的经济活动半径,是与其所有权控制的成本呈负相关关系的。远距离控制成本,主要是信息成本。由于多媒体技术的发展与因特网的诞生,使这种成本大幅度降低,以至于从理论上来讲,对于任何有能力进行全球扩张的企业,它的活动范围都可以达到全球各地。

② 各国目前计算国内经济发展的一个重要指标即国内生产总值(GDP)中排除国内外商投资生产的产值外,仍有许多是在国外完成的,[美]程晓农:《全面制度创新适应经济全球化——二十一世纪中国面临的挑战》,http://www.usc.cuhk.edu.hk/wk_wzdetails.asp。

(3) 贸易自由化是经济全球化的血液。通过贸易才能使技术基础上发达生产力创造的产品实现价值,使生产国际化进一步循环下去。贸易自由化是国际经济斗争的焦点,各国为消除国际贸易障碍,提高自由化程度进行了长期不懈的努力,它成为许多国际条约签订的目的之一。在WTO框架下,贸易自由化得到了很大的张扬和肯定,近十年来国际贸易量迅速增长,进一步彰显了全球化的特征和意义。贸易自由化强化了全球市场在实现国际分工中的作用,也推动了全球经济结构的调整。其中知识贸易自由化将日显重要。

(4) 在贸易自由化带动下,在信息技术的支撑下,生产过程无中心化迫使资金、人力和其他生产资料在全球流动。新的国际分工形成及跨国公司成为经济活动主角使研发、采购、生产、销售的跨国化不仅是全球经济、市场统一的根源,也是诸多资源在全球流动的根源。跨国公司对东道国经济发展的作用、各国对外资管制的放松以及由投资基金和养老保险基金高速成长导致的国际游资的形成和全球证券市场在信息技术支持下的联成一体,使得资本流动性进一步加大。WTO框架下的货物、服务贸易进一步自由化、关税与非关税壁垒的进一步削弱及与贸易有关的知识产权保护协议和投资措施协议等的订立为人员、货物、技术等流动创造了前所未有的条件,大大加速了全球化的进程。

(5) 作为经济活动的生命线,金融一直是全球化进程的关键所在。跨国公司生产、贸易的触角所到之处,就有相应金融服务;在全球占有市场的国家对金融服务全球化要求最为迫切。随着各国的经济活动的日益开放,20世纪70年代后,各国相继放松金融管制,推进金融自由化,放宽外资金融机构进入和退出本国金融市场的限制,消除不同金融业务间障碍,加快金融业的整合与服务网络全球化建设,为经济活动的结算、存贷、投资、资金跨国转移等提供了便利条件,加快了其他活动的全球化。适应经济发展规律的法律与自由宽松的政策及信息技术在该领域的广泛应用促进了金融服务全球化的飞速发展,形成了时间上连续、空间上统一、价格上关联的国际金融市场。

(6) 市场体制下的经济全球化为相关法律体系的国际化提供了基础。经济全球化的核心主体是追求收益最大化的主权国家支配下的个人与企业,而全球化本身是在各国经济体制趋同与信息技术进步背景下,通过主体的跨国活动如贸易、投资等来实现的。因此,经济全球化在本质上是一个自发的市场机制作用的过程,要遵循市场经济的规律,但又离不开国家权力的干预和影响。经济规律的内在要求必然要在法律上得到体现。国际生产方式、贸易手段、商品标准和资本运作的规律等集中在现在市场经济的旗帜下必然体现出对法律的国际化要求——在统一的规范下进行经济活动,WTO 多边贸易体制框架就是使世界经济活动进一步规范化的体现。其制定是通过各国同意的谈判机制在 WTO 形成的谈判场所完成的。它为各国国家经济制度、社会经济行为、市场活动等方面的法律趋同性提供了国际法依据;为商事活动中的合同样式和其他法律文件等逐步统一和规范提供了蓝本。在 WTO 的法律文本中我们不难看到传统的两大法系——大陆法系与英美法系——的相对完善的结合,而且还将进一步发展。这些都昭示着与经济全球化有关的法律的国际化取得的成就,且将不断发展;它们成为全球化最为显著的特征。不过,目前的国际经济法律规则多是在经济强国主导下制定的。

总之,知识经济背景下的经济全球化主要表现为贸易全球化、市场全球化、生产全球化、金融全球化、区域性经济合作日益加强;其成因:以经济发展为导向是经济全球化的思想动力;科技进步是经济全球化的根本诱因;跨国公司是经济全球化的主要推动力;区域性经济组织的出现起到了过渡和传递作用;国际经济组织的协调起到了一定的作用。未来作为经济全球化重要组成部分的知识经济全球化则将得益于信息技术革命推动了贸易的全球化、金融全球化和日益完善的国际贸易规则,会使人类生产、贸易方式变得更为便捷。

四、知识经济对人类经济发展的意义

(一) 知识经济对人类经济发展的作用

新的知识是社会生产力发展的又一次革命性的突破。在传统经济下,由于资源的有限性,使人类发展受到了一定的限制,以至于有学者在 1972 年预测它将会达到发展的极限。但 20 世纪 90 年代以来的信息技术等高科技产业的发展让人们认识到知识经济可以突破目前已知的资源的限制,延长这一极限的到来期,甚或让人类发展不受“极限”的约束。传统经济下,人类发展的速度是有限的,资源耗费型的发展是长远不了的,尤其是石化能源等不可再生资源的使用日益枯竭,将直接威胁人类的生存和发展。知识经济下,人类在知识的作用下,走可持续发展之路,并促使其发展速度具有不可预测性及环境保护的可能性。知识经济是人类在 20 世纪末在发展困难时期看到的又一个千年曙光。

知识经济的作用①首先表现在理论上：无限的智力资源成为经济发展的第一要素，这将提高人类有效克服资源有限这一致命弱点，使人类在提高生活质量的同时，不以环境的破坏、后代子孙的生存和发展为代价。它以智力资源开发地球上丰富的自然资源（如沙石中的硅等）来代替稀缺的自然资源，通过硅片上内存的变化，创造无限的发展机会。知识经济并不认为高新技术产业将代替一切，传统产业及结合传统艺术、民间文学、自然资源、人文传统等知识的旅游服务业等可以成为新的经济增长点。它可以将传统经济改造为以可再生资源和资源循环为依托的集约型的生态经济。

其次体现为它对传统经济的嬗变，即它正以其在现实中的迅猛发展向人们展示出现代经济一种新的生产方式和增长形式，使传统经济学理论所揭示的内涵式增长、外延式增长、规模经济增长、投入产出等增长理论都表现出严重不足。具体体现为：知识在现代经济中的基础性作用已彻底改变了传统人、财、物要素配置所带来的增长；知识作为驱动经济增长的主要力量，它投入和参与生产的形式完全不同于传统要素，并形成新兴的主导产业；同传统工业经济的规模相比较，依赖知识创造效益的增长正表现出同一产业的分散组合和不同行业间的技术融合，很难从规模化的投入和产出上进行分析；知识在当今社会新财富创造中的独特性和基础性，使我们对形成社会财富增长的途径并不能直接地从生产领域或某一产业中去寻求，增长的因素或动力也许是直接地存在于生产领域之外。

该方面的作用主要表现为以下四个方面：

第一，知识型经济在产业经济的增长中，主导作用日益明显。即知识含量的产业在各种产业中的地位日渐提高，尤其是高知识含量的服务业对一国、一个地区的经济发展的主导作用是该国或地区发展的显著标志。

第二，知识经济将引起产业结构的大规模调整和产品构成的全方位变化。知识经济时代，第一、第二、第三产业的结构比例将发生巨大变化，第三产业比例将占主导地位，如多数发达国家的服务业占其国内生产总值（GDP）的70%以上。产品方面以知识为服务内容的产品价值和服务范围将超过传统的第一、第二产业。在信息技术革命带领下，银行、电信、

---

① 有学者从经济增长、收入分配、政府管理、社会保障制度、经济结构和生态环境等六个方面阐释知识经济对未来社会发展的作用。参见高洪深著：《知识经济学教程》（第五版），中国人民大学出版社2015年版，第214—219页。

运输、保险、房产和商务为主的现代服务业,在全球服务业的增加值中所占比重不断上升;其中提供的产品内容将随着各行业研发水平的提高,日益丰富。

第三,知识经济将促进企业重构。随着全球气候变化和环境保护等对企业提出日益较高的要求,企业内部依靠清洁能源技术及其他相关知识来发展是必然的选择,很多企业面临企业重组和产品结构的安排。如美国通用汽车的知名品牌"悍马"汽车就因为"高耗油"等与低碳经济发展严重相悖而面临着被淘汰的命运,就是一例。①在价值创造过程中,越来越多的企业,将更多地依赖于技术、知识含量较高的售前、售后服务等来获取企业利益。

第四,知识经济的兴起必然引起劳动力的结构性转移。传统经济依靠资源和掌握一定技术的劳动者,而知识经济时代掌握先进技术和知识的人才将成为社会各行业的主要生力军。工业经济向知识经济转变,一方面使知识密集型的新产业部门不断涌现,另一方面使传统产业部门经过改造知识含量大幅度提高,直接从事生产的劳动力大大减少,从事知识生产和传播的劳动力越来越多,从而导致一场西方社会日益引人关注的就业领域的变动。这一变动的特点是大量传统就业领域的"缩小",知识结构性失业人口不断增加,就业结构加速调整,随之而来的是一场有关就业的革命。

(二)知识经济对人类文明发展带来的影响及其未来发展趋势

1. 知识经济形态对人类文明发展的总体影响

知识经济对人类社会生活的影响是广泛而深远的,必将引起经济、政治、教育、文化以至于思想观念发生前所未有的巨大而深刻的变化。但它对人类文明发展既会带来积极影响,也会产生负面作用,这主要取决于人类社会能否科学把握和处理好穷国和富国在这一形态下的均衡发展关系。

知识经济对人类文明发展带来的积极影响体现为:它为人类社会开辟了新的发展前景,可以借助于人类无限的智力资源和创新能力,解决有限自然资源限制人类发展极限这一问题。时下,人类面临公共问题日益增多,资源短缺引发冲突和矛盾日益尖锐,而知识经济的出现及其潜在的

---

① 《通用月底关闭悍马品牌　中国库存20辆将加价出售》,《广州日报》2010年8月22日,http://news.sohu.com/20100823/n274391725.shtml。

作用让人类看到了解决问题的希望。在这一经济形态下,人类在积极探索可持续发展与和谐世界构建之路,试图建立人、自然和技术之间的动态平衡,为人类和平、有序、安全、富裕地生活创造条件。

但如果不能处理好一些关系,如让人类及时分享他人的先进有益的技术和知识,则会对人类文明发展带来消极影响,进一步造成全球的两极分化,促使发展中国家重走工业革命时期的老路,破坏环境,气候变化难以遏制,进而导致世界经济发展的极度不平衡,局部冲突、战争不断;恐怖活动猖獗等。这样有可能加速地球和人类的毁灭。

2. 知识经济对发展中国家的影响

当今时代,穷国和富国并不站在同一起跑线上,由于起点的不同,知识经济使发展中国家发展更为艰难。发达国家经过几百年的工业化阶段,有了发展知识经济的充分条件,而发展中国家由于基础设施、人才储备、教育科技等水平的落后,在知识经济面前,它们无力挑战和适应,如此可能使它们在竞争中的地位变得更为不利。知识经济时代,20%的国家拥有全球80%的财富,20%的人员拥有80%的财富及20%的行业创造80%的利润的"二八规则"变得更为突出。知识经济进一步拉大了发展中国家与发达国家的发展、财富拥有、生活水平、教育和科技水平等各方面的差距。

发展中国家面对的挑战十分严峻。发展知识经济需要具备的必要条件有:工业经济充分发展;社会知识化水平较高;知识和技术创新能力比较强大;尊重知识、尊重人才的社会氛围日渐形成;建立发展知识经济的国家级管理机构等等。但目前全球较强的知识产权保护水平使发展中国家难以分享到人类文明进程中获取的最新成果,特别是那些为发达国家所控制和拥有的。它们的工业现代化尚未完成;稀缺资源控制在发达国家手中;尊重知识、尊重人才的社会氛围未形成,①而想得到的技术、知识要么难以得到,要么要付出难以承受的代价。要克服这一巨大的鸿沟,发展中国家必须在国内国际两个层面做出积极努力:国内完善相关法律和政策,积极形成有利于知识经济发展的制度和环境;在国际社会,争取更多的话语权,改变目前不公平的国际贸易和知识分享规则。

不过,知识经济下发展中国家也面临诸多机遇:某些高新技术为发展

---

① 参见吴季松:《知识经济学:理论、实践和应用》,北京科学技术出版社1999年版,第170—174页。

中国家提供的机遇与发达国家是一样的,如生物、海洋、信息技术等,各国的起点和面对的难题是相似的,发展中国家也可以利用后发优势,在某些领域迎头赶上,如印度的软件业,这一不需要历史知识和财富积累的行业,经过20年左右的努力在世界上它占有一席之位,尽管印度的总体经济发展水平并不高。此外,发展中国家积淀的传统文化和传统资源,也是发达国家(经过工业化革命,它们的传统资源几乎丧失殆尽)难以拥有的;发展中国家可以在传统知识方面结合旅游产业提升自己的竞争能力,为其他高科技知识产业提供获取资金的渠道和支持。

此外,由于发展中国家管理水平等不高,在制度创新和决策创新和管理水平等方面有很大的提升空间,这也是发展中国家发展知识经济的一个较为有利的条件。①

3. 知识经济对人才和教育的要求

一个国家只有建立了强大的知识(应该也包括传统知识)生产、流通和应用社会结构,它才有可能进入知识经济时代;其中生产的前置条件教育和研发十分关键。而且,人们对信息经济和知识经济要严格加以区分:知识是超越于电脑网络能处理的信息之上的,知识经济必须以人的智力创造为核心,重视终身教育培训、重视建立创新机制。因此发展中国家要在知识经济时代迎头赶上,加快教育体制改革,培养创新人才是十分重要的。②

与传统的工业、农业经济相比,知识经济已经发生了根本性的变化。农业经济属于劳动密集型的产业模式,以土地为主要资本;工业经济属于资金密集型的产业模式,以货币为主要资本。知识经济属于知识和技术密集型的产业模式,以知识、智力为主要的资本,知识资本也就成为知识经济主导的生产要素。知识经济的繁荣不是直接取决于资源、资本等硬件的数量、规模和质量,而是直接依赖于知识或有效信息的积累和利用。

知识经济需要新型知识型劳动力。人力资源是知识经济发展的动力,教育是人力资源开发的根本途径,高等教育担负着重要的责任。

在知识经济时代,知识生产者应至少具备以下几种能力:对事物主动

---

① 参见吴季松:《知识经济学:理论、实践和应用》,北京科学技术出版社1999年版,第177页。

② 参见朱丽兰:《知识经济的兴起与挑战》,载路甬祥、汪继祥:《知识经济纵横谈》,科学出版社1998年版,第14—15页。

进行思考并能发现本质问题的质疑能力；在众多信息中发现有价值的部分并能成功运用它们来解决具体问题的能力；从浩瀚的知识海洋中提炼出适合自己发展所需知识的选择能力；将信息进行综合比较、分析与提升的归纳和演绎能力；组织、协调和进行团队合作的能力；利用各种信息资料（如学术著作、科技期刊）和熟练使用各种工具查找文献资料和使用信息工具的能力；终身学习、自我发展和完善的学习能力；求新求异的开拓创新能力等。在上述能力中，创新能力是最为重要的能力，它最能体现出一个人在知识经济社会中的价值。

4. 知识经济发展的未来趋势

知识经济的本质是创新，知识经济的发展趋势主要表现在各领域的创新方面，具体说来有：

文化创新，其核心是观念创新与行为规范创新。文化是一个民族、一个国家各种文明因素的长期积淀，是流淌在其成员血脉中的元素，对一个民族和社会的发展起到无处不在的作用。知识经济时代，如何结合自己的民族文化因素，在观念和行为上进行变革、创新，使其符合时代发展的需求，将决定着该民族和国家能否在知识经济时代生存和发展。

制度创新，即实现组织制度的变革。通过调整和优化单位所有者、经营者和劳动者的三者关系，使各方面的权利和利益得到充分体现；不断调整单位的组织结构和修正完善单位内部的各项规章制度，使单位内部各种要素合理配置，并最大限度地发挥其效能。

管理创新，即综合统筹、指导协调本企业、本国范围内的一切事宜，使其高效、有序、快速发展，以在知识经济时代获得竞争优势。

技术创新，当一种新思想和非连续的技术活动，经过一段时间后，发展到实际和成功应用的程序，就是技术创新。技术创新的实质就是技术变为商品并在市场上得以销售实现其价值，从而获取经济效益的过程和行为。

通过生产的社会化来发展生产力，公有制是未来知识经济的主体及通过政府的宏观调控实现共同富裕等也是知识经济发展的未来前景。①

（三）知识经济对中国发展的影响

讲到中国的知识经济，我们不能因为今天的相对落后而否认我们的

---

① 具体参见吴季松著：《知识经济学：理论、实践和应用》，北京科学技术出版社1999年版，第148—155页。

祖先曾经对世界作出的贡献,日本神户大学教授汤浅光朝的研究能为我们提供一个很好的支撑。1962 年他在其发表的《科学活动中心的转移》一文中,把各国科学成果超过世界成果总数 25%的国家定位为科学活动中心,把各国占据科学活动中心持续的时间称为科学兴隆周期。他认为历史上出现过五次科技中心,其转移路径及持续时间分别为四大文明古国(集中于希腊和中国),持续时间为 16 世纪以前,其中中国在公元前 6 世纪至 1500 年成果一直占 54%以上;其次是意大利,时间为 1540 年至 1610 年;再次是法国、英国,时间为 1660 年至 1830 年,其中法国至 1710 年①;接着是德国从 1810 年至 1920 年;最后是美国 1920 年至今②。

当然,我们也不得不面对这样一个事实:中国的科学技术自西方文艺复兴以后至 1911 年腐朽的清王朝灭亡之间,不仅逐渐远离技术中心,而且与世界先进技术国家的差距越来越大。对其中原因的探究使我们很快就会想到因胚胎发育的生化研究而取得巨大成就、后来又因中国科技史研究的杰出贡献而成为权威的英国著名生物化学家李约瑟提出的一个质疑,即:"为什么资本主义和现代科学起源于西欧而不是中国或其他文明?"这就是著名的"李约瑟难题"。其本质是:为何近现代科技与工业文明没有诞生在当时世界科技与经济最发达繁荣的中国;其背后实际上涉及的是中国文化中有无科技创新动力和机制。欧洲经历了一千年宗教的黑暗时期,希腊、罗马的古代典籍也被欧洲中世纪的焚书毁灭,欧洲在从阿拉伯帝国保存的希腊、罗马古籍复兴了希腊、罗马文化的同时,消化吸收了中华文明的科技与产业、体制与文艺等成就,从而诞生了近现代科技与工业文明,产生了全球化的地球文明。那么中国的问题在哪里?

李约瑟难题是一个两段式的表述:第一段是"为什么在公元前一世纪到公元十六世纪之间,古代中国人在科学和技术方面的发达程度远远超过同时期的欧洲?中国的政教分离、选拔制度、私塾教育和诸子百家为何没有在同期的欧洲产生?"第二段是"为什么近代科学没有产生在中国,而是在十七世纪的西方,特别是文艺复兴之后的欧洲?"

---

① 英法两国之间技术转让由于历史和地理因素,相互之间促进和竞争关系一直呈交织状态。具体内容 See J.R., *Industrial Espionage and Technology Transfer-Britain and France in the Eighteenth Century*, Ashgate Publishing Company, 1998, pp.7—38, 507—565。

② 参见张伟超著:《科技经济论》,湖南人民出版社 1999 年版,第 36 页。

李约瑟从科学方法的角度得到的答案是:一是中国没有具备宜于科学成长的自然观;二是中国人太讲究实用,很多发现滞留在了经验阶段;三是中国的科举制度扼杀了人们对自然规律探索的兴趣,思想被束缚在古书和名利上,"学而优则仕"成了读书人的第一追求。李约瑟还特别提出了中国人不懂得用数字进行管理,这对中国儒家学术传统只注重道德而不注重定量经济管理是很好的批评。

的确,在中国近代史的传统上,创新文化较为缺乏,以致这种惯性延续到今天;反映到现实中就是:不少合资企业的研发员工只知道执行别人的东西,较少想到改进、革新、创新。这与长期以来儒家思想占主导地位的中国文化传统有关。1949 年前的中国历史上,技术多是发明人根据自己的兴趣艰难完成的,多被主流文化认为是"不务正业",政府支持的不多。①隋唐以后的科举制度把社会才智引向以儒家思想为核心的社会科学上,它强调"修身齐家治国平天下";通过科举制度选拔出的官员构成的政府在实践中采取"重农抑商"政策,而多将自然科学视为旁门左道。特别是在明清以后,当西方人在研究星辰、球体、杠杆、斜面和化学物质时,受传统思想控制的中国人却在研究书本、文字和文献考证;中国人文科学创造的只是更多的书本知识,而西方的自然科学却在创造一个新世界。②难怪在明清以后,我们无引以为豪的技术。这种几百年来形成的惯性今天依然在发挥作用,使我们对创新价值的认识依然不足,也使创新文化缺少了一些本土气息。

但是中华人民共和国成立以来,特别是中国改革开放 40 年后,我们的经济、科学技术获得了飞速发展。北京、上海、广州、深圳等重要城市已具备知识经济的条件,它们正在建立依赖于知识的示范性创新型城市,如京津冀一体化中的北京、天津等中心城市,长三角一体化中的上海(正在建设为有全球影响力的科创中心)、杭州、南京等城市,及粤、港、澳大湾区的深圳(正在建设为有全球影响力的科创中心)、香港等,以城市带动周边地区,以为我国知识经济发展创造条件。在全球经济参与方面,我国积极

---

① 历朝政府主要在农业技术、灌溉技术(以水利工程为中心)和运输技术等方面给予重视和支持,对于其他的自然科学及与这些自然科学相关的技术给予的支持较少见于官方文字。参见[英]李约瑟著:《中国科学技术史》第一卷第一分册,科技出版社 1975 年版。

② 同上书,第 312 页。

参与经济全球化,制定科技发展战略,产业结构调整,培育企业创新能力和竞争力、重视人力资源的培育和发展。总体上说,由于信息技术等高新技术起点各国没有太大差别,中国人聪明才智及一些传统文化等使我们有着诸多机遇,关键是我们能否扬长避短,充分发挥优势,及时进行战略调整和创新,以在经济建设中迎头赶上。

当前,我国正处于知识经济和低碳经济的双重影响之中。作为世界上最大的发展中国家,我国的国情极其复杂。就经济而言,地区发展不平衡,多种所有制、多级技术水平并存,企业制度处于调整变革之中,产业结构处于大的变动之中,科学技术总体水平亟待提高。我国要赶上知识经济时代的步伐,必须付出加倍的努力。

我国的产业经济要迎接知识经济带来的机遇和挑战。我国产业经济发展由于历史原因存在以下需要解决的问题:

第一,产业的生产结构与社会的需求结构有一定差距,不太适应全球性知识经济来临造成的产品迅速更新和人们消费需要的变化,导致有效供给不足和部分生产过剩并存的局面。这方面的典型表现就是:高科技、节能减排等技术生产的低能耗、环保产品供应不足,而低附加值、低技术含量和污染指数较高的产品过剩。

第二,新兴产业或新的经济增长点发展缓慢,如第三产业发展不足,且处于无序竞争状态,高新技术产业发展不够理想。在应对气候变化、较少二氧化碳排放量的背景下,如何发展第三产业及低碳技术产业,是中国在快速发展中面对的最大难题;新兴产业无不以技术和知识为发展前提。

第三,各产业发展水平和企业结构不太合理,不能较好地适应国际市场和国内市场多样化、精密化和高层次的要求。有些产业的起步较晚、中国教育制度上的弊端、企业后续教育的不足、企业发展环境的法律制度及企业自身制度存在的诸多问题,使得我国产业发展存在着诸多的不平衡:某些产业已达国际先进水平,如纺织与轻工领域的部分产业,有些产业相对滞后,在国际分工上依然扮演着“加工者”的角色,有些产业较为落后,特别是第三产业的一些领域,在国际贸易上几乎是乏善可陈,如中国的电影电视产业,能出口至国外创造较好经济价值的产品是凤毛麟角。

第四,产业间关系不够协调,难以实现相互促进、良性循环发展。中国各相关产业间条块分割依然较为严重,相互促进、沟通,产业间壁垒仍广泛存在。

在应对气候变化、传统产业面对着越来越多的挑战和困境的背景下,知识经济对我国产业结构调整带来契机和新思路，我们可以借助于知识经济对我国的产业发展战略作出一定的调整，如：

加快创建完全基于知识的高附加值的低碳产业；主要指完全基于知识生产、传输和直接商品化的产业，如教育产业、金融产业等，不包括知识密集度很高的制造业（如信息设备制造）等。在知识经济下，研究与开发(R&D)将成为全社会的系统产业，提供新观点和新方案等创新产物是该产业的目的。教育成为具有经济活动性质的产业，将成为一种投资和消费活动，是知识的继承、传递、扩散及进化的主要途径。

在制造业中大力培植以高新技术为主的新兴产业，如电信设备、计算机、生物医药、海洋、新材料、新能源设备和新型交通工具和设备（如高铁等）等产业，将是发展的重中之重。

强化对我国具有传统优势的产业的知识化改造。与人类生活密切相关的部分传统产业永远不会消失，运用知识手段使其升级换代是社会发展的需要；尤其是像中国这样一个有着悠久传统且连续不断、延续至今的国家，其传统知识的价值全球罕见，如何结合旅游业等来实现传统产业价值，放大其利润获取手段，除了传统知识本身的价值外，运用相应的新技术、知识等来提高也是必不可少的。

从案例看我国知识经济时代面对的挑战。

案例：可口可乐收购汇源果汁案

可口可乐概况：1886年，药剂师约翰·彭伯顿发明"Coca-Cola"并创办可口可乐公司；1927年，在中国天津和上海设立瓶装厂；1948年，中国成美国本土之外第一个年销售量突破100万箱的市场；1978年，中美建交后，可口可乐公司宣布为首家重返中国的国际消费品公司；1992年，全球销量超过100亿箱；2005年，在中国销量超过10亿箱；2008年前后，可口可乐拥有中国软饮料市场，15.5%的份额是百事可乐的两倍。

汇源果汁概况：1992年，朱新礼创立山东淄博汇源公司；1994年，将总部迁到北京，开发国内果汁市场，筹备建设工厂；1998年，面向全国布局建厂，汇源进入快速发展期；2001年，它成为中国首家引进世界最先进的PET瓶无菌冷灌装生产线；2005年"中国汇源"就在开曼群岛注册成立，国内设立的公司成为其设立的"外商投资企业"；2007年，在香港联交所成功上市；2008年Q1汇源占高浓度果汁市场56.1%的份额，排名第一。

可口可乐收购汇源果汁进程：2008年9月3日，可口可乐向汇源发出24亿美元收购要约；11月19日，汇源最后一次向商务部提交补充材料；11月20日，商务部正式进入反垄断调查程序；2009年2月28日，朱新礼表示可口可乐收购意愿未变；3月18日，可口可乐收购汇源案未通过中国审查；3月22日，商务部称汇源是外国公司，禁购不涉投资政策。

商务部否决收购的理由:第一,如果收购成功,可口可乐有能力把其在碳酸饮料行业的支配地位传导到果汁行业;第二,如果收购成功,可口可乐对果汁市场的控制力会明显增强,使其他企业没有能力再进入这个市场;第三,如果收购成功,会挤压国内中小企业的生存空间,抑制国内其他企业参与果汁市场的竞争。鉴于上述原因,根据《反垄断法》第二十八条和第二十九条,商务部认为,此项经营者集中具有排除、限制竞争效果,将对中国果汁饮料市场有效竞争和果汁产业健康发展产生不利影响。鉴于参与集中的经营者没有提供充足的证据证明集中对竞争产生的有利影响明显大于不利影响或者符合社会公共利益,在规定的时间内,可口可乐公司也没有提出可行的减少不利影响的解决方案,因此,决定禁止此项经营者集中。

问题探讨:除了垄断原因之外,有无其他因素?是否涉及民族品牌?如果并购是在两家高新技术领域的公司发生的,我们有无理由否决?

可口可乐并购汇源案否决,某网站调查曾有高达八成的中国民众反对汇源被收购,目的是为了保留汇源这个民族品牌;但并购被否决后不久,商务部部长陈德铭表示,“可口可乐兼并汇源是发生在两家外资企业之间的并购”,因此,这两家外国公司之间的企业兼并不涉及中国的投资政策,只涉及中国对这两家企业在中国销售产品经营集中度的审核问题。由此引起分歧:汇源到底是外资企业所拥有的外资品牌还是民族品牌?我们认为,从最终的实际效果看,企业实体主要在中国,它应当算作民族品牌,汇源公司的主要产地、销售在中国,劳动力、原料来自中国;在中国设立的企业要按中国法律交企业所得税等。这些并不重要,问题在于我们通过这个案子看到在企业并购方面,外国企业的做法是收购那些品牌如日中天、有强大市场竞争力的企业,如活力 28、南孚电池、统一润滑油、小护士、大宝、汇源等;而中国公司收购外国企业往往多是日落西山、面临淘汰的产品,如 TCL 收购阿尔卡特手机、汤姆逊电视机和德国的施耐德公司,IBM 出卖个人电脑部以及通用汽车出卖的是其无市场竞争力的悍马品牌汽车等。品牌的著名与否,意味着市场份额的多少,利润的多寡。此外,品牌到底是自己的还是全民族的?实际上,企业利益向来是与国家利益捆绑在一起的;一个国家知名品牌越多,意味着这个国家在世界上的影响力就越大。如在 Interbrand 公司公布的 2010 年世界顶级品牌价值的排名中,前十名中,美国有 9 家(另一家是排名第 8 的芬兰诺基亚品牌),前 100 名中有 50 家是美国的公司;①2019 年全球顶级品牌价值排名

① Best Global Brands 2010, http://www.interbrand.com/en/about-us/Interbrand-about-us.aspx.

中,前十名美国占了7家(另外三家分别是排名第5的韩国三星、排名第8和第10的中国工商银行与中国建设银行),前50名中,有26个为美国公司所拥有;故不难理解为何美国是当今世界的头号强国。因此,说"优秀的民族品牌是国家的脸面"还是有道理的。

有人认为该案的否决会影响外资进入中国市场。我们认为不会,根据我国的产业政策及外商投资指南等,结合反垄断法的例外规定,涉及高新技术①行业能够推动中国核心技术形成和发展的并购应当鼓励。高新技术行业包括信息科学技术、生命科学技术、新能源与可再生能源科学技术、新材料科学技术、空间科学技术、海洋科学技术、有益于环境的高新技术和管理科学(软科学)技术。只要涉及高新技术企业,能带动一国经济发展,促使产业结构升级,则这样的外商投资是深受欢迎的。可口可乐收购汇源果汁案给我们的启示是:知识经济下,市场经济主体在市场竞争的战略选择及它们试图努力的方向对企业经营目标的实现至关重要。

第二节　知识产品的生产

任何一种经济都必不可少地要涉及生产、分配、交换和消费等问题;知识经济同样面对着这四个问题。不过,作为一种新型的经济形态,它与农业经济和工业经济有诸多的不同。知识经济是建立在知识产品的生产、传播、转让与消费(应用)、提高的基础之上的。有学者将知识经济中的知识产品的生产、分配和消费称为创新、传播和使用。②本教材采用知识产品的生产、分配(或传播)和消费等用语,因为尽管创新是新知识产生的唯一渠道和所有知识的最终来源,是已有知识集成为系统知识的主要路径,但并不是所有知识产生的唯一路径,如技术工人的经验积累等;知识的分配更多的是一种自然而然地或通过一定规范的渠道进行扩散,且一般是自然地被那些有一定知识背景的人所接受(特别是进入公有领域

---

①　高新技术是一个动态发展的概念,不断有新的高技术产生,但是必须特别强调,注入了一些高技术的传统技术并不就是高技术,按国际科技工业园区的规范标准,高新技术成分只有超过70%时,传统技术才被创新为高新技术。

②　吴季松:《知识经济学》,首都经济贸易大学出版社2007年版,第85页。

的知识),不需要经过政府特定的法律法规或遵循特定的市场经济规律才可得到,因此其分配可视同传播;而知识的消费主要在于使用,但也有些知识(如电影、摄影、诗歌等文学艺术作品)是用来欣赏、消遣和享受的,消费这些知识给人带来的是精神上的愉悦和满足,这似乎又不同于一般意义上的“使用”。

一、知识产品生产概述

本书讨论的知识产品的产生主要是新知识的产生,在没有特别说明时,就是研究知识的创新,即开发和提供新知识。①它是整个知识经济体系得以建立的基础,意指知识产品被生产出来的整个过程,主要是指通过科学研究和开发(R&D)而获得新知识的过程,其活动形式为创造和创新,是一个较为复杂的过程。有学者认为,知识生产涉及生产者(传播者)和接受者的共同行为;如果知识由一人生产出,但不向他人披露,则这对社会而言是没有意义的,我们一般不会关心这种只有一个人知晓的知识。只有当他披露了这个“一人独知的秘密”,其他人也认知了这种知识,在知识生产过程中他发挥了作用,人们才会认为这是“社会意义上的新知识”。因此,新知识的生产者在将其知识传送给其他人以前,其生产知识的过程还没有完成。②我们认为这种观点是合理全面的,但出于说明问题的需要及考量现实中的状况和便于讨论,本书将一个人或组织独立完成了一个知识产品即视为“生产”,至于是否传播于他人,在所不问。高校、科研院所的实验室及企业、特定社会团体的研发部门是知识生产的主要场所。

我们认为知识的生产主要来源于研发,而研发的主体主要是高等院校、科研院所和企业;其中高校、科研院所的研发资金主要来自政府、企业等的资助,而企业主要是高新技术企业、大型企业会进行研发投入,以产生新的产品或知识。总体上,研发投入较多的国家或主体,容易产生新的知识。发达国家总体上在研发投入方面多于发展中国家或最不发达国家,它们对世界新知识的贡献显然要多于或快于后者;但近年来,随着中

① Organization for Economic Co-operation and Development, The Knowledge-based Economy, General Distribution OECD/GD(96)102, p.21.

② [美]弗里茨·马克卢普:《美国的知识生产与分配》,孙耀君译,中国人民大学出版社 1997 年版。

国研发投入的不断增加，①发展中的大国对世界技术和知识的贡献在快速增加，这也是不争的事实。就企业研发投入而言，有些发展中国家企业的研发投入超过发达国家的一些企业，如我国的华为 2015 年以来其研发投入占其销售额均在 15%左右，远超过苹果公司（5%左右）和其他在发达国家的竞争对手，故其产生的新技术、新产品的速度快于它们。美国有关的统计数据表明，在全球范围内，研发绩效在 2018 年前的 15 年中以相对较高的速度增长，平均每年增长 6.7%，②故其产生的新技术等知识也明显快于 1993 年之前的知识增长。

传统上，科学体系被认为是新知识的主要生产者，新知识主要通过高校和政府资助的实验室或研究机构（包括军队中有关机构）的基础研究来完成。③这种新知识通常被称为“科学”，以区别于传统上源自更为实务和商事研究而产生的知识，后者更接近于市场，可谓之为“技术”。在知识经济体系下，基础研究和实用研究、科学与技术之区别变得有些模糊。关于科学和技术之间的准确界限及科学系统是否是新知识的唯一或主要的生产者之问题，一直存在着争论。其中主要原因在于人们对政府在资助各种不同知识产生过程中适当作用的认识不同。一般来说，理论类的基础研究，由于其成本回收时间长，商业交易见效慢，商业机构一般不愿意进行投资，多由政府进行，然后在特定社会为人们所共享。而基础理论往往是运用技术和知识产生的前提。尽管有些人的实际经验可以起到一定的作用，但其不系统性、浅显性等特征，使得这些知识难以产生巨大的社会效应。因此某种意义上说，最初知识的产生基本上来自两个路径：有计划、有步骤的持续不断的研发及来自个体或社会经验的积累。

---

① 中国 2015 年的研发投入为 4 088.29 亿美元，占 GDP 的 2.07%，研发总金额已经超越日本（1 700.03 亿美元，占其 GDP 的 3.29%），仅次于美国，其研发投入为 4 965.85 亿美元，占其 GDP 的 2.74%。See National Science Board, Science & Engineering Indicators 2018, pp. 4, 37, 40, https://www.nsf.gov/statistics/2018/nsb20181/report.

② See National Science Board, Science & Engineering Indicators 2018, pp.4, 104, https://www.nsf.gov/statistics/2018/nsb20181/report.

③ 当然，人类一切的经济活动是知识生产的最根本的动因和主要路径之一。在人类社会早期，它们对经济活动起到主导作用；但在知识经济时代，技术和知识的复杂性使越来越多的新知识的完成靠朴素的经济活动来完成变得日益艰难，专门集中的研究就成为一种必然。

知识产品的生产是知识经济运行的起点,是技术创新的基础,是新观点、新技术、新发明等源头,是知识经济得以产生和发展的最终动力,其生产率和质量的高低,都直接影响到知识经济的运行。故知识的创造和创新成为各国政府、企业关心的重点。根据不同的知识类型,其生产的方法和路径也不同,但最终都是通过人脑的思维来完成。因此,知识经济十分注重知识生产最终源头——创新的个人及他们的创造性活动;由此不难理解,在知识经济时代,教育和研究与开发成为两个最重要的活动。

自工业革命以来,教育除了“传道授业解惑”外,还有经济上的意义,即提高劳动者素质,起到提高人力资本投资回报率的作用。教育出来的高素质人才,对“新知识”的产生起决定性作用。教育首先是知识的传播系统,通过传播,它促进了知识的继承和创新,为开发和利用知识创造条件。各国通行的义务教育、素质教育、国家创新体系中教育制度建设等均是为知识生产服务的。如多数发达国家长达12年的义务教育及低收费的高等教育为它们的经济发展、文明进步起到巨大的推动作用,也为它们在知识经济时代获得优势打下了基础。此外,随着知识信息爆炸时代的到来,学校教育之外的各种教育形式层出不穷,如智能教育、网络或远程教育及社会上各种职业培训和后续教育等在经济发展中地位日趋重要。教育是知识经济的成功之本已为人们的共识。①

知识经济时代,研发是新知识产生的最主要形式,是建立知识密集型产业的核心和关键所在,其目的最终是为了知识的应用(消费);研发可以包括技术、制度与管理创新及它们的结合。从国家的角度看,研发投入是一国创新能力与综合实力的主要标志之一;如经合组织报告表明,2001年,日本、美国和法国的研发投入分别占GDP的3.29%、2.72%和2.18%,②高于世界上多数国家。从企业角度看,它是企业核心竞争力增强和获取市场的关键因素之一,众多跨国公司的研发投入占本公司的销售收入的4%—8%。但研发要取得预期的效果,还必须大抓研发管理机制,营造良好的社会环境:除鼓励企业加大研发投入外,政府应更多地扶持和资助基础性研究项目,建立公共研发平台;鼓励研发人员投入科学研

① 谢康等著:《知识经济思想的由来与发展》,中国人民大学出版社1998年版,“总序”第4页。

② Kuniko Fujita, etc., Innovative Tokyo, World Bank Policy Research Paper 3507, February 2005.

究并明白科学是技术发展的基础，是知识的一部分，不应为私人占有，而应为大众分享，是公益性项目；此类项目，因难以实现利润，企业是不愿投入的。

二、知识产品生产的三种主要形式及自主创新

知识的生产最终都靠自然人；而自然人的生产知识的活动一般有：注视、倾听、阅读、试验、推导、直觉感知、发现、发明或（常常伴有收到信息）解释、计算、加工、翻译、分析、判断、评价等；这些只是一些例子而非活动的全部。如果知识生产活动的后果是影响别人的意见，那么其活动一般是：谈话、写作、打字、印刷、动作、做手势、指点、发信号，或者进行描画、涂饰、雕刻、唱歌、表演或其他可以被人看到和听到的活动等。但无论如何，所有上述活动都强调运用五官感觉中的两种即视觉和听觉；知识生产很少通过触觉来进行（除非是盲人）；而嗅觉和味觉只限于极为专业的一些职业。①本书不从具体生产知识的个体活动展开论述，而是从知识最终被生产出的几种概括形态进行说明，它们或者是个人的研究或开发，或者是由若干自然人通过特定的企业组织形态或其他法定形式构建的组织和机构的集体活动。

（一）知识生产的三种主要类型

知识的生产与一般商品的生产有共同之处，需要有资源的投入，需要有不同人之间的团队合作等。但与一般商品生产不同的是，其投入主要是知识和智力，它无需专门的厂房，土地、资本等更不占主要比例；虽然其生产也需要团队，但个人在知识的创造过程中，起到很大的主导作用；个人的知识积累对新知识的产生能起到积极作用，而一般商品的生产不会存在这种现象。这种生产的外在形式主要就是研发，它包括三类：基础研究、应用研究和技术开发等。前文提及，21 世纪以来，全球研发增幅加快。例如，2015 年，全球研发绩效（以支出来衡量）总计约为 1.918 万亿美元（当前购买力平价美元），是目前全球可获得的最新总额。2010 的可比数字为 1.415 0 万亿美元，2000 年为 7 220 亿美元。②可见，在 15 年里，全球研发投入增加了近两倍；研发费用分别投入到上述三类研发中，但具体

---

① ［美］弗里茨・马克卢普：《美国的知识生产与分配》，孙耀君译，中国人民大学出版社 1997 年版。

② National Science Board, Science & Engineering Indicators 2018, pp.4, 104.

每一类占比或增幅多少,需要进一步的数据的分析。

1. 基础研究

基础研究是指为获得关于现象和可观察事实的基本原理及新知识而进行的实验性和理论性工作,它不以任何专门或特定的应用或使用为目的。其特点有:(1)以认识现象、发现和开拓新的知识领域为目的,即通过实验分析或理论性研究对事物的物性、结构和各种关系进行分析,加深对客观事物的认识,解释现象的本质,揭示物质运动的规律,或者提出和验证各种设想、理论或定律。(2)没有任何特定的应用或使用目的,在进行研究时对其成果看不出、说不清有什么用处,或虽肯定会有用途但并不确知达到应用目的的技术途径和方法。(3)一般由专门的科研人员承担,他们在确定研究专题以及安排工作上有很大程度的自由。(4)研究结果通常具有一般的或普遍的正确性,成果常表现为一般的原则、理论或规律并以论文的形式在科学期刊上发表或学术会议上交流。因此,当研究的目的是为了在最广泛的意义上对现象的更充分的认识,和(或)当其目的是为了发现新的科学研究领域,而不考虑其直接的应用时,即视为基础研究。它又可分为纯基础研究和定向基础研究:前者是为了推进知识的发展,不考虑长期的经济利益或社会效益,也不致力于应用其成果于实际问题或把成果转移到负责应用的部门,后者是期望能产生广泛的知识基础,为已看出或预料的当前、未来或可能发生的问题的解决提供资料。①

2. 应用研究

应用研究是指为获得新知识而进行的创造性的研究,它主要是针对某一特定的实际目的或目标。其特点有:(1)具有特定的实际目的或应用目标,具体表现为:为了确定基础研究成果可能的用途,或是为达到预定的目标探索应采取的新方法(原理性)或新途径。(2)在围绕特定目的或目标进行研究的过程中获取新的知识,为解决实际问题提供科学依据。(3)研究结果一般只影响科学技术的有限范围,并具有专门的性质,针对具体的领域、问题或情况,其成果形式以科学论文、专著、原理性模型或发明专利为主。一般可以这样说,所谓应用研究,就是将理论发展成为实际运用的形式。它与基础研究的主要区别在于:后者是为了认识现象,获取关于现象和事实的基本原理的知识,不考虑其直接的应用,而应用研究在

---

① “基础研究”,http://www.hudong.com/wiki/%E5%9F%BA%E7%A1%80%E7%A0%94%E7%A9%B6。

获得知识的过程中具有特定的应用目的;后者在进行研究时对其成果的实际应用前景如何并不很清楚,或者虽然确知其应用前景但并不知道达到应用目标的具体方法和技术途径,而前者或是发展基础研究成果确定其可能用途,或是为达到具体的、预定的目标确定应采取的新的方法和途径。应用研究虽然也是为了获得科学技术知识,但是,这种新知识是在开辟新的应用途径的基础上获得的,是对现有知识的扩展,为解决实际问题提供科学依据,对应用具有直接影响。基础研究获取的知识必须经过应用研究才能发展为实际运用的形式。①

3. 技术开发

技术开发是把研究所得到的发现或一般科学知识应用于产品和工艺上的技术活动,即指利用从研究和实际经验中获得的现有知识或从外部引进技术,为生产新的产品、装置,建立新的工艺和系统而进行实质性的改进工作。目前,国内外大企业,如华为、中兴、IBM、松下、西门子、微软等公司都有自己的研发机构,主要任务是进行技术开发,以使自己在激烈竞争中,抢得先机,获得或确保企业的竞争优势。工业企业技术开发的对象主要有:产品的开发、设备与工具的开发、生产工艺的开发、能源与原材料的开发、改善环境的技术开发等。不同的企业可根据不同的情况选择技术开发的重点。

(二) 自主创新

上述三种研究,不论何种形式,都不可避免地要与创新联系在一起,而且是以“自主创新”为核心。自主创新是相对于技术引进、简单模仿而言的一种研发主动权及技术核心部分掌握在自己手中的创造性活动,其外在表现形式是通过掌控某一领域核心技术而形成该拥有领域的自主知识产权并在此基础上实现新产品价值、可占领更多市场的连续不断的动态的活动过程。简言之,创新所需的核心技术来源于某一组织体主动控制的、内部的技术突破,它不是对引进技术的简单模仿,摆脱了对外部技术的依赖;它依靠自身力量、通过独立的研究开发活动,或是基于对引进技术进行改进、提升获得重大进展,或是基于完全的原创性开发,而获得的具有创造性的技术;其本质就是牢牢把握创新核心环节的主动权,掌握核心技术的所有权、支配权和排他权。自主创新的成果,一般体现为新的科学发现以及拥有自主知识产权的技术、产品、方法、品牌等,其直接效果

---

① “应用研究”,http://www.sts.org.cn/zsc/13.htm。

是对市场占有额的扩大及消费者的认可。

根据上述对“自主创新”的界定,可以发现其有如下特征:

第一,自主创新不同于自我创新;它关心的不是由谁开发,而是谁掌握了开发的主动权及谁最终拥有研发成果的所有权、支配权和排他权。自主创新不同于“自我创新”,即一切由我进行,由我完成;自主创新的本质体现在“自主”上,即积极主动组织研发,而最终结果是对研发成果掌握控制权和所有权;许多跨国公司如微软、摩托罗拉、IBM 等公司在全球建立研发机构,聘用来自不同国家或地区的优秀人才为其研发,这些研发人员研发出的最终成果归机构进而归设立这些机构的大公司所拥有就是一个典型的自主创新;甚至于某些公司通过资产并购收购那些有很强的研发实力但资产薄弱的企业,以将其纳入本公司的组织体系中,从而将其研发成果掌握在自己的控制之中。简言之,自主研发之关键在于调动各种可用资源为自己最终拥有研发成果之所有权、控制权之结果而服务。

第二,自主创新不意味着一切从原创开始,它还可以包括集成创新、引进、消化吸收再创新等;对于技术后进的发展中国家而言,集成创新和引进消化吸收再创新的比重应远大于原始创新,采取自主的“模仿加改进”方式,成本低、见效快,对推动本国经济发展提升本国技术能力会起到积极的促进作用。因此,不能将自主创新狭隘地理解成自主“原始创新”。对技术相对落后的国家或地区而言,引进消化吸收再创新可能更有现实意义。

第三,自主创新不同于自主创造。创新是一个系统过程,它与实际应用、产品和带来的社会价值等密切关联,能否带来社会效用甚至是其必须具备的一个基本条件;而创造一般是一个单个的活动,虽带有一定的目的性,但未必以带来的实际社会效益为考量其是否成立的标准。

要创新,必须要有相应的数据来支撑。美国国家科学委员会发布的《2018 年科学和工程指数》中指出,在创新系统中其未来面对的四个主要数据挑战是:(1)覆盖所有经济部门的指标,包括家庭和企业家、政府和非营利机构;(2)非专利发明的发明指标;(3)时间序列或其他相关数据追踪跨时间和地域的活动;(4)侧重于政策使用的影响和结果措施的指标。①这一点对我国的自主创新也有着一定的参考意义。

---

① National Science Board, Science & Engineering Indicators 2018, pp.8, 107.

三、知识产品生产的特点

1. 生产主体的多样性

知识生产主体有个人、企业、国家或一定范围内的跨国合作的特定组织。根据不同类型的知识产品，知识生产者也不同，如一般著作、论文或小的发明多是由一个人或几个人共同完成（个体化生产者），较为复杂的知识产品常由规模更大的企业来完成，而诸如中国的神舟系列研发计划则必须由国家来组织完成；像和平号空间站的建设、运营则靠跨国之间的科学家的合作来完成。具体说来：

个体化生产者是最基本、也是最主要的类型，因为不论是企业、国家还是跨国生产的知识产品，其最终的行为者和落实者均为自然人，抽象的集体、国家只是一个客观的集合体，它们自身是不能创作任何东西的。由于知识产品的独特性和差异性，绝大部分的知识产品（如通过科学方面的火花、文学作品的闪光点等形成的发明和著作）都是有个人来单独完成的，它们可以不受时间、空间的限制，往往需要个人的灵感或顿悟，这是脑力劳动的特点；当然，有关专业人员在一起交流，也可以引起别人的深思和触发灵感，但这种灵感最终形成的成果常属于受启发者，这也是知识生产过程中的一个特点。由于灵感、顿悟、观点的个性和独特性，虽然有几个人合作的智力成果，通常由不同的人完成成果的不同部分，常带有鲜明的个人特征。多数场合下，个体生产者投入知识产品的生产要素较为简单，对他人和社会的依赖性较弱，由此也较难产生在社会上有巨大影响的科技发明和创造，它们多为文学、艺术等类的产品。知识源自创新，而原始创新 99％以上来源于个人。①就个体而言，他需要接受系统的教育，并有一定的先期积累，进而才能创新出新知识。

企业化生产者。随着社会经济的发展，过去由单个知识分子的产品，随着社会功能的增加，产品变得越来越复杂，它们日渐需要具备管理各种人才的企业来组织完成。企业根据一定的市场需求组织研发、生产和营销，把各类人才根据知识产品的不同功能组成不同的研发组，完成庞大知识结构中的一部分，先生产出符合企业需求的知识产品，最终组合为一个满足社会需求的产品，形成自身的市场竞争力。

国家化的生产者。对于特大型知识产品或国防、国计民生的高科技

---

① 吴季松：《知识经济学》，首都经济贸易大学出版社 2007 年版，“序言”部分。

产品,内容往往涉及几十个学科,所跨学科领域和时空都比较大,或涉及国家安全等则靠个人或企业无法完成,这就需要国家组织有关科研人员来生产知识。在这样的知识生产项目中,每一个知识分子完成的任务可能只是庞大产品中极小的一部分,如为神舟七号材料的研发人员,对其他部分关心的可能就少一些,甚至根本不知道。这一点是由于知识和科技浩瀚性和单个知识分子时间、精力的有限性所决定的。①

因此,知识的生产与供给者既有国家有关科研、教育部门,又有企业和各类商业机构以及个人,它们有的是商业营利性机构,有的是公益非营利性的机构。一般而言,为了研究上的方便,我们可以综合各种因素把知识的生产与供给主体划分为三类:(1)国家有关部门与机构(包括高校、科研院所等),主要提供公有知识,不以营利为目的;(2)各种商业组织,主要提供专利知识,以营利为目的;(3)个人(人力资本),主要提供依附于本身的私人知识。

2. 知识生产的历史继承性

由于知识的无形性、传承性,使得任何一个新知识的产生,都是在当代人与前人积累的基础上产生的;历史遗留的知识对后来者创造知识有着基础性的意义,当代的创造往往是建立在历史文化遗留的基础上,发明者总是站在前人的肩膀上前进。这一点与一般商品的生产有着很大的不同。

3. 知识产品存在形式的多样性

按照不同的分类标准,知识可以划分为不同的存在形式。按照知识生产是否具有商业属性,知识产品存在着三种形式:(1)以商品形式存在的知识性商品,如专利、商标和保护期内的著作等;(2)以非商品形式存在的知识,如科学常识和进入公有领域的知识等;(3)由非商品性知识向商品型知识转化形态的知识或兼有商品和非商品属性的知识,如公有领域的著作(如鲁迅的小说、散文,李白的诗歌等)经出版商或特定作者编辑出版后,因他们付出了一定的智力劳动,而使他们对这些书籍享有一定的商业权利等。

按知识存在的具体形态,知识产品可分为三类:一是独立存在的知识,如学术论文、科研报告、研究专著等;二是依附于一定商品上的知识,如生态农业包含的生态技术、通信产品包含的现代通信知识和技术等;

---

① 参见李富强等编著:《知识经济与知识产品》,社会科学文献出版社 1998 年版,第 35 页。

三是依附于人身的知识，如受教育后固化于人身的知识、能力，管理经验、技术工人的绝技、魔术师变幻莫测的戏法及歌唱家有自身特色的唱法、唱腔等。这类知识现在一般称之为人力资本。

4. 知识生产的规模效应

知识产品的成本结构相当特殊，初始投资花费的固定成本可能很高，但是一旦产品研发成功，随着产品产量的增加而追加的变动成本往往很小，甚至可以忽略不计。如某制药公司经过多年研发，研制出生产某药品的技术方案；经临床试验非常成功，则该厂家依据技术方案生产药品的数量，除了原材料低微成本外，其他成本可以忽略。再如微软公司开发视窗98操作平台花费巨额成本，而多制作一张存有软件的光盘的追加成本却非常之低，如果通过网络下载，几乎为零。产品的边际成本曲线一直呈递减之势，不存在最低的平均成本点。

5. 不依赖自然资源及正外部性特点

知识生产的投入主要是知识、智力、土地、资本等，但不占主要比例。知识产品生产的投入主要依赖于人们无形的智慧，至于土地、厂房、能源等自然资源虽然不可少，但对知识的产生没有实质性的影响。知识生产过程及其结果具有正外部性，即在生产过程中，知识可以外溢，在成果出来后，还可以给别人和社会带来有价值的贡献。

四、知识产品生产的内在规律、生产体系及生产函数

（一）知识生产的内在运行规律

1. 知识生产中的边际收益递增规律，即知识不再作为一个生产函数的外生变量而是作为生产函数的内生变量，知识在生产、分配、使用的过程中不但没有被消耗掉，而且不断累积、外溢、增加、被多次以至于无数次重复使用进而被无偿传播和使用于整个社会。①

2. 知识生产的累积效应规律，即知识生产过程中形成了内在增长和发展（自发的、螺旋上升的、不断扩展的）的机制。累积效应的结果是知识生产领域的“好者更好、优者更优”现象，同时也是知识生产过程中分工的加深，从而形成知识生产的专业化优势、比较优势，有利于高效配置社会

---

①　参见赵明刚等：《论知识的边际收益递增与经济的持续增长》，《山东财政学院学报》2004年第2期；李玉峰等：《知识经济学》，南开大学出版社2003年版，第107—114页。

资源特别是人力资本。

3. 知识生产的多元动力规律,这些动力包括:(1)社会需求,同其他产品一样,知识的生产也同样是在市场需求的拉动下不断深化发展的;(2)知识本身,知识(包括科学知识与科学技术)生产具有较强的“内生性”,即知识能够再生知识(新知识);(3)社会供给创造出的需求。

有人在看到知识产权制度在促进今天的经济发展中的促进作用时,可能认为经济激励机制是知识产生的主要动力。实际上我们看看历史,人类在没有知识产权制度的时代,技术及各种知识创造性活动也出现过几次非常活跃和繁盛的现象,如古希腊、古罗马、古埃及等地都曾经出现过技术快速发展的阶段;中世纪的中国更是取得辉煌的技术成就。这表明,在工业革命之前,其他激励机制的作用可能比经济因素的作用更大。此外,军队部门特殊的制度,在人类史上对技术和知识生产的贡献也不应当受到忽略;尽管与经济商业领域一样,竞争都起决定作用,但军队系列的激励技术和知识生产的制度显然会不同于一般的商业领域。①这些非经济动力因素是我们研究知识生产时需要加以考虑的。

4. 知识生产的路径依赖规律:路径依赖是指在事物发展过程中由于“惯性”而沿着原有的路线和途径发展前进的现象。同样,知识的生产和提供也具有路径依赖的特点,这是因为在知识的生产和提供过程中,知识生产和提供主体逐步形成了有关某一知识产品的生产、管理等方面的优势和专长,从而使其在生产过程中形成了对这一知识领域和某一知识的高度依赖,如果知识生产和供给者转移投资和转产其他产品,其转换成本将非常高昂。

(二) 知识生产体系

国家的知识生产体系即为国家的创新体系。从理论上讲国家创新体系可以分为知识创新系统、技术创新系统、知识传播系统和知识应用系统等。但是由于知识具有的共享性、耐用性、增值性(即强扩散性)、整体效益倍增性和在创新面前人人平等这些特性,知识的生产是绝不能截然分开的。②上述体系构成了国家知识生产的一个完整体系,共同服务于知识

---

① See Ove Granstand, *The Economics and Management of Intellectual Property: towards Intellectual Capitalism*, Edward Elgar, 1999, pp.41—42.

② 参见吴季松:《知识经济学:理论、实践和应用》,北京科学技术出版社 1999 年版,第 75—79 页。

的生产和再生产。

在生产体系中,保护生产者合法利益的机制也要建立起来。政府和企业要注重保护知识生产者的利益,保护他们生产知识的积极性。因为知识生产是一个主动意识很强的"良心"职业,知识分子的工作业绩直接决定着知识经济中知识供给的数量和质量。科研需要付出和牺牲很多,要保证知识分子在知识生产过程中的需要,也要对他们在知识生产过程以外的实际问题采取相应的措施和办法,保证他们能在任何情况下不间断地生产出先进而实用的知识。这就需要鉴于知识生产的特殊性,在生产系统中必须构建完善的知识产品生产者保护制度,此为下文所述的知识产权制度体系。

(三) 知识经济的生产函数

在知识产品生产的特点、规律和体系的影响下,我们再来分析一下知识经济下的生产函数。①

生产函数是指在一定时期内,在技术水平不变的情况下,生产中所使用的各种生产要素的数量与所能生产的最大产量之间的关系。西方主流经济学家认为生产函数通常可表示为 Q=F(L, K, N, E),其中 Q 代表生产量,L 代表劳动力,K 代表资本,N 代表土地,E 代表企业家才能。②从定义可以看出,这主要是适用于工业经济的一个公式;由于技术是一个无法确定的因子,为便于研究,经济学家们便假定它是一个常量。实际上它与人类整体经济发展状况是不太符合的,因为技术一直处于变动之中,这种假定便于工业经济阶段的研究,但未必适用于所有经济形态。我们倒倾向于以下较为简洁的有关不同阶段的生产函数的论述。③

基于人类社会的三种经济形态各自的特点和要素,农业经济、工业经济和知识经济的生产函数可以分别用下列形式来表达,即:

农业经济 Y=F(L, R)

工业经济 Y=F(R, C, L)

知识经济 Y=F(K, R, C, L)④

---

① 有关生产函数的含义、具体分析等也可以参见高洪深著:《知识经济学教程》(第五版),中国人民大学出版社 2015 年版,第 155—159 页。

② 生产函数,http://baike.baidu.com/view/170835.htm#sub170835。

③④ 本部分内容主要参见吴季松:《知识经济学:理论、实践和应用》,北京科学技术出版社 1999 年版,第 75—79 页。

上述函数中,Y 代表产出,F 是函数的公式,L 为劳动,在农业经济中主要指体力劳动,在工业经济中指依赖稀缺自然资源投入增加而增产的技术劳动;R 为自然资源,在农业经济中特指土地,在工业经济中主要指土地、水、森林、各种矿产和能源等一系列稀缺自然资源,是一种人们不能再创造的特殊投资;C 代表资本,是由以往的积蓄者辛劳积累而成或通过集中方式而获取的生产所需的资金;K 指智力资源,即知识经济中主要不依赖稀缺自然资源投入增加而增产的高技术、高知识、高附加值劳动。

从这些简单的函数可以看出,农业经济时代,生产产出主要取决于体力劳动和以土地为主的自然资源。其中体力劳动是第一位的生产要素;由于技术较为落后,人力占有利用自然资源有限,资源相对富裕,体力越强,从自然界中获得的财富可能就越多,其重要性超过了土地。但无论如何,由于体力中知识技术含量较少,人力可以开采的土地等自然资源(对许多资源限于知识和技术无法知晓,更无法开采使用)总是有限的,加上受制于天气等自然环境,农业经济时代的产出即创造的社会财富是极其有限的。

在工业经济时代,自英国古典经济学家亚当·斯密建立古典经济学到美国经济学家 P.A.萨缪尔森等人创立新古典综合派以来,传统经济学生产理论(又称厂商理论)的核心就是生产函数 Y=F(C, L, R)所表达的形式,其产出由资本、劳动力(非技术的劳动力)和资源(随着知识技术的发展,人类可以开采利用的资源范围大大拓展,不再限于土地,(含土地、水、森林、矿产和能源等一系列稀缺自然资源)等生产要素所决定,产出的增长,取决于各要素投入的增加,其中资本起到决定性的作用。这个生产函数是建立在人类 20 世纪初对技术、自然和人类自身认识及 20 世纪上半叶工业经济生产的基础之上,尽管它对迄今为止的经济发展起了巨大的作用,但是,以知识经济学的眼光分析,我们也很容易发现它的不足之处:该函数无法恰当地表达出技术对经济发展的贡献;前文已述,马克思在分析资本主义生产过程中,工业革命后的劳动者应是掌握一定知识或工业技术的劳动力,或至少知识技术对他们的劳动有着一定的影响(严格说来农业经济时代的劳动力也是需掌握一定知识的,人类至今的所有劳动不可能不含有知识;不过,与工业经济相比,这种影响是无足轻重的),函数中认为的劳动力是非技术劳动力,是不准确的。其次,工业经济面对的最大的难题是对稀缺资源的依赖,资本实际上是一种道具,借助于它,在掌握一定技术的劳动力的运作下,通过对资源的利用,实现社会财富的增加。因此,这一个传统函数表达应被 Y=F(R, C, L)所替代。即工业经济中,处于第一位的生产要素是自然资源;由于技术的进步和社会管理水平的提高,生产率水平获得前所未有的发展,人们可以开发多种自然资源,其重要性超过劳动力,成为社会财富的中心。如煤矿、金银矿等各种矿产资源以及石油、天然气等,成为各国争夺的对象。

根据 20 世纪下半叶以来的新知识和本世纪初知识经济的发展状况,人们推定的知识经济生产函数中,增加了智力资源(包括人才、信息、科学、技术、组织、管理和决策等无形的劳动),且成为产出的第一影响要素,它对社会财富的增加起到了决定性作用。自然资源(包括土地、水、森林、草地、海洋、矿产、能源、物种、气候和旅游资源)、资本和劳动力三个变量依然存在,但它们的顺序与工业经济的生产函数相比发生了变化,资本和劳动力位于资源之后,说明资本和劳动力在知识经济时代的地位和作用不如工业经济时代的影响大。以美国上世纪 90 年代末至本世纪初为例,当时的美国没有大量投入传统资本来开发自然资源,非技术劳动力人口大大下降,但美国的财富和实力却通过信息技术获得了连续 106 个月的持续增长,说明知识经济时代,知识资源对经济发展的重要作用。比尔·盖茨创办的微软公司不依赖于传统资本、劳动力和自然资源的投入而依赖于技术投资而获得的成功是另一个经典的例子。

下面简要比较一下知识经济生产函数与工业经济生产函数各自所可能带来的影响:

在工业经济中,经济发展主要依赖于资本及资本驱逐下的劳动力对稀缺自然资源利用而形成财富,进而推动经济的发展;所以自然资源对经济的发展十分重要。但随着稀缺自然资源(尤其是不可再生能源)的减少,利用资源的成本日渐增加,相应地资本积累也会逐渐减少,带来的结果是资本的投入越来越有限,进而工业经济的发展会受到制约。

非技术劳动的增加,主要取决于劳动力的增加,劳动力的增加取决于人口的增加,在主要依赖稀缺自然资源发展生产的工业经济中,稀缺自然资源对地球人口的承载能力是有限的。土地是一种不可再生、不能创造的资源,其总量基本是个常数,围海造田、围湖垦殖的土地量不仅十分有限,还带来了极大的副作用。因此土地的投入也是限定的。

对于工业经济生产函数来说,三个变量都是有限的,因此,20 世纪 70 年代,部分学者提出了工业经济的增长有限的结论。

我们看知识经济生产函数与工业经济生产函数最大的不同就在于:

其第一要素是智力资源,而人的智力资源是无限的。人用智力资源来集约利用稀缺自然资源的能力是近乎无限的,人用智力资源开发富有自然资源来代替现在不得不依赖的稀缺自然资源的能力更是无限的,因此,理论上,知识经济的发展是可以持续的;实践中,已经被一部分科技成果所带来的社会效果所验证,如核能、光伏能等技术拓展了人类使用资源的能力和领域。随着人类技术能力的进一步提升,许多今天看来解决不了的问题可能会被一一化解。

第三节　知识的分配(传播)

一、知识分配概述

经济学上的"分配"一般指社会产品分给社会(或国家)、社会集团以及社会成员的过程和形式,其中包括社会总产品的分配、国民收入的分配、个人消费品的分配等。它是社会再生产的一个重要环节;有时还指生产资料的分配等。①

知识的分配或传播是指科技知识等在不同时代或同一时代在不同空间的扩散,使不同个体之间可以分享知识信息的过程,其使命在于使知识从其拥有者手中传送到接受者手中,使后者能了解、分享和应用同样的知识,其主要使命在于扩散知识和提供解决问题的知识投入。知识经济时代的标志之一就是知识的扩散和知识的创造同等重要,它导致人们对知识分配网络和国家创新体系重视程度大大增加。②但知识的分配是复杂的,既有不同时代之间的分配或分享(主要通过书籍、胶卷或现代电子载体等完成),也有同时代不同空间范围内的传播;既有无偿的知识传播,又有有偿的知识传播(如对私人拥有排他商业使用权的知识转让等,如果出于商业目的,传播过程中,所有者或使用者必须对传播者付出对价)。本教材主要讨论的是同时代的有偿的知识传播(实际上某些无偿的传播在现代条件下也是有偿的)。

---

① 参见"分配",http://baike.baidu.com/view/1109050.htm#sub1109050。

② Organization for Economic Co-operation and Development, The Knowledge-based Economy, General Distribution OECD/GD(96)102, p.24.

特定知识只能分配给有相应知识的人，在知识经济社会中的高技术知识则更是这样；知识分配主要是以掌握知识的多寡、最终也主要靠创新业绩来进行的。所以，拥有知识越多的人，可以分配到的知识就越多，其利用知识进行创新的业绩可能就大，对他人或组织的依附就弱。

知识经济是以信息网络为特征的经济；创新要使不同行为者（企业、实验室、科学系统和消费者）之间进行大量交换，需要传播；传播是知识经济有效进行的保证，是知识生产和使用之间的中间环节，其意义在于为新知识寻找真正懂得其商品价值并能尽快把知识转化为生产力的使用企业；它是知识交换和消费的前提与基础。传播的外在动力是社会需求，内在动力是寻找能最大限度地发挥知识价值的企业，进而实现自己的价值并获得回报。它联系着两头：知识生产和知识的使用，起桥梁纽带作用：其生产是知识传播、消费的源头，其是知识价值的最终体现。宏观角度看，知识的分配是社会供给与需求之间的桥梁，微观地看，是把具体知识转化为现实生产力。在知识经济中，先进而实用的知识相当广泛；通过传播，减少知识生产者的盲目性和自我发展的随意性，使他们有了明确的方向，也减少知识使用企业找不到知识的困难，缩短了知识从生产到使用的周期。

二、知识传播方式的发展和当前知识传播的主要机制及相应的方式

（一）知识传播方式的发展

从农业经济时代到工业经济时代再到知识经济时代，知识传播一直都在连续不断地进行中，它是人类社会不断发展的根本动力之一。然而，不同时代，知识传播的方式虽然有着传承关系，但在不同时期都有着自己鲜明的特征。

农业社会，知识传播主要靠传播者的言传身教，靠接受者的模仿、学习。由于当时知识不够体系化和理论化，多体现为经验和技能的积累，带有较强的个性化色彩，不易稳定，它们难以被规模化地普及。所以在这个时代，知识传播的形式常常是小规模的师傅带徒弟、父亲带儿子的方式代代相传（吴季松教授称之为“点对点方式”）；知识虽然会随着知识传人的灵性、悟性和智慧变得日益丰富和有价值，但往往难以形成庞大的知识体，只能在局部范围内有所发展；而且如果该传人突遇事故身亡，这一知识也会随之永久地消失。显然，这种传播方式传播的信息量小，主观性强，带有较强的垄断性和排他性，内容也多带有片面性和保守性，不利于

知识的更新和发展,①由此也不难理解为何农业社会经历了那么漫长的时间。

工业经济时代,由于自然科学和社会科学的发展,某一范围内的知识日益成为特定的理论体系,遵循一定的规律,具有稳定性;这就在知识传播的方法上的进步创造了条件:规模化、组织化传播知识(吴季松教授称之为"点对面的传播方式")成为可能。该阶段知识传播最主要的路径和形式就是学校教育,它取代了农业经济时代的个体与个体间传播的方式(尽管这种方式仍然存在,但已不是主要形式)。学校教育的最大特点是借助于制度化的组织,按照特定的标准化规范,有计划、有步骤、分科分级、系统、长期连续不断地向被教育者传播知识;它对工业革命的完成、人类文明的传承及经济发展起到了不可磨灭的作用。除了学校之外,行业协会、企业自身、社会培训机构、政府和大众传媒等对知识的广泛传播也起到了积极作用,它们与学校教育结合起来,形成了纵横交错的知识传播体系,大大促进了知识、经济和社会各方面的发展。这个时期的知识传播多带有一定的商业性,知识传播的成本较过去相比有了较大的提高,特别是在知识产权制度出现以后,受保护的知识产品的传播已经变成一种商业行为,其成本远远高于一般的知识传播。

知识经济时代,由于信息技术的快速发展及电子计算机的普及,网上虚拟空间成为知识传播的主要场所,数字技术和智能化的信息网络将知识传播带入一个新的时代,虽然传统的知识传播方式依然存在,但点点交互传播方法渐成主流。②互联网技术使知识的传播变得更为快捷、及时、简便、廉价和有效;传播者和接受者的角色在互联网时代交互转换,知识垄断日益变得不可能,知识传播变得更为自由和开放,传播的形式、内容日益灵活(如空间在互联网时代变得不太重要,网上课堂、远程教育可以完成更多的教育任务)、丰富、生动和真实。这种动态的方式更利于知识的传播和创新,利于社会的进步和发展。但我们也不应忽略的是:正是由于传播的廉价和便捷,各种无效或有害信息、知识产权侵权和网络违法与犯罪行为也在与日俱增,它们对社会带来的危害不容低估。如何趋利避害,充分发挥这种传播方式的优点,克服其不足,是一个紧迫的课题。

---

① 吴季松:《知识经济学》,首都经济贸易大学出版社 2007 年版,第 102 页。

② 同上书,第 103—104 页。

吴季松教授的“知识传播方法的动态演进对比表”对上述三个时代的方法做了十分精辟的概括，具体如下：

表　知识传播方法的动态演进①

社会经济形态	农业经济社会	工业经济社会	知识经济社会
知识产品的形态	直接经验	规则科学知识	数字化知识
主要知识传播行为	口头交流、行为展示	学校教育、大众传媒和组织传播	网络交流、网络传播
主导知识传播方法	点对点传播方法	点对面传播方法	点点交互传播方式
知识传播方法的特点	单向性、垄断性、片面性和保守性	单向性、权威性、经济性	双向性、自由和开放性、高度经济性②、综合性和及时性

（二）知识传播的主要机制及相应的方式

当代社会，知识传播的主要机制和相应方式有：

1. 教育机制（包括学校和有关科研机构等），该机制承载着将人类已有的知识文明传输给受教育者的历史使命，让受教育者在接受人类已有知识的基础上，成为具备创新知识的人。它是知识传播最为悠久的机制，是知识传承最重要的手段。早期教育以言传身教为主。工业革命时期以来的教育最大的特点是规模化教育不断扩展，以至于在多数国家已经形成国民基础教育的普及化。今天，教育的形式越来越多样化，如多媒体教育手段的运用及网络教育的普及等，大大提高了知识传播的效率。③一个国家的教育制度对该国经济发展和综合实力的加强起到根本性的作用。美国强大的历史、日本明治维新后的崛起、韩国的汉江奇迹及德国统一后的飞速发展等无不证明了这一点。

2. 社会培训机制。它是维系社会持续创新能力的保障机制，是人离开高校、科研院所后后续教育的体现，是终身学习的有力支撑。其方式主要是社会培训机构提供定期（如律师和会计从业人员年度注册所需的专

① 吴季松：《知识经济学》，首都经济贸易大学出版社 2007 年版，第 104 页。

② 这里的“高度经济性”未必准确，其本意是指随着网络课堂等远程教育方式的出现，知识传播的成本在大大降低，传播变得更为廉价，进而会客观上大大促进经济的发展。

③ 参见单志刚：《知识经济概论》，中国传媒大学出版社 2006 年版，第 85—86 页。

业培训)或不定期(如各公司选送有关技术或管理人员参加的各种具体技能提升的培训等)的各相关专业的有偿培训。

3. 各种媒体和信息网络。它们是传播大众知识的主要渠道,对现代人的影响十分巨大,对人类的生活几乎无处不及。如广播、电视、电话、电报、数据通信、新闻报纸、杂志等每时每刻都在传播着不同的知识。随着信息量的激增,不断改进的媒体传播日显重要。而网络传播的高效和迅捷,日渐显示出在知识经济时代的价值;为此各国加强了信息网络基础设施建设,如美国的信息高速公路,这样可以加大了信息传播,产生社会附加值,建立各种知识间的联系,产生倍增效应。

4. 商业传播系统,含出版机制和专利与专有技术转让机制。前者主要通过有偿方式帮助作者传播自己的作品,让社会公众或特定的读者群在付出一定对价情况下分享其知识;后者是主要通过技术服务机构,在技术供方和需方之间搭起桥梁,使这种知识的提供者和需求者各取所需,促进社会经济发展。这四个机制以不同的方式向社会各阶层传播知识。

上述每一种机制的传播都有其自身的特点,且每种传播都是要付出一定代价的,只不过价格高低及表现形式会有所不同。比如,自工业革命以来,西方发达国家一直进行的义务性基础教育被普遍认为是免费的,实际上它们也是有代价的,教师工资及教育设施就是传播知识的成本,只是费用较低而已。①但近年来美国普通教育制度之外私立学校,知识传播费用很高,其意图使这些学校受教育者在获取知识的路径、培养创新能力和综合素质等方面不同于普通学校培养出来的受教育者,以在未来竞争中获得优势;这是以更高代价来传播知识,它能满足部分富有者的需求。在发达国家目前很完善的职业培训系统收费远远高于学校普通教育机构;随着经济全球化的发展及跨国公司触角的延伸,这种培训已经蔓延到包括发展中国家在内的全球;笔者在公司任职期间,曾参加过多次短期职业培训课程,其中印象最深的有两次:一次是 1999 年 11 月在上海参加电子商务知识培训,培训三天时间,付出培训费是 2 000 美元;一次是 2001 年 10 月参加的项目经理培训,受训时间一周(5 天),培训费用是 1 万元人民币;显然它们都远远高于同期高校或科研院所的教育费用。出版业的收

---

① 吴季松著:《知识经济学:理论、实践和应用》,北京科学技术出版社 1999 年版,第 82 页。

入和新闻媒体的间接收入(如广告收入)都是知识传播的代价,最终由出版物消费者、新闻媒体阅读者及广告商品消费者负担。专利和技术转让系统则是典型的、商业性的知识传播系统,获得这些知识要按商业条件支付技术转让费或许可费等,它们往往高于一般传播方式所付出的代价。互联网络出现之前,金钱财富的占有往往对知识的分配也有着直接的影响,由于知识以传统载体形式存在,而其费用也较为高昂,甚至在今天,在西方发达国家,书刊的价格也较高,经济富裕的人获得这些载体的机会多于贫穷的人。但互联网出现后,知识传播的成本大大降低(一台电脑,一个终端,与网络连接起来,以较低廉的上网费用便可获取无限的知识),电子载体的低廉,使知识更易为人们所分享;分配知识与财富的多少没有太大的直接关系,使知识的分配变得日益公平。

总体上看,从农业到工业经济,知识传播的方式日益多样化,传播的代价也在逐渐提高。在工业经济中知识传播的代价越来越高,实际上是走上了以财产的占有多寡来分配知识的老路,而信息网络的知识分配,至少在目前,是以知识占有的多寡来分配知识。现代社会,知识呈现无限增长的趋势,这看起来是有益于社会的,但就个人或特定的实体而言,由于精力时间的有限性,他们面临着一个难题:如何在浩如烟海的知识海洋中选择出自己所需的知识、技术?这种选择往往也是要付出代价的。不过互联网出现以后,知识传播更为便捷,速度大大加快,它打破了知识垄断,也降低了知识传播的成本;因此,在知识经济时代,在较为完善发达的知识传播体系中,知识传播的成本将大大降低,该体系中的每一个成员将从中受益,进而利于该体系下的经济的发展。

知识经济分配中,政府调控的手段在不断加强。在工业社会,财富的分配多是按市场机制来进行的,在"弱肉强食"的竞争中容易导致贫富分化的加剧;虽然政府的调控能够起到一定的作用,但无法在根本上改变。知识经济时代,由于用智力资源的投入可解决工业经济中出现的资源耗竭与环境污染等问题,知识决策对个人和国家均十分重要;为此,政府可以根据知识产品的特性及知识产权的法定性等,对知识分配进行较强的干预,如对教育、娱乐等价格由政府通过一定的科学统计控制在一定的范围,保证穷人生活质量;对市场机制在知识分配中进行一定的制约,如鼓励和扶持中小企业创新,以提高它们在知识分配中获取知识的能力等。这样,可以在一定程度上促使知识的分配较为公平,以推动整个社会创新新知识的能力。

我国知识生产者与使用者之间还没有建立密切联系,社会中介机构尚未成熟,生产者的传播意识及生产者与使用者之间的桥梁没有完全建立起来,这些需要政府的引导、介入。要加大知识传播力度,通过传播,培养整个社会对知识的兴趣,使知识使用企业在知识的不断熏陶下,把知识作为武装企业、发展企业的主要武器。

第四节 知识的交换

一、知识交换概述

交换是指通过提供某种东西作为回报,从而取得所要的东西的行为;①商品交换就是商品所有者按照等价交换的原则相互自愿让渡商品所有权的经济行为,是商品所有者彼此让渡使用价值和实现价值的过程。一切商品对它们的所有者是非使用价值,所有者只把使用价值作为交换手段,用它们去换回自己需要的使用价值。但商品对它们的非所有者是使用价值。因此,商品必须全面转手。这种转手就形成商品交换。

技术交换与技术传播或分配有着密切联系;传播的主体一方往往较为主动,一方被动接受,而交换虽常常是双方的主动介入,但它们都需通过交流才能完成。所以,传播的效果通常与交换结合在一起才会理想。交换和传播离不开提供中介服务的机构,西方发达国家完善的知识中介服务机构的制度对其知识经济取得的成就起到了积极推动的作用;但中国这方面的中介服务机构和制度还有待于构建和完善。

二、知识产品交换的形式

知识产品因其种类繁多,交换的形式多种多样,但总体上可以分为市场交换和非市场交换两种主要形式。非市场交换更多地见于基础研究成果的交流,如学术讨论会或学术年会上与会者将自己的论文汇集于会议论文中,供他人参阅、了解、分享,同时也参阅、分享、了解他人的成果;会议中宣读自己的论文,讲解自己的观点,与其他与会者交流看法等。还有

---

① 参见李富强等编著:《知识经济与知识产品》,社会科学文献出版社 1998 年版,第 110 页。

一般同事、朋友之间的口头、书面交流等也是常见的知识交换形式。它们无需金钱等媒介的介入，是知识产品非市场交换的典型形式。

大部分知识产品的交换是要通过市场交换来实现的，尤其是那些系统、实用的知识。如思想、理论、艺术类的产品(以论文、著作、小说、剧本、乐谱、绘画、棋谱等形式)的广泛传播要借助于报纸、杂志、书籍、广播、电视甚至互联网等载体，消费者或使用者通过支付费用的方式购得相应的载体，以获取知识产品；艺术品类的著作权等的拍卖交换也属于市场交换形式。至于技术方案、配方、软件程序以及咨询服务类的知识成果本身与商业实践紧密联系，它们均以特定的市场形式进行交换。对于进入公有领域但由一定专业技术人员掌握的知识产品通常也会以市场交换形式来完成，如计算机、电视、收音机等修理技术等，只要掌握一定原理的人均可以以有偿服务的形式为客户提供服务。

三、知识(技术)的定价

本章仅就具有代表性的知识产品——技术为例，来说明知识产品在市场交换中定价问题的复杂性。

商品是用来交换的劳动产品，①它具有价值和使用价值的二重性。价值是指凝结在商品中的一般的、无差别的人类劳动，决定商品价值量的是社会必要劳动时间，即“在现有的社会正常的生产条件下，在社会平均的劳动熟练程度和劳动强度下制造某种使用价值所需要的劳动时间”②；按照“物的有用性就是物的使用价值”③推论，商品的使用价值就是商品的有用性，它构成了社会物质财富的内容，而价格是指商品的单位价值量，它受市场供需之影响，围绕价值上下波动。以上是有关商品价值与价格的一般原理。

技术作为商品，既要符合一般商品交易的特性，又会有自己的特殊性。我们在分析技术价值时，无疑也要以劳动创造价值为基础，需考虑到它的有用性；分析技术价格时，离不开价值，也离不开市场中该技术的供求关系。然而，马克思在自己的时代给商品下定义及考察商品价值量时，主要基于物化的有形商品，至于今天的无形财产如专利技术、专有技术等

---

① 蒋学模：《政治经济学教材》，上海人民出版社1993年版，第20页。

② 马克思：《资本论》第一卷，人民出版社1975年版，第52页。

③ 同上书，第48页。

并没有进入他考量的范围,虽然他强调科学技术与劳动者结合起来,①提高了劳动者的素质,使他们过去只能从事较简单的劳动变为可以从事较复杂的劳动,提高劳动效率,创造出更多的物质财富,因为少量的复杂劳动等于多量的或多倍的简单劳动,②但他没有把技术独立出来作为一种商品。在技术作为商品的时代,如果简单套用社会必要劳动时间来衡量技术价值,进而决定其价格,则有可能误入歧途。因为技术研发从来就没有像钢铁、电信、轻工、纺织等行业那样,形成自己的独立行业;技术的个性化特征也不可能让它同一般商品那样可以规模化生产,如通过生产流水线产出产品那样;因此,套用社会必要劳动时间是难以得出科学结论的。结合技术的无形性、信息性、易复制性等特点,决定了技术价值与技术价格不能根据一般商品的价值与价格原理来推断。再考虑到技术交易形式的多样性、技术供方利用其优势地位对技术价格造成的影响及技术转让涉及法律的广泛性,决定了技术转让价格的复杂性、易变性和成本的高昂性。

由于技术的单一性和垄断性,技术供方常利用技术信息的不对称性和其优势地位,对技术价格施加种种有利于自己的限制,很难确定技术交易是否为等价交换,因为技术价格常不取决于它的价值(如创造该技术的社会必要劳动时间,其量化形式表现为科研投入),而取决于双方对它所能带来的利润的预期,即双方对受方实施该技术所能取得的未来利润的判断,因此,它有较强的主观因素和心理表征。技术价格本质就是受方将所取得的一定收益按一定的比例支付给供方的利益分成关系;而且在不同的区域供方可以将技术提供给不同的受方,并按一定比例同时收取利益。所以通常技术价格远远高于技术价值,而不像一般的商品交换遵循着等价交换原则。

知识的价值与劳动者个体的智力、知识及思维能力密切相关。一个人的劳动力输出内容不同决定了知识产品价值量的大小。这一观点有三个方面规定性:其一,是价值量大小受个体智力发挥程度、知识掌握程度的制约;其二,社会必要劳动时间不能成为知识产品的价值量的确定依据,必须有综合性的评价依据;其三,知识产品价值量根据市场流通状况

---

① 如马克思所讲的社会必要劳动时间中的“现有的社会正常的生产条件”“社会平均的劳动熟练程度”均含有技术的因素。

② 马克思:《资本论》第一卷,人民出版社 1975 年版,第 58 页。

和应用领域，应用范围和应用频率，以及间接作用所产生的直接经济效益大小确定。我们将知识产品价值定义为：是人类依靠知识，运用科学的思维方法进行智力输出的创造性劳动过程中，所消耗的智力、体力的总和。需要明确的是，知识产品中所凝结的劳动量以脑力劳动为主，智力输出为主要内容。其使用价值具有间接性、再生性、共享性、耐用性、增值性等特征。

为此，我们可以给技术价格下一定义，即可认为它是供受双方签订的技术转让合同所规定的技术受方向技术供方所支付的全部费用，即受方为取得技术特定权利所愿支付的、供方可以接受的技术价值的货币表现；对供方而言它是一项特定技术的售价或技术投入的回报，对受方而言它是引进一项技术所付出的代价或成本。技术转让中的技术价格与技术价值并不直接相关，它只是双方约定的转让技术一方向另一方所应支付的对价或货币补偿或酬金，很多场合由主观因素控制，因为一项技术的价值缺少客观的判断标准，由此导致价格由双方对技术的心理预期来决定。①

一项技术产品可以有多个买主，其价格与其生产出的产品相比是十分高昂的，且多不是一次性支付；由于影响技术转让的因素很多，技术价格受需求变化影响的弹性较小，即降低价格并不能吸引更多受方，产品价格降低可能有很多人购买，但技术降低价格很少会引起厂家来购进技术。比如，可乐饮料降低 20%价格，消费者会争相购买，但制造可乐的技术降价 20%未必会有如此效果。

技术价格缺乏完整的市场性，即缺乏技术价格的可比性，尤其是领先技术或市场上仅有该技术时，拥有技术的公司极易对价格进行垄断。即使有同样技术的厂家，它们在向潜在的客户提供技术资料时也多是提供不全面、不详细的信息，受方无法对各可能的技术供方的技术作充分的比较，引进技术时不能做到“货比三家”，受方处于信息不对称地位，在不充分了解、把握信息的情况下签下合同，显然会处于不利的地位。

概言之，技术价格的高低以双方判断的、利用该技术所能带来的经济效益大小为转移；而且同样一个技术转让给不同的受方，价格也会不同，甚至会出现巨大的差额，因为它取决于双方谈判的实力比较、受方对技术信息的了解程度、不同受方的市场情况、获取利润的多寡、各国的情况等，

① 具体分析参见马忠法著：《国际技术转让合同实务研究：法律制度与关键条款》，法律出版社 2016 年版，第 210—211 页。

具体内容参见下文分析的影响因素。一句话,技术价格最终取决于谈判的结果。①因此谈判时将各种因素尽可能全面地考虑进去,会使自己在谈判中居于主动地位,对受方而言,意义尤其更大。

技术交换时,以所有权交换的形式较少,而更多的是以使用权的许可为主要形式;这一点显然不同于一般商品的交换。②就技术许可而言,有独占许可、排他许可和普通许可等形式。③前者是指只有被许可人一人在特定时间和特定范围内使用技术,包括技术所有人在内的其他任何人均无权使用该技术;中者指技术所有人和被许可人可以在一定时间内和一定的地域范围内使用技术,其他人无权使用;而后者则表示技术可以多次重复地与不同的人进行许可交易。这些使知识的交换与有形商品的交换有很大的不同。此外,技术交易的客体是以技术图纸、资料、经验和方法等表示出来的知识产品,注重的是方案、思想观点,而非有形商品。

第五节 知识的消费

一、知识消费概述

知识的"消费"在多数场合下就是知识的"使用",它不同于一般的商品消费。一般商品的"消费"是指满足某种一次性或持续性需求后其价值消失或逐渐消失或转移的活动或过程,如食品、饮料等一次性消费品消费后会永久消失,机器设备因在"消费"过程中将其价值转移到工业品中而不断地折旧,最后会变成一堆废铁;农产品因被加工后转化为其他形态的商品后而不复存在等。但知识消费或使用后不会消失,不会因价值转移而折旧或转化形态而不存在,它还可以以原态方式为不同年

① 至于影响技术定价的因素和具体方法参见马忠法著:《国际技术转让法律制度理论与实务研究》,法律出版社 2007 年版,第 353—370 页。

② 因为马克思在谈到一般商品交换时指出:一切商品对它们的占有者是非使用价值,对它们的非占有者是使用价值。因此商品必须全面转手。这种转手就形成商品交换……参见马克思:《资本论》第一卷,人民出版社 1975 年版,第 103—104 页。

③ 具体内容参见马忠法著:《国际技术转让法律制度理论与实务研究》,法律出版社 2007 年版,第 289—316 页。

代、不同地域的消费者继续消费，而且消费者在消费知识、满足特定需求的同时，还能够不断创造出新的知识。这些显然使其有别于一般商品的消费。

那么，到底何为"知识消费"？通常认为，消费是人类通过消费品满足自身各种需要的一种经济行为和过程，它包括消费者的消费需求产生的原因、消费者满足自己的消费需求的方式、影响消费者选择的有关因素。它分为生产消费和个人消费。前者指物质资料生产过程中的生产资料和活劳动的使用和消耗；后者是指人们把生产出来的物质资料和精神产品用于满足个人生活需要的行为和过程，是"生产过程以外执行生活职能"。比照这一定义，我们可将"知识消费"界定为"人类通过知识产品来满足自身各种需要的一种经济行为和过程"，意指人们受利益（含物质利益、精神利益等）驱动通过学习和积累、获取和使用知识的过程。①它也可以分为生产性消费与最终消费，前者指因研发等产生新知识的需要而消费相关知识的行为，如为研究新产品而从他人处购买相关专利技术等就是例子；后者指不会带来新的知识的消费，如阅读小说、收看电视剧等，主要为了消遣和带来一些精神享受等消费行为。知识的消费者是知识的使用者；一般商品的消费者是指为满足自身需求通过交换获得并使用产品或服务的个人或组织，需求、购买力和消费行为能力是构成消费者的三要素。与此相对，知识消费者的三要素是需求、获取知识和使用知识的能力，它具有获取、创造和转化知识的能力。但知识需求的动机或动力与一般商品消费不同，它是多元的，一方面是为了获得新知识，完善自我和发展自我；另一方面还可获得物质金钱与更高的精神享受（如获得一定的社会地位和为社会公众所认可、知晓）。知识消费对消费者的知识储备等提出了较高要求，如使用高科技产品的消费者，必须具备相应的知识基础；同时还要求消费者具有较强的获取知识、创新知识和转化知识的能力。成为知识消费者有更高的门槛和更强的行为能力之要求。就购买力而言，金钱不再是决定性因素，而智力因素及掌握知识的广度和深度是决定性因素，谁拥有的知识越多，谁就成为知识消费的最大受益者。

知识消费的客体（消费对象）是"知识"本身，一般指人类至今为止所创造的所有知识，其中与人类日常行为关系紧密的基础知识及科学技术、管理行为科学和文化艺术等知识最为重要。它们一般分为两个层次：一是

① 吴季松：《知识经济学》，首都经济贸易大学出版社 2007 年版，第 105 页。

满足人们工作、学习和生活需要的一般知识,如不同领域的工作手册、交往知识、饮食健康、个人电脑中计算机软件、安全等方面的知识;它们通常不需要付出太多对价即可获得。另一是被运用于创造活动和生产活动的知识,如发明、文学艺术作品、管理知识等;这些知识常能够在给知识提供者带来财富(消费者支付给他们的对价)的同时,也为消费者带来财富,因此它们通常是要付出对价的。

知识消费者也可分为个人、企业和国家等三类;其中个人是最广泛的消费者,而企业消费知识除了给企业带来收益(包括物质财富和新知识),也给其员工带来知识方面的巨大收益;当然企业消费知识通常与自己的经营范围相一致,限制于特定的领域。国家作为消费者主要涉及购买庞大系统的知识,用于国防、国计民生的领域,知识的卖方可以是国内的,也可以是国外的。

知识消费的最常态就是其产业化,在市场价竞争中具有极大价值是那些具有自主知识产权的产品,它们的产业化最为引人关注;但知识生产和运用都离不开作为知识载体的人,故把知识转化为生产力时,必须有人力资本(科技人才和管理人才)与金融资本(研发投入、风险投入)的结合。

二、知识消费的特征

(一) 知识消费的一般特征

一般而言,知识消费的特征如下①:

1. 知识消费的重复性和共享性

知识可以被一人多次重复消费,且不具磨损性;一旦某人消费了某一个知识,该知识就可能变成其不可剥离的一部分。由于其无形性和可复制性,它可以被多人在同一或不同时间、同一或不同空间为多人所消费。知识消费的无限重复和共享性是其他许多商品所不具备的。而且知识的使用价值在被该人消费中不但没有消失,反而会在不同载体转移过程中可以创造出高于自身价值的价值。就一个社会整体而言,一项新知识通过消费带来的社会经济效益远远高于自身投入的费用,效益递增;如基因工程改造的农作技术和医药卫生的效益,太阳能、光伏技术、受控热核聚变能等可使经济增长从依靠稀缺资源转到富有的自然资源,从而实现经

① 该部分标题参阅了吴季松:《知识经济学》,首都经济贸易大学出版社 2007 年版,第 106—107 页,但内容有较大的不同。

济的可持续发展。

2. 知识消费的相对整体性更强

单一、分散的知识虽然各有其价值，但这些零碎知识合成的有机的知识整体，会产生数倍于单个知识的价值。在有些场合，某些知识被分割后往往一文不名，必须以整体的形态出现才可显示出价值。如某一专利技术，如果去掉某一部分可能就毫无价值；即使是从专利的角度看，技术方案是完整的，但如果不结合与其密切相关的专有技术，则该专利也会无价值。这是从更高一个层次来看知识的整体性。现在很多跨国公司将核心技术不申请专利而作为专有技术持有，就是利用知识的整体性价值来获取暴利的典型例子：技术受方购得的专利往往价格不高，甚至可以免费获得（如技术标准中的一部分专利技术），但这些技术的获得通常无法生产出满足市场需求的产品，往往还需要以昂贵的价格购得专有技术才可实现生产目的，否则所获专利技术一文不值。①

3. 知识消费的增值性与自我满足性

知识在被消费的过程中，具有不断增强和丰富的可能性；同样多的知识，进行不同的组合，或采用不同的使用方式，会产生不同的价值，多数场合会成倍放大知识的价值。知识消费后，对消费者而言，具有与生俱在的不可剥夺性，在消费者身上随着不断消费的知识的积累与沉淀，他自身知识的丰富性会使已经消耗的知识具有更大的价值，如体现在一个人身上的气质、修养、睿智和从容等所带来的社会认可与经济价值是一般商品消费所无法产生的。

知识消费本身也是一个消费者自我满足并带来创新的过程。知识产品消费一般不存在"边际效用递减"现象，相反其满足度呈递增趋势，②如集邮者随着一套邮票的收集越来越齐全而获得的满足度会越来越大。一个在证明数学公式的学生，在其一步步接近证明成功过程中，其满足感也在日渐增强。在很多场合，随着知识的消耗越多，创新新知识的可能性就越大，其满足感也会越来越强。实际上，消费者通过知识消费，特别是文化产品的消费，寻求自身满足感，在此基础上，激发出更多新的感悟与观点，是其重要的特征之一。

---

① See Ma Zhongfa, On Relationships between Technology Standards and Patented Technology Licensing, *Journal of Politics and Law*, (1) 2010.

② 参见李玉峰等：《知识经济学》，南开大学出版社 2003 年版，第 76—86 页。

4. 知识消费的多层次性①

知识经济下的消费与其他经济形态下的消费一样,不可能做到均贫富,从某种意义上说,其消费虽旨在追求所有人共同分享人类知识成果,但由于人的兴趣、知识积累、经验、生活环境、智商及努力的程度不同,消费的多层次性和不平等性比物质财富的消费更为突出。在一国之内,由于知识掌握的数量和质量不同,知识消费呈现出无限的多层次性,而且这种多层次性与财富拥有的多少并不成正相关关系。知识经济依赖的是智力资源,从事高新技术或知识的人员消费的知识居于较高层次,他们消耗知识的同时,也在创造更多更新的知识,他们对社会发展呈良性循环态势起重大作用;所以社会必须保证科学技术创新者和高技术创业者的较高收入,以使创新层出不穷,实现可持续发展。对于一般知识的消费集团而言,它们在普遍意义上对知识经济的发展起到基础性作用,也不能有所忽视。多层次性消费的合理引导、安排和有序,是知识经济构建的重要标志之一;每个成员根据自己的特点和情况,消费相应的知识;各国可依国情制定适宜标准,并依法进行调控。这样的知识消费,也为知识经济的生产和分配提供了保证。

(二) 知识消费和传统商品消费的其他不同

知识消费还有一些难以归纳为"特征",但和传统商品消费比较有所不同的地方,现加以罗列,以供参考。②

(1) 公共用品或准公共用品大大增加

与传统的商品消费相比较,由于主要类型知识产权(如专利权、著作权等)的时间性特征会使越来越多的知识进入公有领域,人们使用的公共知识用品部分大大增加,而且公共用品日渐世界化。如中国的消费者可以花较少的费用,甚或免费无偿地就可以从因特网上获取有关知识。图书馆等公用基础设施为消费者提供了较多便利,其提供的资料和公共服务,能让消费者以较低廉的价格获得各种各样他所需要的知识;如复印有关研究所需的外文参考文献,就远比购买所有原版书要便宜、便捷。

这类消费多为教育消费和休闲健身娱乐消费,目的是为了消费者提高自身素质和创新能力以获取竞争优势,过质量更高的生活,从而推动整

① 参见吴季松著:《知识经济学:理论、实践和应用》,北京科学技术出版社1999年版,第89—90页。

② 该部分内容参见吴季松著:《知识经济学:理论、实践和应用》,北京科学技术出版社1999年版,第87—90页。

个社会文明水平的进步和发展。

(2) 知识产权的确权和保护更显重要

知识产权在知识经济中的权利归属确定及它们受到的保护应比传统经济中的有关财产权的保护等显得更为重要。因为智力成果的无形性及易复制性使其确权显得十分关键，专利制度及商标制度中在特定区域范围内的"先申请原则"与"唯一性原则"就是确权重要性的体现，它们的目的是促使权利人及早申请获得授权并排除他人获得权利的可能性。知识产权保护是为了维护创造发明人或创作人进行创新的积极性，以使他们的投入和付出能够得到充分的回报，维持创新动力，进而创造出更多的知识，推动社会进步。虽然知识不会因消费而被损耗掉，但是随着新知识的出现，原有的知识会贬值，甚至一文不值。一个国家在知识产权法律制度保障下的知识创新系统是其智力资源长兴不衰、充满活力的根本保证。为此，创新人才的创新积极性要得到维护的话，相应的法律制度是不可缺少的重要保障。

(3) 知识经济背景下学习就是一种特殊的"消费"

知识的消费和一般商品的消费一样，并非"免费的午餐"，它们都需要付出代价。然而，对于知识的消费，其前提是消费者需要有一定的知识基础或积累，即他在消费某一知识前，要有必要的学习作为铺垫，然后才可将新的知识消化进而成为自己的东西；这使其与有形商品的消费区别开来。这里"必要的学习"是需要成本的。不过，新知识的消费过程实际上就是一个学习的过程。当然，一个人将知识像商品一样来消费，消费到何种程度及给他带来什么样的收益，往往取决于该人实际运用知识满足自己消费需求的能力。因此，在知识经济中每个人能消费多少知识，依赖于该人的知识积累水平及学习和运用能力；所以知识经济时代高级消费者或富有者，是具有高知识水平和善于学习的人，如网络高手在网络时代其消费知识的水平就高于一般人，其获得的收益无疑也会高于一般人。

(4) 知识可以引导消费

知识引导消费的现象在工业经济时代已经出现，矿泉水就是最明显的例子。当人们了解并相信矿泉水对人体有益的知识以后，矿泉水就身价百倍，在法国相当于自来水的100倍的价格。①在知识经济时代，知识

① 吴季松著:《知识经济学:理论、实践和应用》，北京科学技术出版社1999年版，第88页。

本身就造就了产品,能够引导了消费,如互联网消费就是在互联网技术基础上产生,I-phone 是在高新技术发展后引导出新的消费潮流等均是例证。

(5) 适度、科学的消费

农业经济提倡的是节俭式的低消费,难以刺激和推动经济的发展;工业经济提倡是物欲横流的高消费,造成世界资源的耗竭、环境污染和不可持续的发展。这两者都不是人类理想的消费方式。知识经济的目标是逐步提高人民生活质量,其指导思想是人类与自然和谐发展,它提倡的"与自然相和谐的科学消费"方式能够避开上述两种消费方式的不足,它既不主张盲目的苦行、节俭,也不提倡高消费,而认可适度、科学和绿色的消费模式。

三、个人和企业在知识消费中的注意事项

(一) 个人在知识消费中的注意事项

面对知识无比丰富的世界,知识每天都在爆炸性地增长,而个人的精力和时间都是有限的,所以个人在消费知识时应当有所选择,消费适合自身知识结构、专业特点和有能力消费的知识,而"皓首穷经"式的学习方式显然不适用于知识经济时代,这是个人在消费知识时需要明确的。当然,随着知识结构的调整、专业的变化及自身知识量的积累和范围的拓展,自己消费知识的方式、能力和范围也会随之变化,对此自身的知识消费也要做相应的调整。

由于知识消费与知识学习密不可分,提升自身知识消费的能力离不开学习,故提倡终身学习实际上也就意味着终身消费知识能力的不断提高。本质上知识的学习本身就是知识的消费,"学如行舟,不进则退",这一古训在今天随着知识的快速增加和发展,变得更为突出。这是个人在消费知识时需要铭记的另一个特点。

(二) 企业在知识消费中的注意事项

1. 持续培训和教育是知识经济发展的必然要求

知识经济背景下的企业发展对企业培训员工提出了较高要求,以便及时更新他们的知识,调整或完善他们的知识结构,为创新水平和能力的提升创造条件。事实证明,企业是知识经济社会中创新的主体,也是知识消费的主体,企业在消费知识中获得更多的创新启示和动力;企业的创新和知识消费息息相关:知识创新需要知识消费,而更高层次的知识消费会

带动更为先进的创新;知识的发展和更新越快,企业消费和吸收的知识的步伐就应更快;因此,企业对员工的持续有效的教育和培训就显得十分重要。就其员工个人而言,让他们意识到:自觉或不自觉的终身教育是知识消费者必须坚持的活动,以让自己既适应时代快速发展的要求,也满足企业创新发展的需求。

2009 年上半年,美世咨询公布了对上海 40 家跨国公司的最新薪酬调查。调查显示,这 40 家公司认为吸引员工最为重要的五项因素分别为:员工发展计划 78%、①对员工的奖励和肯定 60%、薪酬福利 56%、培训计划 40%和工作环境 28%等。可以看出,除了为员工提供较高的薪酬、福利待遇外,还要非常重视员工的培训与发展以及员工的工作环境。正是这些因素的共同作用,使上述跨国公司保持了相比上海整体市场低 4 到 5 个百分点的低员工流失率,②对企业的稳定和持续创新起到了积极的维护作用。本世纪初,有关研究也表明,为了增强员工的技能和素质,提升企业的市场竞争力,在华跨国公司在人员培训上投入了大量的精力和资金,应用了很多种有效的培训方式和手段。根据著名培训组织 CCID 提供的 2002 年数据显示,在华外企的人均培训时间为每年 44 小时,人均年培训预算 3 384 元,占工资比例的 5%;而同期我国国有大中型企业的人均年培训时间仅为 5.6 小时,人均年培训预算约 1 362 元,占工资比例的 1.5%。③由此我们不难理解,为何在华跨国公司的持续创新能力总体上高于本土企业。

2. 提高企业知识消费的风险意识

提高企业知识消费的风险意识及识别新知识的能力相当重要,特别对那些依赖于知识生存、发展的企业而言。知识生产阶段,任何投入都有风险,即投入可能产生不了预期的成果,甚至研发的完全失败;同样,在消费知识的过程中也存在巨大风险,如花巨资引进的待“消费”的技术,可能与当地情况不符,如果没有相应的修改技术并使之适应本土的能力,则引进技术可能被浪费掉,我国在 20 世纪 80 年代在冰箱、彩电等领域不当的引进技术经历就是一个值得反思的教训。

---

① 员工发展计划本身也会含有培训等内容。

② “跨国公司重视员工培训”,at http://arts.51job.com/arts/14/211048.html。

③ “在华跨国公司培训活动的现状分析”,at http://www.gjmy.com/Item/17023.aspx。

提高企业知识消费风险意识,就会不盲目引进或消费知识,将主要精力集中于与本企业相关的知识消费,能提高创新效能,并充分利用知识消费所孕育的机会,为企业带来新的知识和利润。

3. 建立完善的信息情报机制,及时获取企业所需并可被消费的知识

在知识爆炸时代,快速获取自己所需知识的能力不仅个人需要,企业更需要。知识的生产、传播和消费之间的关系和距离,与传统商品的生产、经销和消费等环节相比,空间距离更短(网络环境下几乎可以忽略不计),三者关系更为密切,彼此间时间间隔更短。知识可能开发时间较长,但信息网络的快速传播使知识能很快应用于生产之中;为此,企业应完善有关信息情报机制,设立情报搜集和筛选系统,以便能快捷有效地获取、分析所需知识,了解掌握最新的知识发展动态,并尽快消费、应用这些知识来满足企业的需求。

很多跨国公司均设有自己的信息情报中心,来搜集最新情报,跟踪某一领域产品、服务的发展动态以及竞争对手的发展状况,以为自己的发展战略、规划和决策提供及时有效的依据。

此外,加快知识(包括引进他人的知识及自己研发的知识)转化步伐是实现知识消费、获取企业利益的重要步骤;①知识转化的快慢与转化质量的高低是衡量知识消费效果的重要指标。因此,企业在消费知识时,知识转化也必须作为其消费知识时的重要参照。

思考题

一、评述下面的五个判断:

1. 丹尼尔·贝尔认为:“工业社会是机器和人协作生产商品。后工业社会是围绕着知识组织起来的,其目的在于进行社会管理和指导革新与变革”,而“对于组织决策和指导变革具有决定性意义的是理论知识处于中心地位——那就是:理论与经验相比占首位”,“实际上,理论知识正日益发展成一个社会的战略源泉,而大学、研究机构和知识部门等汇集和充实理论知识的场合则成了未来社会的中轴结构”。

2. 知识经济就是信息经济。

3. 托夫勒认为,权力是有目的性地支配他人的力量,是一种社会权

① 有关这方面的论述也可参见单志刚:《知识经济概论》,中国传媒大学出版社2006年版,第110—116页。

力,其构成要素有暴力、财富和知识。其中暴力是低质权力,只能用于惩罚;财富是中质权力,它既可以用于威胁与惩罚,又可以提供奖励;而知识是高质权力,意味着效率,可以用最少的权力资源达到某个目标。如果知识利用得好,人们就可以避开恶劣的环境,避免浪费武力与财富;知识也可以充当暴力与财富的增值器,可以减少达到某项目所需的暴力数量和财富数量。总之,知识都能提高效率,尽可能减少消耗权力的成本。

4. 汇源果汁董事长朱新礼说:“企业确确实实需要当儿子养,但是要当猪卖,为什么呢,这是市场行为,你算得账要去做,算不得账你不要去做。”

5. 优秀的民族品牌是国家的脸面。

二、讨论

1. 你是如何理解知识经济的?你如何理解“知识经济”一词中的“知识”之含义?知识、信息、科学、技术之间的关系如何?

2. 有人对知识经济提出批判,认为:如果把知识经济置于本源的地位,那么断言“智力和知识已经成为现代社会发展的决定性因素”,从而取代了物质资料生产作为社会结构的深层基础地位就是合乎逻辑的了……由此,似乎知识的创造可以脱离开它的物质基础,似乎人类的一般智慧将决定今后的历史发展进程,似乎知识经济可以解决包括物质资源匮乏在内的一切全球问题。这是用一种变换了形态的唯心史观探讨知识经济问题。你是否同意该种观点并认为知识经济是一种相对于农业经济、工业经济而存在的第三种经济形态?

3. 如何理解“大机器生产很长一段时间内仍在社会生产体系中占主导地位,微软等生产软件或其他高科技产品的企业仍未占主流”这句话?

4. 试述知识经济与工业经济的区别与联系。

5. 为什么说“世界的未来竞争就是知识产权竞争”?

6. 谈谈你对人类经济发展三种形态的理解。

7. “知识经济”的概念已为人们接受,但不同的人对其定义或含义的理解有所不同。根据自己所学或查找有关资料,请你给知识经济下一个定义。

8. 知识的生产、分配、交换和消费,与传统商品经济下一般商品的生产、分配、交换和消费有很大的不同,请说出它们的主要区别。

9. 比较农业经济、工业经济和知识经济形态下的生产函数的异同。

10. 与一般商品相比,知识(技术)的定价有何特别之处?

本章参考文献

中文著作

吴季松:《知识经济学》,首都经济贸易大学出版社2007年版。

吴季松:《知识经济学:理论、实践和应用》,北京科学技术出版社1999年版。

吴季松:《21世纪社会的新趋势——知识经济》,北京科学技术出版社1998年版。

李子卿:《知识经济学简明教程》,花城出版社1999年版。

袁志刚:《知识经济学导论》,上海人民出版社1999年版。

何传启、张凤著:《知识创新》,经济管理出版社2001年版。

雷家骕、冯婉玲:《知识经济学导论》,清华大学出版社2001年版。

高洪深:《知识经济学教程》,中国人民大学出版社2002年版。

高洪深:《知识经济学》,五南图书出版公司2003年版。

李玉峰:《知识经济学》,南开大学出版社2003年版。

戴继强、方在庆编著:《德国科技与教育发展》,人民教育出版社2004年版。

[美]弗里茨·马克卢普:《美国的知识生产与分配》,孙耀君译,中国人民大学出版社1997年版。

谢康等著:《知识经济思想的由来与发展》,中国人民大学出版社1998年版。

李富强等编著:《知识经济与知识产品》,社会科学文献出版社1998年版。

梁西主编:《国际法》,武汉大学出版社2003年版。

《马克思恩格斯全集》第19卷,人民出版社1963年版。

《马克思恩格斯全集》第46卷上下册,人民出版社1979、1980年版。

马克思:《资本论》第一卷,人民出版社1975年版。

《邓小平文选》第三卷,人民出版社1993年版。

严家栋主编:《科学技术是第一生产力十讲》,上海人民出版社1993年版。

全国干部培训教材编审指导委员会组织编写:《21世纪干部科技修养必备》,人民出版社2002年版。

王永杰、冷伟编著:《创新与知识经济》,西南交通大学出版社2005年版。

蒋学模：《政治经济学教材》，上海人民出版社 1993 年版。

张伟超著：《科技经济论》，湖南人民出版社 1999 年版。

[英]李约瑟著：《中国科学技术史》第一卷第一分册，科技出版社 1975 年版。

路甬祥、汪继祥：《知识经济纵横谈》，科学出版社 1998 年版。

中国行政管理学会公共管理研究中心等编著：《知识经济学教程》，中国传媒大学出版社 2005 年版。

马忠法著：《国际技术转让法律制度理论与实务研究》，法律出版社 2007 年版。

[美]莫基尔：《雅典娜的礼物：知识经济的历史起源》，科学出版社 2011 年版。

马忠法：《国际技术转让合同实务研究：法律制度与关键条款》，法律出版社 2016 年版。

高洪深：《知识经济学教程》（第五版），中国人民大学出版社 2015 年版。

论文

马忠法等：《经济全球化下跨国公司技术转让的新策略》，《上海企业》2004 年第 10 期。

马忠法：《从自由资本主义时期国际技术转让的特点反思现行国际技术转让法律制度》，《知识产权论丛》第 14 卷，知识产权出版社 2008 年版。

刘铁贵：《试论知识经济时代的价值观》，《河北师范大学学报》（哲学社会科学版）2000 年第 4 期。

路甬祥：《迎接新科技革命挑战　支撑可持续发展》，《科学时报》2010 年 3 月 1 日。

韩晓永：《“大同社会”的“古往”“今来”》，《法制周末报》2010 年 7 月 15 日。

《120 美元一双耐克鞋　企业利润 1.8 美元》，《南方日报》2006 年 3 月 20 日。

王淑丽：《海信商标国外被抢注案双方达成和解协议》，《法制日报》2005 年 3 月 16 日。

英文著作

Ove Granstand, *The Economics and Management of Intellectual Property: towards Intellectual Capitalism*, Edward Elgar, 1999.

M.Blakeney, *Legal Aspects of the Transfer of Technology to Developing Countries*, Oxford: ESC, 1989.

Chris Freeman & Luc.Soete, *The Economics of Industrial Innovation*(3rd ed), Pinter, London and Washington 1997.

David J.Jeremy(Editor), *International Technology Transfer, Europe, Japan and the USA, 1700—1914*, Edward Elgar Publishing Company, 1991.

J.R., *Industrial Espionage and Technology Transfer-Britain and France in the Eighteenth Century*, Ashgate Publishing Company, 1998.

Susan K.Sell, *Private Power, Public Law: the Globalization of Intellectual Property Rights*, Cambridge University Press, 2003.

英文论文或报告

Klaus Bosselmann, Poverty Alleviation and Environmental Sustainability through Improved Regimes of Technology Transfer, *Law Environment and Development Journal*, V.2/1(2006), p.22.

William Keefauver, The Need for International Thinking In Intellectual Property Law, IDEA: *The Journal of Law and Technology*, 1996, 37 IDEA 181.

Report of the Panel: China—measures affecting the protection and enforcement of intellectual property rights, WT/DS362/R, 26 January 2009.

World bank, Knowledge for Development-World Development Report 1998, Annotated Outline, 1998.

Organization for Economic Co-operation and Development, The Knowledge-based Economy, General Distribution OECD/GD(96)102.

Kuniko Fujita, etc., Innovative Tokyo, World Bank Policy Research Paper 3507, February 2005.

National Science Board, Science & Engineering Indicators 2018.

第三章

知识产权法律制度

［**本章导读**］ 本章将从国际到国内的视角，从基本原则到具体制度的体例安排，结合我国加入的知识产权国际条约，介绍我国现行的知识产权法律制度。

知识产权包括专利权、商标权、著作权、商业秘密专有权等权利，是人们对其创造性的智力劳动成果所享有的民事权利。知识产权是一种私权，但是它和一般的民事权利大有不同。大多数民事权利，早在奴隶制的罗马帝国时代，就已经基本成型。而知识产权，则只是在商品经济、市场经济发展起来的近代才产生的。并且，知识产权的权利范围一直在变化，随着新技术的发展，商业秘密、集成电路布图设计、植物新品种等不断纳入知识产权的权利范围。在科技高度发达的今天，人们正在争论更多的新技术形态，如基因产品、域名等是否应纳入知识产权的保护范围。所以，知识产权一直在变化，是一个不断更新的权利。

我们接触到知识产权的第一个问题，往往是为什么会有知识产权制度？用一句话概括知识产权制度的起因，那就是，为了提高生产力。当第一次科技革命开始改变人们的生活，科技成为第一生产力的时候，创造性成果的重要性就为人们所重视起来。如何能够鼓励更多的人进行创造活动呢？我们知道，知识产权客体——知识财产没有固定的形态，它源于人们的智力创造，又容易被复制。像软件，它可以被复制成无法计数的同样的软件，并被出售到市场上。而软件的拥有者，可能他为了这个软件付出了毕生积蓄，但他什么也没有。在这种情况下，是没有人愿意进行创造的。这种困境就使得知识产权制度形成了自己的根本原则——“利益平衡”：创造一个制度，让各方面的利益主体感到利益平衡，让更多的人愿意去从事创造活动，让更多人去感受创造带来的舒适生活，也就是，既对知识产权进行保护，又对其进行限制。

法律属于上层建筑，经济基础决定上层建筑。理论上，全球各国经济实力迥异,大部分的科学技术均掌握在发达国家手中,而发展中国家因为历史原因,正在努力追赶。那么是否各国的知识产权制度也应该不一样呢?答案恰恰相反,知识产权法律制度是迄今为止各国最为协调,最为相似的制度。无论是美国,还是非洲的喀麦隆,它们对知识产权保护的主要内容完全一致。这主要原因在于发展中国家的知识产权立法是自上而下,从国际条约向国内实施。

目前,在发达国家的倡导下,知识产权国际公约相继签订,其中最为重要的是《与贸易有关的知识产权协议》,作为世界贸易组织的一揽子协议,凡世界贸易组织成员必须实施该协议,否则将遭到其他成员的投诉,并将该事项提交到争端解决机构解决。而争端解决机构通过多边程序达成强有力的约束承诺,使得各国无论其实际情况,必须履行其在《与贸易有关的知识产权协议》下的义务。与世界贸易组织同样在知识产权国际化领域非常重要的组织可谓世界知识产权组织。它成立于1967年,执行着保护工业产权巴黎联盟,保护文学艺术作品伯尔尼联盟,商标国际注册马德里协定联盟,专利合作条约联盟等二十几个知识产权方面的国际组织的行政任务,并就知识产权法律起草、修改、建立专利机构和专利文献机构,培养专业工作人员等事项,向发展中国家提供援助和咨询。

从1980年起,我国陆续加入了《世界知识产权组织公约》《保护工业产权巴黎公约》《保护文学艺术作品伯尔尼公约》《世界版权公约》等主要的知识产权国际公约,并在同一时间开展了大规模的国内知识产权立法,先后颁布了专利法、商标法及著作权法及相关的实施细则。并随着我国市场经济建设的需要,与TRIPs协议及国际惯例的接轨的需要,我国知识产权法律及其配套的实施细则,不断地进行了修订与完善。同时,快速发展的新技术,不断对知识产权理论和立法提出新问题,网络技术、遗传资源、基因技术等环境下的知识产权保护,愈加紧迫,我国又颁布了《计算机软件保护条例》《信息网络传播权条例》《反不正当竞争法》《植物新品种保护条例》《集成电路布图设计保护条例》《中国知识产权海关保护条例》等法律或行政法规,还配套有部门规章、司法解释等。

经过20多年的知识产权法制建设,我国已经建立了符合国际通行规则,门类齐全的、基本完善的知识产权法律体系。①知识产权法律制度已经达到与国际同步的水平,并积极加入新条约、参与新条约的制定,努力为世界知识产权保护作出中国的贡献。

---

① 杨巧:《知识产权法学》,中国政法大学出版社2012年版,第27页。

第一节　知识产权制度概述

知识经济时代,知识产权法律制度是保障知识产品生产者利益实现的主要依据,但不是所有的知识产品都在知识产权法律制度框架内,有些知识产品是难以进入知识产权法律制度范围内的。那么哪些可以进入呢?这就是本章所要讨论的议题。在讨论正式内容之前,先思考以下情况:

(1) 李奇伟、张韵和两位摄影师于黄山鲫鱼背的同一场景、同一角度用同一型号、同样胶卷各摄一张照片,内容完全相同,均发表了,是否受保护?

(2) 临摹精确的作品,临摹者享不享有知识产权方面的权益?

(3) 政治家的演讲被记录下来,记录人记录的内容是否是作品?

(4) 中福家政公司花精力编制了一小区的每一居民的电话簿,是否受保护?

(5) 电视节目单是否受保护?

(6) 3岁的孩子胡乱画了一幅画,未经其父母的同意,被一家儿童用品公司注册成为商标而使用,是否侵权?

(7) 医疗方法受不受到知识产权法的保护?

(8) 齐鸣发明了一种万能钥匙,能不能去申请专利?

(9) 某银行的商业方法受不受专利法的保护?

(10) "大豆"可不可以作为某一豆制品的商标?

(11) "松江"可不可以作为商标来注册?

(12) "南湖"可不可以作为嘉兴当地享有盛誉的"粽子"的商标来注册?

在我们系统学习过有关知识产权法律制度的内容后,我们就会很容易地对上述问题作出较为明确的回答。

一、知识产权的定义

(一) 知识产权的概念

曾几何时,“知识产权”一词已经融入我们的日常生活中:新闻中常常报道中美知识产权谈判进展;小区门口贴有“保护知识产权,做好世博东道主”的宣传标语,公司也强调“加强知识产权战略”;那么,到底什么是知识产权呢?检索一下我国的民法总则、合同法和物权法、刑法及其他任何一部法律,为什么均没有对“知识产权”进行定义呢?当提到知识产权的时候,大家的脑海中是否又想到了专利权,商标权和著作权呢?

其实,在国内法层面,“知识产权”仅是一个抽象的法学理论概念,它包括了专利权、商标权、著作权以及其他不同类别的知识财产权利。各国往往根据智力创造物的不同而为之建立对应的权利体系。例如,针对发明创造的物品,建立了专利权利体系;针对商品的标志,建立了商标权利体系。典型如我国民法通则,其第五章“民事权利”第三节题名为“知识产权”,但节内依次规定了著作权、专利权和商标专有权。①但是 2017 年 3 月 15 日通过的《中华人民共和国民法总则》(以下简称《民法总则》)则是从权利客体的角度规定知识产权,例如第 123 条规定:民事主体依法就作品、发明、商标、商业秘密和植物新品种等客体所享有的专有的权利。这是民法总则中唯一一个关于知识产权的规定。《民法总则》基本上吸收了《民法通则》的知识产权基本制度和一般性规定,同时做了补充、完善和发展。在效力方面,《民法总则》通过后,并没有废止《民法通则》的效力。二者是一种并行适用的关系,但是在二者规定不一致的情况下,应适用《民法总则》。

“知识产权”是自 1967 年 7 月 14 日签订的《建立世界知识产权组织公约》中使用了该词后,它才逐渐为各国的法学理论界所普遍使用②,并在世界知识产权组织的出版物和各国的纲领性文件、某些国际条约中使用,而各国具体的法律制度中仍然采用专利法、商标法等细分类别命名。

知识产权如何定义呢?这是一个相当困难的问题。根本原因在于,“知识产权”本身是多个权利的集合,从权利内容方面而言,各权利间总是

---

① 见《民法通则》第五章“民事权利”第三节“知识产权”,1986 年 4 月 12 日通过,1987 年 1 月 1 日起施行。

② 齐爱民:《知识产权论》,北京大学出版社 2010 年版,第 154 页。

具有不相同的权利特征；如果以一言蔽之，不是流于简单，就会导致偏颇；从权利范围方面而言，科技的发展导致了更多更新类型的创造物出现，对现有权利的举例往往不能穷尽，有失完整。

目前国内外一般采用两种方式定义：

（1）概括知识产权概念下所有的权利内容进行定义：如“知识产权是人们对自己思维创造的无形财产所拥有的排他性所有权，包括工业产权和版权两大类”①。又如“知识产权的概念应为：是基于创造性成果和工商业标记依法产生的权利的统称”②。

（2）列举知识产权指称的权利范围定义：如《建立世界知识产权组织的公约》规定知识产权包括以下有关权利：a.文学、艺术和科学作品的权利；b.表演艺术家的演出、录音制品和广播节目的权利；c.人类在一切领域的发明的权利；d.科学发现的权利；e.工业品外观设计的权利；f.商标、服务标志、厂商名称和标记的权利；g.一切在工业、科学、文学或艺术领域由于智力活动产生的其他一切权利；③又如，1994年4月15日关贸总协定缔约方签署的《与贸易（包括假冒商品贸易）有关的知识产权协定》将以下权利范围归入知识产权的权利范围：版权及邻接权，商标权，地理标志权，工业产品外观设计权，专利权，未披露过的信息（也称“商业秘密”）权，集成电路布图设计权。④

对于知识产权这一随着社会和科技发展而不断变化和发展的概念，以上两种定义均具有一定的合理性，我们可以通过了解这些定义，形成自己关于知识产权的定义。那么，你的定义是什么呢？

（二）知识产权的形成过程

1. 知识财产的内容和特征

任何一种权利均包括权利主体、权利（义务）内容和权利客体三个方面。主体就是依法享有权利的人，可以是自然人，也可以是法人或其他组

---

① 张乃根：《国际贸易中的知识产权》，复旦大学出版社1999年版，第47页。

② 刘春田：《知识产权法》，高等教育出版社、北京大学出版社2000年版，第1—3页。

③ 见《建立世界知识产权组织的公约》第二条，http://www.wipo.int/treaties/en/convention/trtdocs_wo029.html#article_1。

④ 见《与贸易有关的知识产权协议》第二部分，http://www.wto.org/english/tratop_e/trips_e/t_agm0_e.htm。

织;可以是原始主体也可以是继受主体;可以是中国人也可以是外国人。权利(义务)内容是指权利人享有的权利及义务人应当负担的义务。对于知识产权而言,最主要的问题在于,它的客体是什么? 客体,就是知识产权权利和义务共同指向的对象,即知识财产,也就是一切创造性智力成果。知识产权则是知识财产的主体针对知识财产享有的权利和义务。知识产权是法定的权利,只有符合法律规定的客体的范围和种类,才能成为知识产权保护的对象。如,专利权是专利权人在一定时期内对其专利享有独占的权利;主体就是专利权人,客体就是专利。商标权是商标权人对其商标享有的独占权利。客体就是商标。本书将各种知识产权的客体统称为知识财产。①

什么是知识财产呢? 简言之,就是人们凭借智力创造出的,独立于人体之外的,有价值的成果,且这些成果符合国家关于知识产权客体的规定。根据人们创造成果不同,知识财产也有多种表现形式,如小说,诗歌,油画,设计图,产品名称和企业名称等。世界知识产权组织将"知识财产"定义为:包括发明、文学和艺术作品、商业中使用的标志、名称、图像在内的一切创造性智力成果。②

知识财产的特征也就是创造性智力成果的特质,以下通过某某某公司的 P3 技术说明知识财产的主要特征。

"P3 技术":一般灯泡通过钼片将钨丝与灯脚连接,钼片在 350 度以下才能起到密封作用,超过则会漏气。由于这种对温度的限制,灯具不是很小巧,灯泡点燃位置受到限制。而某某某公司发明了一种"P3 技术",使用特殊的保护涂层使得封接处的耐热温度提高到 500 摄氏度,这样灯

① 关于知识产权客体,国内存在多种学说,如"智力成果说":知识产权的客体是一种智力成果,是一种没有形体的精神财富,见刘春茂《知识产权原理》(知识产权出版社 2002 年版);又如"信息说":知识产权的客体是信息,见郑成思《知识产权法》(法律出版社 2004 年版);再如"无体物说":知识产权的客体,是人的精神的创造物。而"精神产物"是可以与有体物相对应而被称为无体物,是为知识产权客体之概括。见梁慧星《民法总论》(法律出版社 2017 年版)。但是本书认为,无论何种学说,无非重在说明知识产权客体是智力创造的成果,且不具有普通物体的形态;又因世界贸易组织称"intellectual Property"是智力的成果,而我国学者又多将"intellectual Property"翻译成为"知识产权",因此,本书取知识财产,以表明知识产权的客体如同房产权的客体——房屋一样,可以在市场上买卖,转让获得收益。

② 世界知识产权组织出版物第 895 号。

具变得更加小巧,燃点位置变得自由。

特征一:知识财产核心在于“智力创造”,它包含有创新的内容,既不是已有产品、已有技术的简单重复,也不是一些机械的重复性劳动。在P3技术中,它突破之前灯具技术的限制,提高了封接处的温度,它属于一种创新的技术。

特征二:知识财产虽然不以固态、液态或气态的固定形式存在,不占有一定的空间,但它是已经被表现出来的,又是和承载它的物理体是两个分开的概念。①P3技术是一种知识财产,它并不仅仅是存在于某某某公司工程师脑海中的一种理念或者想法,而是已经通过灯泡,这种承载体表现出来。但是,它和灯泡是分离的、独立的两个概念。

特征三:知识财产是可被复制的。也就是说,知识财产可以为不特定的人在不同的时间反复复制、获取。如P3技术,它的制造方法一旦被公开,短时间内多数人就有能力复制这种制造方法进行学习,甚至只需购买一个利用P3技术的灯泡,通过测试、拆卸的方法,获取这种P3技术。需要注意的是,知识财产的形态形成了它的复制特征,也决定了人们对它不能像对有形财产那样从事实上控制它,通过传统的方式排除他人的占有。

特征四:知识财产符合国家规定。不是被排除在外的。

2. 知识财产成为权利客体的演变

创造性智力成果自古已有,在古罗马之时人们便已经开始普遍使用标志。②我国古代的造纸术、纺织术均属于创造性智力成果。但是,这些创造性智力成果却长期未成为“知识财产”,自然也未受到权利的保护。在传统民法理论中,权利的客体为物,“物”指的是有体物,如电视机、电脑、房子、汽车等。在《德国民法典》和《日本民法典》中明确规定,物为有体物;在古罗马法中,物有有体物和无体物之分,但是无体物指的是债权、用益物权和地役权等。③

这一方面是由于古代物质匮乏,技术落后,创造性智力成果对社会具有巨大的公共利益。可以想象,如果中国的四大发明成了权利的客体,那

---

① Subhash C.Jain, Problems in International Protection of Intellectual Property Rights, *Journal of International Marketing*, Vol.4, No.1(1996), pp.9—32.

② Abraham S.Greenberg, “The Ancient Lineage of Trade-Marks,” 33 *Journal of Patent Office Society* 1951, pp.876, 879—880.

③ 郑云瑞:《民法总论》,北京大学出版社2004年版,第187页。

么整个华夏文明,甚至世界文明都要被改写。在社会公众利益大于个人利益的情况下,无论创造性智力成果有多少价值,都无法成为一种私有权利的客体。

另一方面,封建社会在世界历史中占有漫漫长河,君主特权统治下,莫非王土,偶有发明,当然成为皇室的财富,或社会的公共财富,而且当时人们也以分享创造成果为乐。如,我国宋代词人柳永的宋词小调,在花街柳巷(古代 KTV)广为传唱,不亚于今天周杰伦的《菊花台》,类似的文学作品很多,历史上也没有关于版税的记载。

但是随着生产力的提高,发明创造越来越多,在生活中的作用也越来越大,越来越多的创造性智力成果推动了社会的发展,与此同时,人民的生活已经达到了一定的程度,衣不蔽体,食不果腹不再成为一种普遍的现象。而社会经济的发展也导致特权阶层认识到知识的力量和价值。那么,需要解决的第一个问题就是,如何促进创新呢?创造性智力成果因其本身的特征而不能够像传统的有体物一样受到法律的保护,不保护的结果将导致许多人费尽心思研究出来的成果可能完全不能得到回报。这就大大损害了技术持有者的经济利益,挫伤了人们进行发明创造的积极性,同时,也没有人愿意公开他们的发明创造,从而阻碍社会科技进步,财富积累。在这种考虑下,立法者将创造性智力成果纳入财产体系,成为知识财产,与有体物一起成为权利的客体,知识产权,这一对知识财产享有的权利就此产生。

二、知识产权的性质和特征

(一) 知识产权的性质

《与贸易有关的知识产权协议》开宗明义,知识产权是一种私权。私权,就是私有权利,与公权利是对立的一个概念。如物权、名誉权、债权等均是私权,私权是权利人在平等自主的前提下在经济社会生活中获得的财产权和人身权,是可以自由处置的权利。我国《宪法》第十三条规定"公民的合法的私有财产不受侵犯"。而知识产权也属于私有财产的概念,权利人依法有权在一定范围内自由处置其拥有的知识财产,也确保了权利人对其知识财产的占有。

(二) 知识产权的特征

知识产权的特征,是指知识产权作为一种民事权利所具有的独特的法律现象,是其与其他民事权利的主要区别之处。

1. 法定性

法定性，指知识产权的主体、客体和权利内容均需由国家法律规定，并由相关行政机关依法授予权利。这包括了权利取得的依法确认、权利主体的确认、权利客体的确认和权利内容的确认。具体如下：

（1）权利取得的依法确认

指知识产权这种权利的取得需申请，经国家授予而取得。一般由申请人依法向国家主管机关提出申请，经过审查之后，符合法律条件的，主管机关通过公示登记，并授予证书作为权利凭证。而传统的民事权利一般依照法律自动产生。例如小王买了一台电视机，那么小王不用向任何行政机关申请便自动拥有这台电视机的所有权；但如果小王发明了一台电视机，那么小王需要向国家知识产权局提出申请，并递交相关文件，而后遵循一定的程序，最终通过审查，被授予这台电视机的专利权。如果小王不作出申请的话，那么，他的相关发明虽然是他的知识财产，但却不能够受到专利权的保护。但是著作权除外，著作权是自创作完成之日起，自动获得著作权。

（2）权利主体的确认性

指人们即使创造了智力成果，也必须向国家有关机关提出申请，经其确认才能成为知识产权的主体。如小王发明了一台电视机后，他如果不向国家提出申请，而是由小张以自己的名义，提交了国家所需的相关资料，而最终获得了授权，那么，专利权的权利主体是小张，而不是小王。也就是说，知识产权的权利主体并不一定是最初的创造者，而是经由国家确认的主体。

（3）权利客体的法定性

指可授予知识产权的知识财产的类型是由法律规定的，并不是所有的知识财产均可以成为知识产权的客体。如在我国，企业名称和基因方法不能受到任何一种知识产权的保护。如前所述，目前可以成为知识产权的知识财产有：发明、商标、文学作品、艺术作品及图像、工业设计、集成电路拓扑图设计、地理标志和商业秘密。

（4）权利内容的法定性

指知识产权概念下各权利的权利内容由各国法律规定。例如：专利权，我国《专利法》规定："发明和实用新型专利权被授予后，除本法另有规定的以外，任何单位或者个人未经专利权人许可，都不得实施其专利，即不得为生产经营目的制造、使用、许诺销售、销售、进口其专利产品，或者使用其专利方法以及使用、许诺销售、销售、进口依照该专利方法直接获得的产品。外观设计专利权被授予后,任何单位或者个人未经专利权人许可,都不得实施其专利,即不得为生产经营目的制造、许诺销售、销售、进口其外观设计专利产品。”

2. 时间性

知识产权不是没有时间限制的永恒权利。世界各国的知识产权立法都规定了知识产权的保护期限,如在我国,发明专利权的保护期为 20 年,实用新型和外观设计的专利权则为 10 年,都从申请之日起算。商标权的有效期限从注册开始 10 年,但期满前商标权人有权申请续展,每次续展又是 10 年,并且可以无限次续展。值得一提的是,为了适应我国加入关于外观设计保护的《海牙协定》的需要,《中华人民共和国专利法修正案(草案)》(2019)(以下简称《专利法草案》)拟将外观设计专利权的保护期限由现行专利法规定的十年延长至十五年。

3. 地域性

指各国授予的知识产权没有域外效力,仅在本国领土范围内有效。除非加入国际条约及双边协定另有规定之外,任何国家都不承认其他国家或者国际性知识产权机构所授予的知识产权。

一般说来,对有体物的所有权的保护原则上没有地域性的限制,不论公民把有形财产从一国移至另一国,还是法人因投资、贸易从一国转入另一国家的财产,都照样归权利人所有,不会发生财产所有权失去法律效力的问题。如,无论小王的电视机被搬到那里,它都是小王的电视机。而一国授予的知识产权仅在其本国有效,其他国家对这种权利没有保护的义务,外国的任何人均可在自己的国家内自由使用未获得本国授权的国外知识产权,既无需取得权利人的同意,也不必向权利人支付报酬。如,小王的电视机专利在中国取得了专利权,但他并没有向美国申请保护,那么美国人可以随便使用这种专利并且也可以以自己的名义在美国申请专利。知识产权国际公约对地域性的突破具有积极意义,能够避免专利的抢先申请和商标抢先注册,保护在先权利。

4. 专有性

可以从两个方面理解知识产权的专有性:

(1) 知识产权为权利人所独占,权利人垄断这种专有权并受到严格保护,没有法律规定或权利人许可,任何人不得使用权利人的智力成果。

知识产权与所有权有诸多相同之处,即都为专有性、排他性、绝对性的民事权利，但在其专有性的效力表现上不尽相同：第一，所有权的排他性表现为所有人排斥非所有人对其物的不法侵占、损毁或妨害，知识产权的排他性表现为排斥非专有人对其智力成果或识别性标记进行不法仿制、假冒或剽窃等。第二，所有人支配、控制所有物即能实现权利，不需要他人的积极协助，也不受法律的干涉，知识产权人的独占则受到法律的限制，如著作权法中的合理使用、法定许可，专利法中的强制许可等，都是对知识产权人某一方面权能的限制。第三，所有权人对所有物的控制不受时间和地域的限制，知识产权的独占性只有在一定的地域和时间内发生效力。

(2) 对于同一项智力成果，不允许有两个或两个以上同一属性的知识产权并存。例如，两个相同的发明专利申请，根据法律规定只能将其权利授予其中的一个，而以后的发明申请与已有的技术相比，如果没有突出的实质性特点和显著的进步，不能取得相应的权利。

三、知识产权法律体系

(一) 知识产权法律关系和法律制度

1. 知识产权法律关系

知识产权法律关系是社会不同主体之间围绕知识财产而进行的活动所产生的法律关系。也就是，知识产权权利人、使用者和知识产权的管理机关及执法机关就知识产权的申请、管理和转让、许可及消灭发生的权利和义务关系。主要包括：(1)知识产权权利归属方面的法律关系，即因为知识产权归谁所有的问题而发生的关系；(2)知识产权权利行使方面的法律关系，即围绕知识产权的实施利用产生的法律关系，如，知识产权权利在转让过程中，转让人与受让人之间产生的法律关系，在使用许可中，许可方与被许可方之间产生的法律关系。包括因侵犯知识产权而发生的法律关系；(3)知识产权管理方面的法律关系，即知识产权管理部门针对知识产权的相关方面进行规制管理而产生的法律关系。需要注意的是，知识产权法是调整平等主体之间权利义务关系的私法，知识产权管理部门的登记、审查等行为并非是公权力的体现，而是私权实现的辅助。登记、审查等程序没有改变知识产权法的调整对象和调整方法，没有改变知识产权法的私权属性。①

① 杨巧：《知识产权法学》，中国政法大学出版社 2012 年版，第 27 页。

2. 知识产权法律制度

知识产权法律制度是以各类知识产权为核心,根据知识产权的特征,建立的关于知识产权取得、保护、限制和消灭的法律体系制度。一般是以下几种法律制度:

(1) 著作权法律制度。著作权是作者对作品所享有的专属权利,广义上包括作者的权利和作品在传播过程中产生的权利,即邻接权。很多国家将计算机软件的保护也归入著作权保护,如我国著作权法就如此规定。著作权法律制度包括所有规制著作权的法律法规。

(2) 专利权法律制度。专利权是专利权人对其专利享有的专属权利。专利权法律制度旨在保护各种工业和实业领域内的发明创造。

(3) 商标权法律制度。商标权法律制度旨在通过保护市场中产品或服务提供者的名称字号来保障消费者的利益。它主要包括了规制商标权及其相关权利,如域名权的所有法律法规。

(4) 商业秘密法律制度。商业秘密法律制度保护是对公开保护制度的一种补充,它包含未公开的有商业价值的技术信息及经营信息。

(5) 集成电路布图设计权法律制度。

(6) 反不正当竞争法律制度。

以上是一些普遍的法律制度,各国根据历史文化和科技发展速度的不同,还可能会保护其他一些新型的产品,如基因产品,建立更多的知识产权法律制度。

(二) 知识产权法律制度的立法目的

任一法律制度的目的均在于实现一定的社会作用。知识财产是一种创造性智力成果,它不但有利于社会发展进步,又能为个人带来利益。知识产权制度的社会作用就在于通过保护创造性智力成果而鼓励更多的创造行为,并且将已有的创造性智力成果公之于众,推动社会的发展。

1. 保护创造性智力活动,鼓励创造行为

在知识产权出现之前,发明创造是无偿使用的。这就使得发明创造的完成人或持有人无法从中获益。知识产权以法律的形式保障发明创造的完成人或持有人在一定时期内拥有排他性的专利权,抑制了他人的擅自实施,任何人要生产、销售由知识所创造的成果都必须得到有关的知识产权拥有人的许可并支付实施费。这就使得发明创造的完成人或持有人的劳动消耗或资金消耗能够得以收回或获利,并使专门从事发明创造工作成为一种有利可图的谋生职业，从而极大地提高了人们从事发明创造的积极性。这点在学界是已经取得共识的。

2. 公布创造性智力成果，推动社会发展

在知识产权出现之前，由于竞争的需要，人们总是倾向于对自己的发明创造特别是关于某种产品的制造技术严加保密。从而导致科技信息传播的迟滞，极不利于发明创造的及时推广应用和经济与社会的发展。在知识产权确立之后，发明创造的完成人或持有人要取得对发明创造的专利权，就必须将其发明创造向社会公开，这使得科技信息得以迅速传播，任何需要采用该项发明创造的人，都可以及时以合适的代价取得实施许可。

因此，知识产权制度的核心宗旨就在于设计一种分配权利与利益的平衡机制，它包括两方面的平衡：对创造者从事智力创造的激励与对智力创造物的传播的激励的平衡；创造者从事智力创造的激励与使用者对智力创造物需求、使用之间的平衡。通过授予权利人对知识财产的专有权，再通过对其的一系列的限制制度设计，围绕知识财产所产生的各种利益关系得到了均衡，从而保障这种制度宗旨的实现。

（三）知识产权制度的发展历程

如上所述，虽然知识财产自古已有，但是它正式受到法律保护却起于1474年。时年，《威尼斯专利法》颁布，这是世界上第一部比较完整的专利法律。而后1624年英国议会通过了第一部专利法案；世界上第一部现代意义的著作权法则属1709年生效的《英国安妮法案》，美国1778年宪法授权议会“颁布法律，以促进科学和实用艺术的进步，并保证作者和发明者独占实用其作品和发明的权利”，这是美国首次正式确认知识产权的地位。法国在1791年开始知识产权立法。

而当西方国家开始普遍的进行知识产权立法的时候，我国却并无此概念。在清末民初，“师夷长技以自强”的西学变革中，我国才开始引进西方国家的知识产权立法，但随后即战争纷乱，也并未好好施行。非洲国家自16世纪到第二次世界大战结束时都在苦苦为国家的独立而挣扎，自然也谈不上知识产权立法或者技术创新。

19世纪末，欧洲工业化进程中涌现了大量的新技术，并且这也是一场新技术引发的革命。这就更加增强了知识产权保护的重要性。随着电信、交通的发展，西方的技术和产品更多的出现在了国家贸易中，这时，知识产权的法定性和地域性成了西方国家保护自己利益的障碍。如何协调发展中国家的知识产权立法,使得西方国家的知识财产可以在发展中国家也受到保护成为西方国家的一个重要考虑。这也就启动了知识产权立法国际化的大规模进程。首先是世界知识产权组织的建立,开始了一个专门组织国际立法的机构,接着世界贸易组织一揽子协议中的《与贸易有关的知识产权协议》和争端解决机构的报复性执行措施结合起来,使得各国的知识产权法的主要内容统一起来。随着发展中国家的发展和强大,其在知识产权国际立法活动中也活跃起来,《与贸易有关的知识产权协议》的修正是展示了一个知识产权国际立法的新时期的到来。

第二节　知识产权国际组织和公约

本章开篇提到,各国间法律最为协调一致的便是知识产权法律。对于大多数发展中国家和最不发达国家而言,它们的知识产权立法多是自上而下进行,将国家已参加或缔结的国际条约在国内法层面实施,形成了现有的知识产权法律制度,甚至有些国家在国内审判中,直接适用国际条约。因此,了解并掌握知识产权国际组织和国际条约对于学习知识产权法律制度而言非常重要。

一、知识产权法律制度国际化的演变

本书根据国际性知识产权立法的主要驱动力,将知识产权国际化立法分为三个阶段,第一阶段是从《保护工业产权的巴黎公约》开始到《建立世界贸易组织公约》的缔结之前,工业国家内部兴起的国际知识产权立法。第二阶段是自《建立世界贸易组织公约》的缔结到21世纪之前,西方国家主导的国际知识产权立法。第三阶段是进入21世纪的“后TRIPs”时代。

(一)知识产权的特征引发了知识产权法律制度国际化的第一阶段

如本章第一部分所述,知识产权具有法定性和地域性,无论是权利主体还是权利内容均需取得国家的授权,并且一国的授权仅在其领土内有效,无法延伸到其他国家。而知识财产却非常容易被复制,并在国家间传播开来。那么,在交通非常不便利,国际间贸易非常少的情况下,各国单独对知识产权进行保护尚有可能。但随着社会进步、贸易的发展,各国之间差异悬殊的知识产权制度当然的阻挡了含有知识财产的商品或者知识

财产本身在国家与国家间流通。1873 年,奥地利政府依据美国的提议牵头召开了一次国际会议讨论建立知识产权国际制度。当时新兴的工业国家比利时、巴西、法国、危地马拉、意大利、荷兰、葡萄牙、萨尔瓦多、塞尔维亚、西班牙和瑞士于 1883 年齐聚巴黎,签订了《保护工业产权的巴黎公约》(《巴黎公约》),本意是使公约成为统一的工业产权法,但由于各国利害关系不同,各国国内立法制度差别也较大,因而无法达成统一,巴黎公约最终成为各成员国制定有关工业产权时必须共同信守的原则,并可起到协调作用。但即便如此,巴黎公约的开始就是一个"富人俱乐部"。之后,1886 年缔结了《保护版权作品的伯尔尼公约》(《伯尔尼公约》),缔约国为英、法、德、意大利、西班牙、比利时、瑞士、利比里亚、海地、突尼斯。① 各欧洲国家之间的其他知识产权公约也以双边或多边的形式不断出现。在这一阶段,知识产权国际公约的缔约国是欧洲工业较为发达的国家,这些国家已经掌握了丰富的知识财产,对这些知识财产的保护成为共同的利益选择。根据《巴黎公约》和《伯尔尼公约》,分别成立有两个联盟:保护工业产权巴黎联盟和保护文学艺术作品伯尔尼联盟,在两个联盟之下又分别设立国际局。由于两个联盟的性质相同,故于 1893 年两个联盟国际局合并办公,几经易名,最后确定为"保护知识产权联合国际局",执行两个联盟的任务。联合国际局只是巴黎联盟和伯尔尼联盟的秘书处,并且受到瑞士政府的监督,不能发挥国际机构的应有作用。为了改变这种状况,在联合国际局提议下,于 1967 年在斯德哥尔摩召开会议,签署了《建立世界知识产权组织公约》。

(二) 发达国家的强力促使主导了知识产权国际化的第二阶段

第二次世界大战后,西方国家在原有工业化的基础上开始了第三次科技革命。以美国为首的原子能领域的突破,还有电子计算机、微电子技术、航天技术、分子生物学和遗传工程等领域取得重大突破,标志着第三次科技革命的到来。它产生了一大批新型工业,第三产业迅速发展。特别是电子计算机的迅速发展和广泛运用,开辟了知识经济时代,科学技术因素在劳动生产率提高的各种因素中所占的比例越来越高。西方国家的工业生产年平均增长率在两次大战期间是 1.7%,而在 1950—1972 年高达 6.1%。1953—1973 年的世界工业总产量相当于 1800 年以来一个半

---

① 有关《巴黎公约》的缔约历史请见世界知识产权组织网站 http://www.wipo.int/treaties/en/ip/paris/;有关《巴黎公约》内容的介绍,请见本小节第四部分。

世纪的工业总产量的总和。其中,科技进步的因素引起的产量值在发达国家的国民生产总值中所占比重起初为5%—10%,20世纪70年代增长至60%。①在19世纪80年代,美国的制造业的优势开始下降,经济转向了技术输出,例如1991年美国技术出口总值达到150亿美元。《美国商业周刊》报道同年美国国外知识产权保护不当而蒙受的损失达到170亿美元,这些损失集中发生在制药、软件、电影和图书行业。②

以美国为首的发达国家很早就希望能够修改世界知识产权组织管理下的《巴黎公约》和《伯尔尼公约》,增加有关执行措施,给予知识产权国际保护更大的力度,但与此同时,我国尚未形成知识产权的概念,非洲国家尚在为独立而挣扎,社会上聚集的知识财产并不丰富。无知识产权何来保护? 因此,我国及其他发展中国家均未建立完善的知识产权制度。发展中国家在世界知识产权组织的框架下竭力反对,发达国家几度未能成行。至此,发达国家在进行有关世界贸易组织谈判之时竭力将知识产权问题纳入议题,并最终成为一揽子协议的一部分,迫使发展中国家接受。就这样,以保护发达国家利益的第二阶段知识产权国际立法开始了序幕。《与贸易有关的知识产权协议》(TRIPs)作为世界贸易组织多边协议的一部分,与争端解决机构一起,将以发达国家要求为标准的知识产权法律制度推行到了各成员方。

(三) 多样化、碎片化、单边化的"后TRIPs时代"

进入21世纪以后,就是后TRIPs时代,WTO缔约方对于知识产权利益的协调和分享,表现了新的政策立场并提出新的权利主张。在围绕"TRIPs协定"的国际磋商未能取得成功的情况下,国际社会出现了绕过"TRIPs协定"的双边主义以至单边主义,使得知识产权法律一体化格局发生新的变化:(1)多样化。在知识产权国际立法中,WTO、WIPO继续发挥主导作用,但在主导机制之外,"知识产权造法活动日趋活跃,参与主体复杂、利益取向多元,规范多样化"的特征愈加明显。(2)碎片化。在知识产权多边磋商机制停滞不前的情况下,区域或双边机制却日益活跃,世界贸易组织的一些缔约方签署了若干区域自由贸易协定。(3)单边化。在"后TRIPs时代"。部分国家采取单边主义的做法,将其国内法凌驾于

① http://baike.baidu.com/view/275554.htm?fr=ala0_1.

② Subhash C.Jain, Problems in International Protection of Intellectual Property Rights, *Journal of International Marketing*, Vol.4, No.1(1996), pp.9—32.

国际贸易规则即国际法之上，以对抗、报复代替磋商、仲裁，其实质是“逆全球化”的贸易保护主义行为。①

多样化、碎片化、单边化是“后 TRIPs 时代”影响知识产权法律一体化格局的重要因素，其根本原因是国际力量对比发生深刻变化。在“关贸总协定”的多边谈判机制中，知识产权曾是一个“展现南北国家清晰分野的领域”。这种二元对立的划分，即是将知识产权世界简单地划分为发展中国家与发达国家两大阵营，一边是主张严格保护的多边知识产权机制，另一边则寻求知识产权保护的例外规则、排除领域和过渡期。但是上述分类已经过时，各缔约方保护知识产权的国际立场悄然发生改变，在不同的议题上通常形成不同的利益集团。在传统知识、遗传资源乃至地理标志保护方面，不再是发达国家与发展中国家“南北矛盾”的简单划分，而是所谓的“新世界”国家与“旧世界”国家之间的利益冲突。新旧两个世界中既有发达国家，也有发展中国家。美欧之间的利益冲突和政策分歧，使得发达国家在知识产权国际保护领域出现不同声音。不仅影响到“TRIPs 协定”实施的有效性和权威性，也对未来知识产权法律变迁带来了种种变数。当然，对知识产权国际格局带来最大影响的因素，是“新兴市场国家和一大批发展中国家快速发展，国际影响力不断增强”，这是“近代以来国际力量对比中最具革命性的变化”。以中国、印度、巴西为代表的新兴经济体，其科技、经济水平迅速提高，竞相以知识产权作为本国创新发展的基本方略，提出了完善知识产权国际保护制度的诸多主张，从而改变了知识产权国际秩序的动力结构，这些新兴经济体成为知识产权全球版图重构的重要力量。②

二、世界知识产权组织

（一）世界知识产权组织的成立过程③

世界知识产权组织是联合国所属的十六个专门机构之一，属于政府间国际组织，其总部设在瑞士日内瓦。截至 2019 年 8 月 10 日，共有 192 个成员国。我国于 1980 年 6 月 3 日加入世界知识产权组织，其他主要成员国包括美国、日本、瑞士、瑞典、法国、德国等。

---

①② 吴汉东:《中国知识产权法律变迁的基本面向》,《中国社会科学》2018 年第 8 期，第 108—125、206—207 页。

③ 本部分内容来自 www.wipo 网站介绍。

世界知识产权组织的渊源可追溯到1883年。1883年,《保护工业产权巴黎公约》缔结并于1884年生效,当时成立了一个国际局作为公约的执行机构;1886年,《保护文学和艺术作品伯尔尼公约》缔结,并且也成立了一个国际局作为执行机构;1893年,上述两个国际局合并,成立保护知识产权联合国际局,设在瑞士,并且接受瑞士政府的监督。这便是世界知识产权组织的前身。

为了更好地发挥保护知识产权联合国际局的国际组织功能,增强其独立性,1967年7月14日,"国际保护工业产权联盟"(巴黎联盟)和"国际保护文学艺术作品联盟"(伯尔尼联盟)的51个成员在瑞典首都斯德哥尔摩通过了《建立世界知识产权组织公约》,并于1970年生效,世界知识产权组织就此设立。

(二) 世界知识产权组织的宗旨和职能

根据《建立世界知识产权组织公约》的第三条、第四条,世界知识产权组织的宗旨在于在全世界范围内促进国与国、国际组织之间关于知识产权的合作;其主要职能在于四个方面:(1)促进知识产权保护的合作,包括协调立法、缔结新的国际条约;(2)给予发展中国家知识产权领域内的法律和技术援助;(3)行政事务处理,包括巴黎联盟、伯尔尼联盟;(4)知识产权领域内的研究。

世界知识产权组织下设三个领导机构:大会、成员国会议和协调委员会,决定世界知识产权组织的任务和方向。

目前,世界知识产权组织执行着保护工业产权巴黎联盟,保护文学艺术作品伯尔尼联盟,商标国际注册马德里协定联盟,专利合作条约联盟等二十几个知识产权方面的国际组织的行政任务,并就知识产权法律起草、修改、建立专利机构和专利文献机构,培养专业工作人员等事项,向发展中国家提供援助和咨询。

(三) 世界知识产权组织管理下的条约

世界知识产权组织管理着三类条约:知识产权保护条约:确定各国知识产权保护原则和内容;全球保护体系条约:构建知识产权全球范围申请的程序,简化申请程序并减低申请费用;知识产权分类条约:创建分类体系,将有关发明、商标和工业品外观设计的信息编排为便于检索的索引式可管理的结构。

具体的条约名称、主要内容、缔结时间见表3.1。

表 3.1　知识产权保护条约

类　　别	知识产权保护条约	
公约名	缔结时间	生效文本
《保护工业产权巴黎公约》	1883 年	经多次修订,生效文本为 1967 年斯德哥尔摩文本
《保护文学艺术作品伯尔尼公约》	1886 年	经多次修订,生效文本为 1971 年巴黎文本
《保护录音制品制作者防止未经许可复制其录音制品日内瓦公约》	1971 年	未修订,条约 1973 年生效
《世界知识产权组织版权条约》	1996 年	未修订,2002 年生效
《世界知识产权组织表演和录音制品条约》	1996 年	未修订,2002 年生效
《保护表演者录音制品录制者和广播组织罗马公约》	1961 年	未修订,1964 年生效
《发送卫星传输信号布鲁塞尔公约》	1974 年	未修订,1980 年生效
《制止商品产地虚假或欺骗性标记马德里协定》	1891 年	经多次修订,生效文本为 1967 年斯德哥尔摩文本
《保护奥林匹克会徽内罗毕条约》	1981 年	未修订,1982 年生效
《专利法条约》	2000 年	2005 年生效
《视听表演北京条约》	2012 年	未生效
《马拉喀什视障者条约》	2013 年	2016 年生效
类　　别	全球保护体系条约	
《商标国际注册马德里协定》	1891 年	1989 年增加议定书,并于 1995 年生效,1996 年实施
《专利合作条约》	1970 年	1978 年生效,于 1979 年、1984 年、2001 年修改
《国际承认用于专利程序的微生物保存布达佩斯条约》	1977 年	1980 年生效
《保护原产地名称和国际注册里斯本协定》	1958 年	经修订,生效文本为 1967 年斯德哥尔摩文本
《工业品外观设计国际保存海牙协定》	1925 年	后经多次增补,1934 年、1960 年、1990 年增补有效

(续表)

类　别	知识产权保护条约	
《建立工业品外观设计国际分类洛迦诺协定》	1968 年	未修订,1970 年生效
《商标注册用商品和服务国际分类尼斯协定》	1957 年	1967 年和 1977 年修订,但两个文本均有效①
《国际专利分类斯特拉斯堡协定》	1971 年	1979 年修订
《建立商标图形要素国际分类维也纳协定》	1973 年	1985 年修订

我国于 1980 年 3 月 3 日递交加入世界知识产权组织的申请书,并于 1980 年 6 月 3 日正式成为世界知识产权组织的成员。

(四) 中国加入的有关国际知识产权条约概况

在恢复联合国席位后,中国就开始积极参与有关技术转让的知识产权保护的国际条约缔结或修改活动,并分别于 1980 年 6 月、1985 年 3 月、1992 年 10 月、1993 年 4 月、1994 年 1 月和 1997 年成为 WIPO② 成员国、《巴黎公约》③《伯尔尼公约》《保护音像制作者防止非法复制公约》PCT 和《国际专利分类斯特拉斯堡协定》等条约的缔约方;有关中国加入 WIPO 管辖下的知识产权条约的概况见表 3.2。除上述努力外,中国还在乌拉圭回合中参与了 TRIPs 协议的谈判,并草签了《最后文本》,④该文本在中国入世后于 2002 年 1 月对中国生效。我国于 1982 年 12 月 10 日签署《海洋法公约》,1996 年 6 月 7 日交存批准书,同年 7 月 7 日对我国生效。90 年代后我国还参加了有关环境条约如《气候变化框架公约》《生物多样性保护公约》等。

① 关于该公约的具体内容请见世界知识产权组织网站。

② 加入过程参见赵元果编著:《中国专利法的孕育与诞生》,知识产权出版社 2003 年版,第 13—33 页。

③ 同上书,第 310—321 页。

④ 1995 年,中国成为《为专利程序目的进行微生物存放的国际承认的布达佩斯条约》成员国;1996 年,中国成为《建立工业设计国际分类洛迦诺协定》成员国。参见《中国加入工作组报告书》第 5 部分,"与贸易有关的知识产权制度"。

我国加入上述条约后除作出保留的外，享有相应权利和承担一定义务。《巴黎公约》约定的权利、义务有国民待遇、优先权、专利的独立性、强制许可、拒绝或撤销专利的限制及专利权的例外等；PCT 要求各国在不削减按《巴黎公约》规定的该公约任何当事国的任何国民或居民的权利前提下，对保护发明申请的提出、检索和审查进行合作和提供特殊的技术服务，为专利的国际申请提供便利，节省时间和成本；缔约国专利局作为受理局有义务按条约和实施细则对国际申请进行检查和处理；中国作为国际检索单位之一有义务对现有技术进行检索并提供国际检索报告，提交给申请人和国际局。《伯尔尼公约》对成员国规定的权利义务有：国民待遇、自动保护、版权独立、符合最低保护标准和权利限制等。

《海洋法公约》和《环境保护条约》有关技术转让的内容主要涉及环境保护、资源养护和海底区域开发等人类共同财产维护中的技术转让。发展中国家的义务主要是保护环境，并形成和提高研发能力；发达国家的义务除了环境保护外，还需在公平合理或优惠的基础上转让无害环境技术，通过一定的机制帮助发展中国家。中国作为发展中的一员，应当履行自己在条约中保护环境、转让技术的义务，但也享有分享技术的权利。

2001 年 12 月 11 日，中国加入 WTO，无疑也是其多边规则的重要组成部分的 TRIPs 协议之成员。TRIPs 协议要求成员方将知识产权看作私权，承担高标准保护义务，将贸易中的国民待遇和最惠国待遇原则运用到知识产权贸易中，提高保护水平，扩大保护范围，延长保护期限；同时规定权利人权利限制、鼓励技术转让和传播、强制许可及对最不发达国家技术转让的特殊规定和援助等内容。作为成员方中国无疑需要承担协议的义务，但同样作为发展中国家也应当享有特定的权利。关于 WTO 框架下的其他协议如 TRIMS、GATS 等规定的义务如投资中取消本地成分要求、数量限制、外汇平衡及服务开放中的最惠国待遇等中国也必须履行。

《多哈宣言》及其系列文件中规定的权利和义务如推行可持续发展、贸易政策透明、关注知识产权和公共健康及有关药品的强制许可等对成员方来说也产生一定的义务和权利。

表3.2　WIPO公约、UPOV公约及WIPO管理下知识产权国际条约缔约国数量与中国加入情况

公约名称	签订日期	生效日期	缔约方数	中国(批准或加入14个)		
				加入时间	生效时间	签约时间
WIPO公约	1967年7月14日	1970年4月26日	192	1980年3月3日	1980年6月3日	
UPOV公约	1961年12月2日	1968年8月10日	76	1999年3月23日	1999年4月23日	
《伯尔尼公约》	1886年9月9日	1887年12月5日	177	1992年7月10日	1992年10月15日	
《北京条约》①	2012年6月24日	/	29(加入/批准)	2012年6月24日	2014年7月9日	2012年6月26日
《马拉喀什条约》②	2013年6月27日	2016年9月30日	56(加入/批准)	/	/	/
《布鲁塞尔公约》③	1974年5月21日	1979年8月25日	38			
《马德里协定——制止商品来源虚假或欺骗性标记》	1891年4月14日	1892年7月15日	36			
《内罗毕条约》④	1981年9月26日	1982年9月25日	52			
《巴黎公约》	1883年3月6日	1884年7月7日	177	1984年12月19日	1985年3月19日	

① 全称是《视听表演北京条约》,将于30个符合条件的缔约方存放其批准书或加入书三个月后生效。

② 全称是《关于为盲人、视力障碍者或其他印刷品阅读障碍者获得已出版作品提供便利的马拉喀什条约》,80个国家已经签字(中国、德国、欧盟、美国等),其生效条件是由合格成员方提交20项批准书或加入书。

③ 全称是《有关卫星传送节目载波讯号散布之布鲁塞尔公约》,也有人将其翻译为《发送卫星传输信号布鲁塞尔公约》。

④ 全称是《保护奥林匹克会徽内罗毕条约》。

（续表）

公约名称	签订日期	生效日期	缔约方数	中国（批准或加入 14 个）		
				加入时间	生效时间	签约时间
《专利法条约》	2000 年 6 月 2 日	2005 年 4 月 28 日	42			
《录音制品公约》①	1971 年 10 月 29 日	1973 年 4 月 18 日	80	1993 年 1 月 5 日	1993 年 4 月 30 日	
《罗马公约》	1961 年 10 月 26 日	1964 年 5 月 18 日	94			
《新加坡条约》②	2006 年 3 月 28 日	2009 年 3 月 16 日	50			2007 年 1 月 29 日
《商标法条约》③	1994 年 10 月 27 日	1996 年 8 月 1 日	54			1994 年 10 月 28 日
《华盛顿公约》④	1989 年 5 月 26 日	/	3			1990 年 5 月 1 日
WCT⑤	1996 年 12 月 20 日	2002 年 3 月 6 日	103	2007 年 3 月 9 日	2007 年 6 月 9 日	
WPPT⑥	1996 年 12 月 20 日	2002 年 5 月 20 日	103	2007 年 3 月 9 日	2007 年 6 月 9 日	

① 全名是《保护录音制品制作者防止未经许可复制其录音制品日内瓦公约》，其内容主要是保护录音制品者的权利，是专门规定邻接权的公约之一。

② 全称是《关于商标法的新加坡条约》。该条约是在 1994 年《商标法条约》(TLT)的基础上修订而成。

③ 该条约对商标注册程序进行了原则性规定，主要包括主管机关不得要求申请人提供商业注册证明，申请人可以在一份申请书上申请多个类别的注册以及变更、转让，注册及续展注册的有效期统一为 10 年，不必就每一份申请提交一份代理人委托书，不得对签字要求进行公证、认证、证明、确认。这一系列的规定极大地简化了商标申请人在各成员国之间进行申请注册和保护。

④ 全称是《关于集成电路的知识产权华盛顿条约》；该公约于 1989 年 5 月 26 日签订，至今未生效，有 7 个国家签字，2 个国家加入（波黑与圣卢西亚岛），1 个国家（埃及）批准。5 个以上的国家交存批准书，且第五个交存后的三个月方可生效。

⑤ 全称是《世界知识产权组织版权公约》，它与 WPPT 主要解决的问题是 TRIPs 协议所没有规定的内容，主要集中于数字技术，特别是互联网所涉及的版权问题；所以它们也被称为“互联网条约”(Internet treaties)。参见刘春田主编：《知识产权法》（第三版），高等教育出版社、北京大学出版社 2007 年版，第 434 页。

⑥ 全称是《世界知识产权组织表演和录音制品条约》。

(续表)

公约名称	签订日期	生效日期	缔约方数	中国(批准或加入14个)		
				加入时间	生效时间	签约时间
《布达佩斯条约》①	1977年4月28日	1980年8月19日	82	1995年4月1日	1995年7月1日	
《海牙协定》	1925年11月6日	1928年6月1日	73			
《里斯本协定》	1958年10月31日	1966年9月25日	30			
《马德里协定——注册》	1891年4月14日	1892年7月15日	55	1989年7月4日	1989年10月4日	
《马德里议定书》②	1989年6月27日	1995年12月1日	106	1995年9月1日	1995年12月1日	
PCT	1970年6月19日	1978年1月24日	153	1993年10月1日	1994年1月1日	
《洛加诺协定》	1968年10月	1971年4月27日	57	1996年6月17日	1996年9月19日	
《尼斯协定》	1957年6月15日	1961年4月8日	88	1994年5月5日	1994年8月9日	
《斯特拉斯堡协定》	1971年3月24日	1975年10月7日	62	1996年6月17日	1997年6月19日	
《维也纳协定》③	1973年6月12日	1977年5月1日	34			

信息截至2019年12月2日。④

---

① 全称是《国际承认用于专利程序的微生物保存布达佩斯条约》。

② 《有关商标国际注册马德里协定之议定书》。《马德里协定》有诸多不便之处,如商标必须在来源国注册以后才能在其他国家提出国际申请、申请语言为法语、申请费过低导致滥申现象、拒绝保护期间过短等,使美国、英国、日本等大国一直没有加入,为吸引更多国家加入马德里商标规则体系中,1989年6月27日在马德里增订了议定书,该议定书于1995年12月1日生效。议定书纠正了上述诸多不便,使参加国的数量大于《马德里协定》。

③ 全称是《建立商标图形要素国际分类维也纳协定》。

④ See Summary Table of Membership of the World Intellectual Property Organization(WIPO) and the Treaties Administered by WIPO, plus UPOV, WTO and UN, http://www.wipo.int/treaties/en/summary.jsp.

（五）世界知识产权组织仲裁和调解中心

世界知识产权组织仲裁与调解中心成立于 1994 年，总部设在瑞士日内瓦，隶属于世界知识产权组织的国际局，是独立的国际性商事争端和知识产权争端解决机构。其主要职能在于为私人当事方之间的国际商事或知识产权争端提供不同于诉讼的仲裁、调解或其他专家裁决方案，也提供一些合同起草及培训服务。其仲裁程序、调解程序及专家解决方案依据的程序规则为：世界知识产权组织仲裁规则、世界知识产权组织调解规则、世界知识产权组织快速仲裁规则和世界知识产权组织专家裁决规则。任何国家的任何当事方，无论是个人还是实体，均可申请该中心裁决，并且裁决过程可在世界任意地方以任意语言采用当事人选定的任意法律进行。

虽然中心成立于 1994 年，但大多数案件都是近年来提交的，迄今共办理了 600 多个调解、仲裁和专家裁决案件。2009—2018 年期间的案件如下图 3.1。

世界产权组织调解、仲裁、专家组鉴定及斡旋请求案件(2009—2018)

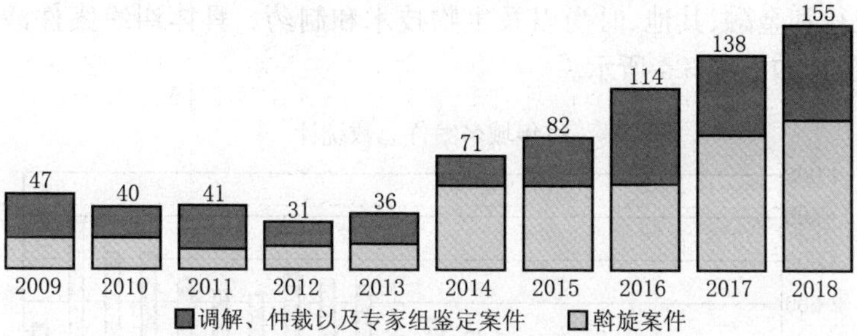

图 3.1　数据来源：世界知识产权组织官方网站

根据中心的数据，所裁决案件涉及的争议类型主要有：许可协议（例如，商标、专利、版权、软件）、研发协议、技术转让协议、分销协议、特许经营协议、信息技术协议、数据处理协议、合资协议、咨询协议、艺术营销协议、电视发行和格式、电影制作、版权集体管理、因解决先前法院诉讼协议而产生的案件等。所裁决案件按照涉及的客体（含知识产权）类型统计如下图 3.2：

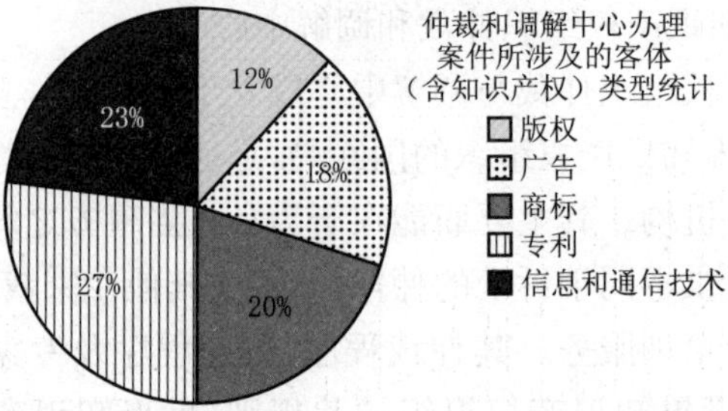

图 3.2　数据来源:世界知识产权组织网站

(六) 统一域名争议解决程序①

世界知识产权组织仲裁和调解中心还承担执行《统一域名争议解决政策》,对当事方提交的域名纠纷进行仲裁。但是,仅限于明显属于恶意抢注和使用域名的案件,且允许双方当事人中的任何一方将争议提交主管法院审理。

自 1999 年 12 月以来,WIPO 办理了约 43 000 起域名纠纷案件,每年的案件数量分布如下图 3.3。这些诉讼共同涉及来自 179 个国家的政党和约 79 000 个互联网域名。投诉人业务活动涉及的前五大领域为:零售、银行和金融、其他、时尚以及生物技术和制药。具体纠纷案件涉及的领域统计如下图 3.4 所示。

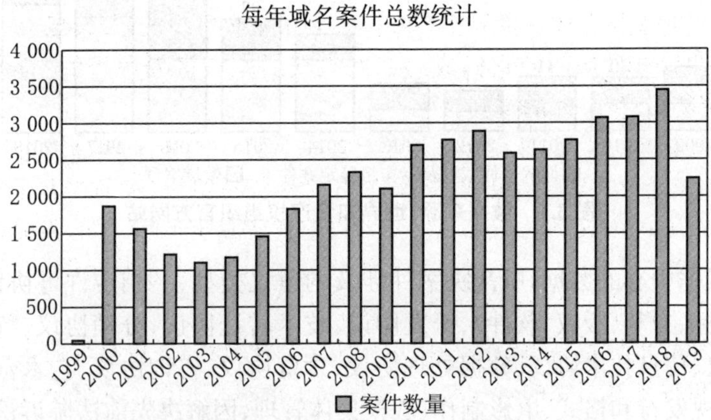

图 3.3　数据来源:世界知识产权组织网站

① 该节内容选自世界知识产权组织的官方出版物,文件号 WO/GA/39/10,详见 www.wipo.org。

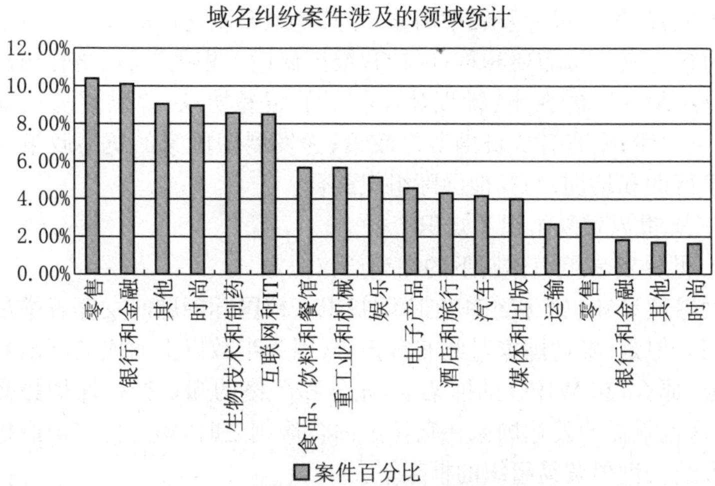

图 3.4　数据来源:世界知识产权组织网站

三、世界贸易组织

（一）世界贸易组织的成立过程①

世界贸易组织是一个独立于联合国的永久性国际组织。1995 年 1 月 1 日正式开始运作,总部设在瑞士日内瓦。

建立世贸组织的设想是在 1944 年 7 月举行的布雷顿森林会议上提出的,当时设想在成立世界银行和国际货币基金组织的同时,成立一个国际性贸易组织,从而使它们成为二次大战后左右世界经济的“货币—金融—贸易”三位一体的机构。

1994 年 4 月 15 日在摩洛哥的马拉喀什市举行的关贸总协定乌拉圭回合部长会议决定成立更具全球性的世界贸易组织(简称“世贸组织”, World Trade Organization, WTO),以取代成立于 1947 年的关贸总协定(GATT)。于是,1995 年世界贸易组织成立,1996 年开始运作。

（二）世界贸易组织的宗旨和职能

《建立世界贸易组织的马拉喀什协定②》(简称《马拉喀什协定》)开篇提到,世界贸易组织的宗旨在于:在提高生活水平和保证充分就业的前提下,扩大货物和服务的生产与贸易,按照可持续发展的原则实现全球资源

① 本节内容见世界贸易组织网站 www.wto.org。
② 见 www.wto.org。

的最佳配置;努力确保发展中国家,尤其是最不发达国家在国际贸易增长中的份额与其经济需要相称;保护和维护环境。根据《马拉喀什协定》,世界贸易组织的职能在于:管理其体制下的贸易协议;提供贸易谈判的机会;解决纠纷;审查各成员国贸易政策;为发展中国家的贸易政策问题提供技术帮助和培训;与其他国际组织配合。

(三)世界贸易组织和知识产权

1. 世界贸易组织体制下的知识产权协定

世界贸易知识产权组织在协调知识产权国际问题时发挥着举足轻重的作用。但是,发达国家对此非常担心,因为半数以上的成员国来自发展中国家,那么,在 WIPO 的框架下,充分和严格的知识产权保护势必难以达到,这也就促使发达国家在乌拉圭回合谈判之时,竭力将知识产权保护的内容纳入世界贸易组织的框架下。

世界贸易组织是一个多边贸易体制,它的法律框架是由《建立世界贸易组织的马拉喀什协定》及其四个附件组成。附件一《货物贸易多边协定》《服务贸易总协定》和《与贸易有关的知识产权协议》,分别作为附件1A、附件1B、附件1C出现。附件二《关于争端解决规则与程序的谅解》。附件三《贸易政策审议机制》。附件四是诸边协议。

根据这些协定,世界贸易组织下管理了三类贸易:商品贸易、服务贸易和知识产权。而其创立的争端解决制度,大大增加了知识产权的国际保护力度。

2. 争端解决机构

世界贸易组织的争端解决机制是世界贸易组织的设置中最为重要的一个。它的主要作用在于处理根据乌拉圭回合最后文件中的任何协议提起的争端。这样,争端解决机构具有独断的权利以建立专家小组,通过专家小组作出上诉报告,保持对裁决和建议的执行的监督,在建议得不到执行时授权采取报复措施。其解决争端的主要程序:世贸组织成员如有争端,应先行协商,在一方提出要求后的30天内,必须开始协商。如60天后未获解决,一方可申请成立专家小组。争端的解决机构在接到申请后的第二次会议上必须作出决定,即同意或不同意成立专家小组,只有争端解决机构全体反对,专家小组才不能成立。专家组作出最后报告时,争端方可以采取两种方式执行专家报告:

履行:即违背其义务的一方必须立即履行专家小组或上述机构的建议。如果该方无法立即履行这些建议,争端解决机构可以根据请求给予一个合理的履行期限。

提供补偿：若违背义务的一方在合理的履行期限内不履行建议，引用争端解决程序的一方可以要求补偿。或者，违背义务的一方可以主动提出给予补偿。

当违背义务的一方未能履行建议并拒绝提供补偿时，受侵害的一方可以要求争端解决机构授权采取报复措施，中止协议项下的减让或其他义务。这就是说，当一方违背其在1994年关贸总协定或一个有关协议项下的义务时，受侵害的一方在争端解决机构的授权下可以提高从违背义务的一方进口货物的关税，所涉及产品的贸易额应相当于被起诉的措施所带来的影响。

目前，争端解决机构受理的根据TRIPs协定提起的案件如下：

表3.3 争端解决机构受理的案件

DS583	土耳其——关于药品生产，进口和销售的某些措施案（申诉方：欧洲联盟）	2019年4月2日
DS567	沙特阿拉伯王国——关于保护知识产权的措施案（申诉方：卡塔尔）	2018年10月1日
DS549	中国——关于技术转让的措施案（申诉方：欧洲联盟）	2018年6月1日
DS542	中国——关于知识产权保护的措施案（申诉方：美国）	2018年3月23日
DS528	沙特阿拉伯王国——有关货物和服务贸易及与贸易有关的知识产权方面的措施案（申诉方：卡塔尔）	2017年7月31日
DS527	巴林国——有关货物和服务贸易及与贸易有关的知识产权方面的措施案（申诉方：卡塔尔）	2017年7月31日
DS526	阿拉伯联合酋长国——有关货物和服务贸易以及与贸易有关的知识产权方面的措施案（申诉方：卡塔尔）	2017年7月31日
DS467	澳大利亚——适用于烟草制品及其包装的商标、地理标志和其他普通包装要求的某些措施案（申诉方：印度尼西亚）	2013年9月20日
DS458	澳大利亚——适用于烟草制品及其包装的商标、地理标志和其他普通包装要求的某些措施案（申诉方：古巴）	2013年5月3日
DS441	澳大利亚——适用于烟草制品及其包装的商标，地理标志和其他普通包装要求的某些措施案（申诉方：多米尼加共和国）	2012年7月18日

(续表)

DS435	澳大利亚——适用于烟草制品及其包装的商标、地理标志和其他普通包装要求的某些措施案(申诉方:洪都拉斯)	2012年4月4日
DS434	澳大利亚——关于适用于烟草制品及其包装的商标和其他普通包装的要求某些措施案(申诉方:乌克兰)	2012年3月13日
DS409	欧盟和一个成员国——中转中基因药品的夺取(申诉方:巴西)	2010年5月12日
DS408	欧盟和一个成员国——中转中基因药品的夺取(申诉方:印度)	2010年5月11日
DS372	中国——影响金融信息服务和外国金融信息提供商的措施(申诉方:欧共体)	2008年3月3日
DS362	中国——影响知识产权保护及执行的措施案(申诉方:美国)	2007年4月10日
DS290	欧共体——农产品和食物的商标和地理标志保护(申诉方:澳大利亚)	2003年4月17日
DS224	美国——美国专利法典(申诉方:巴西)	2000年1月31日
DS199	巴西——影响专利保护的措施(申诉方:美国)	2000年5月30日
DS196	阿根廷——专利和测试数据的某些保护措施(申诉方:美国)	2000年5月30日
DS186	美国——1930年关税法令第337节及其修正(申诉方:欧共体)	2000年1月12日
DS176	美国——1998年综合拨款法案第211节(申诉方:欧共体)	1999年7月8日
DS174	欧共体——农产品和食物的商标和地理标志保护(申诉方:美国)	1999年6月1日
DS171	阿根廷——药品的专利保护和农用化学品测试数据的保护(申诉方:美国)	1999年5月6日
DS170	加拿大——专利保护期限(申诉方:美国)	1999年5月6日
DS160	美国——美国版权法第110(5)节(申诉方:欧共体)	1999年1月26日
DS153	欧共体——药品和农用化学品的专利保护(申诉方:加拿大)	1998年12月2日

（续表）

DS125	希腊——电影和电视节目的知识产权实施（申诉方：美国）	1998 年 5 月 4 日
DS124	欧共体——电影和电视节目的知识产权实施（申诉方：美国）	1998 年 4 月 30 日
DS115	欧共体——损害版权及其邻接权授予的措施（申诉方：美国）	1998 年 1 月 6 日
DS114	加拿大——药品的专利保护（申诉方：欧共体）	1997 年 12 月 19 日
DS86	瑞典——损害知识产权执行的措施（申诉方：美国）	1997 年 5 月 28 日
DS83	丹麦——损害知识产权执行的措施（申诉方：美国）	1997 年 5 月 14 日
DS82	爱尔兰——损害版权和邻接权授予的措施（申诉方：美国）	1997 年 5 月 14 日
DS79	印度——药品和农用化学品的专利保护（申诉方：欧共体）	1997 年 4 月 28 日
DS59	印度尼西亚——损害汽车工业的特定措施（申诉方：美国）	1996 年 10 月 8 日
DS42	日本——与录音有关的措施（申诉方：欧共体）	1996 年 5 月 28 日
DS37	葡萄牙——工业产权条例中的专利保护（申诉方：美国）	1996 年 4 月 30 日
DS28	日本——与音像制品有关的措施（申诉方：美国）	1996 年 2 月 9 日
DS36	巴基斯坦——药品和农用化学品的专利保护（申诉方：美国）	1996 年 4 月 30 日
DS28	日本——与录音有关的措施（申诉方：美国）	1996 年 2 月 9 日

（四）中国和世界贸易组织

2001 年 12 月 11 日，中国正式加入世界贸易组织，成为其第 143 个成员。虽然早自 20 世纪 90 年代初，中国的知识产权法的修订及制定，都或多或少参考了世贸组织成立前后的《与贸易有关的知识产权协议》。但自加入之后，我国必须履行该条约的义务。

2007 年 4 月 10 日，美国向 WTO 提起两项针对中国的争端解决的磋商请求，即中国影响知识产权保护及执行的措施案（DS362）和中国影响特定出版物及音视频娱乐产品的贸易权及发行服务的措施案（DS363），这也是发达国家第一次向 WTO 提起针对中国的有关知识产权的磋商请求。其后，2018 年 3 月 23 日，美国要求就涉及保护知识产权的某些措施与中国进行磋商。欧盟也在同年 6 月 1 日，就与中国的技术转让纠纷案件提请 WTO 争端解决机构解决。在接下来的一段时期内，我国不可避免地将要面对国际知识产权争端日益增多的趋势。这使得我们不得不更加重视对《与贸易有关的知识产权协议》的理解与执行。

1. 中国——影响知识产权保护及执行的措施案①

2007年4月10日,美国政府就"中国——与知识产权保护和实施有关的措施"向WTO提出申诉。随后,中美两国就此案进行磋商。磋商中,美国共就四个方面涉及的中国知识产权保护和执行的相关法律提出磋商请求,它们分别是:(1)中国现行法律对有关蓄意假冒商标或盗版案件刑事程序和处罚的起点问题;(2)中国海关当局对没收的侵犯知识产权的产品的处置问题;(3)拒绝对在中国境内还未被授权出版和发行的作品的版权和相关权利的保护和执行问题;(4)未能对仅从事未授权复制或仅为授权发行著作权作品的人适用刑法程序和处罚。由于第四个问题是美国对我国法律的误读,美国随后将这一诉请撤销。对于前三个问题,双方未达成一致。2007年8月13日,美国请求WTO就中国影响知识产权保护与实施的某些措施成立专家组。2007年9月25日专家组成立。2009年1月26日专家组报告向WTO各成员公布,对三项争议措施分别做出了裁决,专家组主要裁定:(1)中国《著作权法》,特别是第4条第1句违反了TRIPs协定第9.1条所纳入的《伯尔尼公约》第5(1)条以及TRIPs协定第41.1条的规定;(2)中国有关海关措施违反了TRIPs协定第59条所纳入的TRIPs协定第46条第4句设立的原则;(3)驳回美国关于中国的刑事门槛违反TRIPs协定第61条第1句义务的指控。

专家组建议中国根据裁定修订其《著作权法》和海关措施中的相关内容,使之符合中国在TRIPs协定项下的义务。

2009年3月29日,争端解决机构正式通过了专家组的报告。我国于2010年2月26日修改了著作权法,删除了第4条第1款。

2. 中国——影响金融信息服务和外国金融信息提供商的措施案

2008年3月3日,欧共体依据《与贸易有关的知识产权协议》第39.2款、GATT服务XVI:2(a),XVI:2(e),XVII,XVIII,就我国金融信息服务管理规定提出WTO争端解决机制项下的磋商请求,称中国18月前制定的相关规定限制了路透集团(Reuters Group PLC)、道琼斯公司(Dow Jones & Co. Inc.)和彭博资讯(Bloomberg)向中国的银行、政府机构和其

① China-Measures Affecting the Protection and Enforcement of Intellectual Property Rights, WT/DS362/R, Report of the Panel, circulated on 26 January 2009.

他客户出售金融信息的能力。

欧共体认为，中国阻止外资金融信息提供商直接向其客户提供服务。外资金融信息提供商必须通过新华社所属的部门审批后才能营运，而新华社最近成立了一家与外资金融机构同台竞技的金融信息服务机构“新华 08”，中国的有关措施违反了 GATS 协议规定的国民待遇和市场准入承诺，中国的规则为欧共体金融信息提供商的市场准入设置了严格障碍。

2008 年 4 月 22 日至 23 日，中方与欧共体在日内瓦举行了联合磋商。2008 年 11 月 13 日，中方与欧共体在日内瓦签署了有关解决金融信息 WTO 争端案的谅解备忘录。2008 年 12 月 4 日，欧共体撤回请求。

3. 美国诉中国保护知识产权措施案

美国于 2018 年 3 月 23 日就中国保护知识产权的某些措施，向 WTO 争端解决机构申请与中国进行磋商。美国援引《关于争端解决规则与程序的谅解》第 1 条和第 4 条以及《与贸易有关的知识产权协议》(以下简称 TRIPs 协定)第 64 条提出磋商请求，并指出中国否认在技术转让合同后外国专利权人可对中国合资方行使的专利权。认为中国还规定了强制性的合同不利条款，这些条款歧视并且不利于进口国外技术。因此，中国剥夺了外国知识产权权利人在中国就其知识产权获得保护，以及其在市场条件下自由谈判专利许可和技术相关合同的权利。2018 年 4 月 3 日，日本要求参加磋商。2018 年 4 月 4 日，欧洲联盟和乌克兰要求参加磋商。2018 年 4 月 5 日，沙特阿拉伯和中国台北要求参加磋商。随后，中国通知 DSB，已接受了欧盟和日本的要求。2018 年 10 月 18 日，美国要求成立专家小组，在专家小组会议上，澳大利亚、巴西、加拿大、埃及、欧盟、印度、日本、哈萨克斯坦、韩国、新西兰、挪威、俄罗斯联邦、新加坡、瑞士、中国台北、土耳其和乌克兰保留其第三方权利。2019 年 6 月 3 日，美国要求专家组暂停其诉讼程序至 2019 年 12 月 31 日。2019 年 6 月 4 日，中国同意美国的要求。2019 年 6 月 12 日，专家组批准美国的请求并暂停其工作。

4. 欧盟诉中国技术转移措施案

2018 年 6 月 1 日，欧盟要求与中国就技术转移措施进行磋商。欧洲联盟声称中国的部分措施与 TRIPs 协定第 3，28.1(a)，28.1(b)，28.2，33，39.1 和 39.2 条；1994 年关贸总协定第 X：3(a)条以及中国加入议定书第一部分第 2(A)(2)段的要求不一致。随后，日本、美国、中国台北要求加入磋商。2018 年 12 月 20 日，欧洲联盟替换了原来的磋商请求。在其经修订的磋商请求中,欧洲联盟提供了有关将外国技术转让给中国的措施的更多细节,并要求进行磋商。欧盟提到《中华人民共和国中外合资企业法实施条例》《中华人民共和国中外合资经营企业法》《新能源汽车生产企业及产品准入管理规定》《关于设立外商投资农作物种子企业审批和登记管理的有关规定》《中华人民共和国技术进出口管理条例》等与相关国际条约或协定规定不符。2019 年 1 月 15 日,中国台北要求加入修订后的磋商。2019 年 1 月 18 日,日本和美国要求加入经修订的磋商。

四、知识产权领域主要国际条约

(一) 保护工业产权巴黎公约(《巴黎公约》)

1. 简介

巴黎公约缔结于 1883 年,是知识产权国际领域内最早缔结的国际公约,被称为是工业产权的母公约,①同时它也是知识产权国际领域内最具影响的国际公约之一,TRIPs 协议明确要求全体世界贸易组织成员必须执行和遵守的知识产权国际公约之一。《巴黎公约》的成员国组成了保护工业产权联盟,简称巴黎联盟,也就是世界贸易组织的前身。

中国于 1985 年 3 月 19 日正式成为《巴黎公约》的成员国。但是,根据中国不接受国际法院强制管辖的一贯立场,中国政府在加入《巴黎公约》时已声明保留了对该公约中第十条第一款规定不受约束的权利。

2.《巴黎公约》确立的知识产权保护范围和原则

《巴黎公约》所保护的工业产权范围,包括发明专利、商标、服务商标与工业品外观设计,也包括实用新型、厂商名称、产地标记、原产地名称以及制止不正当竞争。《巴黎公约》是保护工业产权方面影响最大的国际公约。该公约所确立的保护工业产权的主要原则有以下三点:

(1) 国民待遇原则

国民待遇原则是《巴黎公约》建立国际保护制度的基础之一,在《巴黎公约》中是居于第一位的。国民待遇的含义是,在工业产权的保护上,每个成员国必须在法律上给其他成员国的国民以本国国民所享受的同等待遇。非公约成员国的国民,只要他在任何一个成员国内有法律认可的住所或有实际从事工商业活动的营业所,则也应给予他相同于本国国民的

---

① 李顺德:《巴黎公约》永放光辉,见 http://www.sipo.gov.cn/sipo2008/mtjj/2010/201003/t20100319_508406.html。

待遇。公约所讲的国民，不但包括自然人，也包括法人，对于双重国籍的人来讲，只要其国籍之一在成员国，即可享受国民待遇。公约所讲的法律不仅包括成文法，而且包括判例法，还包括行政管理机关所作的决定或裁定。比如，小王是中国人，AJ 是美国人，两人均在中国取得了专利授权，那么两人的专利权保护范围是一致的。

(2) 优先权原则

优先权原则是《巴黎公约》对工业产权确立国际保护的重要原则之一。主要体现在要求保护工业产权的申请程序方面。优先权的意思是：任何一个成员国国民，在某一成员国就工业产权保护提出正式申请以后，自该申请提出之日起的一定时间内(专利、实用新型 12 个月，商标和工业品外观设计 6 个月)，如果又向其他成员国提出同样的申请，则该成员国必须承认该申请在第一个成员国递交的日期为申请日期，第一次申请日期对任何后来的申请享有优先权。比如，2010 年 3 月，小王为自己的发明“一种全自动麻将桌的洗牌方法”在中国申请了发明专利，国家知识产权局确定其申请日为 2010 年 3 月 13 日，该日期就是小王发明的优先权日，自此起 12 个月内，小王在《巴黎公约》的缔约国内就这一发明申请专利，申请日均以“2010 年 3 月 13 日”计算。

优先权是以向公约成员国提出的第一次申请为基础的。即便是第一次申请被驳回，也不影响在其他国家这一申请日期的优先权，优先权对于保护申请人的利益具有实际意义，他可以在一国提出申请之后，在优先权期限内，选择要求保护的国家和进行必要的准备。申请人向成员国提出优先权要求，必须在规定期限内申请，作出声明，指明第一次申请和受理第一次申请的国家，以及第一次申请副本和申请序号。这是强制性的。

(3) 商标、专利的独立原则

各缔约国授予的专利权和商标专用权是相互独立的，各缔约国只保护本国授予的专利权和商标专用权。

在专利方面，在不同的成员国中，就同一发明而取得的专利应当是各自独立的；发明人有权在专利证书上署名；在一定条件下专利未实施而授予强制许可或宣布专利无效；暂时进入某个公约成员国领土(包括领空、领海)的其他成员国的交通工具(车、船、飞机)，如果使用了某项该国的专利技术，不得判为侵犯专利。

在商标方面，同一商标在不同国家所受的保护相互独立。商标申请和注册的条件，由各缔约国国内法决定。一商标在原属国正式注册后，对于在本联盟其他国家以其原有形式所提出的申请应予以受理,但是否对其注册保护,受理国家应根据该商标是否具有显著性,或是否违反道德,是否带有欺骗性等来决定是否注册保护;凡在本公约国家申请注册的商标是复制、仿制或翻译了一个被该国主管机关认为是驰名商标的,并且用于相同或类似商品上容易造成混淆的,该国主管机关必须驳回申请并禁止使用;凡未经许可,商标中包含有国徽、官方标记,国际组织名称及其缩写等,也必须驳回并禁止使用;对服务商标及集体商标,各成员国应有予以保护的义务;各成员国必须采取措施反对直接或间接使用虚假的商品产地标记、不正当竞争等。

(二)保护文学艺术作品的伯尔尼公约(《伯尔尼公约》)

1. 简介

《伯尔尼公约》于1886年9月9日签订于瑞士首都伯尔尼,并于1887年生效,由当时签字的英、法、德、意大利、西班牙、比利时、瑞士、利比里亚、海地、突尼斯十国组成了伯尔尼同盟。该公约是世界上最早最全面的国际版权保护公约,1992年10月15日,中国成为《伯尔尼公约》的第93个成员国,公约对中国正式生效。

2. 公约的保护范围和原则

公约保护的作品范围是缔约国国民的或在缔约国内首次发表的一切文学艺术作品。"文学艺术作品"包括文学、科学和艺术领域内的一切作品,如图书、讲课、演讲、讲道、戏剧、哑剧、舞蹈、乐曲、电影作品、图画、建筑、雕塑、摄影作品,实用艺术品,地理学、解剖学、建筑学或科学方面的图表、图示及立体作品等。它还包括"演绎作品",即翻译、改编、乐曲整理,以某一文学或艺术作品的其他改造,只要不损害原作的著作权,这种改造就得到与原作同等的保护。公约既保护精神权利,又保护经济权利。关于精神权利,它只规定了作者的署名权和修改权,而没有规定发表权。关于经济权利,公约规定了翻译权、复制权、公演权、广播权、朗诵权、改编权、录制权和电影权。

公约中规定的基本原则就是国民待遇原则,并且规定了国民待遇原则实施中的原则。本书将其与国民待遇原则并列为基本原则。

(1) 国民待遇原则

缔约国的任何一成员国公民的作者,或者在任何一成员国首次发表其作品的作者,其作品在其他成员国应受到保护,此种保护应与各国给予本国国民的作品的保护相同。如我国和法国均为《伯尔尼公约》的缔约国，那么，我国作家AAA的作品自完成之日起，就应受到法国相关著作权的保护。

（2）自动保护原则

作品的国际保护，根据该公约受保护作品的作者，自动享有各该国法律现在和将来给予其国民的权利和该公约规定的权利，不履行任何手续；现行的公约的核心是规定了每个缔约国都应自动保护在伯尔尼联盟所属的其他各国中首先出版的作品和保护其作者是上述其他各国的公民或居民的未出版的作品。

（3）独立保护原则

作品在各成员国受到保护不以作品在起源国受保护为条件。即各缔约国按照本国实体法律的规定向外国作者提供实体法律的保护。如小王是中国人，著有《打麻将》一书，那么他的书在美国应按照美国实体法律受到保护。

（三）与贸易有关的知识产权协议（TRIPs协议）

TRIPs协议是《马拉喀什协定》的附件，是多边贸易体制中的一部分，TRIPs协定的产生是多方激烈斗争后妥协的结果。长时期内，乌拉圭回合谈判的大部分国家反对把知识产权纳入国际贸易体制，最终在美国的一再要求下，知识产权才被纳入WTO的调整范围，形成了TRIPs协定。当然，TRIPs协定并不完全代表美国等发达国家利益，它也考虑了发展中国家的权益，制订了相应的过渡性条款以及多边争端解决机制，限制美国等发达国家的单方报复行为。它的最大特点在于两个：除非各成员方同意，不允许任何保留；第二个特点就是它规定了迅速和有效的争端解决程序，这点我们从世界贸易组织的介绍中已了解到。

1. TRIPs协定的基本内容和修正

TRIPs协定的保护范围包括：版权及相关权、商标、地域标识、工业品外观设计、专利、集成电路布图设计、未公开的信息包括商业秘密等七种知识产权，规定了最低保护要求；并涉及对限制竞争行为的控制问题，规定和强化了知识产权执法程序，有条件地将不同类型的成员加以区别对待。

2003年8月30日，世贸组织全体成员就修改与贸易有关的知识产权协议，就发生公共健康危机时，发展中国家和最不发达国家可对专利药品实行强制许可达成共识，作为临时性措施实施。2005年12月6日通过将该修正纳入《与贸易有关的知识产权协议》的决定，以帮助发展中成员和最不发达成员解决公共健康问题。在世贸组织三分之二的成员批准这项修正后,目前已正式生效。根据该修正文件,发展中成员和最不发达成员可以在国内因艾滋病、疟疾、肺结核和其他流行疾病而发生公共健康危机时,在未经专利权人许可的情况下,在国内实施专利强制许可制度,生产、使用、销售或从其他实施强制许可制度的成员进口有关治疗上述疾病的专利药品。这不仅能大大降低相关专利药品的市场价格,而且有利于更迅速和有效地控制、缓解公共健康危机。

2. TRIPs 协定的基本原则

(1) 最惠国待遇原则

最惠国待遇原则在知识产权的国际性条约中出现,是 TRIPs 协定的首创。TRIPs 协定第四条规定"在知识产权保护上,某一成员提供给其他国国民的任何利益、优惠、特权或豁免,均应立即无条件地使用于全体其他成员之国民"。即如果美国向法国人提供了某种知识产权保护,那么中国人作为世界贸易组织的成员国国民,也应享有这种保护。

(2) 国民待遇原则

TRIPs 协定第三条规定"……各成员在知识产权保护上,对其他成员之国民提供的待遇,不得低于本国国民……"即一成员国应给予其他成员国国民知识产权方面的待遇,等于或高于其给予其本国国民的待遇。

国民待遇与最惠国待遇最大的区别在于:国民待遇体现的是一国政府对待在本国境内的外国公民的态度,而最惠国待遇则体现为国与国之间在贸易交往中的互利关系。

除此之外,我国学者有的将"权利用尽原则"或"透明度原则"作为基本原则。但本书认为,国民待遇和最惠国待遇是 TRIPs 协定的最基本原则。

(四) 其他知识产权国际公约

1.《世界知识产权组织版权条约》①

该公约于 1996 年 12 月 20 日由世界知识产权组织主持,在有 120 多个国家代表参加的外交会议上缔结,主要为解决国际互联网络环境下应用数字技术而产生的版权保护新问题。公约保护的客体主要包括两个方面:一是计算机程序;二是数据或数据库编程,并且规定了信息网络传播

① 关于该公约的具体内容请见世界知识产权组织网站条约版内容,http://www.wipo.int/treaties/en/ip/wct/。

权，并规定规避（包括破解）由权利人为实现版权保护而采取的技术措施和擅自去除权利管理的电子信息的行为是侵权行为。

2.《保护录音制品制作者防止未经许可复制其录音制品公约》①（《录音公约》）

《录音公约》于1971年10月29日在日内瓦签订。该公约的主要目的是保护缔约国的录音制品制作者，防止未经权利人的许可而复制或公开发行其录音制品，防止非法复制品进口或公开发行。

3.《世界知识产权组织表演和录音制品公约》②

该公约于2002年5月20日生效，我国已加入该公约。公约旨在保护下述两种知识产权人的权益：(1)表演者，如演员、歌手和音乐家等；(2)录音制作者，即首次将表演的声音、或其他声音、或声音表现物录制下来提出动议并负有责任的自然人或法人。

4.《专利合作条约》

《专利合作条约》是国际专利制度发展史上的又一个里程碑，该条约于1970年6月19日由35个国家在华盛顿签订。1978年6月1日开始实施，由总部设在日内瓦的世界知识产权组织管辖。中国1994年1月1日正式成为《专利合作条约》成员国。《专利合作条约》对专利申请的受理和审查标准作了国际性统一规定，在成员国的范围内，申请人只要使用一种规定的语言在一个国家提交一件国际申请，在申请中指定要取得专利保护的国家，就产生了分别向各国提交了国家专利申请的效力，条约规定的申请程序简化了申请人就同样内容的发明向多国申请专利的手续，也减少了各国专利局的重复劳动。

5.《商标注册马德里协定》和《马德里议定书》③

《商标国际注册马德里协定》（简称《马德里协定》），是关于简化商标在其他国家内注册手续的国际协定。1892年7月生效。《马德里协定》自生效以来共修改过多次，和1989年签署的《商标国际注册马德里协定

① 关于该公约的具体内容请见世界知识产权组织网站条约版内容，http://www.wipo.int/treaties/en/ip/phonograms/。

② 关于该公约的具体内容请见世界知识产权组织网站条约版内容，http://www.wipo.int/treaties/en/ip/wppt/。

③ 关于该公约的具体内容请见世界知识产权组织网站条约版内容，http://www.wipo.int/treaties/en/registration/madrid/。

有关议定书》(简称《马德里议定书》)称为商标国际注册马德里体系。1989 年 10 月 4 日中国成为该协定成员国,《马德里协定》的主要内容包括商标国际注册的申请、效力、续展、收费等。

6.《保护植物新品种国际公约》①

《保护植物新品种国际公约》是国际间有关保护植物新品种的一项专门协定,于 1961 年 12 月 2 日在巴黎签订,在此公约的基础上,成立了“保护植物新品种联盟”,我国于 1999 年 4 月 23 日加入。公约适用于各种植物种类,但每种新品种必须以便于识别的名称命名。新品种须按公约标准经过审查,符合规定标准,才能得到保护,保护期限为 15 年到 18 年不等。

7.《集成电路知识产权条约》②

《集成电路知识产权条约》于 1989 年 5 月 26 日在华盛顿签订。我国于 1989 年 5 月 26 日签字加入。公约规定成员国应对集成电路的布图设计实行注册保护,注册申请无须具有新颖性,集成电路布图设计的所有人在其产品投入商业领域后两年之内提交申请即可,保护期至少为 10 年。

第三节 我国知识产权法律体系

一、我国知识产权法律制度的发展历程

1978 年改革开放以后,这段时期内我国逐步建立并完善知识产权法律体系。改革开放以后,万物皆新,我国开始引进对外投资。社会建设需要很多发达国家的先进技术,但是发达国家不愿将技术出口到没有专利保护的国家。另一方面,我国也有一些先进技术在国外申请专利,但其他国家要求仅在中国给予对等保护的条件下才能够给予我国国民专利保护。这使得人们认识到,经济开放必然要建立知识产权制度。1980 年我国成立了专利局。1982 年全国人大常委会通过了《中华人民共和国商标

---

① 关于该公约的具体内容请见 http://www.ippc.int/。

② 关于该公约的具体内容请见 http://www.ipmall.info/hosted_resources/lipa/copyrights/Treaty%20on%20Intellectual%20Property%20in%20Respect%20of%20Integrated%20Circuits.pdf。

法》,1984年3月12日六届人大四次会议上通过了《中华人民共和国专利法》,1990年9月7日通过了《中华人民共和国著作权法》,1991年6月国务院又颁布了计算机软件保护条例;1993年9月我国颁布了《反不正当竞争法》,开始明文保护商业秘密;1997年3月,国务院颁布了《植物新品种保护条例》。除了几部单行法律与行政法规之外,我国1997年修订后的《刑法》还列有专章,规定了对严重侵犯商标权、侵犯版权、侵害商业秘密及假冒他人专利者进行刑事制裁。至此,我国知识产权保护的法律体系中的基本法律、法规已经基本具备。

1980年,我国加入《世界知识产权组织》,后又加入《保护工业产权巴黎公约》《保护文学艺术作品伯尔尼公约》《世界版权公约》《专利合作条约》和《商标国际注册马德里协定》及其《议定书》等一批重要的知识产权国际公约。

二、知识产权法律渊源

法律渊源,是指法律的表现形式,它包括四个含义:法律规范的创制机关、外部表现形式、效力级别和地域效力。①在我国,知识产权法律的正式法律渊源是指立法机关制定的各种知识产权法律法规和地方政府制定的条例及最高人民法院的司法解释及国务院相关部委的规章。具体如下:

(1) 宪法。宪法是我国的根本大法,是制定一切法律、法规包括知识产权法的依据。宪法规定②:"国家发展自然科学和社会科学事业,普及科学和技术知识,奖励科学研究成果和技术发明创造。""国家发展为人民服务、为社会主义服务的文学艺术事业、新闻广播电视事业、出版发行事业、图书馆博物馆文化馆和其他文化事业,开展群众性的文化活动。""中华人民共和国公民有进行科学研究、文学艺术创作和其他文化活动的自由。国家对于从事教育、科学、技术、文学、艺术和其他文化事业的公民的有益于人民的创造性工作,给以鼓励和帮助。"这些规定为国家立法机关、知识产权的行政管理部门制定知识产权的法律、法规等提供了依据和准则。

(2) 法律。法律是由全国人民大会及其常务委员会制定的。

A. 民法。民法是调整平等主体之间的财产关系和人身关系的法律

① 《国家司法考试辅导用书》(2010年修订版),法律出版社2010年版,第30页。

② 有关我国宪法的条文请见全国人大常委会网站。

规范的总称。2017 年,我国在 1987 年 1 月 1 日生效的《中华人民共和国民法通则》的基础上,着手制定民法典。民法典将由总则编和各分编组成,目前总则已经于 2017 年 10 月 1 日生效实施,其中关于知识产权的规定在第 123 条中,即民事主体依法享有知识产权。知识产权是权利人依法就下列客体享有的专有的权利:a.作品;b.发明、实用新型、外观设计;c.商标;d.地理标志;e.商业秘密;f.集成电路布图设计;h.植物新品种;i.法律规定的其他客体。目前,民法典各编的立法规划中并没有为知识产权编留下明确的空间。①尽管在未来民法典各编中还可能会出现与知识产权相关的规定,但关于知识产权的集中性规定极可能就只有《民法总则》第 123 条这唯一的一条。相比较而言,《民法通则》在第五章"民事权利"中用专节(第三节第 94—97 条)对知识产权进行了明确规定,《民法总则》知识产权条款在条款设置模式上并未有太大变化,反而在条款数量上有所减少,在形式上很容易让人形成知识产权不如其他民事权利重要的印象。②

B. 知识产权法。我国没有制定统一的知识产权法典,但制定了一系列保护知识产权的单行法,如《商标法》《专利法》《著作权法》《反不正当竞争法》。这是我国知识产权法的基本法律渊源。

C. 刑法。刑法是关于犯罪、刑事责任和刑罚的法律规范的总称。我国《刑法》在"破坏社会主义市场经济秩序罪"一章中专节规定了"侵犯知识产权罪",用八条规定了侵犯商标权、专利权、著作权、商业秘密权的刑事责任。对于严重侵犯知识产权、构成犯罪的人追究其刑事责任,是保护知识产权的最强有力的手段。

D. 其他有关法律。除上述法律外,知识产权还受其他有关法律的调整,如《反不正当竞争法》《担保法》《食品卫生法》《产品质量法》《环境保护法》《税法》《民事诉讼法》《刑事诉讼法》《行政诉讼法》《行政处罚法》《行政许可法》等,其中有关知识产权的规范,也是知识产权法的渊源。

---

① 民法典将由总则编和各分编组成,目前考虑分为物权编、合同编、侵权责任编、婚姻家庭编和继承编等。参见李建国:《关于〈中华人民共和国民法总则〉的说明》,《人民日报》2017 年 3 月 9 日第 5 版。

② 何华:《民法总则第 123 条的功能考察——兼论知识产权法典化的未来发展》,《社会科学》2017 年第 10 期,第 98—105 页。

（3）行政法规。行政法规是由国家最高行政机关在其职权范围内制定和颁布的规范性法律文件。在我国，作为知识产权法渊源的行政法规主要有：《专利法实施细则》《商标法实施条例》《著作权法实施条例》《计算机软件保护条例》《植物新品种保护条例》《集成电路布图设计保护条例》《中药品种保护条例》《驰名商标认定和保护规定》《马德里商标国际注册实施办法》《商标评审规则》《原产地标记管理规定》《特殊标志管理条例》《传统工艺美术保护条例》《中国互联网络域名管理办法》《知识产权海关保护条例》等。

（4）最高人民法院颁布的司法解释。为指导全国法院的知识产权审判工作，最高人民法院作出的一系列关于在审判工作中适用知识产权法的司法解释，也是我国知识产权法律的渊源。如《最高人民法院关于审理著作权民事纠纷案件适用法律若干问题的解释》《最高人民法院关于审理商标民事纠纷案件适用法律若干问题的解释》《最高人民法院关于审理专利纠纷案件适用法律问题的若干规定》《最高人民法院关于审理涉及计算机网络域名民事纠纷案件适用法律若干问题的解释》《最高人民法院关于审理涉及计算机网络著作权纠纷案件适用法律若干问题的解释》等。

（5）地方性法规、规定等。各省、自治区、直辖市制定的地方性法规、规定等有关知识产权方面的规范，在本辖区范围内有法律效力，也为知识产权法的渊源。如《上海市专利保护条例》等。

（6）国务院各部委的相关规章。国务院相关部委担任着知识产权管理的职能，其颁布的规章也是知识产权法律渊源。如国家知识产权局就专利申请、专利审查及专利许可等颁布的各种规章和规定，国家工商行政管理总局关于服务商标使用有关问题的意见、国家版权局计算机软件登记办法等。

三、著作权法律制度

（一）著作权和著作权法

1. 著作权的概念

著作权，又称版权，是指作者依法对文学、艺术和科学作品所享有的权利。狭义的著作权仅指作者对其作品享有的权利，广义的著作权还包括与著作权有关的权利，即“邻接权”。

一部作品被创作出来后，需在公众中传播，传播者在传播作品中产生的创造性劳动亦应受到法律保护。邻接权是在作品传播过程中产生的权利,是与著作权有关联,但又独立的一种权利。根据我国著作权法规定,邻接权主要是指出版者的权利、表演者的权利、录像制品制作者的权利、录音制作者的权利、电视台对其制作的电视节目作品的权利、广播电台的权利。需要注意的是,只有在欧洲大陆法系国家,才严格区分著作权与邻接权的概念。英美法系国家并无邻接权概念。例如在美国著作权法中,作者的权利、录音制作者的权利都属于著作权范畴。

2. 著作权法概述

(1) 著作权法的立法原则

我国的《著作权法》自 1990 年 9 月 7 日第七届全国人民代表大会常务委员会第十五次会议通过,1991 年 6 月 1 日起施行。后经 2001 年 10 月 27 日修改,2010 年 2 月 26 日修改。

著作权法的立法原则是对著作权法律制度起指导作用的思想。我国著作权法的原则是:

“为保护文学、艺术和科学作品作者的著作权,以及与著作权有关的权益,鼓励有益于社会主义精神文明、物质文明建设的作品的创作和传播,促进社会主义文化与科学事业的发展与繁荣,根据宪法制定本法”。①

我国著作权法的立法原则与我国宪法鼓励文学、艺术和科学事业的创造性劳动的要求也是一致的。作品是通过创造性劳动而产生的智力成果,既同作者的人格相关联,也应被视为与有形物质财富一样的私有财产,从这个意义上说,如果不赋予作者以著作权,不对其给以法律保护,而放纵任意的侵害行为,不仅使作者的劳动成果被他人攫取,作者的人格也会受到伤害。因此,我国给予了广泛的著作权保护。但是,同其他知识产权权利一样,对著作权的保护也必须达到一种公众利益和个人利益之间的平衡。人类的文明进程和作品的广泛传播密切相连。或者说,作品的创作目的之一就在于给人们的精神生活启迪,推动社会的进步。因此,对著作权的保护也不能损害公众接受教育和享受文化的利益。

(2) 著作权法的基本原则

本书认为,我国著作权法的基本原则有两个:自动保护原则和国民待遇原则。

自动保护原则,即作品一经完成,其整体或局部均取得著作权,不需要获得国家或登记备案,无需履行任何手续。《著作权法》第二条规定:

---

① 《中华人民共和国著作权法》第一条。

“中国公民、法人或者其他组织的作品，不论是否发表，依照本法享有著作权。”

国民待遇原则，即中国人、外国人和无国籍人在我国享有的著作权权利内容一致。我国《著作权法》规定，外国人、无国籍人的作品根据其作者所属国或者经常居住地国同中国签订的协议或者共同参加的国际条约享有的著作权，受本法保护。外国人、无国籍人的作品首先在中国境内出版的，依照本法享有著作权。未与中国签订协议或者共同参加国际条约的国家的作者以及无国籍人的作品首次在中国参加的国际条约的成员国出版的，或者在成员国和非成员国同时出版的，受本法保护。

(3) 我国著作权法律体系概述

我国著作权法律体系由我国现行的所有规制著作权法律关系的法律规范构成，包括我国加入的国际条约及我国各级立法机关和行政机关颁布的法律法规规章等。主要如下：

表 3.4　中国著作权法律体系

类　别	对我国已生效的国际条约	
公约名	中国加入时间	生效文本
《保护文学艺术作品伯尔尼公约》(1971 年)	1992 年	经多次修订，生效文本为 1971 年巴黎文本
《保护录音制品制作者防止未经许可复制其录音制品日内瓦公约》(1973 年)	1992 年	未修订，条约 1973 年生效
《世界知识产权组织版权条约》(2002 年)	2007 年	未修订，2002 年生效
《世界知识产权组织表演和录音制品条约》(2002 年)	2007 年	未修订，2002 年生效
《与贸易有关的知识产权协议》(2005 年)	2001 年	2005 年修订
《世界版权公约》	1992 年	1971 年修订，生效文本为 1971 年巴黎文本
《马拉喀什视障者条约》	2013 年	2016 年生效

(续表)

类　　别	国内法律法规及司法解释
法律法规及司法解释名称	生效文本
《中华人民共和国著作权法》(2010年修正)	1990年通过,经过2001年,2010年两次修订
《中华人民共和国著作权法实施条例》(2013年修正)	2002年公布,经过2011年、2013年两次修订
《计算机软件保护条例》(2013年)	2001年公布,经过2011年、2013年两次修订
《著作权集体管理条例》(2013年)	2004年公布,经过2011年、2013年两次修订
《信息网络传播权保护条例》(2013年)	2006年公布,经过2013年修订
《最高人民法院关于审理著作权民事纠纷案件适用法律若干问题的解释》	2002年公布并生效
《最高人民法院关于审理侵害信息网络传播权民事纠纷案件适用法律若干问题的规定》	2012年公布,自2013年起实施
《广播电台电视台播放录音制品支付报酬暂行办法》	2009年公布,2011年修改
《实施国际著作权条约的规定》	1992年公布并生效,未修订
《中华人民共和国刑法》(2017年修正)	经历10次修正,现行有效的是2017年修订本
《中华人民共和国民法总则》	2017年生效
类　　别	国内规章
规章名称	生效文本
《著作权质权登记办法》	2011年公布并生效
《著作权行政处罚实施办法》	2009年公布并生效
《互联网著作权行政保护办法》	2005年公布并生效
《计算机软件著作权登记办法》	2002年公布并生效,未修订
《录音法定许可付酬标准暂行规定》	1993年公布并生效,未修订

（续表）

类　　别	国内规章
规章名称	生效文本
《作品自愿登记试行办法》(1994)	1994年公布，1995年生效，未修订
《广播电影电视部关于新闻纪录影片各类稿酬的规定》	1991年公布并生效，未修订
《广播电影电视部关于故事影片各类稿酬的暂行规定》	1990年公布并生效，未修订
《广播电影电视部关于科学教育影片各类稿酬的暂行规定》	1990年公布并生效，未修订

（二）著作权的客体

1. 作品的含义

关于什么是作品，《伯尔尼公约》第2条第1款则规定为："'文学和艺术作品'一词包括文学、科学和艺术领域内的一切作品，不论其表现形式或方式如何。"该条第2款还提示各成员国可以通过国内立法，要求所有作品或任何特定种类的作品必须以某种物质形式固定下来才予以保护。①《美国版权法》第101条对文字作品的定义："除视听作品之外，以文字、数字或者其他文字或者数字符号或者标记表达的作品，不论体现这种作品的物体，例如书籍、期刊、手稿、录音制品、电影、录音带、带状物、圆盘或者卡片的性质如何。"2013年修订的《中华人民共和国著作权法实施条例》（以下简称《著作权法实施条例》）第二条规定："著作权法所称作品，是指文学、艺术和科学领域内具有独创性并能以某种有形形式复制的智力成果。"

2. 成为著作权客体的条件

著作权法及其实施条例没有明确规定作品受著作权法保护的实质性条件，而仅仅是对作品的含义以及受保护的作品种类进行了规定，并明确排除了不保护的对象。根据著作权法的规定及相关理论，一般认为，作品要获得著作权法的保护，应当具备以下条件：

(1) 应当是思想、感情的表现形式，具有可复制性

著作权法只保护思想、情感的原创性表述方式，不保护思想、情感本

① 刘春田：《知识产权法学》（第二版），中国人民大学出版社2002年版，第48页。

身。思想和情感属于主观范畴,是无形的,本身不受法律的保护。如小说《山楂树之恋》,作者通过描述主人公静秋和老三之间相识、相知和相恋的故事,讲述了"文革"时期一段纯美的爱情故事。纯美的爱情本身不是著作权的客体—作品,而只是一种情感;但是,作者通过一定的人物、情节和构思的表达则是著作权的客体—作品。我国《著作权法》(送审稿 2017 年版)就拟专门增加一条特意强调我国著作权法保护的是表达方式,而不是思想等。即第五条:著作权保护不延及思想、过程、操作方法、数学概念等。

可复制性是指作品必须以一定的形式表现出来,进而以某种有形形式加以复制和利用。①作品是无形的,只有通过一定载体,才能为人们所感知、传播。如小说《山楂树之恋》,它可以通过印刷成书,刻在软盘上,或储存在网络空间。所以,一部作品可能有若干种载体。但是需要注意到,载体所有权的转移并不当然转移作品的著作权。承载作品的载体上至少有两种权利,即作品的著作权和载体的物权。将载有作品的载体出售后,该载体就成为购买者物权的客体,购买者可以对该载体行使占有、使用、收益和处分的权利。但是,其载体上作品的著作权却仍然属于著作权人所有,购买者只能将该载体作为物品进行使用,不能进行著作权法意义上的使用,如复制、网络传播等。例如,小说《山楂树之恋》,其载体是印有《山楂树之恋》的图书,购买者购买图书后,享有对图书这一物品的处分权,但是对承载的作品不享有著作权。再如,对于一般的有形物,所有权人有权进行出租,但是,对于含有电影光盘,计算机软件或 CD,所有权人不享有出租权,而由著作权人或者录音制作者享有出租权。所以,任何公众在购买含有作品的载体的时候,实际上其主要成本是用于购买该载体中的作品(但不是作品的著作权)。

(2) 应当具有独创性或原创性

根据《著作权法实施条例》对作品的定义,要构成作品,就必须是独创作品。独创,是指作品是由作者独立思考和劳动的产物,而不是抄袭他人的。换言之,抄袭而成的作品不受著作权法保护。

理解独创这一条件时应把握两点:①作品的独创性是指作品表现形式上的独创性,而不是指作品内容上的独创性。一部作品,只要其表现形式是由作者独立创作而成的,即可受到著作权法的保护。例如,许多的作

① 杨巧:《知识产权法学》,中国政法大学出版社 2012 年版。

家都画竹子，只要没有剽窃，均受著作权保护；②独创性不要求"创新性"。所谓创新，就是指该作品与现有的相比是前所未有的，并且在技术上有突出的实质性特点和显著的进步；而著作权法不要求作品的独创性中包含创新性。换言之，著作权法只要求作品是"独创"的，而是否"首创"的则在所不问。据此，即使两件作品内容完全一样（当然，客观上不可能存在两件完全相同的作品），只要是作者独立创作完成，两件作品都可以获得独立的著作权。

(3) 属于文学、艺术和科学领域

我国《著作权法》规定，仅文学、艺术和科学领域内的作品受著作权保护，其中科学包括自然科学、社会科学、工程技术等。这一规定要求作品必须是为了满足人们的文化、精神生活，而不是物质需求。文学、艺术和科学领域内的创作只是智力成果的一种，除此之外还有很多，但如果未以文字、图表等具体表现形式将其表达，就不属于文学、艺术和科学范畴的创作，不能称为作品，可能属于工业领域内的产品，属于专利法的客体而非著作权的客体。如一台 ipod，无论它的功能多么巧妙，外观多么具有创新性和美观性，均不能获得著作权的保护，但可以申请专利权保护。

3. 法律规定的客体范围

我国《著作权法》第三条采用列举的方式，规定了著作权法的客体：

(1) 文字作品

文字作品，是指小说、诗词、散文、论文等以文字形式表现的作品。[①] 这里的文字作品，包括以中文、外文、少数民族文字或者等同于文字的各种符号表现的小说、诗歌、散文、论文、剧本、乐谱、文书、日记、科学专著、盲文读物、广告用语等作品。文字作品是文学、艺术、和科学领域内最广泛的一种作品形式，各国著作权法都把文字作品作为首要的和基本的作品形式予以保护。

(2) 口述作品

口述作品，是指即兴的演说、授课、法庭辩论等以口头语言形式表现的作品。[②] 口述作品虽然也有一定的表达方式，但这种表达方式未以任何物质载体固定下来。当发生著作权纠纷时，由于取证方面困难，司法难以

---

① 参见《著作权法实施条例》(2013)第四条第一项。

② 参见《著作权法实施条例》(2013)第四条第二项。

做出裁决。所以对于口述作品是否应给予著作权法的保护,各国有不同的做法。比如《伯尔尼公约》第2条第2款就规定各成员国可以通过国内立法,要求所有作品或任何特定种类的作品必须以某种物质形式固定下来才予以保护。而美国版权法规定,固定是作品创作完成的必要条件,所以未以任何物质载体固定下来的作品,在美国不能获得版权。①而我国《著作权法》明确规定口述作品受保护。

(3) 音乐、戏剧、曲艺、舞蹈、杂技艺术作品

音乐作品,是指歌曲、交响乐等能够演唱或者演奏的带词或者不带词的作品。②音乐经常和其他艺术门类结合产生新的艺术作品,是其他艺术作品的重要组成部分,比如和舞蹈结合可以变成舞剧。对于这种情况,只要音乐可以独立拿来使用,就可以单独以音乐作品的形式对音乐进行保护,而且不影响其他艺术作品独立地受保护。

戏剧作品,是指话剧、歌剧、地方戏等供舞台演出的作品。③对于此处的定义,学者有不同的理解,有学者认为此处的戏剧作品应当仅指剧本。对于根据剧本,由演员在舞台上进行演出而形成的作品,则属于表演的范畴,受邻接权的保护。而也有学者认为,戏剧作品既包含剧本,也应该包含对剧本进行表演而形成的舞台剧。本书作者认为,根据法条的字面含义,本处的戏剧作品,应当仅指剧本,但是,正如曹新明先生所言:"我们不能因为法律选择剧本作为保护对象,就把剧本等同于戏剧作品。"④

曲艺作品,是指相声、快书、大鼓、评书等以说唱为主要形式表演的作品。⑤此处曲艺作品理解也有不同的观点,有学者认为曲艺作品应当是由曲艺艺术家运用其特殊的创作手法编创、适于以说唱等方式表演的文字作品,而非由曲艺表演艺术家进行曲艺表演而产生的结果。⑥曲艺文字作品产生著作权,而对曲艺文字作品进行表演,产生邻接权。而也有学者认为整个的曲艺表演作品,包括文字作品在内,都应当是著作权法保护的曲艺作品。

---

① 曹新明:《知识产权法学》,人民法院出版社2003年版,第70页。

② 参见《著作权法实施条例》(2013)第四条第三项。

③ 参见《著作权法实施条例》(2013)第四条第四项。

④⑥ 曹新明:《知识产权法学》,人民法院出版社2003年版,第71页。

⑤ 参见《著作权法实施条例》(2013)第四条第五项。

舞蹈作品，是指通过连续的动作、姿势、表情等表现思想情感的作品。①有作者认为，舞谱作品产生的是著作权，根据舞谱作品进行表演则产生的是邻接权。但是舞蹈作品则与舞谱作品不同，是以动作、姿势、表情表现的作品，是未经固定的现场表现的作品，受著作权法保护。

杂技艺术作品，是指杂技、魔术、马戏等通过形体动作和技巧表现的作品。②杂技艺术作为一种表演艺术形式，是艺术的现场展现，具有很高的难度和技巧。杂技是我国的国粹之一，我国《著作权法》2001 年修订时将其加入，这对于保护我国杂技艺术很有意义。

音乐、戏剧、曲艺、舞蹈、杂技艺术作品，有三个共同点，首先，它们都是表演的艺术；其次，它们都是综合艺术；最后，文字都是它们的共有的要素。而它们相互区别，独成一类艺术形式的根本原因，在于它们最终呈现的艺术形式的独特性，既不是中间的某个环节，也不是其中的某个要素。文字要素虽然都包含于音乐、戏剧、曲艺、舞蹈、杂技艺术作品中，但是这些文字要素是分别从属于各种不同艺术形式的要求的。它的创作规律服从于音乐、戏剧、曲艺、舞蹈、杂技的形式而呈现出不同的表现形式。如果混淆了乐谱和音乐作品的界限、混淆了舞剧、剧本和作为表演艺术的舞蹈、戏剧、杂技作品的区别，统统用乐谱、舞谱或剧本取代音乐、杂技、舞蹈、和戏剧，就形同于用乐谱代替了听音乐，用看舞谱或剧本等同于欣赏舞蹈、杂技或戏剧表演，实际上否认了综合艺术的存在。这种认识方法不符合艺术形态分类的基本原理，难以被接受，也是站不住脚的。我国《著作权法实施条例》第 4 条关于上述四类艺术形式的定义，也有难以解释的矛盾，除了戏剧作品强调了文字属性外，音乐、曲艺和舞蹈的定义，实际上都是以综合艺术形式表现的表演艺术。③

(4) 美术、建筑作品

美术作品，是指绘画、书法、雕塑等以线条、色彩或者其他方式构成的有审美意义的平面或者立体的造型艺术作品。④最常见的美术作品有绘画、书法、篆刻、雕塑等。

---

① 参见《著作权法实施条例》(2013)第四条第六项。

② 参见《著作权法实施条例》(2013)第四条第七项。

③ 刘春田：《知识产权法学》(第二版)，中国人民大学出版社 2002 年版，第 54 页。

④ 参见《著作权法实施条例》(2013)第四条第八项。

建筑作品,是指以建筑物或者构筑物形式表现的有审美意义的作品。①当建筑物在外观、装饰或者设计上含有独创性时,建筑物也成为一种造型艺术,可以受到著作权法的保护。②普通建筑的外观、设计等缺乏独创性时,不受著作权法的保护。建筑作品不包括建筑设计图、建筑物模型等。建筑物设计图是一种图形作品,建筑物模型是一种模型作品,在著作权法中有相应的保护类型。

《著作权法》(送审稿 2017 年版)中拟在该条款中增加实用艺术作品作为受保护的对象。实用艺术品是指具有实际使用价值的艺术作品,是造型艺术之一。比如,具有特殊艺术造型的"生日蛋糕""菜肴""发型"等。对于这类作品能否作为实用艺术作品取得著作权的保护,是有争议的。期待法律的修订。

(5) 摄影作品

摄影作品,是指借助器械在感光材料或者其他介质上记录客观物体形象的艺术作品。③摄影作品是记录事物影像的一种手段,作者可以利用自己掌握的技术、知识、技巧在构图、选择或者拍摄对象上表现出自己的独创性,完成创作。这种具有独创性的摄影作品是受著作权法的保护的。反之,如果缺乏独创性、单纯的复制性的摄影是不受著作权法的保护的。

(6) 电影作品和以类似摄制电影的方法创作的作品

电影作品和以类似摄制电影的方法创作的作品,是指摄制在一定的介质上,由一系列有伴音或者无伴音的画面组成,并且借助适当装置放映或者以其他方式传播的作品。④对于电影作品和以类似摄制电影的方法创作的作品,我国《著作权法》(送审稿 2017 年版)拟将其修订为视听作品。以类似摄制电影的方法创作的作品主要有电视、录像、短视频等视听作品,其表现手法与电影摄制类似,只是其载体不同于电影的胶片,但其形式符合作品的一般条件。⑤著作权法对它们提供保护的前提条件以及保护程度都是相同的。所以,近年来,不少国家不再区分电影、电视、录像,而通称为"视听作品"。我国当前的"电影作品和以类似摄制电影的方

① 参见《著作权法实施条例》(2013)第四条第九项。

② 杨巧:《知识产权法学》,中国政法大学出版社 2012 年版,第 59 页。

③ 参见《著作权法实施条例》(2013)第四条第十项。

④ 参见《著作权法实施条例》(2013)第四条第十一项。

⑤ 刘春田:《知识产权法学》(第二版),中国人民大学出版社 2002 年版,第 57 页。

法创作的作品”的，表述显得冗长，如果改为“视听作品”，实为一个不错的选择。

（7）工程设计图、产品设计图、地图、示意图等图形作品和模型作品，包括建筑设计图和建筑模型

图形作品，是指为施工、生产绘制的工程设计图、产品设计图，以及反映地理现象、说明事物原理或者结构的地图、示意图等作品。①

模型作品，是指为展示、试验或者观测等用途，根据物体的形状和结构，按照一定比例制成的立体作品。②

工程设计图、产品设计图、地图、示意图等图形作品，虽然种类不同，但是他们的共同点就是“指示性”，比如，地图是对方位的指示。模型作品也具有指示性，比如，飞机模型、船只模型等，制作者可以按照模型的构造按比例制成实物。

（8）计算机软件

计算机软件，是指计算机程序及其有关文档。③计算机程序，是指为了得到某种结果而可以由计算机等具有信息处理能力的装置执行的代码化指令序列，或者可以被自动转换成代码化指令序列的符号化指令序列或者符号化语句序列。同一计算机程序的源程序和目标程序为同一作品。④文档，是指用来描述程序的内容、组成、设计、功能规格、开发情况、测试结果及使用方法的文字资料和图表等，如程序设计说明书、流程图、用户手册等。⑤

（9）法律、行政法规规定的其他作品

这是指除了上述八项著作权的客体外，还有法律、行政法规规定的著作权的其他客体。随着文化和科学事业的发展，有可能出现新的思想表达形式，如计算机软件是随着现代科学技术的发展而出现的，今后可能会出现新的思想表达形式，需要列入著作权客体给予保护。但是，能否作为著作权法所称的其他作品，必须由法律、行政法规规定，不能由其他规范性文件规定。另外，《著作权法》又规定，汇编若干作品或其片段形成的具

① 参见《著作权法实施条例》(2013)第四条第十二项。

② 参见《著作权法实施条例》(2013)第四条第十三项。

③ 参见《计算机软件保护条例》第二条。

④ 参见《计算机软件保护条例》第三条第一款。

⑤ 参见《计算机软件保护条例》第三条第二款。

有独创性的作品属于汇编作品,汇编人享有著作权。

4. 不受著作权法保护的作品

我国著作权法规定以下内容不受著作权的保护:

(1) 法律、法规,国家机关的决议、决定、命令和其他具有立法、行政、司法性质的文件,及其官方正式译文

法律、法规,国家机关的决议、决定、命令和其他具有立法、行政、司法性质的文件的制作目的即在于执行某一社会职能,管理社会事务,需要在公众间传播和流传,虽然这些文件具有独创性和合法性,但是著作权的保护会阻碍其目的的实现,使得其不能在短时间内大量流通。因此,我国著作权法对法律和其他官方文件多不予以保护。法律的官方正式译文是指国家有关机关将法律翻译成其他民族文字或外国文字的正式译本,该译文是国家对该法律的翻译。法律的官方正式译文需经国家立法机关确认。例如,全国人民代表大会法律委员会主持审定的《中华人民共和国香港特别行政区基本法》的官方正式英文本。对于该译文的效力,第七届全国人民代表大会常务委员会第十四次会议决定:全国人民代表大会法律委员会主持审定的《中华人民共和国香港特别行政区基本法》英译本为正式英文本,和中文本同样使用;英文本中的用语的含义如果有与中文本有出入的,以中文本为准。因此,官方译文的地位与其原语文件具有同等的效力,需要大范围传播,因此,不适用于著作权保护。法律和其他官方文件的非官方正式译文则受著作权法保护。例如,某学者将本国法律翻译成外文,或者将外国法律译成中文,他对自己的译文享有著作权。

(2) 时事新闻

时事新闻是指对已发生事实的简单事实性描述,不含有加工或修饰的行为。如对我国国家主席外交访问行程的报道,这作为一种事实,是不为著作权法所调整的。尽管时事新闻不受著作权法保护,最高人民法院有关司法解释中规定,传播报道他人采编的时事新闻,应当注明出处。对不注明出处者,应当承担消除影响、赔礼道歉等民事责任。①著作权法不保护的是对时事新闻的简单报道,如果在时事新闻中报道者对时事新闻进行整理、加工,付出了创造性的劳动,以综述、评述、特写等表达形式加

① 《最高人民法院关于审理著作权民事纠纷案件适用法律若干问题的解释》第十六条:通过大众传播媒介传播的单纯事实消息属于著作权法第五条第(二)项规定的时事新闻。传播报道他人采编的时事新闻,应当注明出处。

以报道，这种报道已具备作品的条件，对此报道者应享有著作权。例如，某新闻记者根据历届国家主席访美的新闻报道而撰写的关系中美两国外交关系发展的新闻作品，具备作品的特征，受著作权保护；又如，某摄影记者拍摄的毛泽东主席挥手的瞬间照片亦受著作权保护。同对于其他作品的保护一样，著作权法给予时事新闻作品同样的著作权保护。

(3) 历法、通用数表、通用表格和公式

历法所揭示的日期、节气、节日等内容是不为著作权法所调整的，但人们根据历法所绘制的挂历、台历、日历是受著作权法保护的。数表中的通用数表，如元素周期率、函数表、对数表是不受著作权法保护的。但非通用数表，如作者创作的五代以内血亲表是受著作权法保护的。通用表格，如通用发票、通用会计账册表格；公式，如 $x(x+y)=x*x+x*y$，圆周率 $\pi=3.141\,592\,6\cdots\cdots$，为人们普遍使用，已进入公有领域，这些通用表格、公式不适用于著作权法。

(三) 著作权的主体

著作权的主体就是享有著作权的人，即作者。我国《著作权法》规定："创作作品的公民是作者。"需要注意的是，只有进行了独创性工作的人才能成为作者，独创性工作是指直接产生文学、艺术或者科学作品的智力工作。仅为他人创作进行组织工作，提供咨询意见、物质条件等，由于其行为不具有创造性而不能成为作者。

法人①或者其他组织能否成为作者呢？因为有的作品是在法人或者其他组织的主持下创作的，体现了法人或者其他组织的意志，并由该法人或者组织承担作品的责任，如软件公司开发的 ERP 软件等。特别是需要投入大量人力、物力和财力，个人一般不能完成这项任务。而且从法律角度讲，法人作为法律拟制的人，同自然人一样，具有民事权利能力和民事行为能力，所以能够成为作者。因此，我国《著作权法》规定，由法人或者其他组织主持，代表法人或者其他组织意志创作，并由法人或者其他组织承担责任的作品，法人或者其他组织视为作者。

著作权人有原始著作权人和继受著作权人之分，前者指以自己的创造性劳动创作作品而依法获得著作权的人，包括作者及其他依照法律规定直接取得著作权的人；后者是指通过转让、继承等方式而取得著作权的

---

①　法人是指具有民事权利能力和民事行为能力，依法独立享有民事权利和承担民事义务的组织；"其他组织"是指法人以外的不具备法人条件的组织。

人。继受著作权人只享有著作财产方面的权益。我国《著作权法》规定，著作权人包括作者及其他依法享有著作权的公民、法人和非法人单位。外国人、无国籍人的作品首先在中国境内出版的，依法享有著作权。外国人、无国籍人在中国境外出版的作品，根据其所属国同中国签订的协议或者共同参加的国际条约享有的著作权，受我国法律的保护。

（四）著作权的内容和期限

著作权的内容是指著作权人对作品拥有的各种权利。著作权的内容分为两类，一类是精神权利，也称为人身权，与作者的身份密切相关，专属作者本人，一般情况下不能转让；另一类是经济权利，即财产权，是作者利用其作品获益的权利。二者的主要区别在于：第一，人身权和财产权的保护期有所不同，除发表权外，前者的保护期不受限制，后者的保护期则是有限的；第二，除发表权外，人身权一般只能为作者享有，它与作者身份不可分，不能继承和转让，而财产权可以通过继承和转让的方式为其他人取得。除以上权利外，著作权人还享有转让权、许可权、质押权等派生权利。

1. 人身权

我国著作权法规定，著作权人享有对作品的发表权、署名权、修改权和保护作品完整权，这四项权利均为人身权利。

发表权是指决定作品是否公之于众的权利，还包括决定以何种形式发表和在何时何地发表的权利。

署名权是指作者表明自己作者的身份，在作品上署名的权利。作者有权署名，也有权不署名；有权署真名，也有权署假名(笔名)。作者也有权禁止他人在自己的作品上署名。

修改权是指作者有权对其作品进行修改或者授权他人进行修改。修改与否，怎么修改以及是否授权他人修改，都应根据作者的意愿，不应强制。修改作品与改编作品不同。修改，是对作品内容作局部的变更以及文字、用语的修正。改编是指在不改变作品基本内容的情况下，将作品由一种类型改变成另一种类型，如从小说变为电影剧本。

保护作品完整权是指作者保护其作品的内容、观点、形式等不受歪曲、篡改的权利。作者有权保护其作品不被他人丑化，不被他人作违背其思想的删除、增添或者其他损害性的变动。这项权利的意义在于保护作者的名誉、声望以及维护作品的完整性。保护作品完整权与修改权是互相联系的，侵犯修改权往往也侵犯了作者的保护作品完整权。

著作权的人身权与作者紧密相连，不可分离，一般说来，也不得让与他人，不得被继承，并且永久地受到保护。

2. 财产权

著作权法通过列举的方式规定了财产使用权，其各项权利内容如下：

复制权。复制权又称重制权，是著作权的财产使用权中最基本的权能，指以印刷、复印、拓印、录音、录像、翻录、翻拍等方式将作品制作一份或者多份的行为。印刷、复印、拓印、翻拍等制作方式是平面到平面，一般认为是复制，没有什么异议。录音、录像、翻录等方式虽然不是平面到平面，但是机械操作，一般也认为是复制，基本也没有异议。那么，从平面到立体的复制是否是复制呢？

发行权。发行权就是以出售或者赠与的方式向公众提供作品原件或者复制件的权利。著作权中的发行权不是指所有权人销售有体物，也不是指图书出版、销售单位经主管部门批准的出版、销售图书的权利，而是作者将其智力成果提供给社会、满足公众需要的权利，是作者的一项民事权利。出版社发行图书、制片人发行拷贝、邮票公司发行邮票，除了有经审批的制作发行的权利以及对制作物的所有权外，如果制作发行的是作者的作品，还必须有作者的授权。

出租权。出租权也可以称为租赁权，是指有偿向他人出租载有电影作品或类似电影摄制的方法创作的作品或载有软件的光盘。正如作者的发行权与出版社的发行权的关系一样，著作权人的出租权所指向的对象是作品，是无形的智力成果，著作权人一般并不拥有载有电影作品或计算机程序的光盘的所有权，但拥有其作品的出租权。租赁经营者要经过著作权人的授权，才可以出租载有电影作品或者计算机程序的光盘。

展览权。展览权是公开陈列作品或者其复制件的权利。按照《著作权法》的规定，只有美术作品、摄影作品才有展览权。需要注意的是，我国《著作权法》规定，当美术等作品原件转移之时，展览权由原件所有人享有，此处“美术等作品”应理解为与美术作品性质相同的，原件具有重大意义的作品，摄影作品不在此列。

表演权。表演权是指“公开表演作品，以及用各种手段公开播送作品的表演的权利”。著作权中的表演权包括两个重要方面：“现场表演”和“机械表演”。“公开表演作品”说的是“活表演”，或者称为“现场表演”，“用各种手段公开播送作品的表演”可以理解为“机械表演”，机械表演指借助录音机、录像机等技术设备将前述表演公开传播，即以机械的方式传播作品的表演。如将表演录制在光盘中等。但是，不包括广播电台、电视台的无线播放,也不包括电影作品等的放映,前者是作品的广播权,后者是作品的放映权。

放映权。放映权是指通过播放设备如投影仪,幻灯机等播放美术、摄影、电影和以类似电影摄制的方法创作的作品。例如,电影院需要购买制片公司的放映权之后才可以在电影院播放制片公司的电影。《著作权法》(送审稿 2017 年版)拟将此处的"以类似电影摄制的方法创作的作品"修改为"视听作品"。

广播权。"广播权,即以无线方式公开广播或者传播作品,以有线传播或者转播的方式向公众传播广播的作品,以及通过扩音器或者其他传送符号、声音、图像的类似工具向公众传播广播的作品的权利"。"公开广播"一般是指通过无线电台、电视台播放。通过电台、电视台广播和其他无线方式传播,这是广播权的第一层意思。将电台、电视台广播的作品以有线传播或者转播,这是广播权的第二层意思。除有线传播或者转播以外,通过扩音器等工具传播电台、电视台广播的作品,这是广播权的第三层意思。《著作权法》(送审稿 2017 年版)拟将此条款进行整合,修改为"以有线或者无线方式公开播放或者转播作品,以及通过扩音器或者其他传送符号、声音、图像的类似工具向公众传播广播的作品的权利"。

信息网络传播权。信息网络传播权是指著作权人通过互联网或其他信息传输网络向公众提供作品的权利。现代社会互联网技术发展速度很快,P2P 技术使得每个人都可以上载内容到互联网或共享他人电脑上的内容。但是,未经著作权人许可,将其作品上传的行为违反了信息网络传播权。需要注意的是,网络服务提供者为服务对象提供链接服务,在接到权利人的通知书后,断开与侵权作品的链接的,不承担赔偿责任;但是,明知或者应知所链接的作品侵权的,应当承担共同侵权责任。①在 SONY 诉百度信息网络传播权侵权纠纷案②中,SONY BMG 公司对蓝奕邦演唱的歌曲《六月》享有录音制作者权,享有信息网络传播权。百度公司提供了下载蓝奕邦演唱的《六月》链接:"http://www.musiccent.com/xxcent2/upload/蓝……"该链接通向可下载的第三方提供的网站。法院认为,如果权利人认为搜索引擎服务所涉及的录音制品侵犯了其信息网络传播权,可以向搜索引擎服务提供商提交书面通知,要求其断开与该制

① 《信息网络传播权保护条例》第 23 条。

② 北京高级人民法院判决书(2007)高民终字第 596 号。

品的链接。但在本案中，SONY BMG 公司未尽到通知义务。另外，通过百度公司的搜索引擎服务可以找到被上载的音频数据格式文件，但是得不出只有通过百度公司的搜索引擎才能传播涉案歌曲的结论。因此，百度公司并未侵犯 SONY 公司的信息网络传播权。

"伙拍小视频"侵害作品信息网络传播权纠纷案中，北京微播视界科技有限公司（简称微播视界公司）是抖音平台的运营者。百度在线网络技术（北京）有限公司、百度网讯科技有限公司（合称百度公司）是伙拍平台的运营者。汶川特大地震十周年之际，2018 年 5 月 12 日，抖音平台的加 V 用户"黑脸 V"响应全国知名媒体信息公共平台和人民网的倡议，使用给定素材，制作并在抖音平台上发布"5.12，我想对你说"短视频（简称"我想对你说"短视频）。经"黑脸 V"授权，微播视界公司对"我想对你说"短视频在全球范围内享有独家排他的信息网络传播权及独家维权的权利。伙拍小视频手机软件上传播了"我想对你说"短视频，该短视频播放页面上未显示有抖音和用户 ID 号水印。微播视界公司以"我想对你说"短视频构成以类似摄制电影的方法创作的作品（简称类电作品），百度公司上述传播和消除水印的行为侵犯了微播视界公司的信息网络传播权为由，提起诉讼。北京互联网法院一审认为，"我想对你说"短视频构成类电作品，百度公司作为提供信息存储空间的网络服务提供者，对于伙拍小视频手机软件用户的提供被控侵权短视频的行为，不具有主观过错，在履行了"通知—删除"义务后，不构成侵权行为，不应承担相关责任，判决驳回微播视界公司的全部诉讼请求。①

摄制权。摄制权也可以称为"制片权"，即以摄制电影或者以类似摄制电影的方法将作品固定在载体上的权利。《著作权法》（送审稿 2017 年版）拟将此处的"以类似电影摄制的方法创作的作品"修改为"视听作品"。

改编、翻译和汇编权。改编权，即改变作品，创作出具有独创性的新作品的权利。所谓改变作品，一般是指在不改变作品内容的前提下，将作品由一种类型改变成另一种类型。如将小说改编成适于演出的剧本、改编成连环画等。改编权也包括将作品扩写、缩写或者改写，虽未改变作品类型，只要创作出具有独创性的作品，也可以认为是改编。翻译权，就是将作品从一种语言向另一种语言转换的权利。汇编权，就是将作品的片段或其全部进行选择或者编排，构成新作品的权利。

---

①　最高人民法院发布的 2018 年中国法院十大知识产权案件。

应当由著作权人享有的其他权利。我国《著作权法》选用列举的方式规定了著作权人的权利内容,但用列举的方法是不能穷尽著作权人的权利的。同时,作品的新的使用方式层出不穷,无论如何都是列举不全的。因此,我国《著作权法》规定了著作权包括其他应当由著作权人享有的权利。

3. 著作权的期限

本章第一节已经讨论过,知识产权制度的宗旨在于利益平衡。建立著作权制度的根本目的是为了促进作品的传播和社会文化的繁荣与发展,对著作权的限制有利于这一目的的实现。如果无限制的保护著作权人的权利,那么势必影响作品进入公众领域,损害这一目的的实现。于此考虑,需要对著作权作出限制。我国《著作权法》从两方面作出了限制:著作权的权利延续时间和著作权权利的例外。

著作权的期限,是指著作权人所享有的专有权利受法律保护的时间。一旦保护期届满,著作权即随之终止,作品便进入公共领域,成为人类公有的精神财富,任何人均可自由地加以使用。

根据我国《著作权法》的规定①:著作权人的精神权利永久受到保护,包括署名权、修改权、保护作品完整权。个人作品的财产权利和发表权的保护期为作者终生及其死后50年,截止于作者死亡后第50年的12月31日;如果是合作作品,截止于最后死亡的作者死亡后第50年的12月31日。法人或者其他组织的作品、著作权(署名权除外)由法人或其他组织享有的职务作品的财产权利和发表权的保护期为50年,截止于作品首次发表后第50年的12月31日,但作品自创作完成后50年内未发表的,不再受《著作权法》保护。电影、电视、录像和摄影作品的财产权利和发表权的保护期为50年,截止于作品首次发表后第50年的12月31日,但作品自创作完成后50年内未发表的,不再受《著作权法》保护。对于作者身份不明的,我国《著作权法实施条例》第18条规定,其财产权和发表权的保护期为50年,截止于作品首次发表后第50年的12月31日。当作者身份查明时,按作者终生及其死后50年计算。《著作权法》(送审稿2017年版)拟增加“实用艺术作品”,赋予其二十五年的保护期。

(五) 著作权的归属

在专利法和商标法中,均没有归属的概念,唯独著作权中有这一概

① 《中华人民共和国著作权法》第20条,第21条。

念。归属,简单地说,就是一部作品到底属于谁。为什么呢？这是由于作品的类型不同,需要加入的创作人员可能会很多。在这种情况下,如何确定著作权人呢？这就是归属。例如,刘若英的一首《为爱痴狂》的 MV,里面有摄影,摄像,有歌手,有演员,有制作者,到底这属于谁的作品呢？这种情况可以通过约定解决。还有一种情况,如《一个馒头的血案》,这到底是陈凯歌的作品还是胡戈呢？因此,我国法律对一些作品的著作权的归属做了如下规定:如无相反证明,在作品上署名的人可认定为作品的作者。但在下列情况下,作品著作权的归属应依法确定:

1. 演绎作品

演绎作品是对已有作品进行改编、翻译、注释、整理而产生的作品,其著作权由演绎作品的作者享有。但行使著作权时不得侵犯原作品的著作权。①演绎作品是在已有作品的基础上经过创造性劳动而派生出来的作品,是传播原作品的重要方法。它虽然属于原作品的派生作品,但并不是简单的复制原作品,而是以新的思想表达形式来表现原作品,需要演绎者在正确理解、把握原作品的基础上,通过创造性的劳动产生新作品。尽管如此,演绎作品是在已有作品的基础上产生的,没有原作品,也就无所谓演绎作品,例如没有畅销小说《山楂树之恋》,也就没有据小说改编而成的同名电影;因此,法律规定在著作权保护期内,演绎原作品,需要征得原作品的著作权人同意并支付报酬。②在实践中,如果要取得原作品的演绎权,通常需要演绎者与原著作权人签订演绎合同,明确权利义务,并依照约定支付报酬。原作品的作者可以对侵犯其著作权的演绎作品行为提起诉讼。《著作权法》(送审稿 2017 年版)拟将原来《著作权法》第三十五条的规定提前到该条的第二款:即使用改编、翻译、注释、整理已有作品而产生的作品,应当取得改变、翻译、注释、整理已有作品而产生的作品的著作权人和原作品的著作权人许可。与这条合并为一条,删去原来的第三十

---

① 见《中华人民共和国著作权法》第 12 条。

② 《中华人民共和国著作权法》第 35 条规定:“出版改编、翻译、注释、整理、汇编已有作品而产生的作品,应当取得改编、翻译、注释、整理、汇编作品的著作权人和原作品的著作权人许可,并支付报酬。”第 37.2 条规定:“使用改编、翻译、注释、整理已有作品而产生的作品进行演出的,应当取得改编、翻译、注释、整理作品的著作权人和原作品的著作权人许可,并支付报酬。”第 40.2 条规定:“录音录像制作者使用改编、翻译、注释、整理已有作品而产生的作品,应当取得改编、翻译、注释、整理作品的著作权人和原作品著作权人许可,并支付报酬。”

五条。意思是以演绎作品为基础创作新作品的,需要经过原著作权人和演绎作品著作权人的双重许可。

改编是指在不改变作品基本内容的情况下将作品由一种类型改变成另一种类型或进行添加或删减。改编是产生演绎作品的一种主要形式。对文学作品的改编,如将小说改编为电影、电视剧本,将童话故事改编为电影动画片,但未改变已有作品的主要情节和内容。对音乐作品的改编,如把民乐改编为交响乐,既保持了已有作品的基本旋律,又对原音乐作品中的旋律作了创造性的改变。美术作品的改编,如将中国的水墨画改为西方的油画,其内容、素材未变,而加进了作者新的艺术表现手法。这些改编作品都保持了已有作品的内容、情节、旋律、素材,又有改编者智力成果在内,既不是对已有作品的抄袭,又不是创作出全新的作品,作者对这种经改编产生的演绎作品享有著作权。在"饶河县四排赫哲族乡政府诉郭颂等侵犯民间文学艺术作品著作权纠纷案"中,饶河县四排赫哲族乡政府认为郭颂等人在《想情郎》等在内的赫哲族民间曲调的基础上,创作完成的《乌苏里船歌》音乐作品属于改编作品,应就使用原作品的行为支付费用,并享有署名权。北京市高级人民法院认定,对音乐作品的改编而言,改编作品应是使用了原音乐作品的基本内容或重要内容,应对原作的旋律作了创造性修改,却又没有使原有旋律消失。经查实,《乌苏里船歌》乐曲的中部是展示歌词的部分,且在整首乐曲中反复三次,虽然《乌苏里船歌》的首部和尾部均为新创作的内容,且达到了极高的艺术水平,但就《乌苏里船歌》乐曲整体而言,如果舍去中间部分,整首乐曲也将失去根本,因此认定《乌苏里船歌》的中部乐曲系整首乐曲的主要部分。在《乌苏里船歌》的乐曲中部系改编而成、中部又构成整首乐曲的主部的情况下《乌苏里船歌》的整首乐曲应为改编作品。法院最后判决:郭颂等人再使用音乐作品《乌苏里船歌》时,应当注明"根据赫哲族民间曲调改编"。

翻译是将作品从一种语言文字转换成另一种语言文字予以表达。翻译也是产生演绎作品的一种主要形式,如将汉族文字作品译为外文作品或者少数民族文字作品,或者将外国制作的电影、电视作品译为中文电影、电视作品。翻译作品保持了已有作品的内容、情节和结构,只是由一种语言文字译为另一种语言文字,但由于词句表达方式不同,由一种语言文字译为另一种语言文字的过程中,译者有创造性劳动在内,因此,翻译作品的作者也应享有著作权。

注释是指对原作品进行注解、释义和阐明。注释作品是对已有作品进行注释而产生的，被注释的作品一般是具有较高文学地位或科学意义的古代文字、艺术、科学等作品，如不易理解的古代文章、诗词，需要将其文字、内容加以注释，将其含义以通俗的语言准确地表达出来，如苏缨著的《纳兰词》，对清朝词人纳兰容若的诗词小令进行注释、阐明。它不同于将已有的作品的形式加以改编，也不同于把一种语言文字作品翻译成另一种语言文字作品。注释作品虽然表达的是已有作品的原意，但其中有注释者的创造性劳动，因此，注释作品的作者应享有著作权。

整理是对一些散乱的作品或者材料进行删节、组合、编排，经过加工、梳理使其具有可读性。整理作品应当具有以下特征：(1)整理他人已有的作品，而不是自己的作品；(2)被整理的作品一般是未经出版的作品；(3)已有作品的内容确定，只需按一定的结构或逻辑整理，既不是对已有作品的内容进行修改(对文字、标点符号可作适当修改)，也不是对其表达形式的改编。整理已有作品，主要使公众易于阅读，这一整理过程中，整理者付出了创造性劳动，应享有著作权。

2. 合作作品

两人以上合作创作的作品为合作作品。创作一个合作作品需要合作作者之间的合意，如果一方未经对方同意，就将对方的作品合入自己的作品，或者对对方的作品进行一定的修改、补充后就认为是该作品的合作作者，这种情况，不仅不能成为该作品的合作作者，还侵犯了该作品的著作权。另外，合作作品的作者必须是参加创作的人，没有参加创作的人，不能成为合作作品的作者。所谓“参加创作”，是指对作品的思想观点、表达形式付出了创造性的智力劳动，或者构思策划，或者执笔操作，如果没有对作品付出创造性的劳动，就不能成为合作作者，例如，甲乙合作画一幅山水画，甲磨墨，乙执笔创作，若无其他约定，则乙是作品的作者，甲不是合作作者。在日常生活中有些情况值得注意：上级、权威人士或者编辑，对作品提供部分修改意见，或签字认可，这样的行为不属于合作行为。

我国《著作权法》规定合作作品的著作权由合作作者共同享有。合作作品包括可以分割使用和不能分割使用两种。

可以分割使用的合作作品，指合作作者对各自创作的部分可以单独使用，对各自创作的部分可以单独享有著作权的作品，但行使著作权时不得侵犯合作作品整体的著作权。例如，甲、乙、丙三人合写一本小说，一人负责写 20 篇，那么甲乙丙三人分别对自己的 20 篇拥有著作权。此外，甲、乙、丙对这本共同创作的小说共同享有著作权，任何一个人对自己的

20篇行使著作权时,不得侵犯这本小说整体的著作权。

不能分割使用的合作作品,指合作作者虽有各自的创作,但在作品中已融为一体,区分不出作品的某个部分是哪个合作作者写的。例如,四个合作作者共同构思作品的形式、内容、情节、结构等,然后分头执笔而成的作品。这类作品只存在一个合作作品的整体的著作权。合作作品不可以分割使用的,其著作权由各合作作者共同享有,通过协商一致行使;不能协商一致,又无正当理由的,任何一方不得阻止他方行使除转让以外的其他权利,但是所得收益应当合理分配给所有合作作者。①《著作权法》(送审稿2017年版)拟将《著作权法实施条例》第9条的规定上升为法律,作为《著作权法》第十三条的第三款。

案例一:肖涛生与邹士敏著作权权属及侵权纠纷上诉案②

在该案中,邹士敏于1982年将拍摄的表现五个小孩在草垛上吹哨子的场景的几张照片,提供给了肖涛生。邹士敏本人基于上述照片在1983年3月创作完成了油画作品《田间小曲》(以下简称《田间小曲》)。其间,肖涛生见到过该幅作品。1984年,邹士敏将《田间小曲》署名发表在《画廊》杂志1984年第1期上。1984年前后,肖涛生与邹士敏约定在《田间小曲》的基础上合作创作油画作品《吹响响》(以下简称《吹响响》),由两人共同署名参展。1984年7月肖涛生执笔绘制完成了《吹响响》的第一稿,并以两人的名义参展,在1984年10月举办的四川省职工业余美术、书法、摄影展览上,获得二等奖;在1984年11月举办的全国职工业余美术、书法、摄影展览上,被评为三等奖,相关组织部门也向肖涛生、邹士敏颁发了奖状。随后,肖涛生在第一稿的基础上又完成了《吹响响》的第二稿,两稿为同一作品,其中的第二稿被他人收藏,邹士敏没有参与过《吹响响》的执笔绘制工作。1984年12月10日出版的《红领巾》杂志刊载了署名肖涛生、邹士敏的油画作品《金秋》(以下简称《金秋》),《金秋》与《吹响响》为同一幅作品;此后,肖涛生将《吹响响》标注"与邹士敏合作"字样后选入1998年1月四川美术出版社出版发行的《肖涛生油画集》,并于1998年5月27日将该画集赠送给邹士敏收藏。之后,肖涛生多次举行画展,均未在《吹响响》上署邹士敏的名字。

四川省高级人民法院查实,《田间小曲》与《吹响响》均为油画作品。二者相比较,在构图、人物的动作、表情、神态甚至发型的刻画上均体现了一致性。两幅作品的不同之处在于,二者分别营造了祥和和浪漫两种氛围,二者在儿童的衣物颜色、是否穿鞋以及背景上是否有劳动中的妇女等细节上也存在差异。法院认定,根据《中华人民共和国著作权法》第十一条第四款的规定,如无相反证明,在作品上署名的公民、法人或者其他组织为作者。本案中,其一,《吹响响》于1984年创作完成后,即以作者肖涛生、邹

① 参见《著作权法实施条例》第9条。

② (2007)川民终字第668号。

士敏两人的名义参展并获奖，之后两人又将该作品刊登在《红领巾》杂志上，这些参展、发表中的署名，实际上向社会公开该作品的作者为肖涛生、邹士敏，且肖涛生在1998年送给邹士敏的《肖涛生油画集》，也收录了该作品，并在该作品旁标注了“与邹士敏合作”字样，也印证两人为该作品的作者。肖涛生为证明其独创《吹响响》的事实，所提供的1995年5月、2000年11月四川省文化艺术志的两份杂志上标注“肖涛生的《吹响响》获三等奖”，不能证明该获奖作品仅为肖涛生一人创作，并获奖的事实；所提供的素材及素描草图，只能证明《吹响响》采用了素材的部分内容，以及肖涛生绘制似为茅舍、几个儿童在麦堆上吹麦秆的素描稿等，但不能证明绘制的时间；肖涛生还提出邹士敏对《吹响响》没有执笔的问题，由于我国著作权法所称的“合作创作的作品”，是指作者对作品的创造性智力劳动方面的贡献，每个合作者不一定都必须亲自动手、亲自执笔，故肖涛生以此为由提出邹士敏没有创作《吹响响》不符合法律规定。

合作作者之一死亡后，其对合作作品享有的著作权法第十条第一款第五项至第十七项规定的权利无人继承又无人受遗赠的，由其他合作作者享有。①

案例二：齐良芷、齐良末等诉江苏文艺出版社侵犯著作权纠纷案②

原告齐良芷等诉称：原告系著名画家齐白石的合法继承人，被告江苏文艺出版社在没有合法授权的情况下，以营利为目的，将齐白石的绘画作品汇编《煮画多年》一书进行出版发行。请求法院判令被告停止侵害、赔偿损失。法院经审理认为：《著作权法》规定，作品的著作权属于公民的，公民死亡后，其著作财产权依照《继承法》的规定转移。齐白石去世后，其作品的著作权在没有遗嘱继承等情况下，发生法定继承。原告齐良芷等均是其著作财产权的相应继承人，有权对侵犯齐白石著作财产权的行为提出主张，原告的主体适格。同时，根据《著作权法》规定，在作者生前及其死后五十年的保护期限内，作者的发表权、复制权、发行权、获得报酬权等权利受法律保护。在保护期限内，未经作者或者作者继承人的许可，任何人不得使用作者的作品。齐白石于1957年9月16日去世，根据法律规定其作品著作权保护期截止时间应计算至2007年12月31日，被告江苏文艺出版社出版《煮画多年》的时间为2007年10月，仍在其保护期内，故被告的出版行为应依法得到许可。

3. 汇编作品

汇编作品是将两个或两个以上的作品或其部分或者不构成作品的数据或者其他材料进行选择、汇集、编排而产生的新作品，如医药类百科全书、成语词典、文学选集、全集、期刊、报纸等。汇编人在内容的选择、安排上付出了创造性劳动，因此，就这种选择和安排享有汇编作品的著作权。

---

① 参见《著作权法实施条例》第14条。

② 《最高人民法院公报》2012年第9期。

如果只是简单地将作品或者材料拼凑在一起,则不认为构成汇编作品。我国《著作权法》规定,汇编作品包括对不构成作品的数据和其他材料的汇编,即数据库作品属于汇编作品。数据库作品是根据既定标准挑选的经过系统整理并被存储在可供用户存取的计算机系统内的一整套信息资料。数据库在内容选取和编排上体现了汇编人的创造性劳动,因此,属于汇编作品。

汇编作品作为一个整体,由汇编人享有著作权。汇编人汇编有著作权的作品,应当经过原作品著作权人的许可,并支付报酬,还应当尊重原作品著作权人的人身权。在行使著作权时,不得侵犯原作品的著作权。汇编已过保护期的作品,也应当尊重原作品作者的人身权。汇编作品中除去创造性的汇编内容外的其他可以单独使用的部分,其作者对该部分作品享有著作权。例如,北大法律信息网的数据库是一个汇编作品,但是每一篇法学论文的作者对其论文享有著作权。

案例三:黄天源与内蒙古大学出版社等著作权侵权纠纷上诉案①

在该案中,2002 年 9 月 27 日,黄天源与上海外语教育出版社订立《图书出版合同》,由上海外语教育出版社为其出版《法语交际口语手册》一书,第一版时间为 2002 年 11 月。该书分功能表达法与情景表达法两部分,收录的是基本的言语功能和生活场景的表达方法,全书全部以句型的形式出现。

内蒙古大学出版社出版的刘国生所编《实用法语会话 900 句》一书,第一版时间为 2007 年 11 月。该书在广西外文书店有售,该书分四篇,第一篇"奥运精神";第二篇"日常交际用语";第三篇"社会交际用语";第四篇"公共场合用语"。

与《法语交际口语手册》一书相比较,《实用法语会话 900 句》中有 200 句句子完全一致,完全一致的句子在《法语交际口语手册》的第一、二部分均有分布。如在黄天源的《法语交际口语手册》第 199 页"A la cantine"(中文:在食堂吃饭)中"Tu déjeunes avec moi à la cantine? 你和我一起在食堂吃中饭好吗?"在内蒙古大学出版社出版的《实用法语会话 900 句》第 83 页第三篇"社会交际用语""八、在食堂"部分中的第一句话完全一致。我国《著作权法实施条例》第二条规定:"著作权法所称作品,指文学、艺术和科学领域内,具有独创性并能以某种有形形式复制的智力创作成果。"本案黄天源的《法语交际口语手册》,是上诉人黄天源编著的用于传授法语语法及常用口语的教学用书,黄天源根据自己多年的法语学习、教学和生活的经历以及自己对法语的理解,按照"功能表达"和"情景表达"两种不同的表达方法,有意识地选择和设置了多个主题,并围绕相应主题设计了大量的句子,用法语和中文表达出来,无论是在题材的选择和编排,还是主题内容的设置、文字的组织和运用,包括具体语句的翻译等方面,都投入

① (2009)桂民三终字第 48 号。

了大量的智力劳动，形成了具有独创性的汇编作品。根据《中华人民共和国著作权法》第十四条规定："汇编若干作品、作品的片段或者不构成作品的数据或者其他材料，对其内容的选择或者编排体现独创性的作品，为汇编作品，其著作权由汇编人享有。"上诉人黄天源对其编著的作品《法语交际口语手册》享有完整的著作权。

根据《中华人民共和国著作权法》第四十六条第(五)项的规定，剽窃他人作品的，属侵权行为，而剽窃，包括以抄袭方式把别人的作品或语句抄来当作自己的。抄袭可能是对他人作品全部内容的抄袭，也可能是对他人作品部分内容的抄袭。本案中，将被上诉人内蒙古大学出版社出版的《实用法语会话900句》与上诉人黄天源编著的《法语交际口语手册》对比，除了部分主题内容和场景的选择完全一致外，所使用的句子有200句完全相同，在量上占被上诉人出版的作品的近四分之一，不仅法语相同，中文翻译也相同；在相同的句子中，除了一些日常用语的表达外，反映作者精心设计的句子的细节如钱物的数字、球队的名称、比赛的比分、电影和歌星的名字等也完全相同，甚至上诉人作品的错漏与特殊表达也完全一致。因上诉人的作品早于被上诉人的作品公开出版，且抄袭侵权行为的认定，不在于所抄袭的部分是否可构成一个独立的作品，而在于抄袭的部分是否属于他人享有著作权的作品中的内容。因此，《实用法语会话900句》抄袭的内容中虽然既有日常用语的一般表达，也有作者精心设计的主题和句子，但都是属于黄天源享有著作权的《法语交际口语手册》的部分内容，可以认定被上诉人内蒙古大学出版社出版的《实用法语会话900句》对上诉人黄天源编著的《法语交际口语手册》的部分内容进行了抄袭。

4. 影视作品

电影、电视、录像作品统称为影视作品。电影作品和以类似摄制电影的方法创作的作品是一种非常特别的作品。拍电影是一个比较复杂的、系统的智力创作过程，需要大量的资金和组织拍摄的制片人，需要编剧、导演、摄影、演员、特技设计、美工、灯光、布景等许多人员的参与。拍电影投资巨大，如电影《阿凡达》的制作成本高达几亿美元，同时，编剧、导演、摄影等作者付出了大量的创造性劳动，电影的发行、放映也会带来巨大的商业利益，但也有巨大的商业风险。因此，为了鼓励制作方投资电影产业并获取回报，我国法律规定，影视作品的著作权由制片方享有，但编剧、导演、摄影、作词、作曲等付出劳动的人员享有署名权，并有权按照与制片者签订的合同获得报酬。影视作品中剧本、音乐等可以单独使用的作品的作者有权单独行使其著作权。《著作权法》(送审稿2017年版)拟将该类作品统称为"视听作品"。

5. 职务作品

职务作品是指国家机关、社会团体、公司、事业单位的工作人员或者借调人员和临时招聘人员，为完成该单位的工作任务所创作的作品。如公司广告宣传部门撰写的宣传稿件,学校教师为教学编写的教材,科学研究人员为本单位研究课题所写的论文,记者为本报社撰写的稿件等均为职务作品。职务作品包括以下要件:(1)创作作品须是法人或者其他组织依其单位的性质所提出的工作任务。如软件公司的员工写了一本小说,即使是在本单位内完成,也不属于职务作品;(2)职务作品的作者与单位之间存在劳动关系。这里的劳动关系,可以是暂时的,也可以是长期的。(3)是作者自己的意志创作,而不是依照单位的意志创作。如果在单位的主持下、按照单位的意志进行创作就是法人或者其他组织的作品,不属于职务作品。

根据我国《著作权法》的规定,职务作品的著作权一般归作者享有,但作者所在的法人或者其他组织在其业务范围内有权优先使用职务作品。在作品完成的两年内,作者可以经单位同意由第三人以与单位使用的相同方式使用。但是,符合以下三种情况的职务作品,作者享有署名权,著作权的其他权利由法人或者其他组织享有,法人或者其他组织可以给予作者奖励:(1)主要利用法人或者其他组织的物质技术条件创作,并由法人或者其他组织承担责任的工程设计图、产品设计图、地图、计算机软件等职务作品;(2)法律、行政法规规定著作权由法人或者其他组织享有的职务作品;(3)由作者与其所在单位以合同约定著作权由法人或者其他组织享有的职务作品。之所以这样规定,是由于在实践中,工程设计图、产品设计图、地图、计算机软件等职务作品的创作仅靠一两个人的努力是很难完成的,需要由法人或者其他组织提供物质技术条件,而创作出的作品的有关责任,也需要由法人或者其他组织向社会负责。在这种情况下创作的职务作品,其著作权主要由法人或者其他组织享有,作者仅享有署名权,同时法人或者其他组织可以对作者的创作给予奖励。这里所讲的物质技术条件,是指为创作专门提供的资金、设备或者资料。《著作权法》(送审稿 2017 年版)拟增加"报社、期刊社、广播电台、电视台的工作人员创作的职务作品"作为另一种受法律保护的职务作品。

6. 委托作品

受人委托创作的作品为委托作品。受委托创作的作品,其著作权的归属首先由委托人和受托人通过合同约定。换言之,在委托创作合同中,委托人和受托人可以约定著作权或者归属于委托人,或者归属于受托人,或者由委托人、受托人共同享有,或者各自享有一部分权利。在合同未明确约定著作权归属或者没有订立合同的情况下,著作权属于受托人。例如，一对新婚夫妇在 AAA 摄影棚拍了婚纱照片，双方可以约定照片的著作权归该夫妇享有，也可以约定归摄影棚享有，双方没有约定的，其著作权属于摄影棚，但摄影棚在行使该照片的著作权时，不得侵害该夫妇的肖像权。

7. 美术作品

美术作品指绘画、书法、雕塑等以线条、色彩或者其他方式构成的有审美意义的平面或者立体的造型艺术作品。①这类作品的所有权与作品的著作权属于两个概念。作品的所有权，是指承载作品的载体的所有权，其位置的转移，不视为作品著作权的转移。取得作品原件的所有权，不等于就取得了该作品的著作权。例如，某画家将其所创作的一幅国画卖给某人，某人取得了该画的所有权，他有权占有该画，自己欣赏，提供他人欣赏、出卖甚至丢弃、毁掉该画，但是，他对该画没有署名权，没有修改权和保护作品完整权，也不能擅自把该画让人出版。对该画的著作权仍然属于创作该画的画家。《著作权法》(送审稿 2017 年版)拟增加“作者将未发表的美术、摄影作品的原件转让给他人，受让人展览该原件不构成对作者发表权的侵犯”，作为第十九条的第二款。

(六) 著作权的限制

1. 合理使用

合理使用是指在一定情况下使用作品，可以不经著作权人同意，不向其支付报酬。合理使用制度的目的在于限制著作权的无限扩张，保障公众接触先进文学、艺术和科学领域内成果的权利，进而推动社会的进步。我国《著作权法》第 22 条规定了十二种合理使用的情况。

(1) 为个人学习、研究或欣赏使用他人已经发表的作品

符合这项规定须具备两个条件：第一，使用作品的目的不是为了出版、营业性表演，制作发行录音录像带，在电台、电视台播放，展览、摄制电影、电视等；第二，使用的作品是已经发表的作品。这两个条件互为充分条件，缺一不可。

(2) 为介绍、评论某一作品或者说明某一问题，在作品中适当引用他人已经发表的作品

对原作品进行引用，在文字作品中极为常见。比如，书评、影评中不可避免的引用到被评论的作品。我国《著作权法》规定，符合以下条件引

① 《中华人民共和国著作权法实施条例》。

用他人作品,可以不经著作权人许可,不向其支付报酬:第一,引用的目的是为了介绍、评论某一作品或者说明某一问题;第二,引用的作品必须是已经发表的。第三,引用他人的作品,应当指明作者的姓名,作品的名称,并且不得侵犯著作权人依照著作权法享有的其他权利。2006年年初,中国画报出版社出版了《杨家埠年画之旅》。之后,富日公司杨洛书以该书未经许可使用其作品50多幅为由,诉至法院。被告认为,《杨家埠年画之旅》一书中采用部分富日公司的作品,是基于宣传、推广以及研究、评论富日公司以及杨家埠年画的需要,是对富日公司公开发表作品的合理引用,不构成侵权。山东省高级人民法院经审理认为,该书使用涉案作品不属于对某一作品的具体介绍或评价,已超出了著作权法规定的对作品合理使用的范畴。

(3) 为报道时事新闻,在报纸、期刊、广播电台、电视台等媒体中不可避免地再现或者引用已经发表的作品

时事新闻是人们了解国家大事、世界大事的重要途径,为了全面报道发生在国内外的时事新闻,我们的报纸、期刊、广播电台、电视台等媒体不可避免地要使用他人已经发表的作品。我国著作权法规定的条件如下:第一,引用作品的目的是为了报道时事新闻;第二,引用的作品必须是已经发表的;第三,该种引用是为报道时事新闻而不可避免地引用。

(4) 报纸、期刊、广播电台、电视台等媒体刊登或者播放其他报纸、期刊、广播电台、电视台等媒体已经发表的关于政治、经济、宗教问题的时事性文章

一般说来,时事性文章是为了宣传、贯彻党和国家某一时期或者某一重大事件的方针、政策而创作的。这种文章时事性强,政策性强,目的性强。这些文章通常需要以多种不同的宣传渠道,使之更广泛深入地传播。因此,著作权法将报纸、期刊、广播电台、电视台等媒体刊登或者播放其他报纸、期刊、广播电台、电视台等媒体已经发表的时事性文章,纳入了合理使用的范围,可以不经著作权人许可,不向其支付报酬。

(5) 报纸、期刊、广播电台、电视台等媒体刊登或者播放在公众集会上发表的讲话,但作者声明不许刊登、播放的除外

公众集会,是指为一定目的在公共场所(如广场、体育场)举行的集会。在公众集会上发表的讲话本身具有公开宣传的性质,刊登或播放这些讲话,是扩大它的影响和宣传范围,因此,《著作权法》在本条中规定,报纸、期刊、广播电台、电视台等媒体刊登或者播放在公众集会上发表的讲

话，可以不经著作权人许可，不向其支付报酬。但有些时候，作者出于历史、政治或其他原因不愿将其讲话在报纸、期刊、广播电台、电视台等媒体上刊登或者播放，那么，报纸、期刊、广播电台、电视台等媒体就要尊重作者的意愿，不得刊登或播放。

(6) 为学校课堂教学或者科学研究，翻译或者少量复制已经发表的作品，供教学或者科研人员使用，但不得出版发行

学校的课堂教学是一种传授知识的活动；科学研究是在总结、吸取前人经验或者知识的基础上，用科学方法探求事物的本质和规律的活动。这两项活动都离不开对知识的积累和探求。知识本身是人们在改造世界的实践中所积累的认识和经验的总和。学习知识和创造知识离不开对已有作品的利用，限制这种利用，就会阻碍整个民族文化水平的提高，阻碍科学技术的发展。

我国《著作权法》规定为教学或科研目的合理使用应满足的条件如下：第一，使用的目的是为了课堂教学或者科研；河北建工学院未经许可，将宁波成功公司拥有信息网络传播权的电视剧《奋斗》全集在互联网上传播，且放在"视频点播"栏目，使其学生和校外不特定的人点击观看，审理法院认定其行为超出了面授教学的范围，使宁波成功公司行使信息网络传播权所能获得的利益受到损害。因此，河北建工学院涉案传播行为不属于合理使用。①第二，使用的途径包括翻译或者少量复制；第三，使用的作品已经被发表；第四；不得出版发行。

那么，社会上各种培训学校或培训班使用含有著作权的作品是否属于为了课堂教学的合理使用呢？新东方学校是一个营利的民办培训机构，在培训 GRE 考试的过程中，使用了由 ETS 主持开发设计的 GRE 试题，在 ETS 对新东方的诉讼审理中，法院认为新东方学校成立的目的与是否侵犯 ETS 著作权并无必然联系，其未经著作权人 ETS 许可，以商业经营为目的，以公开销售的方式复制发行了 GRE 试题，其使用作品的方式已超出了课堂教学合理使用的范围，其相关行为已侵犯了 ETS 的著作权。②

(7) 国家机关为执行公务在合理范围内使用已经发表的作品

我国的国家机关包括立法机关、行政机关、审判机关、法律监督机关

---

① (2009)冀民三终字第 50 号。

② 北京市海淀区私立新东方学校与(美国)教育考试服务中心侵犯著作权和商标专用权纠纷上诉案，(2003)高民终字第 1392 号。

和军事机关。国家机关使用他人作品的情况很多,例如,立法机关为制定法律,复印或者摘编某些法学论文。审判机关、法律监督机关为办案需要复制与案件有关的文字作品、摄影作品等。行政机关为行政管理的需要复制政治、经济、文化、教育、科学技术等方面的资料。军事机关为演习、作战复制地图等等。国家机关使用他人已发表的作品是为了研究问题,制定政策,实施管理,即是为了执行公务,可以不经著作权人许可,不向其支付报酬。

案例四:《芒种》杂志社编辑与桐乡市监察局的法律纠纷①

《芒种》杂志社编辑原昌撰写了《忠诚卫士:一腔热血写忠诚——记辽宁省沈阳市新城子区委副书记、纪委书记王健英》(以下简称《忠诚卫士》)一文,2006 年 10 月 26 日左右,桐乡市监察局在其举办的桐乡廉政网上刊登了该文。原昌遂于 2008 年 12 月 26 日以桐乡市监察局侵犯其著作权为由,向原审法院提起诉讼,法院认为,我国《著作权法》规定的国家机关执行公务时是否构成合理使用有严格的条件限制,国家机关使用的作品不仅应当是已经发表的作品,使用的目的是为执行公务,而且使用的必要程度、方式、范围、所使用部分的数量和内容等均应合理。桐乡市监察局作为桐乡市政府行使监察职能的机关,虽然根据相关规定,负有宣传反腐倡廉的工作任务,但其使用原昌的涉案作品,并非完成该项任务所必需;同时,从使用方式和范围来看,其系通过互联网传播涉案作品,互联网的开放性使该作品能为不特定公众获得,传播范围十分广泛;此外,从所使用部分的数量和内容来看,桐乡市监察局使用了《忠诚卫士》一文的全部内容,而非对少量、非实质性内容的摘编引用。故本院认为,桐乡市监察局在其主办的网站上使用涉案作品的行为不属于合理使用。

(8) 图书馆、档案馆、纪念馆、博物馆、美术馆等为陈列或者保存版本的需要,复制本馆收藏的作品

图书馆、档案馆、纪念馆、博物馆、美术馆复制作品的情况很多,比如,图书馆复印、影印某些图书;档案馆将某些历史资料用缩微技术制成胶片存留;纪念馆将某人的手稿、日记摄制成照片展览;博物馆将某些历史照片翻拍后陈列;美术馆水印绘画作品等等。图书馆、档案馆、纪念馆、博物馆、美术馆复制他人作品,符合以下两个条件,属于合理使用:第一,复制他人作品的目的是为了陈列或者保存作品。图书馆、档案馆、纪念馆、博物馆、美术馆收藏着现代乃至古代各式作品,这些作品中,有的因年代久远已陈旧、破损,有的是绝版图书或仅有一份真迹。人类文明的发展要求我们很好地保存历代优秀的、有意义的作品。因此,著作权法将为保存或

① (2009)浙知终字第 118 号。

者陈列版本需要复制他人作品纳入合理使用范围。第二,复制的作品必须是本馆收藏的,不能允许其他馆复制本馆所收藏的作品,也不能去复制其他馆所收藏的作品。

(9) 免费表演已经发表的作品,该表演未向公众收取费用,也未向表演者支付报酬

免费表演,指非营业性的演出。比如,学校、企业等为庆祝"五一"国际劳动节、党的生日等组织本校学生、教师或者企业职工进行的演出。免费演出主要是为了丰富和活跃基层的文化生活,表演者并没有因此获得收入,因此,免费表演他人已经发表的作品可以不经著作权人许可,不向其支付报酬。免费表演已经发表的作品,构成合理使用必须符合如下条件:第一,免费演出的作品必须是已经发表的,如果作品没有发表,即使演出是免费的,也要经著作权人许可。第二,免费向公众表演时,应当尊重著作权人的其他权利,应当指明作者的姓名,作品的名称,并且不得任意修改、歪曲、篡改作品。第三,免费表演应当是既不能向公众(听众或观众)收取费用,也不能向表演者支付报酬。如果由组织演出的单位付费给表演者费用,该演出虽然没有售票,但也不是免费表演。

需要指出的是,这里的"免费表演"不包括某些文艺团体和演员为赞助大型体育比赛,为扶助残疾人等所进行的义务演出。因为义务演出要向公众收费,这些费用,既包括演员的演出费,也包括作品的使用费。义务演出只不过是演员把自己应得的演出费奉献给有关单位或个人,义演收入中还要拿出一部分向作者付酬,如经作者同意,也可奉献给有关单位或个人。

(10) 对设置或者陈列在室外公共场所的艺术作品进行临摹、绘画、摄影、录像

设置或者陈列在室外公共场所的艺术作品主要指设置在广场、街道、路口、公园、旅游风景点及建筑物上的绘画、雕塑、书法等。比如,人民英雄纪念碑的碑刻及四周的浮雕;北京工人体育场四周的人物雕像;音乐学院教学楼墙体上的壁画。不经著作权人许可,不向其付酬而使用设置或者陈列在室外公共场所的艺术作品,受两方面限制,第一,艺术作品必须设置或者陈列在室外公共场所。第二,使用作品的方式只限于临摹、绘画、摄影、录像,而不能用直接接触的方式使用这些艺术作品,比如不能拓印。需要注意的是,最高人民法院曾指出,"对设置或者陈列在室外社会公众活动处所的雕塑、绘画、书法等艺术作品的临摹、绘画、摄影、录像人,

可以对其成果以合理的方式和范围再行使用,不构成侵权。在此,对于'合理的方式和范围',应包括以营利为目的的'再行使用',这是制定该司法解释的本意。"①

(11) 将中国公民、法人或者其他组织已经发表的以汉语言文字创作的作品翻译成少数民族语言文字作品在国内出版发行

我国是个多民族的国家,除汉族外,还有50多个少数民族。为了促进少数民族科学文化的发展,可以将汉族文字作品翻译成任何一种少数民族文字作品,而可以不征得著作权人许可,不向其支付报酬。但著作权法对这种翻译作了以下限制:第一,翻译的汉族文字作品必须是已经发表的,翻译尚未发表的作品需经著作权人许可。第二,翻译的汉族文字作品必须是中国公民、法人或者其他组织创作的。第三,将汉语言文字创作的作品翻译成少数民族语言文字作品的出版发行范围仅限于中华人民共和国领域内,不能将汉族文字作品译成少数民族文字作品后,拿到国外传播。如要向国外出版发行,应取得著作权人的许可,并向其支付报酬。

(12) 将已经发表的作品改成盲文出版

盲人是残疾人,只能凭借触摸阅读。帮助残疾人,使他们减少负担,努力学习科学文化知识,是广大作者的心愿。因此,《著作权法》规定将已经发表的作品改成盲文出版可以不经著作权人许可,不向其支付报酬,但应当指明作者姓名、作品名称,并且不得任意修改或者歪曲、篡改作品。

《著作权法》不仅规定了著作权人的权利受到以上十二方面的限制,同时规定出版者、表演者、录音录像制作者、广播电台、电视台的权利也适用上述有关限制。即本条第二款规定的:前款规定适用于对出版者、表演者、录音录像制作者、广播电台、电视台的权利的限制。

2. 法定许可

法定许可,指根据著作权法的规定,以特定方式使用作品,可以不经著作权人的许可,但应向其支付报酬。法定许可与合理使用一样,都是由法律明确规定的。法定许可与合理使用的区别主要在于法定许可需支付报酬,而合理使用不需支付报酬,而且法定许可与合理使用的使用方式不同。与合理使用一样,法定许可使用应说明作者姓名、作品名称和出处,并且应尊重作者享有的其他权利。根据《著作权法》的规定,法定许可包括以下情况:

① (2004)民三他字第5号。

第一，为实施九年制义务教育和国家教育规划而编写出版教科书，除作者事先声明不许使用的外，可以不经著作权人许可，在教科书中汇编已经发表的作品片段或者短小的文字作品、音乐作品或者单幅的美术作品、摄影作品。这是对作品复制权的一种限制，被称为“教科书汇编法定许可”。《著作权法》（送审稿 2017 年版）拟将该条第一款修改为：“为实施国家义务教育编写出版教科书，可以不经著作权人许可，在教科书中汇编已经发表的作品片段或者短小的文字作品、音乐作品或者单幅的美术作品、摄影作品、图形作品，但应当按照规定支付报酬，指明作者姓名、作品名称、并且不得侵犯著作权人依照本法享有的其他权利。”第二，作品在报纸、杂志上刊登后，除著作权人声明不得转载、摘编的外，其他报刊可以转载或者作为文摘资料刊登。这是对著作权人的复制权的一种限制，被称为“报刊转载、摘编法定许可”。第三，录音制作者使用他人已经合法录制为录音制品的音乐作品制作录音制品，除著作权人声明不许使用的外，可以不经著作权人许可。这是对音乐作品著作权人的录制权的限制，被称为“制作录音制品法定许可”。第四，广播电台、电视台播放他人已发表的作品，可以不经著作权人许可。这是对播放权的限制，被称为“播放作品法定许可”。第五，广播电台、电视台播放已经出版的录音制品，可以不经著作权人许可。这也是对著作权人的播放权的限制，可以称为“播放录音制品法定许可”。

除了前述《著作权法》明文规定的法定许可外，根据《最高人民法院关于审理涉及计算机网络著作权纠纷案件适用法律若干问题的解释》第 3 条的规定，已在报刊上刊登或者网络上传播的作品，除著作权人声明或者上载该作品的网络服务提供者受著作权人的委托声明不得转载、摘编的以外，网站予以转载、摘编并按有关规定支付报酬、注明出处的，不构成侵权。因此，这可称为“网站转载、摘编法定许可”。

以上法定许可，除了第一种以外，其他几种都是作品的传播者（出版者、表演者、录音录像制作者、广播电台、电视台）对著作权的限制。

应当注意，法定许可仅仅是对著作权人的财产权的限制，对于著作权人的人身权，不能进行限制。因此，出版者、表演者、录音录像制作者、广播电台、电视台等依照著作权法的规定不经著作权人许可而使用其作品的，不得侵犯作者的署名权、修改权、保护作品完整权和获得报酬的权利。

案例五:丁晓春诉南通市教育局、江苏美术出版社侵犯著作权纠纷案①

原告丁晓春诉称:1999年2月7日,本人在街头为妻儿拍摄了一张选购红灯笼的生活照。该幅照片以"街上红灯闹"为题,发表于1999年2月12日的《南通日报》"周末特刊"上。后本人在翻阅由被告南通市教育局组织编写和摄影、由被告江苏美术出版社于2000年1月出版、2002年1月第三次印刷发行的《南通美术乡土教材(小学高年级版)》(以下简称《乡土教材》)时,发现该书使用了本人拍摄的上述照片。两被告未征得本人同意,即在其编辑、出版发行的图书中使用本人享有著作权的作品,且未支付报酬,已构成对本人著作权的侵犯。请求法院判令两被告停止侵害,在南通市级报刊上公开赔礼道歉,赔偿损失2万元,并承担本案诉讼费用。

法院经审理认为:(1)"街上红灯闹"照片的著作权归属于原告丁晓春。根据《著作权法》第十一条第三款的规定,由法人或者其他组织主持,代表法人或者其他组织意志创作,并由法人或者其他组织承担责任的作品,法人或者其他组织视为作者。而"街上红灯闹"这幅摄影作品系由丁晓春在假日期间利用自己的摄影器材拍摄完成,该创作行为并不代表法人或者其他组织的意志。因此,该作品的作者是丁晓春个人。(2)被告江苏美术出版社在其出版的《乡土教材》中使用原告丁晓春拍摄的"街上红灯闹"摄影作品,不属于《著作权法》第二十三条规定的法定许可使用的情形。法院认为,《著作权法》第二十三条第一款规定:"为实施九年制义务教育和国家教育规划而编写出版教科书,除作者事先声明不许使用的外,可以不经著作权人许可,在教科书中汇编已经发表的作品片段或者短小的文字作品、音乐作品或者单幅的美术作品、摄影作品,但应当按照规定支付报酬,指明作者姓名、作品名称,并且不得侵犯著作权人依照本法享有的其他权利。"本案中原告丁晓春创作的"街上红灯闹"照片属单幅摄影作品,原告对该摄影作品事先没有声明不许使用。因此,判定江苏美术出版社将该作品使用于《乡土教材》的行为是否属于《著作权法》第二十三条第一款规定的法定许可使用的情形,关键在于判断《乡土教材》是否属于为实施九年制义务教育和国家教育规划而编写出版的教科书。

我国《著作权法》第二十三条第一款关于法定许可使用的规定,旨在平衡著作权保护与公共利益需要,但该规定仅是对著作权的一种适度限制,适用该规定的教科书也并非泛指中小学使用的所有教材。根据《中华人民共和国义务教育法》的规定,义务教育的教学制度、教学内容、课程设置和教科书审定,应当由国务院教育主管部门确定。国家教委在《全国中

① 最高法公报2006年第9期。

小学教材审定委员会章程》中规定，教科书的编写必须经中央或省级教育行政部门批准，经学科审查委员会通过，并报送审定委员会批准后，由国家教育委员会列入全国普通中小学教学用书目录。因此，《著作权法》第二十三条第一款规定的教科书，应当界定为经省级以上教育行政部门批准编写、经国家专门设立的学科审查委员会通过，并报送审定委员会批准后，由国家教育委员会列入全国普通中小学教学用书目录的中小学课堂正式用书。在被告江苏美术出版社出版发行《乡土教材》前，该教材的编写者未按规定向江苏省教育厅补办编写地方性教材的立项申请核准手续，该教材也未经江苏省中小学教材审定委员会审查，更未经江苏省教育厅批准并列入南通市辖区范围内的《中小学教学用书目录》。因此，该教材不属于《著作权法》第二十三条第一款规定的教科书，江苏美术出版社关于在该教材中使用原告丁晓春的摄影作品"街上红灯闹"属于法定许可使用的答辩理由亦不能成立。

（七）邻接权

本节开篇已经说明，邻接权是作品在传播过程中产生的权利。我国《著作权法》将之称为"与著作权有关的权益"，分别规定了出版者、表演者、录音录像制作者和广播电视组织对其出版活动、表演活动、录音录像制品和广播电视节目享有的权利。

1. 出版者权

出版者对其出版的图书、期刊的版式设计享有 10 年的专有使用权，截止于使用该版式设计的图书、期刊首次出版后第十年的 12 月 31 日。

案例六：《汽车杂志》与《中国汽车画报》纠纷

《汽车杂志》(以下简称《汽》)由杂志社于 1980 年起出版，《中国汽车画报》(以下简称《中》)由中国汽车画报社编辑出版，其主办单位系中国汽车工业经济技术信息研究所(以下简称研究所)。德润中心与德润公司是两个不同的独立法人，前者已于 2003 年 5 月办理了注销手续。杂志社曾委托德润中心为其设计刊标及杂志风格。杂志社认为研究所未经杂志社许可，在其出版的 2002 年第 9 期《中》在刊标等版式设计上抄袭了杂志社出版的《汽》，侵犯了杂志社在《汽》上拥有的版式设计专用权。①

法院认为：其一，刊标应为美术作品。依照《中华人民共和国著作权法》第三条第一款第(四)项之规定，美术作品是指绘画、书法、雕刻等以线条、色彩或其他方式构成的有审美意义的平面或者立体的造型艺术作品。杂志社主张的刊标为矩形红底白字

① 中国汽车工业经济技术信息研究所与汽车杂志社侵犯版式设计专有使用权纠纷上诉案，〔2006〕川民终字第 330 号。

“汽车杂志”及“AUTOMAGAZINE”组成。该刊标系由用笔等工具及颜料等物质材料在纸等平面上,通过造型、构图、色彩等表现手段,创造可视的形象的绘画作品。因《汽》的刊标系由德润中心受杂志社委托设计完成的,双方未对刊标的著作权归属进行约定,依照《中华人民共和国著作权法》第十七条关于“受委托创作的作品,著作权的归属由委托人和受托人通过合同约定。合同未作明确约定或者没有订立合同的,著作权属于受托人”之规定,刊标的著作权应由德润中心依法享有。德润公司从德润中心受让了杂志社委托德润中心创作的“刊标”后对其进行了改动形成了涉案刊标,在未与杂志社约定著作权归属的情况下,德润公司对该“刊标”享有著作权。故研究所在《中》第9期上使用刊标的行为,并未构成对杂志社的侵权。杂志社主张刊标应包含在版式设计中的主张不能成立。

其二,杂志社主张的封面应为版式设计。杂志社主张的封面包括期刊号字体、条形码的位置、内文在封面的提示的字体、字号,封面车辆与背景的安排与布局、封面页眉与页脚的设计等,上述主张均是针对封面的排版格式及版面布局造型的设计,封面车辆应系单独的摄影作品,但杂志社并未对此主张著作权,而是针对该摄影作品的安排与布局主张版式设计专用权。

本案的审理围绕杂志社的主张而展开,杂志社主张系封面的排版格式及布局,而非以线条、色彩或其他方法构成的艺术作品封面,体现出版者在排版格式上的编排,均应属于版式设计,故杂志社主张的除刊标外的其余内容均属于版式设计的范畴。期刊的版式设计一旦形成,则具有相对的稳定性,其设计元素是相对固定的,杂志社所主张的内容并非指其设计风格,而是其一直使用的版式设计,故研究所称杂志社主张的系设计风格并非法律所保护内容的主张不能成立。

根据《中华人民共和国著作权法》三十五条规定,出版者有权许可或者禁止他人使用其出版的图书、期刊的版式设计。依据上述法律规定,版式设计专用权的权利主体为出版者。法律对版式设计专用权仅指明由出版者享有,故出版者进行了期刊的出版活动,则依法享有对所出版期刊版式设计的专用权,且此专用权表现为“有权许可或者禁止他人使用其版式设计”,故《汽》的版式设计专用权应由杂志社享有。关于德润中心、德润公司是否享有版式设计专用权的问题,首先版式设计专用权法律规定只有出版者享有,不能根据《中华人民共和国著作权法》第十七条关于委托作品的规定确定其归属;其次德润中心、德润公司与杂志社签订的合同未特别约定所设计的《汽》的版式设计专用权的归属,故研究所称德润中心作为设计者应享有《汽》的版式设计著作权的主张不能成立。

2. 表演者权

表演者权利包括精神权利和财产权利。精神权利即:其表演享有表明表演者身份和保护表演形象不受歪曲两项权利,且没有期限限制。财产权利是表演者有权许可他人从现场直播和公开传送其现场表演,并获得报酬;许可他人录音录像,并获得报酬;许可他人复制、发行录有其表演的录音录像制品，并获得报酬；许可他人通过信息网络向公众传播其表演，并获得报酬等权利；财产权利的期限为50年，自表演发生之日起算。

案例七：摇太阳文化艺术公司侵权案

耿某是应摇太阳文化艺术公司邀请作为主持人，为摇太阳文化艺术公司制作的《健康伴你行》栏目录制节目。在《2002我们一同走过》《预防艾滋病从我做起》《居室扫雷》《(医疗事故处理条例)实施百日谈》每一集节目开始时，耿某首先作自我介绍："观众朋友们，大家好，欢迎收看《健康伴你行》节目，我是子涵。"在《居室扫雷》《(医疗事故处理条例)实施百日谈》中，耿某还特别声明《健康伴你行》是旅游卫视的节目。以上节目在播出时，未显示主持人信息，也未向耿某支付报酬。耿某起诉摇太阳文化艺术公司侵犯其表演权，署名权，广播权，保护作品完整权和获得报酬权。

北京市高级人民法院审理①后认为，以类似摄制电影的方法创作的作品应当是以类似摄制电影的方法制作，通常是在编剧的基础上，经过导演、演员、摄影、剪辑、服装、灯光、特技、合成等独创性活动产生的。耿某的节目是对景象、形象、声音进行机械录制产生的，它只是忠实地录制现存的音像，并不具有创作的成分，没有体现出制作者应有的创造性劳动，不构成著作权法保护的作品。

耿某作为节目的主持人，其作为表演者的相关权利受法律保护，表演者对其表演享有表明表演者身份的权利。表明表演者身份的目的在于使表演者与其表演之间建立起联系，使他人知悉实施表演行为的表演者的身份。因此，只要以他人能够得知的适当形式让他人知悉实施表演的表演者为谁即达到了表明表演者身份的要求。在摇太阳文化艺术公司制作的涉案每一集节目开头，耿某对自己身份向听众、观众所作的介绍，是一种表明其主持人身份的形式。因此，应认为摇太阳文化艺术公司已经以适当形式表明了耿某的身份，耿某的表明表演者身份的权利已得到实现。

表演者依法享有许可他人对其表演录音录像，并获得报酬的权利。摇太阳文化艺术公司应向耿某支付其作为表演者参与录制节目应获得的报酬。

《著作权法》(送审稿2017年版)拟在第三十八条第五款增加表演者的"出租权"，即(五)许可他人复制、发行、出租录有其表演的录音录像制品，并获得报酬。同时增加一条作为第三十九条规定演员的职务表演即演员为完成本演出单位的演出任务进行的表演为职务表演，其权利归属由当事人约定。当事人没有约定，或者约定不明的，职务表演的权利由演出单位享有，演员享有表明身份的权利。职务表演的权利由演员享有的，演出单位可以在其业务范围内免费使用该表演。同时删除第三十七条第二款关于适用演绎作品创作作品需要取得双重许可的规定。因为都统一

① 耿某诉北京摇太阳文化艺术传播有限公司等侵犯著作邻接权纠纷案，北京市高级人民法院〔2004〕高民终字第153号。

规定在了演绎作品下面。

3. 录音录像制品制作者权

录音录像制作者对其制作的录音录像制品,享有许可他人复制、发行、出租、通过信息网络向公众传播并获得报酬的权利。送审稿删除了本条第二款关于适用演绎作品创作作品需要取得双重许可的规定。因为都统一规定在了演绎作品下面。

4. 广播电视组织权

广播电台、电视台有权禁止未经其许可的下列行为:将其播放的广播、电视转播;将其播放的广播、电视录制在音像载体上以及复制音像载体。《著作权法》(送审稿 2017 年版)拟在该条增加第三款:"(三)将其播放的广播、电视通过有线或者无线方式向公众提供,使公众可以在其个人选定的时间和地点获得。"

(八) 著作权的保护

著作权法明确列举了侵犯著作权或者邻接权的侵权行为,规定了行为人承担民事责任、行政责任、刑事责任的具体情形。同时《著作权法》(送审稿 2017 年版)拟增加"不得故意避开或者破坏技术措施的规定"、"可以避开技术措施的五种情形"、以及"不得故意删除或者改变权利管理信息的规定",拟增加的这些规定正是 TRIPs 协议要求的内容。

1. 侵权行为

(1) 只承担民事责任的侵权行为

任何侵犯著作权或者邻接权的行为,首先是民事侵权行为,行为人应当承担民事责任。对于某些侵犯著作权和邻接权的行为,由于其往往损害了社会公共利益,所以,除了应当承担民事责任外,还应当承担行政违法责任(以下简称行政责任)。某些侵权行为情节严重构成犯罪的,还应当承担刑事责任。根据《著作权法》第 47 条的规定:有下列侵权行为的,应当根据情况,承担停止侵害、消除影响、赔礼道歉、赔偿损失等民事责任:(一)未经著作权人许可,发表其作品的;(二)未经合作作者许可,将与他人合作创作的作品当作自己单独创作的作品发表的;(三)没有参加创作,为谋取个人名利,在他人作品上署名的;(四)歪曲、篡改他人作品的;(五)剽窃他人作品的;(六)未经著作权人许可,以展览、摄制电影和以类似摄制电影的方法使用作品,或者以改编、翻译、注释等方式使用作品的,本法另有规定的除外;(七)使用他人作品,应当支付报酬而未支付的;(八)未经电影作品和以类似摄制电影的方法创作的作品、计算机软件、录音录像制品的著作权人或者与著作权有关的权利人许可，出租其作品或者录音录像制品的，本法另有规定的除外；（九）未经出版者许可，使用其出版的图书、期刊的版式设计的；（十）未经表演者许可，从现场直播或者公开传送其现场表演，或者录制其表演的；（十一）其他侵犯著作权以及与著作权有关的权益的行为。

（2）不仅应当承担民事责任，而且还可能承担行政责任和刑事责任的侵权行为

根据《著作权法》第48条的规定：有下列侵权行为的，应当根据情况，承担停止侵害、消除影响、赔礼道歉、赔偿损失等民事责任；同时损害公共利益的，可以由著作权行政管理部门责令停止侵权行为，没收违法所得，没收、销毁侵权复制品，并可处以罚款；情节严重的，著作权行政管理部门还可以没收主要用于制作侵权复制品的材料、工具、设备等；构成犯罪的，依法追究刑事责任。根据《著作权法实施条例》（2013年修订）第37条规定：有《著作权法》第四十八条所列侵权行为，同时损害社会公共利益，非法经营额5万元以上的，著作权行政管理部门可处非法经营额1倍以上5倍以下的罚款；没有非法经营额或者非法经营额5万元以下的，著作权行政管理部门根据情节轻重，可处25万元以下的罚款。（一）未经著作权人许可，复制、发行、表演、放映、广播、汇编、通过信息网络向公众传播其作品的，简称"非法复制、发行、表演、放映、广播、汇编、通过信息网络传播他人作品"；（二）出版他人享有专有出版权的图书的；（三）未经表演者许可，复制、发行录有其表演的录音录像制品，或者通过信息网络向公众传播其表演的，简称"非法复制、发行、通过信息网络传播他人的表演"；（四）未经录音录像制作者许可，复制、发行、通过信息网络向公众传播其制作的录音录像制品的，简称"非法复制、发行、通过信息网络传播他人的录音录像制品"；（五）未经许可，播放或者复制广播、电视的；（六）未经著作权人或者与著作权有关的权利人许可，故意避开或者破坏权利人为其作品、录音录像制品等采取的保护著作权或者与著作权有关的权利的技术措施的，简称"非法避开或者破坏技术措施"；（七）未经著作权人或者与著作权有关的权利人许可，故意删除或者改变作品、录音录像制品等的权利管理电子信息的，简称"非法删除或者改变权利管理电子信息"；（八）制作、出售假冒他人署名的作品的。但是以上行为属于法律规定可以不经权利人许可的除外。

应当注意的是，以上行为首先是民事侵权行为，应当承担民事责任。

如果同时损害社会公共利益,才需要承担行政责任。换句话说,即使存在上述行为,但如果没有损害社会公共利益,就不需要承担行政责任。此外,根据《最高人民法院关于审理著作权民事纠纷案件适用法律若干问题的解释》第21条的规定,计算机软件用户未经许可或者超过许可范围商业使用计算机软件的,依据《著作权法》第47条第(一)项、《计算机软件保护条例》第24条第(一)项的规定承担民事责任。

2. 行政保护

我国著作权的行政保护体系是依据《著作权法》第47条建立。第47条授权著作权行政管理部门对损害公共利益的著作权侵权行为进行行政处罚,构成犯罪的,移交追究刑事责任。以此为基础,国家版权局颁布了《著作权行政处罚实施办法》①,对行政保护的具体内容加以规范。

著作权行政执法的对象是损害公共利益的著作权侵权行为。"损害社会公共利益",是指侵权行为损害了不特定多数人的利益。是否损害社会公共利益的判断具有较大的主观性。具体标准目前还没有定论,因此,法律规定,权利人即使不知道侵权行为是否损害公共利益,也可以向著作权行政管理部门投诉,由著作权行政管理部门审查裁量。侵权行为,就是侵犯了著作权及邻接权的行为,其表现形式各异,也难以概论。但基本上在上述我国《著作权法》第47条规定的行为范围内。

具有著作权行政执法权的国家机关是国家版权局、各地人民政府享有著作权行政执法权的有关部门即各地版权局以及法律规定的有关部门。国家版权局查处在全国有重大影响的侵权行为和认为应当由其查处的其他违法行为。地方著作权行政管理部门负责查处本辖区发生的违法行为。②

权利人也可以主动向侵权行为实施地、侵权结果发生地(包括侵权复制品储藏地、依法查封扣押地、侵权网站服务器所在地、侵权网站主办人住所地或者主要经营场所地)的版权局投诉。如香港国际影业有限公司向湖北省版权局投诉湖北省大型商业零售企业销售侵权玩具,不但得到了湖北省版权局的重视,并且由国家版权局对案件的处理作出

① 《著作权行政处罚实施办法》经2009年4月21日国家版权局第1次局务会议通过,自2009年6月15日起施行。

② 《中华人民共和国著作权法实施条例》第36条、第37条;著作权行政处罚实施办法第2条、第6条。

了具体指导。①实践中，我国著作权行政执法包括日常执法和专项执法。日常执法由版权局委托城管部门进行，专项执法是在国务院知识产权工作小组的要求下，由多个部门，包括版权、城管和公安联合执法，进行全面扫查，重点清理的整治活动。

按照法律规定，著作权行政管理部门可以采取的处罚措施有：责令停止侵权行为，没收违法所得，没收、销毁侵权复制品，并可处以罚款；情节严重的，著作权行政管理部门还可以没收主要用于制作侵权复制品的材料、工具、设备等；对于可能构成犯罪的，依法移交司法机关处理。

3. 司法保护

著作权的司法保护是指著作权人针对侵权行为提起诉讼，通过法院判决获得赔偿的保护途径。司法保护中涉及的主要问题有两个：诉讼的管辖和侵权行为的认定。

根据我国法律规定，著作权侵权纠纷案件，由侵权行为的实施地、侵权复制品储藏地或者查封扣押地、被告住所地人民法院管辖。侵权复制品储藏地，是指大量或者经常性储存、隐匿侵权复制品所在地；查封扣押地，是指海关、版权、工商等行政机关依法查封、扣押侵权复制品所在地。其中，著作权侵权纠纷案件，对涉及不同侵权行为实施地的多个被告提起的共同诉讼，原告可以选择其中一个被告的侵权行为实施地人民法院管辖；仅对其中某一被告提起的诉讼，该被告侵权行为实施地的人民法院有管辖权。

涉及计算机网络著作权的侵权纠纷案件由侵权行为地或者被告住所地人民法院管辖。侵权行为地包括实施被诉侵权行为的网络服务器、计算机终端等设备所在地。对难以确定侵权行为地和被告住所地的，发现侵权内容的计算机终端等设备所在地可以视为侵权行为地。

案例八：涉及快播公司著作权行政处罚案②

腾讯公司从权利人处获得涉案 24 部作品信息网络传播权的独家许可之后，又将其中 13 部作品的信息网络传播权以直接分销或版权等值置换等方式非独家许可第三方使用。根据腾讯公司提交的合同显示，该 13 部作品的分销或者置换价格总计为人民币 8 671.6 万元。2014 年 3 月 18 日，腾讯公司向深圳市市场监督管理局（简称市场

① 国家版权局关于对商业零售企业涉嫌销售侵权玩具的处理意见（国权办〔2003〕2 号）。

② 最高法院发布 2018 年知识产权典型案例。

监管局)投诉称,快播公司侵害了其享有的涉案作品信息网络传播权,请求予以查处。市场监管局向深圳市盐田公证处申请证据保全公证。公证书显示,在手机上登录快播客户端搜索涉案24部影视作品,每一部影视作品首选链接均为"腾讯视频",点击"腾讯视频"旁的下拉选项,均有其他链接(多数伪造成乐视网、优酷、电影网等知名视频网站);点击其他链接播放具体集数,视频显示的播放地址均是一些不知名的、未依法办理备案登记的网站。2014年6月26日,市场监管局作出深市监稽罚字〔2014〕123号《行政处罚决定书》,决定:一、责令立即停止侵权行为;二、处以非法经营额3倍的罚款26 014.8万元人民币。快播公司申请行政复议,广东省版权局于2014年9月11日作出《行政复议决定书》,维持市场监管局的行政处罚决定。快播公司起诉至深圳市中级人民法院,请求判令撤销《行政处罚决定书》。深圳市中级人民法院驳回快播公司的诉讼请求,广东省高级人民法院维持一审判决。

典型意义:本案社会关注度高。腾讯公司、快播公司均为互联网领域受众较多的企业,案件涉及的处罚金额亦高达2.601 48亿元,受到社会各界的高度关注。案件的法律适用不仅涉及知识产权民事、行政以及破产等多部门法的交织,程序及实体问题繁杂,还涉及著作权民事侵权行为是否同时损害公共利益、如何认定互联网企业存在非法获利以及非法经营额的计算等法律问题的适用。该案的判决起到了惩处侵权、净化版权市场的良好社会效果,对于促进依法行政与加强知识产权保护、规范互联网市场的竞争秩序均有积极的导向作用。

(九) 计算机软件的著作权保护

1. 计算机软件的著作权保护概述

计算机软件是计算机程序及其文档的总称。根据《著作权法》第3条的规定,计算机软件属于作品,受著作权法的保护。但计算机软件著作权的保护不包括对开发软件所用的思想、处理过程、操作方法或者数学概念的保护。

我国计算机软件著作权保护的法律主要是著作权法和国务院颁布的《计算机软件保护条例》。《计算机软件保护条例》与著作权法是特别法与普通法的关系。当软件保护条例的规定与著作权法的规定不一致的时候,条例的规定具有优先效力。但是,对于条例没有涉及的问题,仍然适用著作权法的规定。

计算机程序,是指为了得到某种结果而可以由计算机等具有信息处理能力的装置执行的代码化指令序列,或者可以被自动转换成代码化指令序列的符号化指令序列或者符号化语句序列。同一计算机程序的源程序和目标程序为同一作品。计算机文档,是指用来描述程序的内容、组成、设计、功能规格、开发情况、测试结果及使用方法的文字资料和图表等，如程序设计说明书、流程图、用户手册等。①这些内容既可以通过著作权保护，也可以通过商业秘密保护。在此仅讨论计算机著作权的保护。

2. 计算机软件受著作权法保护的条件

计算机软件作为著作权的一种保护客体，其同样要具有作为一般客体应当具有的独创性和合法性，并且根据计算机软件保护条例的规定，计算机软件必须具有“固定性”，即必须已固定在某种有形物上，才能受到著作权法的保护。之所以如此要求，一是因为固定后才便于证明软件的存在及其归属，二是因为固定后才可能被他人所利用。

3. 软件著作权人的权利

软件著作权人的权利，是指软件著作权人享有的具体权利。著作权包括原始权利和派生权利两类。所谓原始权利，是指依照著作权法对作品直接享有的权利，如复制权、发行权等等；所谓派生权利是指从原始权利中派生的对原始权利进行处分的权利，如转让权、许可权、质押权等。应当注意的是，对于普通的作品，发表权、修改权作为人身权的内容，是不能转让或者继承的。但是，对于软件著作权，发表权、修改权可以转让或者继承。

4. 侵犯软件著作权的行为及责任适用

(1) 仅承担民事责任的侵权行为

根据《计算机软件保护条例》第二十三条规定：除《中华人民共和国著作权法》或者本条例另有规定外，有下列侵权行为的，应当根据情况，承担停止侵害、消除影响、赔礼道歉、赔偿损失等民事责任：(一)未经软件著作权人许可，发表或者登记其软件的；(二)将他人软件作为自己的软件发表或者登记的；(三)未经合作者许可，将与他人合作开发的软件作为自己单独完成的软件发表或者登记的；(四)在他人软件上署名或者更改他人软件上的署名的；(五)未经软件著作权人许可，修改、翻译其软件的；(六)其他侵犯软件著作权的行为。

(2) 不仅应当承担民事责任，而且还可能承担行政责任和刑事责任的侵权行为

根据《计算机软件保护条例》，未经软件著作权人许可实施的侵犯软件著作权的行为共五种：(一)复制或者部分复制著作权人的软件。新科

---

① 《计算机软件保护条例》第3条。

技公司是多点收费软件的著作权人,其原职工江志浩等离职后到金科创公司工作,后新科技公司起诉金科创公司侵犯其计算机软件著作权,销售了含有新科技公司拥有著作权的多点收费软件。法院经查实,发现金科创公司销售的软件的源程序中有4个自定义函数、1个窗体模块、12个菜单项、1个工程文件、3个资源文件等与多点收费软件完全相同或相似,且这种完全相同或相似应可避免,据此判定金科创公司构成计算机软件著作权侵权行为。①(二)向公众发行、出租、通过信息网络传播著作权人的软件。自从P2P软件出现后,通过信息网络传播著作权人软件的行为在互联网上已经是司空见惯,处处皆是,如通过迅雷、电驴、BT等点对点软件将各种计算机软件共享,供他人免费下载。(三)故意避开或者破坏著作权人为保护其软件著作权而采取的技术措施。此规定主要限制的是针对受保护的软件著作权实施的恶意技术规避行为。著作权人为输出的数据设定特定文件格式,并对该文件格式采取加密措施,限制其他品牌的机器读取以该文件格式保存的数据,从而保证捆绑自己计算机软件的机器的市场竞争优势的行为,不属于上述规定所指的著作权人为保护其软件著作权而采取技术措施的行为。精雕公司拥有精雕CNC雕刻系统的著作权,该系统由三大部分组成,即精雕雕刻CAD/CAM软件(JDPaint软件)、精雕数控系统、机械本体三大部分。该系统的使用通过两台计算机完成,一台是加工编程计算机,另一台是数控控制计算机。两台计算机运行两个不同的程序需要相互交换数据,即JDPaint软件通过加工编程计算机运行生成Eng格式的数据文件,再由运行于数控控制计算机上的控制软件接收该数据文件,将其变成加工指令。精雕公司对JDPaint软件享有著作权,该软件不公开对外销售,只配备在富日公司自主生产的数控雕刻机上使用。2006年初,精雕发现奈凯公司在开发的NC-1000雕铣机数控系统全面支持精雕各种版本的Eng文件。奈凯公司的上述数控系统中的Ncstudio软件能够读取JDPaint软件输出的Eng格式数据文件。那么,奈凯公司的行为是否属于破坏精雕公司为保护软件著作权而采取的技术措施呢?法院认为,精雕公司对JDPaint输出文件采用Eng格式,旨在限定JDPaint软件只能在“精雕CNC雕刻系统”中使用,其根本目的和真实意图在于建立和巩固上诉人JDPaint软件与其雕刻机床之间的捆

---

① 厦门新科技软件股份有限公司诉厦门金科创软件工程有限公司等软件著作权侵权案,厦门市中级人民法院(2002)厦知初字第6号。

绑关系。这种行为不属于为保护软件著作权而采取的技术保护措施。如果将对软件著作权的保护扩展到与软件捆绑在一起的产品上,必然超出我国著作权法对计算机软件著作权的保护范围。对恶意规避技术措施的法律限制旨在保护软件著作权,而不能作为滥用该权利者垄断市场和损害社会公共利益的工具。因此,奈凯公司的行为并不属于故意避开和破坏著作权人为保护软件著作权而采取的技术措施的行为。①(四)故意删除或者改变软件权利管理电子信息。(五)转让或者许可他人行使著作权人的软件著作权的。

对于以上五种侵犯软件著作权的行为,首先是民事侵权行为,行为人应当承担民事责任。对于某些侵犯著作权的行为,其行为本身对著作权人的经济利益影响较大,往往同时损害了社会公共利益,所以,除了应当承担民事责任外,还应当承担行政责任。情节严重构成犯罪的,还应当承担刑事责任。应当注意的是,《著作权法》第 46 条和第 47 条都没有明确将转让或者许可他人行使著作权人的著作权的行为规定为侵权行为,但软件条例却明确将转让或者许可他人行使著作权人的著作权的行为规定为侵权行为。

此外,根据《最高人民法院关于审理著作权民事纠纷案件适用法律若干问题的解释》第 21 条规定,计算机软件用户未经许可或者超过许可范围商业使用计算机软件的,也属于侵权行为。

四、专利法律制度

(一) 专利和专利法

1. 专利的概念

"专利"一词是专利权的简称,专利权是国家专利主管机关授予专利权人在一定期限内使用其发明创造的专有权利。所谓"专有",顾名思义就是专属一人所有,"发明创造"就是指工业领域内的创新技术。无论谁需要使用专利保护的发明创造,都需要获得专利权人的许可,支付一定的费用。比如,我们每个人的生活中都会用到 U 盘,U 盘体积小,材料成本低,为什么就动辄百十元呢?因为其中包括了专利许可费。创业板上市公司朗科科技(300042.SZ)49%的毛利就是来自专利授权收入,东芝、金

① 北京精雕科技有限公司诉上海奈凯电子科技有限公司著作权侵权纠纷案,最高人民法院公报案例。

士顿等品牌的U盘都需要向其缴纳专利许可费用,2009年朗科的专利许可费收入2 777.68万元,利润率为99.85%。①

专利权的特征是专利权本身的主要特点,本书认为有三点:(1)独占性。独占性称作专有性。它表现在两个方面:针对同一发明创造,只授予一次专利权。就是说,两人同时拥有了一种发明,并提出了申请,其中只有一人能获得专利权;只有专利权人对其发明创造所享有使用权利,其他任何人未经许可不得使用;(2)地域性。一国授予的专利权仅在一国领土范围内有效,不受到其他国家的保护。就算是我国国家知识产权局授予的专利,仅经过一定的延伸程序,可以在我国澳门地区获得保护;②如果要在香港地区获得保护,则需按照香港《专利条例》的规定申请注册;③(3)时间性。专利权仅存在于一定的期限内。一旦期限届满或者因出现法律规定的提前终止事由而被公告终止,专利权人对其发明创造享有的专有权即行消灭,该项发明创造即成为社会公共财产,任何人均可无偿利用。如我国专利法规定的发明专利权的期限为20年,自申请日起计算,保护期限一过,专有权即消灭。

2. 专利法律制度的功能

我国《专利法》第1条规定:"为了保护专利权人的合法权益,鼓励发明创造,推动发明创造的应用,提高创新能力,促进科学技术进步和经济社会发展,制定本法。"据此,专利制度是国家通过专利来保护发明创造,鼓励发明创造,促进技术发展的法律制度。同著作权制度一样,专利制度的宗旨在于促进技术进步,推动社会发展。据此,专利制度的功能主要表现在以下两个方面:

(1) 鼓励创新

专利制度从两个方面鼓励创新:一方面是以经济利益吸引,保证专利权人能够就其发明创造享有独占实施权,因发明创造而获得可观的收益,

---

① 见深圳市朗科科技股份有限公司2009年年度报告。

② 有关澳门专利延伸细节,请见澳门经济局网站 http://www.economia.gov.mo/servlet/ShowContent/cms/APG/IP_AP/DSE4005A?locale=zh_CN。

③ 根据《中华人民共和国专利局关于香港回归后中国内地和香港专利申请若干问题的说明》(1997年12月29日)的规定,"向中国专利局提出发明专利申请的申请人,为获得香港标准专利的保护,应当按照香港《专利条例》的有关规定,向香港知识产权署办理标准专利的注册手续……"

从而可以使个人或者单位有效地回收研发成本；另一方面，对于发明创造、科技研发活动给予经济和政策支持，保证这些创新活动不因经费而停滞。如上海市颁布了《上海市专利资助办法》，对于创造活动及专利申请费进行资助。①

(2) 促进技术的推广

没有专利制度，发明创造成果就不能得到法律的保护，任何人都可以使用，这将导致越来越多的技术保密和封锁。如在我国建立专利制度之前，“有的牙膏厂将能够节省原材料的工艺方法保密起来，不向同行介绍；有的企业在广州出口商品交易会上不公开展出自己的新产品，而是将外商领到本厂的库房选购新产品……”②这就势必影响技术的推广应用。在专利制度中，发明创造被授予专利保护的条件之一便是公开其技术内容，使得同一技术领域内的技术人员能够实施。这就使得大量的技术从保密状态被公开，进入已知领域，允许了后续研究的进行。同时，对于专利技术，在专利权人不实施或为了公共利益的情况下，主管机关可以强迫其实施。这更加保障了专利技术的流通，促进了技术的应用。

3. 我国专利法律渊源

我国现行的《专利法》产生于 1984 年，并经过 1992 年、2000 年和 2008 年三次修订，随着形势发展，专利领域出现新的问题以及新的情况(如专利维权存在举证难、成本高、赔偿低、跨区域侵权、网络侵权现象增多、滥用专利权现象时有发生等问题)，为进一步完善专利授权制度，解决实践中存在的问题，2018 年我国拟对其进行第四次修订。这部专利法及其实施细则③及国家知识产权局依据专利法和实施细则制定的专利审查指南是我国专利制度的核心法律。另外，民法总则、合同法及技术进出口条例和对外贸易法也是我国专利制度的重要组成部分。

我国现行的所有规制专利法律关系的法律规范，包括我国加入的国际条约及我国各级立法机关和行政机关颁布的法律法规规章等。主要如下：

---

① 有关资助的详细情况和范围见 http://www.sipa.gov.cn/zscq/node3/node34/userobject1ai3655.html。

② 赵元果:《中国专利法的孕育与诞生》，(知识产权)专利文献出版社 2003 年版，第 34 页。

③ 我国《专利法实施细则》于 2001 年 6 月 15 日公布，2002 年第一次修订；2010 年第二次修订。

表 3.5 我国已生效的国际条约

类 别	对我国已生效的国际条约	
公约名	中国加入时间	生效文本
《专利合作条约实施细则》	2007 年	经过多次修订,生效文本为 2013 年文本
《专利合作条约》	1993 年	1970 年签订经过三次修改,生效文本为 2001 年修订
《欧洲专利公约实施细则》	1981 年	1973 年公布。1981 年为最新修订本
《关于授权欧洲专利的公约》(《欧洲专利公约》)	1978 年	1973 年、1991 年、2000 年三次修订
《国际专利分类斯特拉斯堡协定》	1997 年	1883 年签订,经过多次修订,最新修订本为 1967 年本
《国际承认用于专利程序的微生物保存布达佩斯条约》	1995 年	1977 年签订,1980 年最新修订

类 别	国内法律规范及司法解释
《法律规范及司法解释名称》	生效文本
《中华人民共和国专利法》(2008 年修正)	1984 年通过,1992 年、2000 年、2008 年三次修订,2018 年拟进行第四次修订
《中华人民共和国专利法实施细则》(2010 年修订)	2001 年公布,经过 2002 年、2010 年两次修订
《专利实施强制许可办法》(2012 年)	2012 年公布并实施
《专利优先审查管理办法》(2017 年)	2017 年公布并生效
《专利代理条例》(2018 年)	1991 年发布,2018 年修订,2019 年 3 月 1 日实施
《最高人民法院关于审理侵犯专利权纠纷案件应用法律若干问题的解释》(2009)	2009 年通过,2010 年起实施
《最高人民法院关于审理侵犯专利权纠纷案件应用法律若干问题的解释》(二)(2016)	2016 年通过,自 2016 年起实施

（续表）

类　　别	国内法律规范及司法解释
《法律规范及司法解释名称》	生效文本
《最高人民法院关于审理专利纠纷案件适用法律问题的若干规定》(2015 年)	2001 年通过，2013 年、2015 年两次修改
《专利审查指南》(2017 年)	2006 年公布，2010 年、2014 年、2017 年三次修正
《专利行政执法办法》(2015 年修正)	2010 年发布，2015 年修改
《专利权质押登记办法》	2010 年公布并实施

（二）专利的分类

根据发明创造的功能，我国专利法将其分为三种：(1)发明，是指对产品、方法或者其改进所提出的新的技术方案；(2)实用新型，是指对产品的形状、构造或者其结合所提出的适于实用的新的技术方案；(3)外观设计，是指对产品的形状、图案或者其结合以及色彩与形状、图案的结合所作出的富有美感并适于工业应用的新设计。据此分类，我国专利法将专利权分为发明专利权、实用新型专利权和外观设计专利权，发明专利权实行初步审查和实质审查的制度，权利期限为自申请日起 20 年，实用新型和外观设计实行初步审查，权利期限为自申请日起 10 年。值得一提的是，为了适应我国加入关于外观设计保护的《海牙协定》的需要，《中华人民共和国专利法修正案(草案)》(2019)(以下简称《专利法(草案)》)拟将外观设计专利权的保护期限由现行专利法规定的十年延长至十五年。同时建议增加创新药品发明专利期限补偿制度，比如规定："为补偿创新药品上市审评审批时间，对在中国境内与境外同步申请上市的创新药品发明专利，国务院可以决定延长专利权期限，延长期限不超过五年，创新药上市后总有效专利权期限不超过十四年。"需要注意的是，有些国家并没有"实用新型"专利权的概念，如美国专利权分为发明、外观设计和植物专利权。①

根据发明创造涉及的内容，我国专利法又将专利分为国防专利和普通专利。国防专利是涉及国防利益以及对国防建设具有潜在作用需要保

① 见美国专利商标版权联邦法规编，http://www.uspto.gov/web/offices/pac/mpep/consolidated_rules.pdf。

密的发明专利。换言之,所谓“国防专利”只是依法授予专利权人在一定期限内的专有权,而不对其技术内容进行公开。至于绝密级别的发明内容,不能申请专利。英国、法国、德国等国也都实行国防专利制度。①成为“国防专利”需满足三个条件:A.技术内容为发明;B.发明涉及国防利益或具有潜在作用;C.技术内容是保密的,不必公开。国防专利的申请程序、受理审查机构及费用方面与普通专利均有不同。本书不再详细解释,具体内容请参见《国防专利条例》。普通专利即无需保密、国防专利之外的其他专利,本书仅讨论普通专利。

(三) 专利权的主体

任何自然人和单位均可以申请专利。所谓自然人,包括中国人和外国人。所谓单位,实践中包括各国家机关、社会团体、公司、事业单位以及民办非企业单位。但是,没有经常居所或营业场所的外国人或企业在我国申请专利,需委托专利代理机构。

专利属于申请专利的人。那么,如何确定专利申请权人呢?一般情况下,发明人或设计人拥有专利申请权。发明人或设计人是指对发明创造的“实质性特点”作出创造性贡献的人。“实质性特点”是指发明创造的关键技术特征或者设计要点。由此可知,仅提出发明或设计的创意或构思,但未提出具体的技术方案的人,或在发明创造的过程中,只负责后勤工作的人或仅提供物质条件的人不属于发明人或设计人的范畴。

1. 职务发明创造的申请权归于单位

职务发明创造是指“执行本单位的任务或主要利用本单位的物质技术条件所完成的发明创造”②。我国专利法规定,职务发明创造的专利申请权和专利权均属于单位。

什么属于“执行本单位的任务”所完成的发明创造呢?比较明显的有:科研机构的研究人员完成本单位所下达的科研任务所完成的发明创造;企业的工程技术人员在本职工作范围内完成的新产品设计或新的工艺方法等。理解“执行本单位的任务”时需把握两点:(1)发明人和单位之间存在职务关系,而不论是否为长期的劳动关系或其他关系;即使因某一原因而离职的人在离职一年内作出的单位指派工作或本职工作有关的发

① 李泽红、陈云良:《中美国防专利制度的比较》,电子知识产权 2006 年第 6 期第 43 页。

② 《中华人民共和国专利法》第 6 条。

明创造也属于职务发明。①而退休后返聘到原单位工作，也属于存在职务关系的情况；②(2)发明创造所涉及的领域，属于本职工作或单位交付的工作，而无论这些工作是否明确为科研任务。即必须同时具备时间和任务两个条件。

“主要利用本单位的物质技术条件”所完成的发明创造。即利用单位的资金、仪器、设备、原材料等；技术条件，包括单位未公开的技术资料等。此情形下，如果单位与发明人或者设计人订有合同，对申请专利的权利和专利权的归属做出约定，则从其约定。

《专利法(草案)》拟明确单位对职务发明创造的处置权，将在第六条第一款增加规定：“单位对职务发明创造申请专利的权利和专利权可以依法处置，实行产权激励，采取股权、期权、分红等方式，使发明人或者设计人合理分享创新收益，促进相关发明创造的实施和运用。”

虽然职务发明创造的专利申请权和专利权均属于单位，但是发明人或者设计人享有以下权利：(1)署名权。不过发明人或者设计人也可以通过书面声明放弃署名权。(2)获得奖金、报酬的权利。在发明创造专利实施后，单位应根据其推广应用的范围和取得的经济效益，对发明人或者设计人给予合理的报酬。(3)优先受让权。单位专利权人订立专利权转让合同的，职务发明创造的发明人或者设计人享有以同等条件优先受让的权利。

案例九：马凤埠与海阳市金道成机械有限公司专利权权属纠纷上诉案③

马凤埠在离职一年后，向国家知识产权局提出名称为“一种模块式组装炉膛检修平台”的实用新型专利申请，并于2016年11月9日获得专利授权，其原来供职单位金道成公司主张该专利应当属于职务发明创造，故其专利权应当归属于金道成公司所有。一审法院审理认为，本案双方争议的主要焦点问题是涉案专利是否属于职务发明创造。

对此，一审法院认为涉案专利属于职务发明创造。理由如下：一是涉案专利发明创造的时间符合《中华人民共和国专利法》及《中华人民共和国专利法实施细则》关于

① 《中华人民共和国专利法实施细则》第12条第3款。

② 在“中国石化集团上海工程有限公司与高煦专利申请权权属纠纷上诉案”中上海高级人民法院判定，即使是退休后再次返聘到原单位工作的情况下，返聘的人也属于单位的员工，无论是否从事其退休前的本职工作。(2008)沪高民三(知)终字第129号。

③ (2017)鲁06民初11号判决书。

职务发明时间的有关规定。从本案查明的事实看,涉案专利研发起始时间为2014年10月,完成于2016年5月之前。而马凤埠在金道成公司的工作期间为2011年2月至2015年12月,其涉案专利的构思、研发至完成的大部分时间在马凤埠担任金道成公司技术负责人期间,且即使该专利研发完成的时间为马凤埠所称的2016年5月(马凤埠离职后),该完成时间也符合《中华人民共和国专利法实施细则》第十二条第一款第三项规定的"退休、调离原单位后或者劳动、人事关系终止后1年内作出的"规定。二是涉案专利的发明创造与马凤埠的本职工作有关、亦与金道成公司分配的任务有关。作为金道成公司的员工,马凤埠主要负责机械设备的技术研发和质量审核等工作。涉案专利产品作为金道成公司生产经营的产品之一,马凤埠对该产品的技术研发本身就属于本职工作。另外,马凤埠对涉案产品的研发也与其具体执行金道成公司分配的工作任务有关。金道成公司自2015年1月起就对ZLP630高处作业吊篮进行研发立项并明确该项目的负责人为马凤埠,2015年11月和2016年3月,金道成公司将研发成功的ZLP630高处作业吊篮产品向有关第三方企业进行了销售。而涉案专利产品,同样作为一款高空作业的检修平台,与金道成公司已研发生产的其他类型检修平台同属一类产品,无论是产品功能、用途、基本结构都十分相近,其技术方案的来源、设计构思、修改完善、技术经验等必然会受前述已研发产品的重要影响,涉案专利的发明创造与金道成公司制定的开发立项任务密切相关。另外,从金道成公司提供的由马凤埠和潘某共同制作的涉案专利技术图纸看,图纸对产品型号以"ZLP630-130L"命名,图纸上亦明确标明"金道成机械"等字样,也均可以体现和证明该技术方案是马凤埠和潘某为完成金道成公司的工作任务而设计。三是涉案专利的发明创造主要是利用金道成公司的物质条件完成。从庭审查明的事实看,从2015年3月5日至2016年4月27日,金道成公司购买了大量的钢丝绳、制动电机、提升机等设备,为生产涉案专利产品作了准备,并于2015年12月23日、2016年5月11日,在其公司的生产车间对其研制的ZLP630有关产品进行生产试车,其中,2016年5月11日试车的产品与涉案专利技术方案基本一致。结合上述第二点理由中一审法院认定的涉案专利的发明创造与金道成公司制定的开发立项任务密切相关这一事实,可以认定涉案专利的发明创造主要利用了金道成公司的物质技术条件所完成。

综上所述,涉案专利系马凤埠在金道成公司工作期间研发、离职1年内作出的,与其在金道成公司承担的本职工作有关,亦与金道成公司分配的任务有关的发明创造,系职务发明创造,且该发明创造主要利用了金道成公司的物质技术条件所完成。因此,在金道成公司未与发明人马凤埠、潘某对申请专利的权利和专利权的归属做出明确约定的情况下,该职务发明创造申请专利的权利属于金道成公司,金道成公司应为专利权人。判决后,马凤埠不服提起上诉,二审法院认为一审判决认定事实清楚,适用法律正确,应予维持。同时,判决书中指明,根据专利法规定,即使涉案专利被认定为职务发明创造,马凤埠作为发明人依然享有获得奖励及合理报酬的权利。

2. 合作发明的申请权依约定，无约定则属于发明人

合作发明即合作完成的发明创造，是指两个以上的单位或者个人合作完成的发明创造、一个单位或者个人接受其他单位或者个人委托所完成的发明创造。

对于合作发明创造行为，属于双方合意进行的民事行为，首先应根据双方的约定。若无，则根据专利法的规定，申请专利的权利属于完成或者共同完成的单位或者个人；申请被批准后，申请的单位或者个人为专利权人。换言之，合作开发完成的发明创造，可以由各方在合作开发合同中约定其申请专利的权利的归属，如没有约定，由共同完成方享有。

根据《合同法》第 340 条的规定："合作开发的当事人一方转让其共有的申请专利的权利的，其他各方享有以同等条件优先受让的权利；合作开发的当事人一方声明放弃其共有的申请专利的权利的，可以由另一方单独申请或者由其他各方共同申请；申请人取得专利权的，放弃申请专利的权利的一方可以免费实施该专利；合作开发的当事人一方不同意申请专利的，另一方或者其他各方不得申请专利。"

但是，实践中却另有规定，2019 年 7 月 1 日起实施的《人类遗传资源管理条例》规定："人类遗传资源包括人类遗传资源材料和人类遗传资源信息。人类遗传资源材料是指含有人体基因组、基因等遗传物质的器官、组织、细胞等遗传材料。人类遗传资源信息是指利用人类遗传资源材料产生的数据等信息资料。"凡是利用我国人类遗传资源开展国际合作科学研究，产生的成果申请专利的，应当由合作双方共同提出申请，专利权归合作双方共有。研究产生的其他科技成果，其使用权、转让权和利益分享办法由合作双方通过合作协议约定；协议没有约定的，合作双方都有使用的权利，但向第三方转让须经合作双方同意，所获利益按合作双方贡献大小分享。

（四）专利权的授予

我国专利法从两个方面规定了专利权的授予范围：即授予专利权所必需的条件和禁止授予专利权的范围。

1. 授予条件：新颖性、创造性和实用性

根据发明、实用新型和外观设计的功能特点，对发明和实用新型的授予条件统一要求为具有新颖性、创造性和实用性；对外观设计的授予条件要求为不属于现有设计。

现有技术是指申请日以前在国内外为公众所知的技术，包括以专利

和以其他方式为公众所知的技术,但不包括处于保密状态的技术。

新颖性,是指申请专利的发明或者实用新型不属于现有技术;也没有任何单位或者个人就同样的发明或者实用新型在申请日以前向国务院专利行政部门提出过申请,并记载在申请日以后公布的专利申请文件或者公告的专利文件中。

我国国家知识产权局颁布的《专利审查指南》①中规定判断新颖性的主要原则有两个:(一)是否属于同样的发明或者实用新型。发明或者实用新型专利申请与现有技术或者在先申请公布的相关内容相比,如果其技术领域、所要解决的技术问题和技术方案实质上相同、预期效果相同,则认为两者为同样的发明或者实用新型;(二)单独对比原则。将发明或者实用新型专利申请的各项权利要求分别与每一项现有技术或抵触申请中相关的技术内容单独地进行比较,不能将其与几项现有技术或者在先申请中的组合、或者与一份对比文件中的多项技术方案的组合进行对比。

创造性,是指与现有技术相比,该发明具有突出的实质性特点和显著的进步,该实用新型具有实质性特点和进步。突出的实质性特点是指对所属技术领域的技术人员来说,发明是非显而易见的。如果所属技术领域的技术人员在现有的基础上仅仅通过逻辑的推理、分析或实验可得,则不属于具有突出的实质性特点。显著的进步是指发明实现了新的功能或修正了现有技术的缺陷。

实用性,是指该发明或者实用新型能够制造或者使用,并且能够产生积极效果。换言之,实用性就是指发明创造必须是能够在产业中应用的,能够解决技术问题。不具备实用性的情况如:发明不能被重复实施,违背了自然规律,如永动机,利用了独一无二的自然条件的产品或是明显脱离社会需求。《专利审查指南》中要求对实用性的审查要早于新颖性和创造性。

实践中,一般要将申请的文件与现有技术进行对比,然后根据《专利审查指南》规定的审查细则确定是否具备。这时,由于这三个性质均有一定的含义,可以被阐释,能否授权还需取决于专利申请人和专利审查员之间的沟通。一般,如果审查员认为发明的某一项特征不具备这三个要素之一,会给出意见,这时,需要申请人或代理人积极回应,作出相应修改或

---

① 《专利审查指南》(2010年版),知识产权出版社,第153页。

阐明自己的理由。

授予外观设计专利权的条件是应当不属于现有设计；也没有任何单位或者个人就同样的外观设计在申请日以前向国务院专利行政部门提出过申请，并记载在申请日以后公告的专利文件中。授予专利权的外观设计与现有设计或者现有设计特征的组合相比，应当具有明显区别。授予专利权的外观设计不得与他人在申请日以前已经取得的合法权利相冲突，这里所称的在先取得的合法权利包括：商标权、著作权、企业名称权、肖像权、知名商品特有包装或者装潢使用权等。如A在外滩拍了一张东方明珠的照片发表在网上，B将这种照片合成制作了一个含有该图片的杯子并申请外观设计，在这种情况下，B的外观设计作品上含有A的著作权，因此是不能被授予外观设计专利的。

案例十："陆风越野车"外观设计专利权无效行政纠纷案①

涉案专利系名称为"越野车(陆风E32车型)"、专利号为201330528226.5的外观设计专利，专利权人是江铃控股有限公司(简称江铃公司)。针对涉案专利，捷豹路虎有限公司(简称路虎公司)、杰拉德·加布里埃尔·麦戈文(简称麦戈文)以涉案专利不符合2008年修正的《中华人民共和国专利法》(简称2008年《专利法》)第二十三条第一款、第二款为由分别提出无效宣告请求。国家知识产权局专利复审委员会(简称专利复审委员会)认为，涉案专利与对比设计在整体视觉效果上没有明显区别，涉案专利不符合2008年《专利法》第二十三条第二款的规定，遂以第29146号无效宣告请求审查决定，宣告涉案专利权全部无效。江铃公司不服，提起行政诉讼。北京知识产权法院一审认为，涉案专利与对比设计在前车灯、进气格栅、细长进气口、雾灯、贯通槽、辅助进气口、倒U形护板、后车灯、装饰板、车牌区域及棱边等部位存在不同的设计特征，其组合后形成的视觉差异对SUV类型汽车的整体外观产生了显著的影响，足以使一般消费者将涉案专利与对比设计的整体视觉效果相区分。相比于相同点，上述不同点对于涉案专利与对比设计的整体视觉效果更具有显著影响，故涉案专利与对比设计具有明显区别。据此，判决撤销被诉决定，并判令专利复审委员会重新作出无效宣告请求审查决定。专利复审委员会、路虎公司和麦戈文均不服一审判决，提起上诉。北京市高级人民法院二审认为，从整体上观察，涉案专利与对比设计在车身前面和后面形成的视觉效果差异在整体视觉效果中所占的权重要明显低于两者之间相同点所产生的趋同性视觉效果的权重。涉案专利与对比设计相比，二者之间的差异未达到"具有明显区别"的程度，涉案专利不符合2008年《专利法》第二十三条第二款规定的授权条件，应当予以宣告无效。判决撤销一审判决，并驳回江铃公司的诉讼请求。

---

①　最高人民法院发布的2018年中国法院十大知识产权案件。

2. 不授予专利权的范围

(1) 违反国家法律、社会公德或者妨害公共利益的发明创造不授予专利权

发明创造的目的违反国家法律,或者发明创造的制造、销售和使用是国家法律明文禁止的。例如,用于赌博的设备、机器或工具。那么,我国刑法明令禁止贩卖毒品,那么"一种用于制造麻醉品的方法"是否属于这种情况呢?像麻醉品这种本身没有违反国家法律,但是可能被滥用而违反国家法律的,则不属此列。同样的还有镇静剂、兴奋剂和以娱乐为目的的棋牌等。发明创造违反社会公德就是违反公众普遍认为是正当的并且接受的伦理道德观念。例如克隆人的方法。违反公共利益是指发明创造严重污染环境、破坏生态平衡、致人伤残或者造成其他危害。例如,一种能使盗窃者进入室内时立即死亡的攻击锁具,由于这种发明带来的负面效应大于其正面效应,所以不能授予专利。

如果不按正常的方法使用发明创造,因而违反了国家法律、社会公德或者妨害公共利益的,只要其发明创造目的本身并没有违反国家法律、社会公德或者妨害公共利益,就可以授予专利权。例如,很多电子游戏机本是一种娱乐工具,有的人却将其用于赌博,不能因此拒绝给予专利保护。

(2) 对违反法律、行政法规的规定获取或者利用遗传资源,并依赖该遗传资源完成的发明创造,不授予专利权

遗传资源是具有实际或者潜在价值的遗传材料。自然界生存的几百万种生物种,各有其遗传特性,保存、开发、利用这些遗传特性,使生物得以繁衍、发展,可以为人类提供食物和食物源,为医疗保健提供药用生物及生物生存环境资源,为工业提供原料,故应当重视并积极保护遗传资源。根据《生物多样性公约》规定,遗传资源的利用应当遵循国家主权、知情同意、惠益分享的原则。同时,专利制度应有助于实现保护遗传资源的目标。目前,一些国家已经通过专利法律制度保护遗传资源。我国是遗传资源大国,为防止非法窃取我国遗传资源进行技术开发并申请专利,《专利法》第三次修订时在第 26 条第 5 款增加规定:依赖遗传资源完成的发明创造,申请人应当在专利申请文件中说明该遗传资源的直接来源和原始来源;无法说明原始来源的,应当陈述理由。并在第五条增加第 2 款明确规定:"对违反法律、行政法规的规定获取或者利用遗传资源,并依赖

该遗传资源完成的发明创造，不授予专利权。”①所以这类发明创造的本身不一定违反法律、行政法规，之所以不授予专利权，是因为其所依赖的遗传资源在获取或者利用过程中违反了我国关于遗传资源管理、保护的法律、行政法规。②

(3) 科学发现不授予专利权

科学发现对自然界中已经客观存在的未知物质、现象、变化过程及其特性和规律的发现和认识。这些发明和认识的本身并不是一种技术方案，不是专利法意义上所说的发明创造，不能直接实施用以解决一定领域内的特定技术问题，因而不能被授予专利权。比如，居里夫人发现了镭，发现的过程不受专利保护。

(4) 智力活动的规则和方法不授予专利权

智力活动的规则和方法是人的思维运动，是一种抽象的东西，不具备技术特征，因而不能被授予专利权。比如，交通规则、乘法口诀、扑克牌的玩法等都不能获得专利。虽然智力活动的规则和方法本身不能被授予专利权，但进行智力活动的设备、装置或者根据智力活动的规则和方法而设计制造的仪器、用具等，都可以获得专利保护。

(5) 疾病的诊断和治疗方法不授予专利权

疾病的诊断方法，是指为识别、研究和确定有生命的人体或动物病因或病灶状态的全过程。疾病的治疗方法，是指为使有生命的人体或动物恢复或获得健康，进行阻断、缓解或消除病因或病灶的过程。这些方法和公众的生存权密切相连，如果授予专利保护，势必将影响这些方法的传播，损害公众的公共健康权利。也就违背了专利法的初衷。因此，不能获得专利保护。

(6) 动物和植物品种不授予专利权

动物和植物品种，是指以生物学方法培养出来的动植物新品种。动物和植物是有生命的物体，是自然生成的，是大自然的产物，不是人们创造出来的，不能以工业方法生产出来，因而不具备专利法意义上的创造性和使用性，故不能授予专利权。但是，对于动物和植物品种，可以通过专利法以外的其他法律保护。如我国颁布了《中华人民共和国植物新品种

---

① 《知识产权法(实用版法规专辑)》(第五版)，中国法制出版社 2018 年版，第 81 页。

② 杨巧：《知识产权法学》，中国政法大学出版社 2012 年版，第 160 页。

保护条例》,对植物新品种的定义及品种权的内容和归属等问题作了规定,对符合该条例的植物新品种予以保护。对于动物和植物品种的生产方法,可以授予专利权。这里所讲的“生产方法”,是指人工培育的方法。这类方法由于有技术成分的介入,并对最终达到的目的或效果起了主要的控制作用或者决定性的作用,因而可以被授予专利权。对于微生物和微生物方法可以获得专利保护。

(7) 用原子核变换方法获得的物质不授予专利权

这类指利用加速器、反应堆以及其他核反应装置,通过核裂变、核聚变等方法获得的元素或化合物。由于用原子核变换方法获得的物质关系到国家的经济、国防、科研和公共生活的重大利益,关系国家安全,不宜公开,各国大多对此类物质不授予专利权。《专利法(草案)》拟将“原子核变换方法”本身也作为不授予专利权的情形之一。

(8) 对平面印刷品的图案、色彩或者二者的结合作出的主要起标识作用的设计,不授予专利权

此规定是《专利法》在第三次修订时增加的,不予授予专利权的主要原因是这些平面设计的主要作用是“标识”即从同类产品中区分出来,而非使得产品的外观更加美观,同时如果赋予这些设计专利权,则与我国的商标权、著作权的区分功能重叠,容易导致法律适用上的混淆,所以最好不授予专利权。

(五) 专利权的申请

要获得专利权,专利权申请人必须向国家知识产权局提出申请,接受审查,履行各种行政手续和程序。

1. 专利申请的原则

根据我国专利法的规定,我国专利申请的原则主要有:

(1) 申请在先原则。对于同一发明创造专利权的授予实行先申请先得的原则。例如:甲于2008年5月3日发明,于2008年5月6日向国家知识产权局提交了“关于电弧焊机的制造方法”的专利申请,而乙于2008年4月3日发明,于2008年5月7日提交了同一发明的专利申请;尽管乙发明在先,但就这一发明的专利权,将授予先申请者——甲。2008年修订《著作权法》时在第九条中增加一款,作为第一款,规定:“同样的发明创造只能授予一项专利权。但是,同一申请人同日对同样的发明创造既申请实用新型专利又申请发明专利,先获得的实用新型专利权尚未终止,且申请人声明放弃该实用新型专利权的,可以授予发明专利

权。”将第三十一条第二款修改为:“一件外观设计专利申请应当限于一项外观设计。同一产品两项以上的相似外观设计,或者用于同一类别并且成套出售或者使用的产品的两项以上外观设计,可以作为一件申请提出。”

(2) 优先权原则。我国专利法规定了两种优先权:国际优先权和国内优先权。所谓国际优先权即根据我国加入的条约或互惠原则,申请人自发明或者实用新型在外国第一次提出专利申请之日起十二个月内,或者自外观设计在外国第一次提出专利申请之日起六个月内,又在我国就相同主题提出专利申请的,申请日为其在我国第一次提出申请的日期;国内优先权即申请人自发明或者实用新型在我国第一次提出专利申请之日起十二个月内,又向国务院专利行政部门就相同主题提出专利申请的,申请日为其第一次提出申请的日期。《专利法(草案)》拟新设外观设计专利申请国内优先权制度,拟将第二十九条第二款修改为:“申请人自发明或者实用新型在中国第一次提出专利申请之日起十二个月内,或者自外观设计在中国第一次提出专利申请之日起六个月内,又向国务院专利行政部门就相同主题提出专利申请的,可以享有优先权。”申请人要求优先权的,应当在申请的时候提出书面声明,并且在三个月内提交第一次提出的专利申请文件的副本;未提出书面声明或者逾期未提交专利申请文件副本的,视为未要求优先权。《专利法(草案)》拟优化要求优先权程序,放宽专利申请人提交第一次专利申请文件副本的时限,拟将发明、实用新型时限延长至十六个月,外观设计是三个月的时限。

(3) 审查授权。与著作权不同,发明创造不是一旦完成就享有专利权,而是需要向国家知识产权局提出申请,接受审查,审查合格后方可获得授权;同商标注册审查相比,专利审查要严格得多,程序也比较复杂。

(4) 保密审查。我国《专利法》第 20 条根据我国的公共利益需求,规定凡在中国完成的发明或者实用新型向外国申请专利的,应当事先报经国务院专利行政部门进行保密审查,无论申请主体为中国人或外国人,也无论是国际申请或单一申请。并且,对于未经保密审查而向外国申请专利的发明或者实用新型,在中国申请专利的,不授予专利权。国务院专利行政部门及其专利复审委员会应当按照客观、公正、准确、及时的要求,依法处理有关专利的申请和请求。国务院专利行政部门应当完整、准确、及时发布专利信息,定期出版专利公报。在专利申请公布或者公告前,国务院专利行政部门的工作人员及有关人员对其内容负有保密责任。

2. 专利申请文件

为了便于审查和授权,国家知识产权局要求专利申请人提交一定的文件。提交的文件包括两方面,一方面是证明专利申请人资格及办理专利申请手续的单位的资质的,如授权委托书等;另一方面是表述专利申请内容的,我国国家知识产权局规定,申请发明专利的,需要提交:发明专利请求书、摘要、摘要附图(适用时)、说明书、权利要求书、说明书附图(适用时);申请实用新型专利的,应提交实用新型专利请求书、摘要、摘要附图(适用时)、说明书、权利要求书、说明书附图;申请外观设计专利的,应提交外观设计专利请求书、图片或者照片(要求保护色彩的,应当提交彩色图片或者照片)以及对该外观设计的简要说明。①

由于专利权的保护范围往往取决于授予专利权的范围,因此,撰写专利申请说明书、权利请求书要求具备较高的技术知识和专利知识,一般均由专利代理机构代为撰写。

3. 专利的申请流程

专利权的授予实行申请审查制度,即由专利申请权人提出申请,由国家专利主管部门依据《专利法》《专利法实施细则》和《专利审查指南》进行审查,符合条件的授予专利权。实践中,自专利申请权人提出申请之日,到专利授权之日,耗费时间短则 24 个月左右,长则三至五年。依据《专利法》,发明专利申请的审批程序包括受理、初审、公布、实审以及授权五个阶段。实用新型或者外观设计专利申请在审批中不进行早期公布和实质审查,只有受理、初审和授权三个阶段。

(1) 发明专利申请的审查

我国对发明专利申请实行两步审查制度:初步审查和实质审查。

初步审查在于审查当事人是否按照国家专利局的要求提交了各种申请材料和书式,以及其内容是否有明显的错误,具体有:(一)申请人提交的文件是否符合法律的要求,如请求书、说明书、摘要和权利要求书是否均提交,是否提交了附图,是否提交了要求的身份证明文件及优先权文件等;(二)申请文件的撰写是否符合法律要求,专利权利要求书及说明书撰写是否符合法律要求的文字表达方式、文书格式和用词规范,是否存在明显错误等。例如,权利要求书中描写每一权利要求应使用一句话表述等。

① 有关各文件的书式,请见国家知识产权局网站,http://www.sipo.gov.cn/sipo2008/zlsqzn/sqq/sqwjzb/200804/t20080410_372677.html。

实质审查在于审查发明创造是否属于可授予专利权的范围，发明是否符合新颖性、创造性和实用性等专利权授予的实质条件的要求。

国家专利局受理申请后进行初步审查，符合要求的，自专利申请日期满 18 个月即行公告，公告期满进行实质审查，通过后授予专利权。

(2) 实用新型或者外观设计专利申请的审查

我国实用新型或者外观设计专利申请的审查只进行初步审查，通过后即授予实用新型或者外观设计专利权，同时予以登记和公告。初步审查的内容和发明专利初步审查的内容相似，主要是对申请书格式及明显性错误的审查。

(六) 专利复审和无效宣告

如果专利申请人对国家专利局作出的驳回专利申请决定不服，怎么办呢？如果第三人认为已授予的专利权存在瑕疵，怎么办呢？如何保证对驳回专利申请或授予专利权行为的监督呢？我国为此建立了两个制度：专利复审和无效宣告。

国家专利局设立专利复审委员会，专门对专利局决定不服的案件复审，并受理请求宣告专利无效案件的审理工作。

专利申请人对专利局驳回申请的决定不服的，可以自收到通知之日起三个月内，向专利复审委员会请求复审。专利复审委员会复审后，作出决定，并通知专利申请人。专利申请人对专利复审委员会的复审决定不服的，可以自收到通知之日起三个月内向人民法院提起行政起诉。

专利无效宣告是指专利复审委员会宣告专利无效，宣告无效的专利权自始不存在。自专利授权公告之日，任何人认为专利权的授予不符合专利法规定，均可请求专利复审委员会对专利权进行审查，宣告其无效。对专利复审委员会宣告专利权无效或者维持专利权的决定不服的，可以自收到通知之日起三个月内向人民法院提起行政诉讼。

(七) 专利权的内容和限制

1. 专利权的内容

根据我国专利法规定，专利权是专利权人依法在一定期限内利用自己专利的权利。具体而言，包括以下权利：

(1) 独占实施权，这是指专利权人独占实施其专利的权利，禁止其他人实施的权利。对于产品专利而言，专利权人实施的方式包括制造、使用、销售、许诺销售和进口专利产品。许诺销售，指的是明确表示出售的意愿，许诺在未来进行出售；对于方法专利而言，专利权人实施的方式包括使用专利方法,使用、销售、许诺销售和进口依照该专利方法制造的产品。对于外观设计专利权人而言,独占实施的方式包括制造、许诺销售、销售、进口外观设计专利产品。外观设计专利权人的许诺销售权是2008年修订《专利法》时增加的,修法之前,我国《专利法》仅规定发明、实用新型专利权人的许诺销售权,赋予外观设计专利权人许诺销售权,对于保护外观设计专利起到了重要的作用。但是,应当注意到,我国外观设计专利权不包含使用权。

(2) 转让权,是指专利权人有权将其获得的专利所有权转让给他人的权利。转让专利权的,当事人应当订立书面合同,并向国务院专利行政部门登记,由国务院专利行政部门予以公告。专利权的转让自登记之日起生效。中国单位或者个人向外国人、外国企业或者外国其他组织转让专利申请权或者专利权的,应当依照有关法律、行政法规的规定办理手续。

(3) 许可实施权,指专利权人通过实施许可合同的方式,许可他人实施其专利并收取专利使用费的权利。专利实施许可包括三种方式:第一,独占实施许可,是指让与人在约定许可实施专利的范围内,将该专利仅许可一个受让人实施,让与人依约定不得实施该专利;第二,排他实施许可,是指让与人在约定许可实施专利的范围内,将该专利仅许可一个受让人实施,但让与人依约定可以自行实施该专利;第三,普通实施许可,是指让与人在约定许可实施专利的范围内许可他人实施该专利,并且可以自行实施该专利。当事人对专利实施许可方式没有约定的或者约定不明确的,认定为普通实施许可。同时著作权法规定转让共有专利权的,应当取得全体共有人的同意。即《专利法》第15条规定:"专利申请权或者专利权的共有人对权利的行使有约定的,从其约定。没有约定的,共有人可以单独实施或者以普通许可方式许可他人实施该专利;许可他人实施该专利的,收取的使用费应当在共有人之间分配。除前款规定的情形外,行使共有的专利申请权或者专利权应当取得全体共有人的同意。"

我国《专利法(草案)》拟新设专利开放许可制度,增加规定:"专利权人以书面方式向国务院专利行政部门声明愿意许可任何人实施其专利,并明确许可使用费支付方式、标准的,由国务院专利行政部门予以公告,实行开放许可;任何人有意愿实施开放许可的专利的,以书面方式通知专利权人,并依照公告的方式、标准支付许可使用费后,即获得专利实施许可。"

(4) 标记权,即专利权人有权自行决定是否在其专利产品或者该产品的包装上标明专利标记和专利号。在我国,标明专利时常常使用“中国专利”“中国发明专利”“中国外观设计专利”“ZL”等字样。

(5) 请求保护权,是指专利权人认为其专利权受到侵犯时,有权向人民法院起诉或请求专利管理部门处理以保护其专利权的权利。保护专利权是专利制度的核心,他人未经专利权人许可而实施其专利,侵犯专利权并引起纠纷的,专利权人可以直接向人民法院起诉,也可以请求管理专利工作的部门处理。

(6) 放弃权,专利权人可以在专利权保护期限届满前的任何时候,以书面形式声明或以不缴纳年费的方式自动放弃其专利权。《专利法》第 44 条规定:“第四十四条　有下列情形之一的,专利权在期限届满前终止:(一)没有按照规定缴纳年费的;(二)专利权人以书面声明放弃其专利权的。专利权在期限届满前终止的,由国务院专利行政部门登记和公告。”

2. 专利权的限制

专利权的限制,是指法律为了协调专利权人与社会公众之间就利用专利技术的关系,对某些未经专利权人许可而实施其专利的行为不作为侵权行为的规定。对专利权限制的终极目的是要维护国家和社会的整体利益,维护技术市场秩序,促进科学技术进步。我国法律对专利权的限制主要有以下三类:

(1) 不视为侵犯专利权的实施专利行为

这些行为有:①专利产品或者依照专利方法直接获得的产品,由专利权人或者经其许可的单位、个人售出后,使用、许诺销售、销售、进口该产品的;该项规定在法理上被称为专利权用尽;②在专利申请日前已经制造相同产品、使用相同方法或者已经作好制造、使用的必要准备,并且仅在原有范围内继续制造、使用的;该项是关于在先使用的规定;③临时通过中国领陆、领海、领空的外国运输工具,依照其所属国同中国签订的协议或者共同参加的国际条约,或者依照互惠原则,为运输工具自身需要而在其装置和设备中使用有关专利的;这是关于外国交通工具临时过境的规定;④专为科学研究和实验而使用有关专利的;⑤为提供行政审批所需要的信息,制造、使用、进口专利药品或者专利医疗器械的,以及专门为其制造、进口专利药品或者专利医疗器械的。

(2) 国家指定实施专利的行为

指定实施是指国家主管机关,可以不经专利权人同意,直接指定单位实施专利的行为。我国《专利法》第14条规定:“国有企业事业单位的发明专利,对国家利益或者公共利益具有重大意义的,国务院有关主管部门和省、自治区、直辖市人民政府报经国务院批准,可以决定在批准的范围内推广应用,允许指定的单位实施,由实施单位按照国家规定向专利权人支付使用费。”须注意的是,指定实施的对象只能是发明专利,且对国家利益和公共利益具有重大意义。这是因为,一般而言,发明专利对经济、社会的发展的意义在三种专利权中最大,只有它才有可能对国家利益和公共利益产生重大影响。

(3) 专利的强制许可制度

强制实施许可,也称为非自愿许可,是国家专利行政部门根据具体情况,不经专利权人的同意,授权他人实施发明或者实用新型专利的一种法律制度。专利强制许可的特征主要有以下几点:①该制度只适用于发明或者实用新型专利;②无论是单位还是个人,只要具备条件都可以申请强制许可;③是否实施强制许可,要由国家专利行政部门作出决定;④强制许可的实施应当是主要为了供应国内市场;⑤国务院专利行政部门作出的给予实施强制许可的决定,应当及时通知专利权人,并予以登记和公告;⑥给予实施强制许可的决定,应当规定实施的范围和时间;⑦取得实施强制许可的单位或者个人不享有独占的实施权,并且无权允许他人实施;⑧取得实施强制许可的单位或者个人应当付给专利权人合理的使用费;⑨相关人对于国务院专利行政主管部门的决定不服的,可以向法院起诉。

专利强制许可的法定情形:①防止专利权滥用的强制许可;《专利法》第48条规定有下列情形之一的,国务院专利行政部门根据具备实施条件的单位或者个人的申请,可以给予实施发明专利或者实用新型专利的强制许可:(一)专利权人自专利权被授予之日起满三年,且自提出专利申请之日起满四年,无正当理由未实施或者未充分实施其专利的;(二)专利权人行使专利权的行为被依法认定为垄断行为,为消除或者减少该行为对竞争产生的不利影响的。以及第52条强制许可涉及的发明创造为半导体技术的,其实施限于公共利益的目的和本法第四十八条第(二)项规定的情形。②公益性强制许可;《专利法》第49条规定:在国家出现紧急状态或者非常情况时,或者为了公共利益的目的,国务院专利行政部门可以给予实施发明专利或者实用新型专利的强制许可。以及第52条规定的半导体技术强制许可实施也限于公共利益目的。③药品专利的强制许可，第50条规定：为了公共健康目的，对取得专利权的药品，国务院专利行政部门可以给予制造并将其出口到符合中华人民共和国参加的有关国际条约规定的国家或者地区的强制许可。④从属专利的交叉强制许可，第51条规定：一项取得专利权的发明或者实用新型比前已经取得专利权的发明或者实用新型具有显著经济意义的重大技术进步，其实施又有赖于前一发明或者实用新型的实施的，国务院专利行政部门根据后一专利权人的申请，可以给予实施前一发明或者实用新型的强制许可。在依照前款规定给予实施强制许可的情形下，国务院专利行政部门根据前一专利权人的申请，也可以给予实施后一发明或者实用新型的强制许可。

（八）专利权的期限、终止与无效

1. 专利权的期限

根据法律规定，发明专利权的期限为20年，实用新型专利权和外观设计专利权的期限为10年，均自申请日起计算。那么，如何确定申请日呢？我国《专利法》第28条规定："国务院专利行政部门收到专利申请文件之日为申请日。如果申请文件是邮寄的，以寄出的邮戳日为申请日。"需要注意的是，申请人要求享受优先权且提供了合法文件的，申请日应为优先权日。

2. 专利权的终止

专利权终止分为正常终止和非正常终止。因专利到期而终止的情况属于正常终止，其他情况属于非正常终止。专利权非正常终止的情况有：专利权因未缴纳专利证书费而终止；专利权因专利权人没有按规定缴纳年费而终止；专利权因专利权人以书面声明放弃而终止。专利权终止后，受该项专利权保护的发明创造便成为全社会的共同财富，任何人都可以自由而无偿地使用。

3. 专利权的无效

《专利法》第45条规定："自国务院专利行政部门公告授予专利权之日起，任何单位或者个人认为该专利权的授予不符合本法有关规定的，可以请求专利复审委员会宣告该专利权无效。"

请求宣告无效的理由主要包括以下几方面：①被授予专利权的发明创造不属于专利法保护的对象，违反《专利法》第2、5、25条的规定；②被授予专利权的发明创造不符合专利权授予的实质条件，违反《专利法》第22、23条的规定；③被授予专利权的发明创造不符合专利权授予的形式要件，违反《专利法》第26条第3款、第4款、第27条第2款及《专利法实施细则》第20条第2款的规定;④被授予的专利权属于重复授权,违反《专利法》第9条的规定;⑤违反保密审查程序,违反《专利法》第2条的规定。①

对宣告专利权无效请求的审查程序,我国《专利法》第46条规定:"复审委员会对宣告专利权无效的请求应当及时审查和作出决定,并通知请求人和专利权人。宣告专利权无效的决定,由国务院专利行政部门登记和公告。对专利复审委员会宣告专利权无效或者维持专利权的决定不服的,可以自收到通知之日起三个月内向人民法院起诉。人民法院应当通知无效宣告请求程序的对方当事人作为第三人参加诉讼。"

专利权无效宣告决定的效力。专利权无效与专利权终止的效力不同。专利权终止是自终止时起专利权失去效力,而专利权宣告无效是指专利权视为自始不存在。我国《专利法》第47条规定:"宣告无效的专利权视为自始即不存在。宣告专利权无效的决定,对在宣告专利权无效前人民法院作出并已执行的专利侵权的判决、调解书,已经履行或者强制执行的专利侵权纠纷处理决定,以及已经履行的专利实施许可合同和专利权转让合同,不具有追溯力。但是因专利权人的恶意给他人造成的损失,应当给予赔偿。依照前款规定不返还专利侵权赔偿金、专利使用费、专利权转让费,明显违反公平原则的,应当全部或者部分返还。"

案例十一:青岛佰仕高生活电器有限公司等诉青岛市知识产权局专利行政处理决定案②

原审原告青岛佰仕高生活电器有限公司向原审法院起诉称,青岛市知识产权局于2016年5月6日作出(青知处字〔2016〕1号)《处理决定书》,决定青岛佰仕高生活电器有限公司立即停止制造2013×××649.3号实用新型专利产品,销毁侵权产品,销毁制造侵权产品的专用零部件、工具、模具、设备等物品。上述处理决定书认定事实不清。请求法院撤销被告作出的(青知处字〔2016〕1号)《处理决定书》;判令被告重新作出具体行政行为;判令被告承担本案诉讼费用。法院审理过程中查明,被告青岛市知识产权局在行政处理程序中认定,原告生产的被控侵权产品"PLSD-X1"气泡水机包含了与涉案专利权利要求1、2、4—8的全部27项技术特征相同的技术特征。专利号为ZL20112033××××(专利权人为张灏)。名称为"一种苏打水机"的实用新型专利没有公开与被控侵权产品全部技术特征相同或者无实质性差异的技术特征,没有揭示与被控侵权产品技术特征9、12、15、20—27相同或无实质性差异的技术特征,制造

① 杨巧:《知识产权法学》,中国政法大学出版社2012年版,第225页。
② 山东省高级人民法院行政判决书(2017)鲁行终988号。

的被控侵权产品"PLSD-X1"气泡水机技术方案落入了2013×××649.3专利权利要求1、2、4—8的保护范围,青岛市知识产权局认定构成青岛佰仕高生活电器有限公司侵权。二审法院经审理认为原审法院判决认定基本事实不清,本院予以改判。

但本案的特殊性在于,在本案二审诉讼过程中,中华人民共和国国家知识产权局专利复审委员会于2017年9月27日作出第33389号无效宣告请求审查决定书,宣告涉案专利全部无效。《中华人民共和国专利法》第四十六条第二款的规定"对专利复审委员会宣告专利权无效或者维持专利权的决定不服的,可以自收到通知之日起三个月内向人民法院起诉",因此,张灏可以在起诉期限内提起行政诉讼,但本案张灏在法定起诉期限内未行使诉权,第33389号无效宣告请求审查决定书已经发生法律效力。

原审法院在作出判决之前,并未询问上诉人是否向中华人民共和国国家知识产权局专利复审委员会提出无效宣告请求,涉案专利的无效宣告请求审查决定书作出以及发生法律效力也在原审法院判决之后,因此,原审法院作出判决时未涉及中华人民共和国国家知识产权局专利复审委员会作出无效宣告请求审查决定书的情形,原审判决所依据的事实不充分,认定基本事实不清。

《中华人民共和国专利法》第四十七条第一、二款规定"宣告无效的专利权视为自始即不存在。宣告专利权无效的决定,对在宣告专利权无效前人民法院作出并已执行的专利侵权的判决、调解书,已经履行或者强制执行的专利侵权纠纷处理决定,以及已经履行的专利实施许可合同和专利权转让合同,不具有追溯力。但是因专利权人的恶意给他人造成的损失,应当给予赔偿",因青知处字〔2016〕1号处理决定书并未履行或者强制执行,因此第33389号无效宣告请求审查决定书具有追溯力,对于青岛市知识产权局关于涉案专利权被宣告无效的事实并不影响涉案专利处理决定合法性的主张,本院不予支持。

因第33389号无效宣告请求审查决定书具有追溯力,专利权人为张灏的、专利号为2013×××649.3的实用新型专利权应视为自始不存在。张灏申请青岛市知识产权局进行专利行政裁决,不具有权利基础。青岛市知识产权局作出青知处字〔2016〕1号《处理决定书》,认定构成侵权并责令停止侵权,主要证据不足,应予撤销。因张灏不具有申请专利行政裁决的权利基础,青岛市知识产权局重新作出处理决定已无必要,对于上诉人要求责令青岛市知识产权局重新作出具体行政行为的上诉请求,不予支持。

综上,原审法院判决认定基本事实不清,本院予以改判。

(九)专利权的保护

1. 专利权保护的范围

专利权的保护范围是指发明、实用新型和外观设计专利权的法律效力所及的范围。专利权是一种无形财产权,由法律明确规定专利权的保护范围,划清专利侵权与非侵权的界限,既有利于依法充分保护专利权人的合法权益,又可以避免不适当地扩大专利保护的范围,损害专利权人以外的社会公众的利益。

(1) 发明和实用新型专利权的保护范围

根据我国专利法及实施细则规定,发明或者实用新型专利权的保护范围,“以其权利要求的内容为准,说明书及附图可以用于解释权利要求”。这一规定包括两层含义:①一项发明创造专利权的保护范围,须以其权利要求为准,即以由专利申请人提出的并经国务院专利行政主管部门批准的权利要求书中所记载的权利要求为准,不小于也不得超出权利要求书中所记载的权利要求的范围;②说明书及附图对权利要求具有解释的功能,可以作为解释权利要求的依据。但是,相对权利要求而言,说明书及附图只具有从属的地位,不能单以其作为发明或者实用新型专利权保护的基本依据,基本依据只能是权利要求书。

(2) 外观设计专利权的保护范围

根据我国专利法及实施细则规定,外观设计专利权的保护范围,“以表示在图片或者照片中的该产品的外观设计为准,简要说明可以用于解释图片或者照片所表示的该产品的外观设计”。这一规定表明,外观设计专利权的保护范围,以体现该产品外观设计的图片或者照片为基本依据。需要说明的是,外观设计专利权所保护的“表示在图片或者照片中的该外观设计专利产品”的范围,应当是同类产品的范围;不是同类产品,即使外观设计相同,也不能认为是侵犯了专利权。

2. 专利侵权行为

专利侵权行为是指在专利权有效期内,行为人未经专利权人许可又无法律依据,实施他人专利的行为。专利侵权行为可分为直接侵权和间接侵权。

直接侵权行为包括以下行为:首先,《专利法》第 11 条规定的对于发明和实用新型专利权任何单位或者个人未经专利权人许可,都不得实施其专利,即不得为生产经营目的制造、使用、许诺销售、销售、进口其专利产品,或者使用其专利方法以及使用、许诺销售、销售、进口依照该专利方法直接获得的产品;对于外观设计专利权,任何单位或者个人未经专利权人许可,都不得实施其专利,即不得为生产经营目的制造、许诺销售、销售、进口其外观设计专利产品。其次,《专利法》第 63 条规定的假冒他人专利的行为。这里的假冒他人专利,是指非专利权人在自己的非专利产品或者其包装上标明专利权人的专利标记或者专利号,以达到欺骗消费者,获取非法利益的行为。《专利法实施细则》第 84 条规定 5 种假冒专利的行为:(一)在未被授予专利权的产品或者其包装上标注专利标识,专利权被宣告无效后或者终止后继续在产品或者其包装上标注专利标识，或者未经许可在产品或者产品包装上标注他人的专利号；（二）销售第（一）项所述产品；（三）在产品说明书等材料中将未被授予专利权的技术或者设计称为专利技术或者专利设计，将专利申请称为专利，或者未经许可使用他人的专利号，使公众将所涉及的技术或者设计误认为是专利技术或者专利设计；（四）伪造或者变造专利证书、专利文件或者专利申请文件；（五）其他使公众混淆，将未被授予专利权的技术或者设计误认为是专利技术或者专利设计的行为。

为生产经营目的使用、许诺销售或者销售不知道是未经专利权人许可而制造并售出的专利产品，能证明该产品合法来源的，仍然属于侵犯专利权的行为，需要停止侵害但不承担赔偿责任。

间接侵权是指行为人本身的行为并不直接构成对专利权的侵害，但实施了诱导、怂恿、教唆、帮助他人侵害专利权的行为。我国《专利法》中虽没有规定间接侵权、但《民法总则》及《侵权责任法》都可以作为间接侵犯专利权，对其追究法律责任的依据。

3. 对专利侵权行为的处理

(1) 管理专利工作的部门对专利侵权行为的处理

我国《专利法》第 60 条规定："未经专利权人许可，实施其专利，即侵犯其专利权，引起纠纷的，由当事人协商解决；不愿协商或者协商不成的，专利权人或者利害关系人可以向人民法院起诉，也可以请求管理专利工作的部门处理。"可见，此处授权管理专利工作的部门具有处理专利侵权纠纷的权利。管理专利工作的部门根据已经取得的证据，对涉嫌假冒专利行为进行查处时，可以询问有关当事人，调查与涉嫌违法行为有关的情况；对当事人涉嫌违法行为的场所实施现场检查；查阅、复制与涉嫌违法行为有关的合同、发票、账簿以及其他有关资料；检查与涉嫌违法行为有关的产品，对有证据证明是假冒专利的产品，可以查封或者扣押。管理专利工作的部门依法行使前款规定的职权时，当事人应当予以协助、配合，不得拒绝、阻挠。根据《专利法实施细则》的规定，管理专利工作的部门应当事人的请求，可以对五种专利纠纷进行调解：①专利申请权和专利权归属纠纷；②发明人、设计人资格纠纷；③职务发明创造的发明人、设计人的奖励和报酬纠纷；④在发明专利申请公布后专利权授予前使用发明而未支付适当费用的纠纷；⑤其他专利纠纷。2019 年发布的《专利法（草案）》拟完善专利行政执法。增加规定：国务院专利行政部门可以应专利权人或者利害关系人的请求处理在全国有重大影响的专利侵权纠纷;管理专利工作的部门应专利权人或者利害关系人的请求处理专利侵权纠纷,对在本行政区域内侵犯其同一专利权的案件可以合并处理;对跨区域侵犯其同一专利权的案件可以请求上级人民政府管理专利工作的部门处理。

(2) 人民法院对专利侵权纠纷的处理

《专利法》第60条规定:"管理专利工作的部门处理时,认定侵权行为成立的,可以责令侵权人立即停止侵权行为,当事人不服的,可以自收到处理通知之日起十五日内依照《中华人民共和国行政诉讼法》向人民法院起诉;侵权人期满不起诉又不停止侵权行为的,管理专利工作的部门可以申请人民法院强制执行。进行处理的管理专利工作的部门应当事人的请求,可以就侵犯专利权的赔偿数额进行调解;调解不成的,当事人可以依照《中华人民共和国民事诉讼法》向人民法院起诉。"

(3) 被告的抗辩

专利权侵权诉讼中,被告可以依法采用有效的抗辩手段,使自己免于承担法律责任。这些抗辩有:不侵权抗辩,不视为侵权抗辩,现有技术、设计抗辩等。其中,不侵权抗辩,比如被诉专利产品属于《专利法》第45条规定的宣告无效的专利权。不视为侵权抗辩,比如被告可以举证证明自己的实施行为属于《专利法》第69条规定的不视为侵犯专利权的行为。现有技术、设计抗辩,比如《专利法》第62条规定的"在专利侵权纠纷中,被控侵权人有证据证明其实施的技术或者设计属于现有技术或者现有设计的,不构成侵犯专利权"。

(4) 专利侵权诉讼的举证责任

一般民事诉讼中举证责任的分配应当适用"谁主张、谁举证"的原则,而我国《专利法》第61条规定:"专利侵权纠纷涉及新产品制造方法的发明专利的,制造同样产品的单位或者个人应当提供其产品制造方法不同于专利方法的证明。"该规定说明,在专利权侵权诉讼中,原告承担证明被告的行为是专利侵权行为的举证责任,但当专利权侵权诉讼涉及方法专利时,举证责任发生转移,由被告负责举证。被告只要能够证明自己的产品不是依据该方法专利获得的,就不构成侵权。否则,就构成侵权。2019年发布的《专利法(草案)》拟完善举证责任。拟增加规定:"人民法院为确定赔偿数额,在权利人已经尽力举证,而与侵权行为相关的账簿、资料主要由侵权人掌握的情况下,可以责令侵权人提供与侵权行为相关的账簿、资料,侵权人不提供或者提供虚假的账簿、资料的,人民法院可以参考权利人的主张和提供的证据判定赔偿数额。”

4. 侵犯专利权的法律责任

（1）民事责任

行为人侵犯专利权应当承担停止侵害、赔偿损失的民事责任。其中关于损失赔偿数额的确定，我国《专利法》第65条规定：“侵犯专利权的赔偿数额按照权利人因被侵权所受到的实际损失确定；实际损失难以确定的，可以按照侵权人因侵权所获得的利益确定。权利人的损失或者侵权人获得的利益难以确定的，参照该专利许可使用费的倍数合理确定。赔偿数额还应当包括权利人为制止侵权行为所支付的合理开支。权利人的损失、侵权人获得的利益和专利许可使用费均难以确定的，人民法院可以根据专利权的类型、侵权行为的性质和情节等因素，确定给予一万元以上一百万元以下的赔偿。”不过，对于善意的侵权人，我国专利法规定了赔偿责任的免除。《专利法》第70条规定：“为生产经营目的使用、许诺销售或者销售不知道是未经专利权人许可而制造并售出的专利侵权产品，能证明该产品合法来源的，不承担赔偿责任。”2019年发布的《专利法（草案）》拟加大对侵犯专利权的赔偿力度，它规定对故意侵犯专利权，情节严重的，可以在按照权利人受到的损失、侵权人获得的利益或者专利许可使用费倍数计算的数额一到五倍内确定赔偿数额；并将在难以计算赔偿数额的情况下法院可以酌情确定的赔偿额，从现行专利法规定的一万元到一百万元提高为十万元到五百万元。同时明确网络服务提供者对网络侵权的连带责任，它增加了如下规定：专利权人或者利害关系人可以依据人民法院生效的判决书、裁定书、调解书，或者管理专利工作的部门作出的责令停止侵权的决定，通知网络服务提供者采取删除、屏蔽、断开侵权产品链接等必要措施，网络服务提供者未及时采取必要措施的，要承担连带责任。

（2）行政责任

对于未经许可实施专利侵权行为的侵权人，管理专利工作的部门可以责令停止侵权行为，当事人不服的，可以向法院起诉；对于假冒专利的，由专利管理部门责令改正并予以公告，没收违法所得，可以并处违法所得四倍以下的罚款，没有违法所得的，可以处二十万元以下的罚款。

（3）刑事责任

专利法中涉及刑事责任的仅有假冒专利罪。《专利法》第63条规定：“假冒专利的，除依法承担民事责任外，由管理专利工作的部门责令改正并予公告，没收违法所得，可以并处违法所得四倍以下的罚款；没有违法所得的,可以处二十万元以下的罚款;构成犯罪的,依法追究刑事责任。”我国《刑法》第216条规定:“假冒他人专利,情节严重的,处三年以下有期徒刑或者拘役,并处或者单处罚金。”

五、商标法律制度

(一) 商标的概念、功能

1. 商标的概念

商标早在古代就已经出现。三千年以前,印度的工匠就在运往伊朗的货物上刻上名字,作为标志。我国北宋末年(公元1127年之前)之时,山东济南“刘家功夫针铺”便使用了“白兔儿”铜板,铜板上刻有店铺标记“白兔捣药图”,同时标注:“认门前白兔儿为记。”北宋的清明上河图中清晰可见的酒幌子也是古代酒家的标志。①随着工业化的进程,国际贸易和国内生产力的增加导致大量的生产者向消费者提供了大量的相似产品,这些产品在外观上没有任何区别,但是在功能、质量、价格和其他方面有着不同,这就更需要一些手段来区分这些相似的产品,指导甚至引导消费者的选择。这也就导致了商标的出现并建立了一套完整的法律制度。

什么是商标呢?世界知识产权组织的手册中写明:商标是任何个性化的标志,它能够将一个竞争者的商品和其他竞争者的商品区分开来。《与贸易有关的知识产权协议》中第15条规定:“任何能将一个企业的商品或服务与其他企业的商品或服务区别开的标记或标记组合,均应能够构成商标。”

而我国《商标法》第8条规定:“任何能够将自然人、法人或者其他组织的商品与他人的商品区别开的标志,包括文字、图形、字母、数字、三维标志、颜色组合和声音等,以及上述要素的组合,均可以作为商标申请注册。”从以上定义可以看出,商标的概念包含两个层面:(1)商标是一种标志,它可以是文字、图形、字母、数字、三维标志、颜色组合、声音以及它们之间的组合,无论是立体的还是平面的;(2)每一商标均是独特的,能够被辨认出来。因为只有当商标是独一无二,拥有个体特征的情况下,它才能被辨认出来,从而达到区分它所代表的产品与其他产品的目的。需要注意到,声音作为注册商标的要素,是2013年修改《商标法》时新增加的内

---

① 谢洁:《从〈清明上河图〉看北宋的广告行为》,《开封教育学院学报》2003年第4期。

容，是根据实际需要和国际商标领域的发展趋势而增加。

2. 商标的功能

根据商标的实际使用，我们可以将商标的功能总结为以下几点：

（1）识别商品来源的功能，这是商标的基本功能、首要功能，商标就是由于要区分不同来源的商品而产生的。因此，这种区分功能是商标必备的，不可缺少。

（2）区分相同或类似商标的功能，无论是在商品还是服务市场上，总是可能存在两个或以上的产品或服务提供者提供相同或类似的产品或服务。商标的出现就是为了将相同或类似的产品区分开来，使得消费者能够顺利地得到自己需求的产品或服务。

（3）广告营销的功能，现代的商业宣传往往以商标为中心，通过商标发布商品信息，推介商品，突出醒目，简明易记，能借助商标这种特定标记吸引消费者的注意力，加深对商品的印象。商品吸引了消费者，消费者借助商标选择商品，商标的作用便显而易见。

（4）财产功能，就是指商标也是一种资产，能够带来收益。商标的财产价值来自商标在广泛使用和宣传中产生的消费者影响力和知名度。商标的使用过程将商标与一种特定产品的质量、售后服务、企业信誉及用途等影响消费者购买行为的因素紧密结合在一起。以至于商标最后拥有了一种自己的号召力和形象。消费者往往看到商标，就能立即联想到商标背后的因素。如美国运动品牌耐克，它只是拥有耐克的商标和一些技术研发团队，而没有自己的运动鞋和服饰的生产、加工工厂，所有产品一律外包。耐克的商标就是这个企业的最重要的资产。它可以使用这个商标到处寻找代工工厂。各国的法律制度也均承认了商标的财产价值。如我国公司法规定，商标可以作为公司股东的出资，物权法也规定商标专用权可以质押。

（二）我国商标法的基本原则和法律体系

1. 我国商标法的基本原则

我国《商标法》第1条即明示商标法的制定目的在于通过保护商标专用权，以保障消费者和生产、经营者的利益。在专利法和著作权法中，立法者期望在权利人和公众之间达成一种平衡，而在商标法中，立法者期望在商标权人和其他的产品或服务提供者之间达成一种平衡，使得商标的识别功能发挥很好的作用，区分开产品或服务提供者，既保护消费者免于混淆，又保护商标所有权人免于丧失其市场。

我国商标法的基本原则包括:(1)申请注册制,就是说,商标专用权通过注册取得。申请人需要将商标注册申请递交主管部门,主管部门按照商标法审查核准注册,凡注册的商标拥有商标专用权,受到法律的保护。(2)申请在先为原则,使用在先为补充。这是由注册原则派生出来的重要程序性原则之一。当同一种商品或者类似商品上以相同或近似的商标申请注册的人为两人或以上的情况下,申请书提交的先后顺序确定商标专用权的归属。如果申请日相同,则将商标归于使用在先的申请人。根据该原则,一个商标即使已经使用多年,如果不及时申请注册,也会因别人申请在先而失去注册机会,得不到对该商标的专用权。(3)自愿注册原则,企业使用的商标注册与否,完全由企业自主决定。但是对于一些特殊商品,由于其涉及消费者的生命健康或者人身安全,为了保护消费者的利益,相关法律或者行政法规规定该类商品必须使用注册商标,未经核准注册的,不得在市场上生产、销售。如我国《烟草专卖法》第 20 条规定:"卷烟、雪茄烟和有包装的烟丝必须申请商标注册,未经核准注册的,不得生产、销售。"(4)优先权原则。根据我国《商标法》(2013 修订)第 25 条和第 26 条,商标申请人自其在国外提起商标申请之日起六个月内,又在我国就将他的商品以同一商标提出注册申请的,以及商标在我国政府主办的或承认的国际展览会展出的商品上首次使用的,自该商品展出之日起六个月内,该商标的注册申请人可以享有优先权。(5)集中注册、分层管理原则,根据我国商标法的规定,国家工商行政管理局、商标局主管全国商标注册和管理的工作,各级工商行政管理机关依据法律规定,在本地区开展商标管理工作。

2. 我国商标法律体系

我国商标法律体系是由我国现行的所有规制商标法律关系的法律规范构成的整体,包括我国加入的国际条约及我国各级立法机关和行政机关颁布的法律法规规章等。主要如下:

表 3.6　我国商标法律体系

类　　别	对我国已生效的国际条约	
公约名	中国加入时间	生效文本
《建立世界知识产权组织公约》	1970 年	1967 年
《与贸易有关的知识产权协议》	2001 年	2005 年
《保护工业产权巴黎公约》	1984 年	1967 年斯德哥尔摩文本

（续表）

类　别	对我国已生效的国际条约	
公约名	中国加入时间	生效文本
《商标国际注册马德里协定》	1989 年	1967 年修订并于 1979 年修改的斯德哥尔摩文本
《商标国际注册马德里协定有关议定书》	1995 年	1989 年
类　别	国内法律规范及司法解释	
法律规范及司法解释名称	类型	生效文本
《中华人民共和国商标法(2013 年修正)》	法律	1982 年通过，经过 1993 年、2001 年、2013 年、2019 年四次修改，2019 年修订的于 2019 年 11 月 1 日生效
《民法总则》	法律	2017 年通过
《反不正当竞争法》	法律	1993 年通过，2017 年、2019 年修订
《中华人民共和国刑法》	法律	1998 年公布，经过 1999 年、2001 年 8 月、2001 年 12 月、2002 年、2005 年、2006 年、2009 年、2011 年、2014 年、2017 年十次修订
《中华人民共和国商标法实施条例》(2014 年)	行政法规	2002 年公布，2014 年修订
《世界博览会标志保护条例》	行政法规	2004 年
《知识产权海关保护条例》(2018 年)	行政法规	2003 年公布，经过 2010 年、2018 年二次修订
《最高人民法院关于审理商标民事纠纷案件适用法律若干问题的解释》(2002 年)	司法解释	2002 年通过，当年实施
《最高人民法院关于审理涉及驰名商标保护的民事纠纷案件应用法律若干问题的解释》(2009)	司法解释	2009 年通过，当年实施
《最高人民法院关于审理商标授权确权行政案件若干问题的规定》(2017)	司法解释	2016 年通过，2017 年实施

(续表)

类　别	国内法律规范及司法解释	
法律规范及司法解释名称	类型	生效文本
《最高人民法院、最高人民检察院关于办理侵犯知识产权刑事案件具体应用法律若干问题的解释》(二)	司法解释	2007 年
《最高人民法院、最高人民检察院关于办理侵犯知识产权刑事案件具体应用法律若干问题的解释》	司法解释	2004 年
《最高人民法院关于北京、上海、广州知识产权法院案件管辖的规定》	司法解释	2014 年
《最高人民法院关于审理涉及计算机网络域名民事纠纷案件适用法律若干问题的解释》	司法解释	2001 年
《最高人民法院关于人民法院对注册商标权进行财产保全的解释》	司法解释	2001 年
《亚洲运动会标志保护办法》	部门规章	2010 年
关于《中华人民共和国知识产权海关保护条例》的实施办法(2018 修正)	部门规章	2009 年通过,2018 年修订
《驰名商标认定和保护规定》(2014 修订)	部门规章	2003 年发布,2014 年修订
《商标评审规则》(2014 修订)	部门规章	1995 年公布,经过 2002、2005、2014 年三次修订
《集体商标、证明商标注册和管理办法》(2003)	部门规章	2003 年生效

(三) 商标的分类

为了便于管理和立法,往往根据商标的不同因素将其分成不同的类别。一般有:

(1) 根据商标标志的构成要素不同分为文字商标、图形商标、声音商标、组合商标。文字商标包括以各种语言文字、字母、拼音、数字,或者它们的组合等形式出现的商标。图形商标是指由平面图形、颜色组合或者几何图案构成的商标,此类商标题材广泛、包罗万象,不受语言的限制,不论在哪个国家,人们只要懂得商标的图形便能理解它的寓意。声音商标即以声音或其组合为构成要素的商标。组合商标是指由文字、图形、记号、数字、颜色、声音等组合而成的商标。

如汽车品牌“Mercedes-Benz”“Bear Two”属于文字商标，属于图形商标，属于图形商标，属于组合商标。声音商标，2014 年修订的《商标法》删除了原来《商标法》第 8 条中“可视性”要求，并明确声音可以申请注册商标，新《商标法》实施 5 年来，截止到 2018 年 5 月，全国有 546 件声音商标申请注册，但仅 15 个注册成功。2016 年 5 月 14 日，中央电视台申请注册新闻联播片头音，这是我国首例注册成功的声音商标。随后注册成功的还有腾讯公司的“嘀嘀嘀嘀嘀嘀”的 QQ 提示音。

（2）根据商标的载体特征分为：平面商标、立体商标、音响商标和气味商标，需要注意的是，我国商标法仍未将气味商标纳入，世界上也仅有少数国家将气味作为商标法保护的对象。以下均为立体商标：

（3）根据商标使用的目的分为：商品商标、服务商标、集体商标和证明商标。

商品商标是指生产者或销售者用于自己生产、制造、加工、拣选或者经销的商品上（包括在商品的容器上或者包装上）的商标，也就是说，凡属于商品上使用的用以识别商品提供者的标记都是商品商标。例如使用在空调商品上的商标有“海尔”“美的”“格力”等。服务商标，又称服务标志、服务标记、服务标章，是指提供服务的自然人、法人或者其他组织为了区别于他人提供的与自己相同或者近似的服务项目，而用于自己所提供的服务项目上的商标。服务商标使用者多为从事餐饮、宾馆、娱乐、旅游、广告、金融、保险等服务行业，如金融业中国银行的标记、保险业中国人民保险公司的标志“PICC”等。

集体商标是指行会、工商协会或者其他集体、社团所拥有的供其成员共同使用的商标,是表明其成员身份资格的标志。同时集体成员使用集体商标、并不排除其使用自身所拥有的商标,集体成员根据实际情况和自身的需要既可以使用集体商标也可以使用自己的商标。如:

证明商标由对某种商品或服务具有检测和监督能力的组织所控制,而由其以外的人使用在商品或服务上,以证明商品或服务的产地、原料、制造方法、质量、精确度或其他特定品质的商标。比如“绿色食品”标志、“龙井茶”标志:

(四) 注册商标的取得

根据我国《商标法》第3条,经商标局核准注册的商标为注册商标,包括商品商标、服务商标、集体商标和证明商标;商标注册人享有商标专用权,受法律保护。因此,我国商标法对商标的申请主体和注册程序及审查标准做了详细的规定。

1. 注册商标申请的主体

我国《商标法》(2013年修订)第4条规定自然人、法人或者其他组织在生产经营活动中,对其商品或者服务需要取得商标专用权的,应当向商标局申请商标注册。同时2019年修订的《商标法》在原来第4条后面增加“不以使用为目的的恶意商标注册申请,应当予以驳回”的规定,由此可见,凡是从事生产经营活动的任何产品或服务提供者均可以申请商标注册。理论上,我国注册商标的申请主体为自然人、法人、其他组织。但是在实践中,对于上述主体往往有着复杂的问题。

2001年修改之前我国的商标法规定“企业、事业单位、个体工商业者以及符合条件的外国企业和个人”为注册商标申请人,依照此规定,我国公民个人、不具备法人资格的事业单位、其他组织就不能成为商标注册的申请人；相反，外国人和外国企业只要符合条件便可以在我国申请注册商标，成为商标权人。①这就造成了“超国民待遇”现象。同时也将广大农村种植户、养殖户和城镇自由职业者排除在外，并不利于推动我国经济的繁荣发展。所以 2001 年法律对此作了修正。但是 2007 年商标局颁布的《自然人办理商标注册申请注意事项》，这里的自然人只能是从事合伙、个体工商户、农村承包经营户及其他从事经营活动的人，并且在申请的时候要出示相应的行政机关颁发的资质证件，这就导致了我国自然人还是没有申请注册商标的权利。这是部门规范性文件与上位法《商标法》的冲突，应当以商标法的规定为准。

关于共同商标注册申请，我国《商标法》第 5 条规定：两个以上的自然人、法人或者其他组织可以共同向商标局申请注册同一商标，共同享有和行使该商标专用权。

关于外国商标注册申请，我国商标法对外国人或者外国企业有更多要求，实行强制代理制。我国《商标法》第 17 条规定：外国人或者外国企业在中国申请商标注册的，应当按其所属国和中华人民共和国签订的协议或者共同参加的国际条约办理，或者按对等原则办理。第 18 条第 2 款规定：外国人或者外国企业在中国申请商标注册和办理其他商标事宜的，应当委托依法设立的商标代理机构办理。

2. 注册商标的申请

(1) 确定商品和服务分类

我国《商标法》第 22 条第 1 款规定：商标注册申请人应当按规定的商品分类表填报使用商标的商品类别和商品名称，提出注册申请。商标是区别商品或服务来源的一种标志，每一个注册商标都是指定用于某一商品或服务上的。如提到创维，人们会想到彩色电视机；提到茅台，人们会想到酒；提到雅顿，人们会想到化妆品等等。应该说，离开商品或服务而独立存在的商标是不存在的。所以在办理商标注册申请时，要先指定商品或服务及其所属类别。

正是为了商标检索、审查、管理工作的需要，把某些具有共同属性的商品组合到一起，编为一个类，根据于 2014 年 1 月 1 日起执行的《商标注册用商品和服务国际分类》第十版的规定。目前，商标注册用商品和服务共分为 45 类，其中商品 34 类，服务项目 11 类，共包含一万多个商品和服

① 曹新明：《知识产权法学》，人民法院出版社 2003 年版，第 284 页。

务项目。如将“工业用油及油脂、润滑剂,吸收、喷洒和黏结灰尘用品,燃料(包括马达用的汽油)和照明剂,蜡烛,灯芯”等组合在一起,形成一个类(第4类);又如,将“外科、医疗、牙科和兽医用仪器及器械,假肢、假眼和假牙、矫形用品、缝合材料”等组合在一起,形成另一个类(第10类)。申请人申请商标注册也要按照类别提出;商标局发给注册人的商标注册证上也必须注明商品或服务及其所属类别。《商标法》第22条第2款规定:商标注册申请人可以通过一份申请就多个类别的商品申请注册同一商标。第23条规定:注册商标需要在核定使用范围之外的商品上取得商标专用权的,应当另行提出注册申请。这里的“核定使用范围”,是指商标局核准的商标注册文件中列明的商品类别和商品范围。同时,注册商标需要改变其标志的,应当重新提出注册申请。需要变更注册人的名义、地址或者其他注册事项的,应当提出变更申请。

(2) 商标检索

商标注册申请前的检索是指申请人在申请注册商标前,为了解是否存在与其申请注册商标可能构成冲突的在先商标,而进行的有关商标信息的查询。目前,我国商标局提供两种查询途径:①网上查询,“中国商标网”提供免费商标查询信息,任何人都可以登录“中国商标网”点击“商标查询”栏目进行查询;②到商标局的注册大厅查询,但需缴纳商标查询费。

(3) 填写并递交申请文件

我国商标局在受理商标申请时,有着较为严格的格式要求,必须严格按照商标局的要求进行填写,并附有符合商标局规定格式的标志图片,申请注册和使用商标,应当遵循诚实信用原则。商标使用人应当对其使用商标的商品质量负责。申请人为申请商标注册,就其所申报的事项和所提供的材料应当真实、准确、完整,不能弄虚作假、不能模糊不清、也不能残缺不全。在递交申请时,我国《商标法》第22条第3款规定:商标注册申请等有关文件,可以以书面方式或者数据电文方式提出。以数据电文方式提交商标注册申请等有关文件,应当按照商标局或者商标评审委员会的规定通过互联网提交。有要求优先权的,应当在提出商标注册申请的时候提出书面声明。

(4) 注册流程

确定了标志指定商品和用途,递交申请文件后,就可以进入商标注册流程。如前所述,我国采取商标注册审查制度,分为形式审查和实质审查。形式审查主要审查提交的申请书和商标图样是否符合要求;实质审查是对商标能否成为注册商标的实质内容进行审查,是我国商标法中最重要的部分，也是关系到商标能否成为注册商标的最关键一部分。简单地说，如果通过了实质审查，商标局将进行初步审定公告，在公告期间如无异议则将对商标进行注册；如果没有通过实质审查或者审定公告期间内有人提出异议且成立，那么商标局将驳回商标申请，申请人可以要求商标评审委员会进行复审，对商标评审委员会的决定不服的，可以向法院提起诉讼。需要注意的是，注册流程中每一步都有时限，需要严格遵守。我国商标的注册流程如下图：

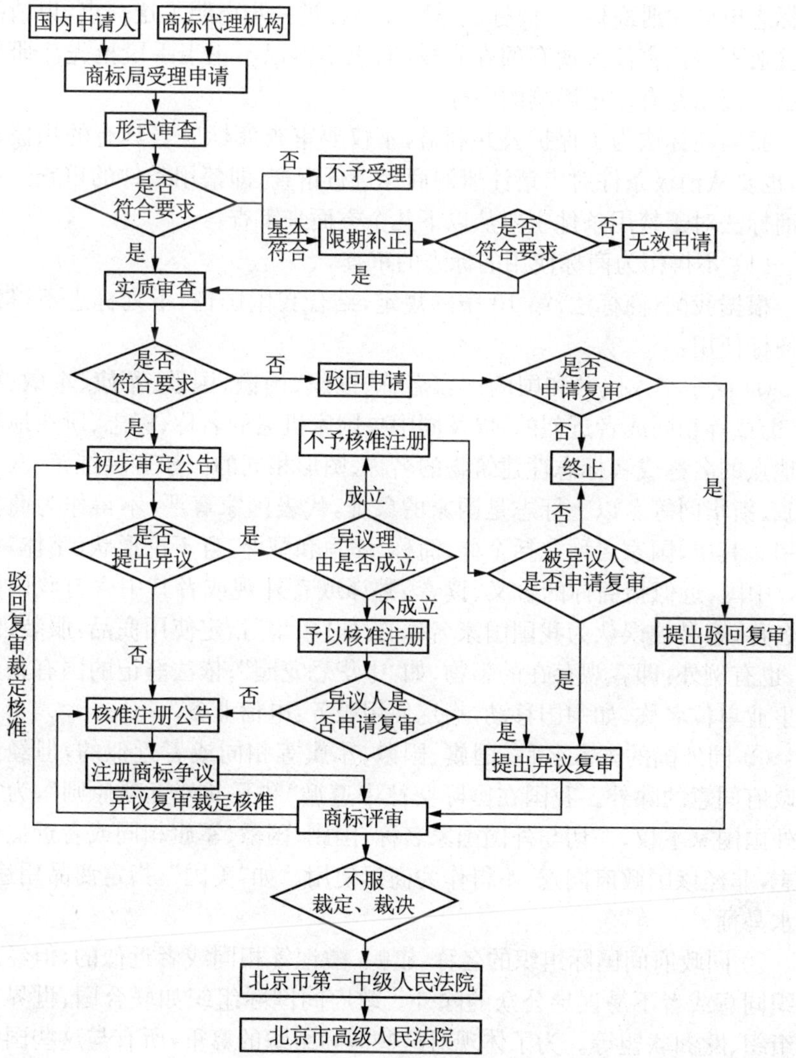

3. 注册商标的审查

我国《商标法》第9条规定:申请注册的商标,应当有显著特征,便于识别,并不得与他人在先取得的合法权利相冲突。可见,作为商标的标志应满足两个条件:①显著性,即该标志应便于识别,拥有自己的特征,该标志中的文字、图形、文字图形的组合、立体标志颜色、声音应能够与其他商标或服务标志区别开来,不产生混淆;②合法性,即不与他人的在先权利冲突,例如标志上存在有他人的著作权,那么在未经许可情况下,不得将该标志申请注册商标。《商标法》第32条也进一步声明了这一点,申请商标注册不得损害他人现有的在先权利,也不得以不正当手段抢先注册他人已经使用并有一定影响的商标。

我国商标法为了保护公共利益,不仅要审查商标应当具有的积极条件,也要从消极条件对申请注册的商标进行审查,即禁用条件的审查。我国商标法对于禁用条件主要从以下几个方面来审查:

(1) 不得作为商标使用的标志的审查

根据我国《商标法》第10条的规定,结合我国国情,下列标志不得作为商标使用:

① 同中华人民共和国的国家名称、国旗、国徽、国歌、军旗、军徽、军歌、勋章等相同或者近似的,以及同中央国家机关的名称、标志、所在地特定地点的名称或者标志性建筑物的名称、图形相同的。如五星红旗、八一军旗、新华门等。以上标志是国家的象征,代表国家尊严,不得作为商标使用。其中,国家名称包括全称、简称、缩写和翻译,且不论形状、字体,如CN/中国;近似指商标的含义、读音、翻译或者外观或者其中含有我国国家名称,容易被误认为我国国家名称的,如“中华”指定使用商品:服装;但是,也有例外:即客观存在的事物,如“中华恐龙园”;依法登记的国有企业和事业单位名称,如中国移动,指定使用服务:电信业务。

② 同外国的国家名称、国旗、国徽、军旗等相同或者近似的,但经该国政府同意的除外。我国在国际交往中遵循“和平共处五项原则”,为尊重外国国家主权,一切与外国国家名称、国旗、国徽、军旗相同或者近似的标志,非经该国政府同意,不得作为商标使用。如“美国”,指定商品用途:抽水马桶。

③ 同政府间国际组织的名称、旗帜、徽记等相同或者近似的,但经该组织同意或者不易误导公众的除外。政府间国际组织如联合国、世界贸易组织、欧洲联盟等。为了体现对这些国际组织的尊重,所有与这些国际

组织的名称、旗帜、徽记相同或者近似的标志不得作为商标使用,但经该组织同意或者不易误导公众的除外。

④ 与表明实施控制、予以保证的官方标志、检验印记相同或者近似的,但经授权的除外。表明实施控制、予以保证的官方标志、检验印记是政府履行职责,对所监管事项作出的认可和保证,具有国家公信力,不宜作为商标使用,否则,将对社会造成误导,使这种公信力大打折扣。如不得与我国出入境检验检疫标志,或我国质量安全标志相同或类似。

⑤ 同"红十字""红新月"的名称、标志相同或者近似的。"红十字"是国际红十字会的标志,"红新月"是红新月会的标志,在伊斯兰国家,与国际红十字会性质相同的组织是红新月会。两会都是自愿的国际性的救护救济组织。根据有关两会的国际条约的规定,"红十字""红新月"的名称和标志不得用于与两会宗旨无关的活动。

⑥ 带有民族歧视性的。这主要指商标的任一构成要素对特定的民族或人群进行了丑化或贬低等歧视内容,此时应综合考虑商标的构成及其指定的商标或服务:如"蒙古人"指定使用商品:兽用药;但有明确的其他含义,不产生歧义的除外:如"高山",指定产品为工业用化学品。我国是统一的多民族国家,各民族一律平等。为了维护和促进民族团结,任何带有民族歧视性的标志禁止作为商标使用。

⑦ 带有欺骗性,容易使公众对商品的质量等特点或者产地产生误认的。这类商标会误导消费者,使其在错误认识的基础上进行消费,其利益也就会由此受到损害。如用"健康""长寿"作保健品的商标,用"睡得香"做安眠类保健品的商标等。为保护消费者的权益,对带有欺骗性的、容易产生误认的标志,禁止作为商标使用。

⑧ 有害于社会主义道德风尚或者有其他不良影响的。使用商标不得有害于社会主义道德风尚或者有其他不良影响是指商标不得含有淫秽、封建迷信、邪教及其他与法律、法规规定相违背的内容,如用"小三"作酒类商标,用"三八"做香烟商标等,都是应当禁止的。

⑨ 县级以上行政区划的地名或公众知晓的外国地名

商标由县级以上行政区划的地名构成,或者含有县级以上行政区划的地名,属于与我国县级以上行政区划的地名相同不得作为商标注册,如

“河南”作酒类商标;“烟台”作香烟商标。但是,地名具有其他含义或者作为集体商标、证明商标组成部分的除外,已经注册的除外。

(2) 不得作为注册商标使用的标志的审查

商标的基本特征就是它的显著性,人们借助商标识别商品或者服务的来源,公众能够通过商标区分相关商品,这就要求商标是能够适应这种功能的。注册商标是经过核准注册后的商标,具有商标专用权,这种权利与他人的权利也应当是便于识别的,根据这些基本的要求,商标法规定申请注册的商标应具有显著特征。商标显著特征的判定应当综合考虑构成商标的标志本身(含义、呼叫和外观构成)、商标指定使用商品、商标指定使用商品的相关公众的认知习惯、商标指定使用商品所属行业的实际使用情况等因素。对于不具备显著性特征的商标,我国商标法规定不允许作为注册商标使用。此规定与前款的区别在于此款如果当事人将其作为未注册商标使用是可以的。

我国《商标法》第 11 条规定,不具有显著特征的标志包括:

① 仅有本商品的通用名称、图形、型号的。就是指国家标准、行业标准规定的或者约定俗成的名称、图形、型号,如高麗白 GAO LI BAI指定使用商品:人参;指定使用商品:水果。

② 仅直接表示商品的质量、主要原料、功能、用途、重量、数量及其他特点的。这是指商标仅由对指定使用商品的质量、主要原料、功能、用途、重量、数量及其他特点具有直接说明性和描述性的标志构成。如文字商标“花生”,指定使用商品:花生油;“好吃”指定使用商品:饺子。

③ 其他缺乏显著特征的。这是指线条单一、颜色单一或者图形单一或类似的。如文字“A”,指定使用商品口红;“501”指定使用商品胶水。

但是,如果一标志经过使用取得显著特征,并便于识别的,可以作为商标注册。

(3) 近似、相同商标的审查

我国《商标法》第 30 条规定,申请注册的商标与他人在同一种商品或者类似商品上已经注册的或者初步审定的商标相同或者近似的,不予注册。这就是商标近似、相同审查的渊源。

商标相同是指两商标在视觉上基本无差别,使用在同一种或者类似商品或者服务上易使相关公众对商品或者服务的来源产生误认。

商标近似是指商标文字的字形、读音、含义近似，商标图形的构图、着色、外观近似，或者文字和图形组合的整体排列组合方式和外观近似，立体商标的三维标志的形状和外观近似，颜色商标的颜色或者颜色组合近似，声音商标的音色或者旋律或其组合近似，使用在同一种或者类似商品或者服务上易使相关公众对商品或者服务的来源产生误认。其中，同一种商品或者服务包括名称相同和名称不同但指同一事物或者内容的商品或者服务；类似商品是指在功能、用途、生产部门、销售渠道、消费对象等方面相同或基本相同的商品；类似服务，是指在服务的目的、内容、方式、对象等方面相同或基本相同的服务。有关同一种或者类似商品或者服务的认定，以《商标注册用商品和服务国际分类表》《类似商品和服务区分表》作为参考。

商标相同和近似的判定，首先应认定指定使用的商品或者服务是否属于同一种或者类似商品或者服务；其次应从商标本身的形、音、义和整体表现形式等方面，以相关公众的一般注意力为标准，并采取整体观察与比对主要部分的方法，判断商标标志本身是否相同或者近似。

(4) 恶意抢注商标的审查

我国《商标法》第 32 条规定：申请商标注册不得损害他人现有的在先权利，也不得以不正当手段抢先注册他人已经使用并有一定影响的商标。同时第 35 条也规定：未经授权，代理人或者代表人以自己的名义将被代理人或者被代表人的商标进行注册，被代理人或者被代表人提出异议的，不予注册并禁止使用。就同一种商品或者类似商品申请注册的商标与他人在先使用的未注册商标相同或者近似，申请人与该他人具有前款规定以外的合同、业务往来关系或者其他关系而明知该他人商标存在，该他人提出异议的，不予注册。这样的行为违反商标法规定的申请注册和使用商标应当遵循诚实信用原则。

(5) 地理标志的审查

地理标志，是指标示某商品来源于某地区，该商品的特定质量、信誉或者其他特征，主要由该地区的自然因素或者人文因素所决定的标志。如来自金华的火腿就与其他地区的火腿在品质上不同。同样是茶叶，产自杭州西湖的龙井茶就享有西湖龙井的美誉。我国商标法规定，商标中有商品的地理标志，而该商品并非来源于该标志所标示的地区，误导公众的，不予注册并禁止使用；但是，已经善意取得注册的继续有效。这是对地理标志的定义及含有地理标志的商标的注册和使用管理的规定。

(五) 注册商标的续展、变更、转让和使用许可

1. 注册商标的续展

注册商标的有效期为十年,自核准注册之日起计算。注册商标的续展注册是指注册商标所有人依法办理手续,延长注册商标的有效期。申请续展注册的,应在注册商标有效期满前十二个月内提出申请,如果在这个期限内未提出申请的,可给予 6 个月的宽展期。若宽展期内仍未提出续展注册的,商标局将其注册商标注销并予公告,注销后,原商标就不具有法律赋予的权利。注册商标每次可以延展十年。

例如某商标注册有效期为 1997 年 7 月 15 日至 2007 年 7 月 14 日,2007 年 7 月 14 日到期的前 12 个月内(2006 年 7 月 15 日至 2007 年 7 月 14 日),为正常续展期;2007 年 7 月 14 日后 6 个月内(2007 年 7 月 15 日至 2008 年 1 月 14 日)为宽展期。过了宽展期 2008 年 1 月 14 日,未续展,商标将被注销。

2. 注册商标的变更转让和使用许可

(1) 注册商标的变更

注册商标的变更是指变更商标注册人名义、地址或者其他注册事项,商标注册人应当向商标局提交变更申请以及有关的证明材料,由商标局核准后,发给商标注册人相应证明,并予以公告。需要注意的是,变更商标注册人名义或者地址的,商标注册人应当将其全部注册商标一并变更;未一并变更的,由商标局通知其限期改正;期满未改正的,视为放弃变更申请,商标局应当书面通知申请人。

(2) 注册商标的转让

我国商标法要求注册商标转让事宜需向商标局提出申请并经其核准。《商标法》第 42 条规定:转让注册商标的,转让人和受让人应当签订转让协议,并共同向商标局提出申请。受让人应当保证使用该注册商标的商品质量。转让注册商标的,商标注册人对其在同一种商品上注册的近似的商标,或者在类似商品上注册的相同或者近似的商标,应当一并转让。

对容易导致混淆或者有其他不良影响的转让,商标局不予核准,书面通知申请人并说明理由。转让注册商标经核准后,予以公告。受让人自公告之日起享有商标专用权。根据《商标法实施条例》第 31 条第 2 款的规定:转让注册商标的,商标注册人对其在同一种或者类似商品上注册的相同或者近似的商标,应当一并转让;未一并转让的,由商标局通知其限

期改正;期满不改正的,视为放弃转让该注册商标的申请。并且,受让人应当保证使用该注册商标的商品质量,受让人自商标局就转让事宜刊登公告之日起享有商标专有权。

(3) 注册商标的使用许可

注册商标使用许可是指商标注册人通过协议的方式允许他人使用其注册商标。商标注册人为许可方,使用商标的一方为被许可方。与注册商标转让不同,注册商标的转让导致原商标注册人丧失了商标的所有权;而商标的使用许可不发生商标所有权转移的问题。

许可使用权是商标权人的一项重要权利,但商标权人行使其权利时,应遵守商标法的规定,其签订的商标使用许可合同要在商标局备案,也要符合法律规定。许可人应当监督被许可人使用其注册商标的商品质量。同时,被许可人应当保证使用该注册商标的商品质量。经许可使用他人注册商标的,必须在使用该注册商标的商品上标明被许可人的名称和商品产地。2013 年修改《商标法》时将第三款修改为:许可他人使用其注册商标的,许可人应当将其商标使用许可报商标局备案,由商标局公告。商标使用许可未经备案不得对抗善意第三人。

使用许可合同的方式一般包括独占使用许可、排他使用许可和普通使用许可。独占使用许可合同是许可人承诺在商标使用许可合同存续期间和地区内放弃自己依法享有的商标专用权,在约定的期间、领域和区域,被许可人所享有的特定商标使用权与许可人所享有的商标专用权具有了同等的地位。排他使用许可形式是指在商标使用许可存续期间,除许可人自己依法使用被许可商标外,仅将被许可商标的使用权授予一家被许可人使用,不再将该商标许可给第二家。普通使用许可中,不仅许可人自己可以使用该注册商标,也可以将被许可商标许可给多家使用。许可使用合同也可以分为完全使用许可和部分使用许可。前者是指被许可人可以在所有注册的商品上使用该商标;后者是指被许可人只能在部分注册商品上使用该商标。

(六) 驰名商标的保护

1. 驰名商标的概念和认定

(1) 概念

我国商标法对驰名商标问题进行了规定,但对驰名商标没有直接进行定义,而只是对驰名商标的认定问题进行了规定。国家工商行政管理总局制定的 2014 年进行修订的《驰名商标认定和保护规定》第 2

条规定:“驰名商标是在中国为相关公众所熟知的商标”,“相关公众包括与使用商标所标示的某类商品或者服务有关的消费者,生产前述商品或者提供服务的其他经营者以及经销渠道中所涉及的销售者和相关人员等”。

需要注意的是,驰名商标并不是与商品商标、服务商标并列的一类商标,它只是相对于非驰名商标或者普通商标而言的可以获得特殊或者更高保护的一类商标。驰名商标既可以是商品商标,也可以是服务商标。当然,一般情况下,证明商标和集体商标不能作为驰名商标。

(2) 驰名商标的认定

2013 年修改《商标法》时在第 13 条中增加了一款作为第一款:“为相关公众所熟知的商标,持有人认为其权利受到侵害时,可以依照本法规定请求驰名商标保护。任何权利的持有人认为其权利受到侵害时,都可以请求法律保护。”因此,本条的目的不在于规定权利人有寻求法律救济的权利。它的作用就只能是规定驰名商标的定义:为相关公众所熟知的商标,这体现了驰名商标认定的两个条件:一是驰名商标认定的参照主体不是一般公众而是相关公众,驰名指的是为相关公众所熟知;二是驰名商标的认定标准是商标在相关公众中的知名度,而不对商标的声誉(即品牌的口碑好坏或者美誉度)做要求。①根据我国《商标法》第 14 条第 1 款规定:“驰名商标应当根据当事人的请求,作为处理涉及商标案件需要认定的事实进行认定。”可见,驰名商标认定的前提有两个:一是当事人提出了请求。即商标持有人认为其权利受到了侵害,提出了驰名商标保护的请求。二是作为处理涉及商标案件需要认定的事实进行认定。即对驰名商标的认定,是事实认定,是对商标在现实生活中已经驰名这一事实的认定,而不是国家机关、社会团体以及其他组织等对商品质量和企业信誉的认可。这被称为“个案认定、被动保护”的原则。《商标法》第十四条规定了驰名商标的认定应考虑的因素:①相关公众对该商标的知晓程度;②该商标使用的持续时间;③该商标的任何宣传工作的持续时间、程度和地理范围;④该商标作为驰名商标受保护的记录;⑤该商标驰名的其他因素。

另外,根据 2013 年修订的《商标法》的规定,商标局、商标评审委员会、最高人民法院指定的人民法院都可以根据审理案件的需要对商标驰

① 冯术杰:《我国驰名商标认定和保护中的几个问题》,《电子知识产权》2017 年第 8 期,第 81—88 页。

名情况作出认定。同时规定:“生产、经营者不得将‘驰名商标’字样用于商品、商品包装或者容器上,或者用于广告宣传、展览以及其他商业活动中。”

2. 驰名商标的保护范围

在认定被申请保护的商标构成驰名商标之后,就需要确定对其的保护范围,即何种情形构成对驰名商标的侵害行为。在这方面,未注册驰名商标与注册驰名商标的保护范围存在很大差别。

(1) 对未在我国注册的驰名商标的保护

根据《商标法》第13条第2款规定:“就相同或者类似商品申请注册的商标是复制、摹仿或者翻译他人未在中国注册的驰名商标,容易导致混淆的,不予注册并禁止使用。”所以,对未在我国注册的驰名商标,法律只保护其在相同或者类似商品或服务上注册和使用的权利。如果申请注册的商标是复制、模仿或翻译他人未在我国注册的驰名商标,用于不同或者不相类似的商品或者服务上,不容易导致混淆的,则法律并不禁止其注册和使用。

(2) 对已经在我国注册的驰名商标的保护

与未注册的驰名商标不同,对已经在我国注册的驰名商标,我国《商标法》给予更全面的保护。这主要体现在:第一,保护的种类多。根据《商标法》第13条第3款:“就不相同或者不相类似商品申请注册的商标是复制、摹仿或者翻译他人已经在中国注册的驰名商标,误导公众,致使该驰名商标注册人的利益可能受到损害的,不予注册并禁止使用。”对于已经在我国注册的驰名商标,不仅禁止他人在相同或者类似商品或者服务上注册和使用,也禁止他人在不相同或者不相类似商品或者服务上注册和使用。即申请注册的商标是复制、模仿或翻译他人已经在我国注册的驰名商标,用于不同或者不相类似的商品或者服务上,误导公众,致使该驰名商标注册人的利益可能受到损害的,对该申请注册的商标,不予注册并禁止使用。第二,保护期限长。根据《商标法实施条例》第四十九条第3款规定:“依照《商标法》第四十五条第一款规定申请宣告国际注册商标无效的,应当自该商标国际注册申请的驳回期限届满之日起5年内向商标评审委员会提出申请;驳回期限届满时仍处在驳回复审或者异议相关程序的,应当自商标局或者商标评审委员会作出的准予注册决定生效之日起5年内向商标评审委员会提出申请。对恶意注册的,驰名商标所有人不受5年的时间限制。”

案例十二:“路虎”商标侵权纠纷案①

路虎公司的关联公司先后于 1996 年、2004 年和 2005 年在中国境内申请注册了第 808460 号“”商标、第 3514202 号“路虎”商标、第 4309460 号“LANDROVER”商标,以上商标均核定使用在第 12 类“陆地机动车辆”等商品上,具有较高知名度,后转让到路虎公司名下。广州市奋力食品有限公司(以下简称奋力公司)在网站、实体店中宣传销售其“路虎维生素饮料”,相关产品、包装盒及网页宣传上使用的被诉标识包括“路虎”“LANDROVER”“Landrover 路虎”及上下排列的“路虎 LandRover”等。奋力公司曾于 2010 年在第 30 类“非医用营养液”和第 32 类“不含酒精的饮料”等商品上申请注册“路虎 LANDROVER”商标,但均未被核准注册。路虎公司以奋力公司的行为构成侵权为由,提起诉讼。一审法院判令奋力公司停止侵权并向路虎公司赔偿经济损失与合理维权开支人民币 120 万元。二审法院认为,路虎公司提交的证据已经足以证明,涉案商标已为中国境内社会公众广为知晓,达到驰名程度。被诉侵权行为削弱了路虎公司涉案驰名商标所具有的显著性和良好商誉,损害路虎公司的利益,应予制止。遂判决驳回上诉、维持原判。

典型意义:本案是驰名商标跨类保护、加大知识产权保护力度的典型案例。本案裁判除体现了在驰名商标保护案件中应秉持的“按需认定”“个案认定”等基本原则外,其特殊之处在于,除本案被诉侵权标识外,奋力公司还实施了大量涉知名企业与知名人物的商标抢注行为,侵权行为的主观恶意明显。本案裁判在关于赔偿数额确定一节中,全面、详尽论述了确定 120 万元赔偿数额的事实与法律依据,彰显了制止恶意囤积商标行为的司法态度。本案在加大驰名商标保护力度、规制商标恶意抢注行为、引导社会公众尊重知识产权等方面,具有良好的裁判导向与示范效果。

(3) 驰名商标禁止作为商号使用

所有人认为他人将其驰名商标作为企业名称登记,可能欺骗公众或者对公众造成误解的,可以向企业名称登记主管机关申请撤销该企业名称登记。企业名称登记主管机关应当依照《企业名称登记管理规定》处理。

案例十三:宝马诉世纪宝马驰名商标案②

在该案中,原告宝马股份公司成立于 1916 年,系全球知名的汽车生产商。该公司的“BMW 及图”“BMW”“宝马”商标经中国商标局核准注册,核定在第 12 类“机动车辆、摩托车及其零件”商品上使用。被告深圳市世纪宝马服饰有限公司、家多润商业股

① 2017 年度中国法院 10 大知识产权案件(最高院 2018 年 4 月 19 日发布)。

② 湖南省高级人民法院(2009)湘高法民三初字第 1 号民事判决书。

份有限公司在其生产、销售的服饰产品上使用了“MBWL 及图”“MBWL”标识，以及含有“宝马”文字的企业名称。湖南省高级人民法院经审理认为：原告的注册商标经过长期使用，广泛宣传，已成为驰名商标。被告世纪宝马公司使用“MBWL 及图”“MBWL”，以及含有“宝马”文字的企业名称，容易使相关公众对使用驰名商标和被诉标识的商品来源产生混淆和误认。被告傅献琴作为世纪宝马公司的职员，明知世纪宝马公司从事侵权行为而提供银行账号供其使用，同样构成商标侵权和不正当竞争。遂判决三被告停止侵犯原告注册商标专用权和不正当竞争行为、消除影响，世纪宝马公司和傅献琴赔偿原告经济损失人民币 50 万元。本案一审判决后，当事人均未提出上诉，已经发生法律效力。

(4) 他人的域名或其主要部分构成对驰名商标的复制、模仿、翻译或音译的，应当认定其注册、使用域名等行为构成侵权或者不正当竞争

案例十四：三洋电机株式会社(日本)诉三洋电梯(无锡)有限公司、杭州三洋电梯有限公司侵犯商标专用权、不正当竞争纠纷案

原告三洋电机株式会社(以下简称三洋电机)于 1997 年在中国注册了“SANYO 三洋”文字商标，该商标于 2008 年被国家商标局认定为驰名商标。被告三洋电梯(无锡)有限公司(以下简称无锡三洋)成立于 2001 年，生产电梯产品。无锡三洋在生产销售电梯的主要部件上使用“SANYO 三洋”标识，并在商业活动中突出使用“SANYO”和“三洋”字样，此外，无锡三洋还在被告杭州三洋电梯有限公司(以下简称杭州三洋)注册的域名为 sanyoelevator.cn 的网站上进行商业宣传，并引用了三洋电机的一些材料。三洋电机诉至法院，请求判令无锡三洋和杭州三洋停止侵权、停止在企业名称中使用含有“三洋”“Sanyo”的字样、停止使用并注销上述域名 www.sanyoelevator.cn、公开道歉、消除影响、赔偿损失 500 万元并承担为制止侵权行为支出的合理费用 10 万元等。法院认为：无锡三洋擅自在生产、销售的电梯产品上使用与三洋电机注册商标相同的文字，并在商业活动中突出使用，容易使相关公众产生误认，侵犯了三洋电机的商标专用权。无锡三洋和杭州三洋以“三洋”作为企业字号，并在网站上刊登内容明显虚假的宣传材料，具有攀附三洋电机商号、商标声誉及企图使相关公众误认其为三洋电机关联公司的主观故意，构成不正当竞争。据此判决无锡三洋立即停止在电梯产品、宣传材料、网站及其他经营用品物品上使用“SANYO”“三洋”字样的侵权行为、无锡三洋和杭州三洋立即停止使用并注销上述域名、立即停止使用“三洋”或“SANYO”字样的企业名称、无锡三洋公开刊登声明以消除影响、无锡三洋赔偿三洋电机损失 50 万元、无锡三洋和杭州三洋共同赔偿三洋电机律师费 10 万元。

(七) 注册商标无效

注册商标专有权无效，是指注册商标专用权依法被撤销，并且视为该注册商标专有权在撤销以前自始就不存在。①我国《商标法》第五章规定

① 刘晓海、单晓光主编：《中小企业知识产权经营手册》，知识产权出版社 2008 年版。

了注册商标专用权无效的情形和效力。

1. 注册商标无效的情形

(1) 因注册不当商标而导致商标权的无效

注册不当商标主要是指不具备注册条件的商标获得了注册,因而由商标主管机关撤销该注册商标的制度。我国2019年修订的《商标法》第44条规定:已经注册的商标,违反本法第四条(申请人资格)、第十条(不得作为商标使用的标志)、第十一条(不得作为注册商标的标志)、第十二条(以三维标志作为注册商标的特殊要求)、第十九条第四款(商标代理机构的义务)规定的,或者是以欺骗手段或者其他不正当手段取得注册的,由商标局宣告该注册商标无效;其他单位或者个人可以请求商标评审委员会宣告该注册商标无效。

由商标局宣告注册商标无效的程序:

① 商标局做出宣告注册商标无效的决定,并书面通知当事人。

② 当事人对商标局的决定不服的,可以自收到通知之日起15日内向商标评审委员会申请复审。

③ 商标评审委员会应当自收到申请书之日起9个月内作出决定,并书面通知当事人。如有特殊情况,需要延长复审期限的,经国务院工商行政管理部门批准,可以延长3个月。

④ 当事人对商标评审委员会的决定不服的,可以自收到通知之日起30日内,向人民法院起诉。

由商标评审委员会宣告注册商标无效的程序:

① 其他单位或者个人向商标评审委员会提出申请。

② 商标评审委员会收到申请后,应当书面通知有关当事人,并限期提出答辩。

③ 商标评审委员会应当自收到申请之日起9个月内做出维持注册商标或者宣告注册商标无效的裁定,并书面通知当事人。如有特殊情况需要延长期限的,经国务院工商行政管理部门批准,可以延长3个月。

④ 当事人对商标评审委员会的裁定不服的,可以自收到通知之日起30日内向人民法院起诉。人民法院在受理起诉后,应当通知商标裁定程序的对方当事人作为第三人参加诉讼。

(2) 因违法损害他人合法权益的注册商标被宣告无效

根据《商标法》第45条的规定:“已经注册的商标,违反本法第十三条第二款和第三款(驰名商标的保护)、第十五条(恶意注册他人商标)、第十六条第一款(使用地理标志误导公众的)、第三十条(商标不符合规定或商标相同、近似的)、第三十一条(申请在先原则与使用在先原则)、第三十二条(在先权利与恶意抢注)规定的,自商标注册之日起五年内,在先权利人或者利害关系人可以请求商标评审委员会宣告该注册商标无效。对恶意注册的,驰名商标所有人不受五年的时间限制。”

宣告因违法损害他人合法权益的注册商标无效的程序:

① 由在先权利人或者利害关系人向商标评审委员会宣告该注册商标无效,期限是自商标注册之日起五年内,但驰名商标所有人不受五年的时间限制。

② 商标评审委员会收到宣告注册商标无效的申请后,应当书面通知有关当事人,并限期提出答辩。

③ 审查程序的中止。商标评审委员会在依照前款规定对无效宣告请求进行审查的过程中,所涉及的在先权利的确定必须以人民法院正在审理或者行政机关正在处理的另一案件的结果为依据的,可以中止审查。中止原因消除后,应当恢复审查程序。

④ 商标评审委员会做出裁定。商标评审委员会应当自收到申请之日起十二个月内做出维持注册商标或者宣告注册商标无效的裁定,并书面通知当事人。有特殊情况需要延长的,经国务院工商行政管理部门批准,可以延长六个月。

⑤ 当事人对商标评审委员会的裁定不服的,可以自收到通知之日起三十日内向人民法院起诉。人民法院应当通知商标裁定程序的对方当事人作为第三人参加诉讼。

(3) 因其他情形而导致的被宣告无效

根据《商标法》第 46 条的规定:“法定期限届满,当事人对商标局宣告注册商标无效的决定不申请复审或者对商标评审委员会的复审决定、维持注册商标或者宣告注册商标无效的裁定不向人民法院起诉的,商标局的决定或者商标评审委员会的复审决定、裁定生效。”

2. 宣告无效的效力

根据《商标法》第 47 条的规定:“依照本法第四十四条、第四十五条的规定宣告无效的注册商标,由商标局予以公告,该注册商标专用权视为自始即不存在。”换言之,宣告注册商标无效,即在法律上不承认该注册商标专用权的存在或者曾经存在。但是宣告注册商标无效的决定或者裁定,对以下事项不具有追溯力:一是对宣告无效前人民法院做出并已执行的商标侵权案件的判决、裁定、调解书;二是工商行政管理部门做出并已执行的商标侵权案件的处理决定;三是已经履行的商标转让或者使用许可合同不具有追溯力。但是,因商标注册人的恶意给他人造成的损失,应当给予赔偿。依照前款规定不返还商标侵权赔偿金、商标转让费、商标使用费,明显违反公平原则的,应当全部或者部分返还。

(八) 注册商标专用权的保护

1. 商标专用权的概念和特征

我国的商标法中并没有提到商标权,而是提到了商标专用权,第三条规定:“经商标局核准注册的商标为注册商标,包括商品商标、服务商标和集体商标、证明商标;商标注册人享有商标专用权,受法律保护。”①其后又规定了他人未经许可使用注册商标的行为为侵权行为,因此可以说,商标专用权是商标权人独占使用商标的权利。

商标专用权的特征主要有三个:(1)独占使用,即未经商标权人的许可,任何人不得以任何方式使用注册商标;(2)仅在我国有效,我国授予的商标专用权仅在我国有效,如果需要获得国外的保护,应申请国际商标注册;(3)延展性,我国商标法规定注册商标的使用期限是10年,到期前可以续展,每次续展最长为10年时间。

2. 侵犯商标专用权的行为

侵犯注册商标专用权行为又称商标侵权行为,是指一切损害他人注册商标权益的行为。判断一个行为是否构成侵犯注册商标专用权,主要看是否具备四个要件:一是损害事实的客观存在;二是行为的违法性;三是损害事实是违法行为造成的;四是行为的故意或过失。上述四个要件同时具备时,即构成商标侵权行为。

我国商标法规定的侵犯注册商标专用权行为主要有以下几类:

(1) 未经商标注册人的许可,在同一种商品上使用与其注册商标相同的商标的行为。

这是通常所说的“假冒”行为。行为人的目的是混淆商品来源,误导消费者,其危害性大,是最严重的商标侵权行为。需要注意的是,2013年我国修订的《商标法》将此处的“类似商品”和“近似商标”予以删除,单独用第二款分两条说明。

---

① 见《中华人民共和国商标法》第3条。

（2）未经商标注册人的许可，在同一种商品上使用与其注册商标近似的商标，或者在类似商品上使用与其注册商标相同或者近似的商标，容易导致混淆的行为。

案例十五：金泽公司使用“石婆婆？公？”商标侵权案

①金泽公司使用“石婆婆？公？”“石婆婆烧公鸡”标识所提供的服务与余立、陶树芳注册商标类别属于类似服务。余立、陶树芳主张的注册商标所核定的服务项目是第43类：餐厅、餐馆、饭店、快餐馆，金泽公司的经营范围包括餐馆服务，侯贝珍所经营的亿鲜酒店经营范围是中餐制售，在服务特点和消费对象方面均与余立、陶树芳注册商标类别类似。②金泽公司使用的“石婆婆？公？”“石婆婆烧公鸡”标识与余立、陶树芳注册商标“石婆婆”构成近似商标。金泽公司、侯贝珍使用的“石婆婆？公？”或“石婆婆烧公鸡”标识中“？公？”或“烧公鸡”是一种餐饮方式名称，不具备商标的显著性和可识别性，故其核心部分是“石婆婆”。该核心部分与涉案商标文字部分“石婆婆”文字读音、含义均相同，足以使消费者对两者服务来源产生混淆和误认，故二者构成近似商标。③金泽公司将“石婆婆？公？”或“石婆婆烧公鸡”用作店面招牌及餐饮经营活动，其行为超出了自身商标核定使用范围，构成商标侵权。金泽公司注册商标核定使用范围为第31类活家禽、种家禽，而其在餐馆店面招牌上使用了“石婆婆？公？”或“石婆婆烧公鸡”等标识，超出了原有商标的使用范围，并与余立、陶树芳注册商标核定服务构成类似服务，且该标识与余立、陶树芳注册商标“石婆婆”构成近似，侵犯了余立、陶树芳注册商标专用权。据此，法院判决：侯贝珍、金泽公司于判决生效之日起立即停止侵权行为；金泽公司赔偿余立、陶树芳经济损失50万元。

（3）销售侵犯注册商标专用权的商品的行为。这属于商品流通环节中的一种商标侵权行为。

通常侵犯注册商标专用权的商品，除靠生产者自行销售外，往往还要通过其他人的销售活动才能到达消费者手中。像这样的销售者，与侵犯注册商标专用权的商品的生产者一样，都起到了混淆商品出处、侵犯注册商标专用权、损害消费者利益的作用。因此对这种销售也应认定是一种侵犯注册商标专用权的行为，同样要按商标侵权行为处理，让其承担相应的法律责任。需要注意的是，侵犯注册商标专用权商品的生产者一般都是出于故意，但侵犯注册商标专用权商品的销售者则可能是出于故意，也可能不是。所以本法第六十四第二款明确规定，销售不知道是侵犯注册商标专用权的商品，能证明该商品是自己合法取得的并说明提供者的，不承担赔偿责任。据此可知，对于销售不知道是侵犯注册商标专用权的商品，能证明该商品是自己合法取得的并说明提供者的，是不能按商标侵权行为来追究其法律责任的，因此不应承担赔偿责任。

案例十六:鲁道夫·达斯勒体育用品波马股份公司诉苏州好又多百货商业有限公司侵犯注册商标专用权纠纷案①

原告鲁道夫·达斯勒体育用品波马股份公司(以下简称波马公司)系在德国注册成立的专业生产和销售各类体育服饰和体育用品的法人实体。其在中国注册有“　”图形商标及“　”图形字母组合商标。“　”品牌在中国市场及相关公众中亦具有较高的品牌知名度。被告苏州好又多百货商业有限公司(以下简称好又多公司)系一家批发零售百货、日用杂品等的超市型有限公司。原告发现被告在其店内销售的“华伦步步高”男式运动鞋及步狮牌男式运动鞋上标注的图形侵犯其商标权并进行了公证购买。

经比对,波马公司第76559号商标显示为一只向斜上方作奔腾状的美洲豹图形,即“　”。步步高鞋整体为白色,鞋体两侧分别对应印制有醒目的蓝白相间的向斜上方奔腾的豹图形,图形中央同时印有“HLBBG”字样。步狮鞋整体为黑色,鞋体两侧分别对应印制有纯白色的向斜上方奔腾的豹图形。诉讼中,好又多公司自始未能提供涉诉两款运动鞋相应的供货合同及销售凭证。

法院认为:波马公司的“　”图形商标专用权应受法律保护。好又多公司销售的步步高鞋体两侧显著位置印制有向斜上方奔腾的豹图形,尽管该图形有蓝白相间的底纹及印有“HLBBG”的字样,但从整体构图和立体形状上看,在消费者头脑中产生的核心观念和印象仍为一只奔腾的豹图案概念,故应认定该图案与波马公司的涉案图形商标构成近似。好又多公司销售的步狮鞋亦是在鞋体两侧显著位置印制了纯白色的向斜上方奔腾的豹图形,而该图案与波马公司的涉案图形商标基本相同。根据查明的事实,波马公司的第76559号“　”图形商标在市场上享有良好的声誉,在消费者中具有一定的知名度和显著性。好又多公司销售的步步高鞋和步狮鞋上标注了与波马公司涉案图形商标相近似的图案,客观上容易导致消费者将上述产品误认为是波马公司产品或者认为其来源与波马公司间存在某种关联,损害波马公司的品牌声誉和潜在市场份额。因此,好又多公司的上述销售行为依法应认定为是销售侵犯

① 江苏省苏州市中级人民法院〔2008〕苏中知民初字第0065号民事判决。

注册商标专用权的行为，依法应承担法律责任。

本案中好又多公司尽管抗辩其销售的涉案两款运动鞋有合法来源，但其自始至终未能提供该两款鞋的供货合同及相关交易凭证，故该抗辩理由不能成立。好又多公司疏于对其销售商品是否侵犯他人注册商标专用权的合理审查，主观过错明显，其行为已构成对波马公司注册商标专用权的侵犯，应根据好又多公司的企业销售规模、产品利润、侵权情节、侵权后果、波马公司注册商标的知名度及其因诉讼支出的合理费用等因素酌情确定赔偿数额。法院判决被告好又多公司立即停止侵犯原告波马公司第76559号图形注册商标专用权的行为；被告好又多公司于判决生效之日起30日内在《苏州日报》除中缝以外的版面上刊登声明（内容须经法院审核），消除因其商标侵权行为给原告波马公司造成的不良影响；被告好又多公司于判决生效之日起10日内赔偿原告波马公司经济损失人民币16万元。

(4) 伪造、擅自制造他人注册商标标识或者销售伪造、擅自制造的注册商标标识的行为。

所谓“伪造”，是指不经他人许可而仿照他人注册商标的图样及物质实体制造出与该注册商标标识相同的商标标识；所谓“擅自制造”，主要是指未经他人许可在商标印制合同规定的印数之外，又私自加印商标标识的行为。伪造与擅自制造有一个共同的特点，即都是未经商标注册人许可的行为，其区别在于前者商标标识本身就是假的，而后者商标标识本身是真的。销售伪造、擅自制造的注册商标标识的行为，则是指以此种商标标识为标的进行买卖，既包括批发也包括零售，既包括内部销售也包括在市场上销售。商标标识是商标使用的重要形式。伪造、擅自制造他人注册商标标识行为的目的，在于以之用于自己或供他人用于其生产或者销售的同一种商品或者类似商品上，以便以假充真、以次充好；而销售伪造、擅自制造的注册商标标识的行为，其目的是为了获取非法利益。由于这类行为扰乱了市场经济秩序，侵犯了商标注册人的商标专用权，损害了消费者的利益，后果严重，危害极大，因此必须采取有力措施给予狠狠打击，依法追究违法者的法律责任。

(5) 未经商标注册人同意，更换其注册商标并将该更换商标的商品又投入市场的行为。

这是本次修改商标法新增加的规定。国外有的立法例将之称为“反向假冒”而加以禁止和制裁。所谓“反向假冒”，是指在商品销售活动中将他人在商品上合法贴附的商标消除，换上自己的商标，冒充为自己的商品予以销售的行为。在我国向市场经济转轨过程中，已经出现未经商标注册人同意，擅自将其在商品上使用的注册商标去掉，换上自己的商标后投入市场销售的现象。这种行为侵犯了消费者的知情权,使消费者对商品来源,对生产者、提供者产生误认,对注册商标有效地发挥其功能和商标注册人的商品争创名牌也造成了妨碍,因此,应认定为是一种侵犯注册商标专用权的行为。为有利于社会主义市场经济的健康发展,保护商标注册人的商标专用权,在本法中明文增加对这种侵权行为的禁止性规定是十分必要的。

(6) 故意为侵犯他人商标专用权行为提供便利条件,帮助他人实施侵犯商标专用权行为的。

这类行为是2013年修订《商标法》新增的,主要是指故意为侵犯他人注册商标专用权的行为,提供仓储、运输、邮寄、隐匿等方面的条件,从而帮助他人完成实施侵犯商标专用权的行为。

(7) 给他人的注册商标专用权造成其他损害的行为。

这是一项概括性规定,给他人的注册商标专用权造成其他损害的行为,主要是指除上述6类行为之外其他损害他人注册商标专用权的行为,例如,企业标志或者其主要部分构成对驰名商标的复制、摹仿、翻译或音译,可能暗示使用该企业标志的企业与驰名商标注册人之间存在某种联系,使驰名商标注册人的利益可能受到损害,或者会不正当地利用或者削弱该驰名商标的显著性特征的;域名或域名的主要部分构成对驰名商标的复制、摹仿、翻译或音译,且该域名是恶意注册或使用的;在同一种或者类似商品上,将与他人注册商标相同或者近似的文字、图形作为商品名称或者商品装潢使用,并足以造成误认的;故意为侵犯他人注册商标专用权行为提供仓储、运输、邮寄、隐匿等便利条件的行为等。

上述这些行为尽管有着各种不同的表现形式,但都会对注册商标专用权造成损害,因此也属于侵犯注册商标专用权的行为,违法者依法应当承担相应的法律责任。

3. 商标专有权的保护

商标侵权行为是市场经济发展到一定阶段必然产生的社会现象,它不仅会阻碍先进生产力的发展,扰乱正常的社会经济秩序,使商标权利人的利益受到巨大损失,还会损害到消费者的利益,因此实为一大社会公害,必须不断加大查处力度,依法给予必要的制裁。我国对注册商标专用权的保护主要有行政保护与司法保护两种途径,即当事人在发生侵权纠纷的情况下,可以请求工商行政管理部门处理;也可以就纠纷直接向法院提起诉讼。

(1) 工商行政部门的处理

《商标法》第 60 条规定：有本法第五十七条所列侵犯注册商标专用权行为之一，引起纠纷的，商标注册人或者利害关系人可以向人民法院起诉，也可以请求工商行政管理部门处理。工商行政管理部门处理时，认定侵权行为成立的，责令立即停止侵权行为，没收、销毁侵权商品和主要用于制造侵权商品、伪造注册商标标识的工具，违法经营额五万元以上的，可以处违法经营额五倍以下的罚款，没有违法经营额或者违法经营额不足五万元的，可以处二十五万元以下的罚款。对五年内实施两次以上商标侵权行为或者有其他严重情节的，应当从重处罚。销售不知道是侵犯注册商标专用权的商品，能证明该商品是自己合法取得并说明提供者的，由工商行政管理部门责令停止销售。对侵犯商标专用权的赔偿数额的争议，当事人可以请求进行处理的工商行政管理部门调解，也可以依照《中华人民共和国民事诉讼法》向人民法院起诉。

县级以上工商行政管理部门根据已经取得的违法嫌疑证据或者举报，对涉嫌侵犯他人注册商标专用权的行为进行查处时，可以行使下列职权：(一)询问有关当事人，调查与侵犯他人注册商标专用权有关的情况；(二)查阅、复制当事人与侵权活动有关的合同、发票、账簿以及其他有关资料；(三)对当事人涉嫌从事侵犯他人注册商标专用权活动的场所实施现场检查；(四)检查与侵权活动有关的物品；对有证据证明是侵犯他人注册商标专用权的物品，可以查封或者扣押。工商行政管理部门依法行使前款规定的职权时，当事人应当予以协助、配合，不得拒绝、阻挠。在查处商标侵权案件过程中，对商标权属存在争议或者权利人同时向人民法院提起商标侵权诉讼的，工商行政管理部门可以中止案件的查处。中止原因消除后，应当恢复或者终结案件查处程序。

(2) 法院的处理

临时保护措施，我国《商标法》第 65 条规定，商标注册人或者利害关系人有证据证明他人正在实施或者即将实施侵犯其注册商标专用权的行为，如不及时制止将会使其合法权益受到难以弥补的损害的，可以依法在起诉前向人民法院申请采取责令停止有关行为和财产保全的措施。

证据保全，我国《商标法》第 66 条规定，为制止侵权行为，在证据可能灭失或者以后难以取得的情况下，商标注册人或者利害关系人可以依法在起诉前向人民法院申请保全证据。

赔偿数额，我国《商标法》第 63 条规定，侵犯商标专用权的赔偿数额，按照权利人因被侵权所受到的实际损失确定;实际损失难以确定的,可以按照侵权人因侵权所获得的利益确定;权利人的损失或者侵权人获得的利益难以确定的,参照该商标许可使用费的倍数合理确定。对恶意侵犯商标专用权,情节严重的,可以在按照上述方法确定数额的一倍以上五倍以下确定赔偿数额。赔偿数额应当包括权利人为制止侵权行为所支付的合理开支。人民法院为确定赔偿数额,在权利人已经尽力举证,而与侵权行为相关的账簿、资料主要由侵权人掌握的情况下,可以责令侵权人提供与侵权行为相关的账簿、资料;侵权人不提供或者提供虚假的账簿、资料的,人民法院可以参考权利人的主张和提供的证据判定赔偿数额。权利人因被侵权所受到的实际损失、侵权人因侵权所获得的利益、注册商标许可使用费难以确定的,由人民法院根据侵权行为的情节判决给予五百万元以下的赔偿。人民法院审理商标纠纷案件,应权利人请求,对属于假冒注册商标的商品,除特殊情况外,责令销毁;对主要用于制造假冒注册商标的商品的材料、工具,责令销毁,且不予补偿;或者在特殊情况下,责令禁止前述材料、工具进入商业渠道,且不予补偿。假冒注册商标的商品不得在仅去除假冒注册商标后进入商业渠道。

刑事责任,我国《商标法》第 67 条规定:未经商标注册人许可,在同一种商品上使用与其注册商标相同的商标,构成犯罪的,除赔偿被侵权人的损失外,依法追究刑事责任。伪造、擅自制造他人注册商标标识或者销售伪造、擅自制造的注册商标标识,构成犯罪的,除赔偿被侵权人的损失外,依法追究刑事责任。销售明知是假冒注册商标的商品,构成犯罪的,除赔偿被侵权人的损失外,依法追究刑事责任。

实践中,我国工商行政管理部门联合其他执法部门,进行了大量的侵权查处工作。如山西省工商联合其他部门执法人员查处了一起采用物流形式,利用节假日运输非法出版物的侵权案件,现场查扣 3 千余册淫秽图书,7.6 万张盗版光盘。

商标行政保护的特点是比较司法途径保护而言的。本书认为,其主要特点如下:①程序简单。工商行政管理机关受理商标侵权案件的程序,相对于司法机关的程序要简单,且立案后,查案及时,办案周期短;②证据要求相对较低。工商行政管理机关受理商标侵权案件的证据,相对司法机关的庭审制度的证据要求要低,即商标权利人提供商标注册证明、侵权货品、票据等初步证据后,由工商行政管理机关运用行政执法手段实施检查,进一步扩大线索和收集证据;③法律救济成本低。工商行政管理机关受理商标侵权案件是不收费的。

案例十七：非法制造注册商标标识罪案①

涉案“HUAWEI”“SΛMSUNG”商标核定使用在第9类包括手机用液晶显示屏在内的商品上。经查明，2016年8月起，被告人李功志、巫琴等人未经商标权人授权，加工生产假冒“三星”“华为”注册商标的手机玻璃面板，将排线贴附到手机盖板上。被告人李功志是该工厂的日常管理者，负责对工厂的机器设备进行调试以及对员工进行管理。被告人巫琴协助李功志管理工厂，每加工完成一个手机玻璃面板收取客户1.0—1.8元不等的加工费。2016年11月21日20时许，民警抓获被告人李功志、巫琴，并当场查获假冒“三星”手机玻璃面板10 100个、“华为”手机玻璃面板1 200个、销售单据16张及送货单2本。按被害单位报价计，所缴获面板共计价值人民币648 000元。广东省深圳市宝安区人民法院一审根据被害单位出具的价格说明，以非法经营数额作为量刑标准作出认定。深圳市中级人民法院二审对此予以纠正。认为在无法查明实际销售价格和市场中间价格的情况下，应按照刑法规定的销售伪造、擅自制造两种以上注册商标标识数量予以量刑处罚。二审法院据此判决李功志犯非法制造注册商标标识罪，判处有期徒刑二年，并处罚金人民币五万元；判决巫琴犯非法制造注册商标标识罪，判处有期徒刑一年，并处罚金人民币六千元。

典型意义：本案涉及非法制造注册商标标识罪案件中经营数额认定的证据采信标准。明确了相关司法解释中关于市场中间价认定标准的适用，对涉知识产权犯罪中非法经营数额证据的认定标准具有示范性作用。

第四节　其他主要知识产权的保护

一、集成电路布图设计权的保护

我国有关集成电路布图设计的法律主要有：2001年10月1日起实施的《集成电路布图设计保护条例》及《集成电路布图设计保护条例实施细则》和《最高人民法院关于开展涉及集成电路布图设计案件审判工作的通知(法发〔2001〕24号)》。以下将根据上述行政法规、规章和司法解释简单介绍集成电路布图设计法律制度。

(一) 集成电路布图设计权

集成电路，是指半导体集成电路，即以半导体材料为基片，将至少有

① 最高人民法院发布的2018年中国法院十大知识产权案件。

一个是有源元件的两个以上元件和部分或者全部互连线路集成在基片之中或者基片之上,以执行某种电子功能的中间产品或者最终产品。

集成电路布图设计,简称布图设计,是指集成电路中至少有一个是有源元件的两个以上元件和部分或者全部互连线路的三维配置,或者为制造集成电路而准备的上述三维配置。

布图设计权利人享有两项集成电路布图设计权,即复制权和商业实施权。①复制权是指布图设计权人有自己复制或许可他人复制其布图设计的权利,任何第三人未经权利人许可,不得复制。商业实施权是指布图设计权人有权自己或许可他人进口、销售受保护的布图设计或含有受保护布图设计的集成电路产品,以获得利益,未经权利人许可从事上述行为即构成侵权。商业实施权源于布图设计的实用性,布图设计是为了集成电路产业使用而制作的,因而布图设计的价值也主要表现于商业利用价值之上。商业实施权保证了布图设计价值的实现。

(二) 外国的集成电路布图设计权在中国的保护

根据我国颁布的《集成电路布图设计保护条例》第三条的规定:"外国人创作的布图设计首先在中国境内投入商业利用的,依照本条例享有布图设计专有权。外国人创作的布图设计,其创作者所属国同中国签订有关布图设计保护协议或者与中国共同参加有关布图设计保护国际条约的,依照本条例享有布图设计专有权。"

此外,《集成电路布图设计保护条例》第八条还规定:"布图设计专有权经国务院知识产权行政部门登记产生。未经登记的布图设计不受本条例保护。"

外国的集成电路布图设计权在中国是不能够得到保护的,但是外国的集成电路布图设计如果符合《集成电路布图设计保护条例》第三条的规定,并且按照第八条的规定在国务院知识产权行政部门登记的,其集成电路布图设计获得我国的保护。

(三) 侵犯集成电路布图设计专有权的行为

根据我国法律规定,构成对集成电路布图设计专有权的侵权行为包括:(1)未经许可,擅自复制受保护的布图设计行为;(2)为商业目的进口、销售或者以其他方式提供非法复制受保护的布图设计的行为;(3)为商业目的进口、销售或者以其他方式提供含有受保护的布图设计集成电路,并

① 《集成电路布图设计保护条例》第7条。

且知道或者有合理理由应当知道其中含有非法复制的布图设计的行为；(4)为商业目的进口、销售或者以其他方式提供含有侵权集成电路的物品，并且知道或者有合理理由应当知道其中含有非法复制的布图设计的行为。

虽然我国早在2001年就开始保护集成电路布图设计，实践中也有企业就侵犯集成电路布图设计专有权的行为向法院提起诉讼，但是多以调解结案。

(四) 集成电路布图设计权保护途径

如其他知识产权的保护一样，我国对集成电路布图设计采用两种途径保护：行政保护和司法保护。

根据2001年11月28日公布的《集成电路布图设计行政执法办法》第一章第二条规定，国家知识产权局设立集成电路布图设计行政执法委员会，各省、自治区、直辖市的知识产权局应当协助、配合国家知识产权局开展集成电路布图设计行政执法工作。

集成电路布图设计行政执法委员会的行政职能是负责处理侵犯布图设计专有权的纠纷，调解侵犯布图设计专有权的赔偿数额。

行政执法委员会处理侵犯布图设计专有权的纠纷应当以事实为依据、以法律为准绳，遵循公正、及时的原则。行政执法委员会调解侵犯布图设计专有权的赔偿数额应当按照法律规定，在查明事实、分清是非的基础上，促使当事人相互谅解，达成协议。

根据《最高人民法院关于开展涉及集成电路布图设计案件审判工作的通知(法发〔2001〕24号)》，有关布图设计专有权权属纠纷、转让合同纠纷、侵犯布图设计专有权纠纷和诉前申请停止侵权、财产保全案件由各省、自治区、直辖市人民政府所在地，经济特区所在地和大连、青岛、温州、佛山、烟台市的中级人民法院作为第一审人民法院审理；有关国家知识产权局就布图设计做出的裁定或决定由北京市第一中级人民法院作为第一审人民法院审理。

案例十八：南京微盟电子有限公司与泉芯电子技术(深圳)有限公司侵害集成电路布图专有权纠纷上诉案①

微盟公司创作了ME6206芯片的集成电路布图设计，并获得国家知识产权局颁发的《集成电路布图设计登记证书》。微盟公司认为泉芯公司的QX6206产品侵害其集

① 最高人民法院发布的2015年中国法院50件典型知识产权案例。

成电路布图专有权,诉请法院判令泉芯公司停止侵权,赔偿微盟公司经济损失及维权费用500万元。泉芯公司抗辩被诉QX6206芯片合法来源于京众公司并提交了对账单、送货单、增值税专用发票等证据。

一审法院将被诉QX6206芯片分别与微盟公司备案的ME6206芯片、京众公司的JZ6206芯片就电路布图设计的版图相似度委托鉴定,鉴定结论显示,两者的版图相似度分别为89.04%和96.91%。一审认为泉芯公司销售的芯片布图与微盟公司的电路布图设计相近似,而与京众公司的产品并非100%相同,故被诉产品并非来源于京众公司,遂认定泉芯公司构成侵权,判决停止侵权、判赔40万元。泉芯公司不服,提起上诉。二审法院撤销一审判决,改判泉芯公司不侵权。

本案系侵害集成电路布图设计专有权纠纷,由于集成电路布图设计及相应芯片制造行业存在特有的行业规则和发展背景,对相关证据的认定应当符合日常生活经验及行业经验。二审通过深入了解行业经验和常识,纠正了一审"版权相似度不是100%即不属于同一电路布图设计"的错误认识,并综合鉴定结论、行业经验和相关交易票据,认定被诉产品符合《集成电路布图设计保护条例》第33条第1款情形,同时对"改标销售"是否属于正常商业投入进行了阐述。该案类型新颖,充分发挥了维护集成电路布图专有权权益和促进市场正常商业交易秩序的利益平衡功能,为如何结合行业背景及经验进行正确合理的司法判断起到良好示范效应。

二、商业秘密

(一) 商业秘密的概念

根据我国2019年修订的《反不正当竞争法》第2条第1款规定:"经营者在生产经营活动中,应当遵循自愿、平等、公平、诚信的原则,遵守法律和商业道德。"国家工商行政管理局1998年修订的《关于禁止侵犯商业秘密行为的若干规定》第2条,商业秘密是指不为公众所知悉、能为权利人带来经济利益、具有实用性并经权利人采取保密措施的技术信息和经营信息。其中,技术信息和经营信息,包括设计、程序、产品配方、制作工艺、制作方法、管理诀窍、客户名单、货源情报、产销策略、招投标中的标底及标书内容等信息。而2019年修订的《反不正当竞争法》第9条第4款规定:"本法所称的商业秘密,是指不为公众所知悉、具有商业价值并经权利人采取相应保密措施的技术信息、经营信息等商业信息。"商业秘密具有以下几点法律特征:(1)秘密性。是指未进入公知领域,不能从公开渠道直接获取,即未公开的信息。(2)具有实用性。即能为权利人带来现实的或潜在的经济利益或竞争优势。(3)价值性,能为权利人带来经济利益。(4)权利人采取了合理的保密措施。保密措施包括订立保密协议,建立保密制度等合理措施。修订后的商业秘密与原来有所不同,修订后的商业秘密具有秘密性、价值性和采取保密措施的三个特征，相比原来减少了实用性这个特征。修改的原因在于，很多商业秘密初期并不具有实用性的特征，如果因为暂时缺乏实用性就排除在商业秘密保护的范围之外，将导致权利人不愿意前期付出大量的人力物力去开发商业秘密，最终不利于社会的进步。

实践中，商业秘密一定要采取明确的措施加以保护，否则，可能不被认定为商业秘密。

案例十九：上海富日实业有限公司诉黄子瑜、上海萨菲亚纺织品有限公司侵犯商业秘密纠纷一案①

富日公司原股东黄子瑜退出公司后与案外人刘学宏共同投资组建了萨菲亚公司，从事与富日公司相似业务。富日公司认为，与其有着长期稳定贸易关系的日本客商“森林株式会社”及其子公司森林集团太阳鹰株式会社在黄子渝离职后即再无业务往来。黄子渝设立公司后，随即与富日公司的客户“森林株式会社”建立业务关系，导致富日公司丧失了与该客户的交易机会，造成重大经济损失。据初步统计，仅在黄子瑜离职前的2001年，富日公司与该客户的贸易毛利润约在人民币290万元左右。黄子瑜作为富日公司的监事、高级管理人员，掌握富日公司的经营秘密，但其为自己利益，组建与富日公司经营范围相同的公司，泄露并使用富日公司的商业秘密，与上海萨菲亚纺织品有限公司共同侵犯了富日公司的合法利益。

审理法院认为，作为商业秘密受法律保护的经营信息，须是不为公众所知悉、能为权利人带来经济利益、具有实用性并经权利人采取了保密措施的经营信息。在本案中，并无证据表明富日公司主张保护的特定客户信息属于不为公众所知悉，并经其采取了相应保密措施的经营信息。同时，虽有部分证据可以表明富日公司可在与该特定客户进行交易时获得相应的营业利润，但该等证据还不足以说明富日公司系因其所拥有的特定客户信息而取得了竞争优势。因此，该特定客户的信息要作为富日公司的商业秘密受到法律保护，还欠缺事实依据。

依照《最高人民法院关于审理不正当竞争民事案件应用法律若干问题的解释》第十三条的规定，商业秘密中的客户名单包括保持长期稳定交易关系的特定客户，而本案中富日公司与日商“森林株式会社”确有一段时间的稳定交易关系。但是，该司法解释并非意指只要是有较长时间稳定交易关系的特定客户就应作为商业秘密给予保护，相反，只有进一步考察主张享有权利的经营者就该特定客户是否拥有区别于相关公知信息的特殊客户信息，并且考察是否符合前述构成商业秘密的一般条件之后，才能够决定是否应当认定为法律所保护的商业秘密。因此，本案中并不能仅以富日公司与日商“森林株式会社”有过一段时间的稳定交易关系就认为该特定

① (2010)沪一中民五(知)初字第27号。

客户已经属于富日公司的商业秘密。因此,黄子瑜和萨菲亚公司并不存在侵权行为。

一项成果为什么要用商业秘密来保护呢?首先,商业秘密是永久保护,不存在所谓的保护期限,而专利等均有保护期限,过期则不再保护;其次,商业秘密无需受审查,无需缴费,无地域限制。因此,对于那些不容易通过反向工程或其他方式获悉的成果一般较多采用商业秘密保护。如美国可口可乐公司的配方便是采用商业秘密保护。

(二) 商业秘密的权利人

商业秘密权利人包括依法对商业秘密享有所有权和使用权的公民、法人和其他组织,即合法拥有或控制商业秘密的人。在申请制止侵犯商业秘密行为问题上,商业秘密所有权人与被许可使用人具有同等的地位。

(三) 侵犯商业秘密行为、举证责任及其法律责任

1. 侵犯商业秘密的行为

根据《反不正当竞争法》(2019 年修订)第 9 条规定:经营者不得实施下列侵犯商业秘密的行为:(1)以盗窃、贿赂、欺诈、胁迫、电子侵入或者其他不正当手段获取权利人的商业秘密;(2)披露、使用或者允许他人使用以前项手段获取的权利人的商业秘密;(3)违反保密义务或者违反权利人有关保守商业秘密的要求,披露、使用或者允许他人使用其所掌握的商业秘密;(4)教唆、引诱、帮助他人违反保密义务或者违反权利人有关保守商业秘密的要求,获取、披露、使用或者允许他人使用权利人的商业秘密。经营者以外的其他自然人、法人和非法人组织实施前款所列违法行为的,视为侵犯商业秘密。第三人明知或者应知商业秘密权利人的员工、前员工或者其他单位、个人实施本条第一款所列违法行为,仍获取、披露、使用或者允许他人使用该商业秘密的,视为侵犯商业秘密。

实践中,上述第三点所指的行为一般表现为员工掌握了公司的商业秘密后离职,在新就职企业中使用原公司的商业秘密。目前,此类纠纷越来越多。

案例二十:江汉石油"牙轮钻头"商业秘密案①

在江汉石油"牙轮钻头"商业秘密案中,江汉石油钻头股份有限公司(江汉石油)在 20 世纪 90 年代将牙轮钻头制造技术进行商业秘密保护,并制定了秘密规定。幸发芬原系江汉石油的技术部部长。幸发芬离职后到立林公司工作,2008 年 6 月,江汉公司

① 湖北省高级人民法院〔2009〕鄂民三终字第 30 号民事调解书。

以幸发芬违反公司关于保守商业秘密的要求，非法使用公司秘密技术，用于天津立林钻头有限公司研制、生产三牙轮钻头，以及立林公司共同侵犯公司商业秘密为由提起诉讼，潜江市人民法院因本案涉及商业秘密，不公开开庭审理了本案，判决幸发芬犯侵犯商业秘密罪，判处有期徒刑6年，并处罚金50000元。后本案经历二审到再审，三方达成和解，由立林公司赔偿江汉公司1 700万，立林公司自愿停止生产、销售涉案钻头。

2. 侵犯商业秘密的举证责任

根据《反不正当竞争法》(2019年修订)第32条规定："在侵犯商业秘密的民事审判程序中，商业秘密权利人提供初步证据，证明其已经对所主张的商业秘密采取保密措施，且合理表明商业秘密被侵犯，涉嫌侵权人应当证明权利人所主张的商业秘密不属于本法规定的商业秘密。商业秘密权利人提供初步证据合理表明商业秘密被侵犯，且提供以下证据之一的，涉嫌侵权人应当证明其不存在侵犯商业秘密的行为：(1)有证据表明涉嫌侵权人有渠道或者机会获取商业秘密，且其使用的信息与该商业秘密实质上相同；(2)有证据表明商业秘密已经被涉嫌侵权人披露、使用或者有被披露、使用的风险；(3)有其他证据表明商业秘密被涉嫌侵权人侵犯。"

3. 侵犯商业秘密的法律责任

根据《反不正当竞争法》(2019年修订)第三十条规定：监督检查部门的工作人员滥用职权、玩忽职守、徇私舞弊或者泄露调查过程中知悉的商业秘密的，依法给予处分。第二十一条规定：经营者以及其他自然人、法人和非法人组织违反本法第九条规定侵犯商业秘密的，由监督检查部门责令停止违法行为，没收违法所得，处十万元以上一百万元以下的罚款；情节严重的，处五十万元以上五百万元以下的罚款。

案例二十一："反光材料"商业秘密纠纷案①

宋俊超自2006年起在鹤壁市反光材料有限公司(以下简称反光材料公司)任业务员，主要负责部分省份的销售及客户拓展工作。反光材料公司与宋俊超先后签订两份劳动合同，并约定有保密条款和竞业限制条款。反光材料公司对其经营信息制定有保密制度，对客户及潜在客户信息采取了必要的保密措施，同时向宋俊超及其他业务员支付了保密费用。鹤壁市睿欣商贸有限公司(以下简称睿欣公司，即鹤壁睿明特科技有限公司前身)成立于2011年6月22日，经营范围为钢材、建材、五金交电、涂板、反光护栏。在睿欣公司经营期间，宋俊超以宋翔名义参与办理睿欣公司工商登记手续的相关工作。睿欣公司银行往来账目显示，自2011年8月1日至2015年7月31日期

① 2017年度中国法院10大知识产权案件(最高院2018年4月19日发布)。

间,睿欣公司与反光材料公司的多笔交易客户重合,宋俊超以个人名义从睿欣公司账户取款多次。反光材料公司遂以侵害商业秘密为由,将宋俊超等诉至法院。一审法院认为,宋俊超、睿欣公司对反光材料公司的商业秘密构成共同侵权。

二审法院认为,根据反光材料公司所提供的交易记录及客户来往票据,其中"品种""规格""数量"能够说明客户的独特需求,"成交日期"能够反映客户要货的规律,"单价"能够说明客户对价格的承受能力和价格成交底线,"备注"反映了客户的特殊信息。这些内容构成了反光材料公司经营信息的秘密点。上述经营信息涉及的客户已与反光材料公司形成了稳定的供货渠道,保持着良好的交易关系,在生产经营中具有实用性,能够为反光材料公司带来经济利益、竞争优势。反光材料公司为上述经营信息制定了具体的保密制度,对客户及潜在客户信息采取了必要的保密措施,并与宋俊超明确约定了保密条款、竞业限制条款,向宋俊超及其他业务员支付了相应的保密费用,可以证明反光材料公司为上述经营信息采取了合理保密措施。

综上,可以认定反光材料公司制作的客户名单构成商业秘密。宋俊超负有对反光材料公司的忠实义务,其中包括对工作中接触到的经营信息进行保密的义务,其明知公司的相关管理规定及客户名单的非公开性和商业价值,但仍私自与反光材料公司的客户进行交易,且与睿欣公司来往频繁,构成披露、使用、允许他人使用反光材料公司经营信息的行为,侵害了反光材料公司的商业秘密。睿欣公司不正当地获取、使用了宋俊超所掌握的反光材料公司拥有的商业秘密。宋俊超、睿欣公司对反光材料公司的商业秘密构成共同侵权。因睿欣公司已变更为睿明特公司,故侵权责任应由睿明特公司承担。

典型意义:本案是涉及商业秘密保护的典型案例。商业秘密案件因证据复杂、隐蔽,通常审理难度较大。特别是,因员工离职等带来的商业秘密保护问题一直是司法实践中的难点。本案判决对商业秘密案件中"不为公众所知悉""保密措施""商业价值"以及赔偿责任的确定等重要法律问题,结合案情进行了细致和全面的阐释,对类似案件的审理具有较强的规则指引意义。此外,本案还着重强调了员工离职后的保密义务,倡导了诚实信用的价值取向。

三、植物新品种的保护

(一) 植物新品种权

根据我国《植物新品种保护条例》第 2 条,植物新品种是指经过人工培育的或者对发现的野生植物加以开发,具备新颖性、特异性、一致性和稳定性,并有适当命名的植物品种。植物新品种应具有以下四个特征:(1)新颖性:指申请品种权的植物新品种在申请日前该品种繁殖材料未被销售,或者经育种者许可,在中国境内销售该品种繁殖材料未超过 1 年;

在中国境外销售藤本植物、林木、果树和观赏树木品种繁殖材料未超过6年，销售其他植物品种繁殖材料未超过4年。经过驯化改良的野生品种也可以申报植物新品种权。(2)特异性：指申请品种权的植物新品种应当明显区别于在递交申请以前已知的植物品种。(3)一致性：指申请品种权的植物新品种经过繁殖，除可以预见的变异外，其相关的特征或者特性一致。(4)稳定性：指申请品种权的植物新品种经过反复繁殖后或者在特定繁殖周期结束时，其相关的特征或者特性保持不变。

（二）植物新品种权的取得

(1) 申请。根据我国法律规定，中国的单位和个人申请品种权的，可以直接或者委托代理机构向审批机关提出申请。中国的单位和个人申请品种权的植物新品种涉及国家安全或者重大利益需要保密的，应当按照国家有关规定办理。

外国人、外国企业或者外国其他组织在中国申请品种权的，应当按其所属国和中华人民共和国签订的协议或者共同参加的国际条约办理，或者根据互惠原则，依照本条例办理。

申请人可以在品种权授予前修改或者撤回品种权申请。

中国的单位或者个人将国内培育的植物新品种向国外申请品种权的，应当按照职责分工向省级人民政府农业、林业行政部门登记。

(2) 提交文件。我国法律规定，申请品种权的，应当向审批机关提交符合规定格式要求的请求书、说明书和该品种的照片。申请文件应当使用中文书写。

审批机关收到品种权申请文件之日为申请日；申请文件是邮寄的，以寄出的邮戳日为申请日。

申请人自在外国第一次提出品种权申请之日起12个月内，又在中国就该植物新品种提出品种权申请的，依照该外国同中华人民共和国签订的协议或者共同参加的国际条约，或者根据相互承认优先权的原则，可以享有优先权。申请人要求优先权的，应当在申请时提出书面说明，并在3个月内提交经原受理机关确认的第一次提出的品种权申请文件的副本；未依照本条例规定提出书面说明或者提交申请文件副本的，视为未要求优先权。

(3) 审查。我国法律规定，申请人缴纳申请费后，审批机关对品种权申请是否属于植物品种保护名录列举的植物属或者种的范围、是否符合本条例第二十条的规定；是否符合新颖性的规定、植物新品种的命名是否适当这几方面进行初步审查。

审批机关应当自受理品种权申请之日起6个月内完成初步审查。对经初步审查合格的品种权申请,审批机关予以公告,并通知申请人在3个月内缴纳审查费。对经初步审查不合格的品种权申请,审批机关应当通知申请人在3个月内陈述意见或者予以修正;逾期未答复或者修正后仍然不合格的,驳回申请。

申请人按照规定缴纳审查费后,审批机关对品种权申请的特异性、一致性和稳定性进行实质审查。申请人未按照规定缴纳审查费的,品种权申请视为撤回。

(4) 批准。对经实质审查符合本条例规定的品种权申请,审批机关应当作出授予品种权的决定,颁发品种权证书,并予以登记和公告。

对经实质审查不符合本条例规定的品种权申请,审批机关予以驳回,并通知申请人。

(三) 品种权的内容和归属

(1) 品种权的内容

植物新品种的申请权和品种权可以依法转让。完成育种的单位或者个人对其授权品种,享有排他的独占权。任何单位或者个人未经品种权所有人许可,不得为商业目的生成或者销售该授权品种的繁殖材料,不得为商业目的将该授权品种的繁殖材料重复使用于生产另一品种的繁殖材料。但是,如果不是为了商业目的使用授权的品种,无需取得品种权人的许可,也无需支付使用费用。主要有:①利用授权品种进行育种及其他科研活动;②农民自繁自用授权品种的繁殖材料。

另外,植物新品种权利人享有追偿权,即品种权被授权后,在自初步审查合格公告之日起至授予品种权之日止的期间,对未经申请人许可,为商业目的生产或者销售该授权品种的繁殖材料的单位和个人,品种权人享有追偿的权利。

(2) 品种权的归属

职务育种的归属。执行本单位的任务或者主要是利用本单位的物质条件所完成的职务育种,植物新品种的申请权属于该单位;非职务育种,植物新品种的申请权属于完成育种的个人。申请被批准后,品种权属于申请人。

委托育种或者合作育种的归属。品种权的归属由当事人在合同中约定;没有合同约定的,品种权属于受委托完成或者共同完成育种的单位或者个人。

（四）品种权的限制

强制许可。为了国家利益或者公共利益，审批机关可以作出实施植物新品种强制许可的决定，并予以登记和公告。取得实施强制许可的单位或者个人应当付给品种权人合理的使用费，其数额由双方商定；双方不能达成协议的，由审批机关裁决。品种权人对强制许可决定或者强制许可使用费的裁决不服的，可以自收到通知之日起3个月内向人民法院提起诉讼。

合理使用。《植物新品种保护条例》第10条规定：在下列情况下使用授权品种的，可以不经品种权人许可，不向其支付使用费，但是不得侵犯品种权人依照本条例享有的其他权利：(1)利用授权品种进行育种及其他科研活动；(2)农民自繁自用授权品种的繁殖材料。

（五）植物新品种的保护机构和保护范围

国务院农业、林业行政部门按照职责分工共同负责植物新品种权申请的受理和审查并对符合条例规定的植物新品种授予植物新品种权。

农业部负责：粮食、棉花、油料、麻类、糖料、蔬菜（含西甜瓜）、烟草、桑树、茶树、果树（干果除外）、观赏植物（木本除外）、草类、绿肥、草本药材、食用菌、藻类和橡胶树等植物的新品种保护工作。

我国加入《国际植物新品种保护公约(1978年文本)》，保护由审批机关公布的《植物新品种保护名录》。截至2019年，农业部已先后公布了十一批保护名录，林业部门先后也公布了六批保护名录。

（六）侵犯植物新品种权的行为及保护

1. 侵权行为

根据2007年《最高人民法院关于审理侵犯植物新品种权纠纷案件具体应用法律问题的若干规定》第2条的规定，未经品种权人许可，为商业目的生产或销售授权品种的繁殖材料，或者为商业目的将授权品种的繁殖材料重复使用于生产另一品种的繁殖材料的，人民法院应当认定为侵犯植物新品种权。被控侵权物的特征、特性与授权品种的特征、特性相同，或者特征、特性的不同是因非遗传变异所致的，人民法院一般应当认定被控侵权物属于为商业目的生产或者销售授权品种的繁殖材料。被控侵权人重复以授权品种的繁殖材料为亲本与其他亲本另行繁殖的，人民法院一般应当认定属于为商业目的将授权品种的繁殖材料重复使用于生产另一品种的繁殖材料。

案例二十二:陕西省泾阳县现代种业有限责任公司与杨凌新西北种业有限公司(以下简称新西北公司)侵犯植物新品种权纠纷一案①

该案中,2005年11月1日中华人民共和国农业部授予"豫麦49—198"植物新品种权,品种权人为吕平安,品种权号为CNA20030340.6。2006年9月20日吕平安授权河南平安种业有限公司(以下简称平安公司)独家拥有在合法审定区域内的生产、经营以及许可授权生产、经营的权利。

2007年8月5日平安公司与新西北公司签订了"豫麦49—198"品种权授权协议,该协议约定:平安公司授权新西北公司自合同签订之日起至2010年10月31日在陕西省区域内独家生产、包装、销售"豫麦49—198",新西北公司负责该品种在陕西省区域内市场的维权、打假、诉讼等事宜。2008年7月1日,平安公司向温县丰源种子有限公司国安分公司(以下简称丰源公司)出具委托书,委托该公司在温县区域繁育"豫麦49—198",面积1 500亩,并授权该公司生产、加工、销售事宜(包装统一使用平安公司授权包装),委托期限自2008年7月1日至2008年10月30日止。2008年8月1日,丰源公司向现代公司出具授权委托书,载明丰源公司委托现代公司在陕西区域内批发指定销售"丰源"系列不分装种子,包括丰源公司受平安公司委托繁育销售的"豫麦49—198",授权日期为2008年8月1日至2009年6月10日。2008年10月1日新西北公司在现代公司处购得"豫麦49—198"品种30斤,单价为1.9元/斤。2008年10月7日在陕西省泾阳县工商局的询问笔录中,现代公司承认2008年9月19日从丰源公司购进"豫麦49—198"种子21 000斤,每斤1.25元,共计26 250元。2008年10月20日平安公司向陕西省工商局和陕西省泾阳县工商局出具函件,载明:其从未向陕西境内销售"豫麦49—198"小麦种子,新西北公司是其在陕西境内授权的唯一一家生产、加工、销售"豫麦49—198"品种的单位,如市场上流通有非此单位生产的"豫麦49—198"品种,可视为假冒伪劣产品,望予以查处。

那么现代公司是否侵犯了新西北公司对"豫麦49—198"植物新品种享有的民事权利?一审法院认为,植物新品种是指经过人工培育的或者对发现的野生植物加以开发,具备新颖性、特异性、一致性和稳定性并有适当命名的植物品种。根据最高人民法院《关于审理侵犯植物新品种权纠纷案件具体应用法律问题的若干规定》第二条"未经品种权人许可,为商业目的生产或销售授权品种的繁殖材料,或者为商业目的将授权品种的繁殖材料重复使用于生产另一品种的繁殖材料的,人民法院应当认定为侵犯植物新品种权"、《中华人民共和国植物新品种保护条例》第六条"完成育种的单位或者个人对其授权品种,享有排他的独占权。任何单位或者个人未经品种权所有人许可,不得为商业目的生产或者销售该授权品种的繁殖材料,不得为商业目的将该授权品种的繁殖材料重复使用于生产另一品种的繁殖材料"之规定,现代公司未经品种权人的许可,擅自销售争讼之授权植物新品种,构成对新西北公司排他实施"豫麦49—198"小

① 陕西省高级人民法院(陕民三终字第42号)民事判决书。

麦新品种权的侵害。二审法院维持了一审法院的判决。

2. 植物新品种权的行政保护

侵权行为发生地的省级农业行政部门负责处理本行政辖区内品种权侵权案件。两个以上省级农业行政部门都享有管辖权的侵权案件，应当由先立案的省级农业行政部门管辖；省级农业行政部门对侵权案件管辖权发生争议时，由农业部指定管辖；农业部在必要时可以直接处理侵权案件。省级农业行政部门认为侵权案件重大、复杂，需要由农业部处理的，可以报请农业部处理。

请求处理品种权侵权案件的诉讼时效为三年，自品种权人或利害关系人得知或应当得知侵权行为之日起计算。请求省级以上人民政府农业行政部门处理品种权侵权案件的，应当提交请求书以及所涉及品种权的品种权证书，并且按照被请求人的数量提供请求书副本。

3. 植物新品种权的司法保护

根据《关于审理植物新品种纠纷案件若干问题的解释》："人民法院受理的植物新品种纠纷案件主要包括以下几类：a.是否应当授予植物新品种权纠纷案件；b.宣告授予的植物新品种权无效或者维持植物新品种权的纠纷案件；c.授予品种权的植物新品种更名的纠纷案件；d.实施强制许可的纠纷案件；e.实施强制许可使用费的纠纷案件；f.植物新品种申请权纠纷案件；g.植物新品种权利归属纠纷案件；h.转让植物新品种申请权和转让植物新品种权的纠纷案件；i.侵犯植物新品种权的纠纷案件；j.不服省级以上农业、林业行政管理部门依据职权对侵犯植物新品种权处罚的纠纷案件；k.不服县级以上农业、林业行政管理部门依据职权对假冒授权品种处罚的纠纷案件。"

其中第 a 至 e 类案件，由北京市第二中级人民法院作为第一审人民法院审理；第 f 至 k 类案件，由各省、自治区、直辖市人民政府所在地和最高人民法院指定的中级人民法院作为第一审人民法院审理。

4. 违反植物新品种保护法律规定的责任

根据《植物新品种保护条例》(2014 年修订)第 39 条的规定：省级以上人民政府农业、林业行政部门依据各自的职权处理品种权侵权案件时，为维护社会公共利益，可以责令侵权人停止侵权行为，没收违法所得和植物品种繁殖材料；货值金额 5 万元以上的，可处货值金额 1 倍以上 5 倍以下的罚款；没有货值金额或者货值金额 5 万元以下的，根据情节轻重，可处 25 万元以下的罚款。

第40条规定:假冒授权品种的,由县级以上人民政府农业、林业行政部门依据各自的职权责令停止假冒行为,没收违法所得和植物品种繁殖材料;货值金额5万元以上的,处货值金额1倍以上5倍以下的罚款;没有货值金额或者货值金额5万元以下的,根据情节轻重,处25万元以下的罚款;情节严重,构成犯罪的,依法追究刑事责任。

案例二十三:"郑单958"植物新品种侵权纠纷案①

"郑单958"玉米杂交品种是由母本"郑58"与已属于公有领域的父本"昌7—2"自交系品种杂交而成。"郑58"和"郑单958"的植物新品种权人分别为河南金博士种业股份有限公司(简称金博士公司)和河南省农业科学院(简称农科院)。农科院与北京德农种业有限公司(简称德农公司)签订《玉米杂交种"郑单958"许可合同》及补充协议,许可德农公司在一定期限内销售"郑单958"玉米杂交种并约定许可费用,对于德农公司为履行合同而进行制种生产过程中涉及第三方权益时应由德农公司负责解决。德农公司根据农科院的授权,在取得《农作物种子经营许可证》后,开始在甘肃省大量生产、销售"郑单958"。金博士公司认为德农公司未经许可,为商业之目的擅自使用"郑58"玉米自交系品种生产、繁育"郑单958"玉米杂交品种的行为,构成侵权并提起诉讼,要求德农公司停止侵权、赔偿金博士公司4 952万元,并要求农科院承担连带责任。郑州市中级人民法院一审判决德农公司赔偿损失及合理开支4 952万元,农科院在300万元内承担责任,驳回金博士公司其他诉讼请求。德农公司和农科院均提起上诉。河南省高级人民法院二审查明,农科院和金博士公司实行相互授权模式,德农公司接受许可生产过程中涉及第三方权益时应由德农公司负责,与农科院无关。故判决维持一审法院关于赔偿和合理支出的判决,撤销一审法院关于农科院承担连带责任的判决。

典型意义:本案是关于在玉米杂交种生产中涉及杂交种和其亲本的关系问题而引发的植物新品种侵权纠纷。该案涉及的"郑单958"玉米杂交种,因是由母本与父本自交系种杂交而成,只要生产繁育"郑单958"玉米杂交种,就必须使用母本"郑58"玉米自交系种。在生产繁育"郑单958"玉米杂交种时,不仅要得到"郑单958"杂交种权利人的许可,还要得到母本"郑58"自交系种权利人的同意。法院考虑到加强植物新品种权保护有助于推动国家三农政策,德农公司已经取得"郑单958"杂交种权人的授权许可,并已支付相应的使用费,为生产"郑单958"杂交种花费了大量的人力物力,若禁止德农公司使用母本"郑58"自交种生产"郑单958"玉米杂交种,将造成巨大的经济损失。因培育"郑单958"玉米杂交

---

① 最高人民法院发布2018年中国法院十大知识产权案件。

种仍需要使用母本“郑 58”自交系种，通过支付一定的赔偿费能够弥补金博士公司的损失。综合以上因素，法院对金博士公司要求德农公司停止使用“郑 58”自交系种生产“郑单 958”玉米杂交种的请求未予支持。但根据侵权人的主观过错、获利情况、不停止使用“郑 58”自交系种生产至保护期满的继续获利情况等因素，对权利人请求的 4 952 万元的赔偿数额和合理支出予以全额支持，较好地平衡了各方当事人的利益。

思考题

一、评述下面的 5 个判断：

1. 知识产权与人权一样，是生而就有的权利。

2. 世界知识产权组织与世界贸易组织一样，可以对违反其管理下的条约的行为，根据一缔约方的申请，进行裁决。

3. 根据我国法律规定，域名权也是一种知识产权。

4. 治疗白血病的方法可以申请专利保护。

5. 博客网站应对博客文章中的侵权内容负责。

二、讨论

1. 有人说，知识产权制度是一种游戏规则。你是如何理解的？

2. 你是如何看待知识产权立法同一国的科技水平之间的关系的？

3. 著作权、商标权和专利权的共同点是什么？区别又是什么？

4. 老师将英语教材复印 30 本，发给全部同学学习的行为属于合理使用吗？

5. 在英国广泛使用的商标“Norwood”，在我国既没有经营活动，也没有经营场所，如果我国一厂家把“Norwood”注册为商标，属于侵权行为吗？假如是，那么侵犯了什么权利呢？

本章参考文献

中文著作

张楚：《知识产权法》，高等教育出版社 2010 年版。

冯刚：《知识产权案件热点问题研究》，知识产权出版社 2009 年版。

李扬：《知识产权法政策学论丛》，中国社会科学出版社 2009 年版。

王崇敏：《知识产权法》，吉林大学出版社 2009 年版。

张玉敏：《知识产权法》，中国人民大学出版社 2010 年版。

熊英：《知识产权法原理与实践》，知识产权出版社 2010 年版。

李明德:《著作权法》,法律出版社 2009 年版。

刘春田:《知识产权法》,高等教育出版社、北京大学出版社 2000 年版。

齐爱民:《著作权法体系化判解研究》,武汉大学出版社 2009 年版。

齐爱民:《知识产权论》,北京大学出版社 2010 年版。

王迁:《著作权法学》,北京大学出版社 2007 年版。

李雨峰:《著作权法学》,厦门大学出版社 2006 年版。

雷宾德:《著作权法学》,法律出版社 2005 年版。

杜颖:《商标法》,北京大学出版社 2010 年版。

邓宏光:《商标法的理论基础:以商标显著性为中心》,法律出版社 2008 年版。

王莲峰:《商标法》,清华大学出版社 2008 年版。

王莲峰:《商标法学＝Intellectual property》,北京大学出版社 2007 年版。

吴景明:《商标法原理・规则・案例》,清华大学出版社 2006 年版。

黄晖:《商标法》,法律出版社 2004 年版。

张乃根:《国际贸易的知识产权法》,复旦大学出版社 2007 年版。

张乃根、陆飞:《知识经济与知识产权法》,复旦大学出版社 2001 年版。

张乃根:《国际贸易中的知识产权》,复旦大学出版社 1999 年版。

张乃根:《美国专利法判例选析》,中国政法大学出版社 1995 年版。

郑成思:《WTO 知识产权协议逐条讲解》,中国方正出版社 2001 年版。

郑成思:《知识产权法学》,法律出版社 2004 年版。

中文论文

尹新天:《关于发明和实用新型专利的保护范围》,《知识产权》2001 年第 5 期。

李文林:《中美商标合理使用制度研究》,华东政法大学硕士学位论文,2008 年。

慎理:《著作权法公有领域问题研究》,上海大学硕士学位论文,2009 年。

胡郎:《未注册商标的法律保护》,武汉理工大学硕士学位论文,2008 年。

倪晔:《商标权的取得与保护》,复旦大学硕士学位论文,2006年。

英文著作

G. Dutfield, U. Suthersanen, *Global Intellectual Property Law*, MIL EAN/ISBN: 9786611801427.

Matthaws Ducan, *Globalizing Intellectual Property Rights: The Trips Agreement*, London Tayor & Francis, 2002.

M. L. Blakeney, *Trade related aspects of intellectual property right: concise guide to the trips agreement*, London: Sweet & Maxwell., 1996.

Carlos Marâia Correa, *Intellectual property rights, the WTO, and developing countries: the TRIPs agreement and policy options*, London: New York: Zed Books, Penang, Malaysia: Third World Network. 2000.

英文论文

Uché Ewelukwa, Patent Wars in the Valley of The Shadow of Death: The Pharmaceutical Industry, Ethics, and Global Trade, *University of Miami Law Review* 59.

D. B. Resnik, A Pluralistic Account of Intellectual Property, *Journal of Business Ethics*, Volume 46, Number 4.

Elhanan Helpman, Innovation, Imitation and Intellectual Property Rights, *Econometrica*, Volume 61, No.6(1993).

John Alan Lehman, Intellectual Property Rights and Chinese Tradition Section: Philosiphical Foundations, *Jurnal of Business Ethics*, 2006(69).

Gene M.Grossman, and Edwin L.C.Lai, "International Protection Of Intellectual Property," *American Economic Review*, 2004, Vol.94 (5, Dec.), 1635—1653.

第四章

企业知识产权管理

［本章导读］ 知识产权已经成为企业重要的经营资源、战略资源和竞争资源，构成了企业核心竞争力的重要组成部分。企业知识产权管理的目标主要在于知识资产权利化、获得业务自由度、提升业务竞争力、管控知识产权风险、实现知识产权价值等。

在知识产权的资产确认上，应当通过技术交底和专利筛选，确认可受专利保护的技术资产，并提升专利质量；挖掘可商标化的标识，申请注册商标；合理界定商业秘密的范围，突出保密重点；重视版权与企业的归属关系，通过版权登记或合同约定等方式强化版权资产的确定性。

企业可以基于法律状态、产品线、产品部件、技术效果、使用状况、专利价值、竞争关系等维度进行专利资产标引，方便企业快速检索，并有效利用专利资产；企业可以把数量不菲的商标分为三级(甚至四级)，给予不同级别的商标以不同的资源支持。当然，无论是财力雄厚的跨国公司，还是势单力薄的中小企业，都应当关心知识产权投资的成本控制，否则知识产权会成为企业的负担，甚至是负债。

作为对专利申请的周密规划和统筹安排，专利布局的维度可以从技术、产品、类型、时间、地域、数量、质量、竞争和标准等 9 个方面展开；商标布局则可以从标识、商品、时间、区域等维度展开。为了构建一个执行有力的知识产权工具，企业需要秉持“以终为始”的理念，从 IP 的全覆盖、IP 的确定性、IP 的稳定性、侵权的可视化、IP 保护的交叉性、权利的可规避性、权利的延伸性等方面进行前瞻性的策略布局与安排。

在知识产权维持管理上，除了缴纳年费维持专利有效性、到期进行商标注册续展以外，还应重视知识产权的合规使用，包括专利标识标注的合规性、商标使用的合规性；通过商标使用的标准化，规范企业内外的商标使用等。商业秘密更需以保密合同、竞业禁止合同的签署及其保密义务的督促，从员工管理和信息安全的角度保护和维系商业秘密。企业作为权利人应当持续监控和及时发现知识产权侵权行为，必要时进行知识产权诉讼打击。在遭遇他人侵权指控时也要善于利用法律武器进行防御和反击，并进行预防性的商业安排。

企业应当做好业务链上的知识产权风险管理。在研发环节，要对研发成果做好专利权属管理，进行专利申请评估，通过回避设计避免他人专利的牵制，并设计合理的奖酬制度，使技术人员有从事发明创造的诱因。商标规划要及时介入产品开发，为新产品进行商标储备。在供应链上的采购、生产、市场、销售等环节，都潜藏着知识产权风险，应当通过各种途径加以规避或降低其发生的可能性。在涉及知识产权的交易活动中，企业应当收集和分析对方的知识产权信息，预测和评价相关的风险问题和收益机会，特别是调查评估其中的法律风险，以作为交易决策的参考依据。

第一节　知识产权管理概述

一、知识产权的观念革新

农业经济时代一去不返,工业经济时代渐行渐远,知识经济时代方兴未艾。在知识经济时代,企业财产价值的重心逐渐由有形的物质资产,转向无形的知识产权,知识产权日益显示出不可替代的重要性和蓬勃发展的生命力,开始登上举足轻重的位置,而且被提升到国家战略的高度,与科教兴国战略并驾齐驱,为科技创新活动保驾护航。

经过 30 多年的积累,我国专利申请总量与商标注册总量均已走在世界前列,跻身于专利大国与商标大国之林,正朝着专利强国和品牌强国的方向努力。在这个努力奋进的过程中,如果单纯追求数量增长,一味关心权利保护,将难以达成专利强国和品牌强国的梦想,难以适应建立创新型国家的战略需要。

我国企业需要跨越知识产权的发展模式,培育知识产权的战略思维,从知识产权保护的传统观念转向知识产权经营的现代理念,从知识产权的侵权防御阶段提升到知识产权的战略规划层次,尤其要以知识产权经

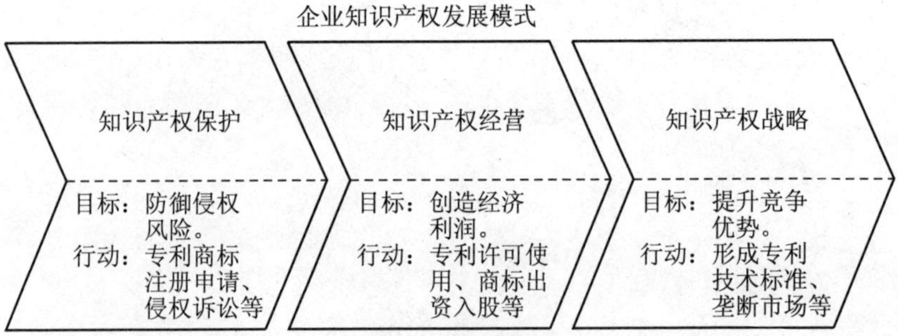

图 4.1　发展模式

营利用为重心，把知识产权从法律资产的桎梏中解放出来，释放出商业资产的活力，进而发展到策略资产的境界，使之成为企业发展壮大的护身符和核动力，成为企业创造利润的发动机和加速器。

（一）从权利保护到经营管理

多年来，受制于发达国家的贸易报复和外交压力，以及跨国公司的侵权指控和诉讼威胁，无论是作为宣传喉舌的媒体，还是作为创新主体的企业，对待知识产权多半陷入"保护"的狭隘观念。然而，从保护的角度观察知识产权，是非常消极、被动的观念和举措，忽视了知识产权的经济意义，更弱化了知识产权的经营管理。大力倡导知识产权保护的观念无助于培育知识产权的运用能力，必须将传统的知识产权"保护"观念改造为知识产权"经营"观念，将知识产权与技术研发方向、企业经营活动、产业结构升级等相结合，开启知识产权创造价值的新局面。

IBM一向被视为经营知识产权的成功典范。在1993年，IBM的专利授权收入只有2亿美金，经过新任CEO全力调整公司策略后，专利授权收入大幅增长，如今每年从专利和其他知识产权获得的收入超过10亿美元，是首批将知识产权视为独立收入来源的公司之一。目前，通过专利授权、商标许可等知识产权经营模式而直接获得收益，已经成为企业在知识经济时代的新的营利方向。

事实上，许多成功的企业，尤其是跨国公司，早已意识到，知识产权并不只是一种单纯的法律权利，而更是一种可以广泛运用的竞争工具和商业策略，可以成为增强企业技术能力、竞争能力和获利能力的法律筹码。因此，围绕知识产权的体制建设、信息处理、经营策略、风险管理和战略规划，已是成熟企业经营管理的重要内容。

（二）从防御侵权到战略规划

大多数企业开展知识产权管理的首要考虑，就是建立自己的侵权防御体系，即避免自己的技术或品牌流失，并防止侵犯他人的知识产权。我国企业专利申请数量虽然节节攀高，但多数企业还处于累积专利数量，规避侵权风险的防御阶段。

不过，当企业度过防御阶段的被动之后，需要对内部的知识产权，从财务和技术层面逐项审查稽核，借此了解、评估现有知识产权是否切合产品市场需求，有价值的知识产权是否妥善运用，策略性的专利技术是否已经占有等现在以及未来攸关企业竞争力优劣的核心议题，进而做出知识产权存留或淘汰的决定。美国Dow化学公司就成功地将知识产权管理与企业商业运作结合起来,根据不同专利对于公司价值创造的贡献差异,采取了区别对待的经营策略与管理措施。在1994年,Dow公司立即从有效地知识产权管理中获得了金钱的回报,不仅节省了4 800万美元的维护费用,还带动许可使用费从2 500万美元开始以60%的速度增长。①

从知识产权的发展模式来看,我国企业的眼光不能拘束于侵权防御的低层次发展阶段,而应该逐渐过渡到更高一级的知识产权发展阶段,以提升知识产权质量、获得知识产权利润、规划知识产权战略为目标,让知识产权开启企业的财源渠道,协助企业的战略发展,从而避免盲目追求数量提升,却忽视质量控制,忘记目标所向的情况发生。只有如此,企业才能认识到自主创新获取知识产权的经济价值,才能领会到自主创新获得知识产权的战略意义,从而激发自主创新的潜力与活力,增强知识产权的意识和认识。

(三)从法律资产到策略资产

知识产权原初的意义乃是通过法律保护权利人支配知识资产,进而排斥他人利用的权利。所以,知识产权本质上是一种法律资产,是法律框架中的财产权利,一方面可防止他人侵夺自己的知识资产,一方面可防止自己侵犯他人的知识产权。但法律防御层面的知识资产是消极的、静止的,它本身并不是目的。只有当知识产权能够为企业创造利润的时候,知识产权才是有用的资源。当此之时,知识产权从法律资产的桎梏中,释放出商业资产的活力,不再固守防御企业侵权风险的使命,转而培植企业获取利润的根基。

商业资产的定位固然提升了知识产权的地位,但更具战略意义的行动是将知识产权继续升格为策略资产,通过结合知识产权的布局规划与企业发展的战略安排,发挥知识产权的核武器威慑作用和核潜艇战略价值。当此之时,知识产权往往被当作讨价还价的谈判筹码、反击对手的秘密武器、广告宣传的快捷途径、融通资金的有效通道、垄断市场的法律盾牌,甚至是驱逐竞争对手的商业工具。

一些大公司正是将知识产权作为策略资产,让自己成为业界的巨擘。它们不仅只靠专利、版权、商标等知识产权的发展来获得眼前利益,巩固既有市场;而且更能利用知识产权优势来领导明日的技术发展,创造未来

① [印]甘古力:《知识产权:释放知识经济的能量》,宋建华、姜丹明、张永华译,知识产权出版社2004年版,第353页。

的市场空间。比如微软公司的 Windows 操作系统在软件市场具有无与伦比的影响力，透过知识产权的保驾护航，Windows 不断升级换代，推陈出新，不但引领了产品发展方向，掌控了用户使用需求，而且逐渐甩开竞争对手，垄断了今天的市场，培育了明天的用户。

二、知识产权管理的进路

知识产权管理的知识体系没有固化的结构，但适宜的结构可以包容更加丰富的知识内容，提供更加独特的研究进路。近年来，"知识产权管理"类的著作颇有些"汗牛充栋"的感觉，但在知识产权管理结构体系上的创新与突破，仍然需要不断努力。结合已有的研究成果，兹简要总结或介绍一些知识产权管理研究的体系结构，以对后续研究者有所助益。

（一）以价值阶层为中心

1994 年 10 月，托马斯·A.斯图尔特（Thomas A.Stewart）在《财富》（*Fortune*）杂志发表了一篇有关知识资产的文章，讨论其对于企业的价值。随后一个被称为知识资产管理群（Intellectual Capital Management Group，简称 ICMG）的组织成立，ICMG 的主要目的就是希望能发展出一套有效管理企业知识资产的系统。结果他们整理出一套能有效管理企业知识资产发展的应用模式，并称之为"价值阶层"（Value Hierarchy）理论，其主要内容是将企业知识资产管理系统分为防御期、降低成本期、创造利润期、内部整合期、愿景规划期等五个阶段：

表 4.1　企业知识资产管理的价值阶层体系

层　次	定　位	主要目标
防御期 （Defense）	形成法律资产	主要以发展专利数量为任务，防止陷入侵权困境。
降低成本期 （Cost Down）	法律资产 成本管理	期待以有限的经济资源，获得数量更多、质量更高的知识产权。
创造利润期 （Profit Making）	成就商业资产	透过授权利用，实现知识产权的商业价值。
内部整合期 （Integration）	整合策略资产	透过知识产权协助企业发展策略的定位，及作为商业谈判时的有力工具等。
愿景规划期 （Vision）	运用策略资产	发挥知识产权的作用，创造、扩散其领导技术发展、协助产业调整、创造市场空间的战略影响。

价值阶层就像一个金字塔,每一层都代表着一个不同的预期值,这个预期值是企业希望他们的知识资产(主要是知识产权)对企业目标所做出的贡献。关于价值阶层的五个层次及其定位、任务和行动,被系统地记录在《董事会里的爱迪生》(*Edison in the Boardroom*)①一书中,对于企业知识产权管理的战略思维与发展思路,它将提供一个全新的视角或理念。

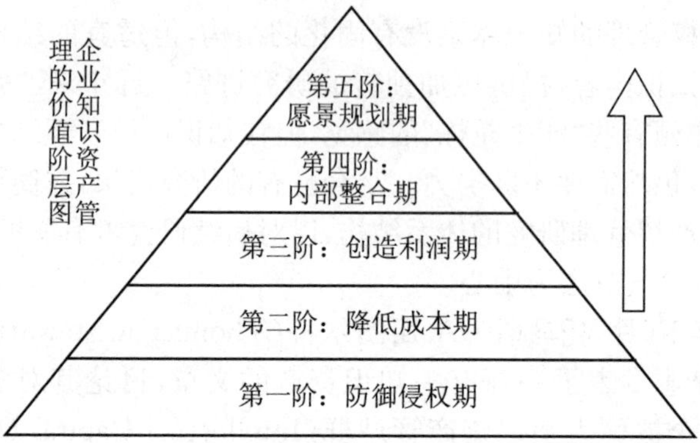

图 4.2　价值阶层

如果将 ICMG 的价值阶层浓缩一下,则可以勾勒出知识产权保护、知识产权经营、知识产权战略三个发展模式,保护主要从知识产权风险预防的角度,经营主要从知识产权价值创造的角度,战略主要从知识产权长远规划的角度,来阐述知识产权管理的内容。

(二)以权利类型为中心

众所周知,经过几百年的演进,知识产权的类型日益丰富,但专利权、商标权、著作权和商业秘密权仍然是其中最为核心的权利。由于不同类型的知识产权,各具特色,各有个性,目前大多数知识产权管理类著作,就是按权利类型分别展开其中的管理内容。不过,此种进路之思维易受困于知识产权法学思维之窠臼,不易与企业经营与管理实践相契合。

(三)以流程管理为中心

流程管理的叙事结构是许多知识产权管理类著作常用的研究进路,并且往往以专利权、商标权等权利为核心,依次展开其流程管理的内容。

① [美]苏珊娜·S.哈里森、帕特里克·H.沙利文:《董事会里的爱迪生:领先企业如何实现其知识产权的价值》(第2版),何越峰主译,知识产权出版社2017年版。

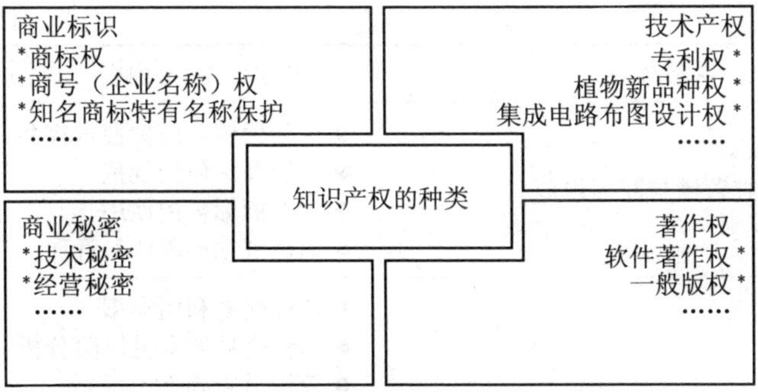

图 4.3　知识产权的种类

一般而言，知识产权的流程管理，大体上历经研发设计阶段、权利申请与确权阶段、实施与利用阶段，审计与维护阶段，直至权利保护阶段，当然具体的阶段划分各有变化，各有千秋，但核心的主线脱离不了知识资产的权利化、权利经营利用以及防范侵权与维权等内容。

以商标权的流程管理为例，其管理内容模块可以作如下设计：

表 4.2　商标权的流程管理

内容模块	主要内容
商标设计的风险控制	● 商标设计的法律要求 ● 商标设计的检索分析 ● 商标设计与保护强度 ● 商标设计与全球化战略 ● 商标设计的侵权风险 ● 商标设计的权属风险
商标注册的整体规划	● 注册商标的挖掘 ● 组合商标注册申请策略 ● 使用商品项目指定策略 ● 商标注册的整体规划 ● 核心商标的注册方案优化 ● 商标反抢注策略运用 ● 商标国际注册规划
整合业务发展与商标管理	● 产品开发与商标管理 ● 业务拓展与商标管理 ● 防御性的商标管理 ● 驰名商标认定方案策划

(续表)

内容模块	主要内容
品牌营销与商标规范	● 广告营销与商标侵权控制 ● 注册商标使用规范 ● 注册商标标记使用 ● 商标视觉形象(CI)管理
投资交易的商标风险	● 商标交易利用类型 ● 商标交易的常见风险分析 ● 商标尽职调查 ● 商标价值评估 ● 商标合同风险控制 ● 合资合作的商标风险管理 ● 企业上市的商标风险控制
维护企业的商标权利	● 商标续展注册 ● 商标异议处理 ● 商标争议处理 ● 商标注册公告监控
商标管理的执行	● 商标管理制度完善 ● 商标管理流程优化 ● 商标管理与员工培训 ● 商标档案管理 ● 商标管理事务查核

(四) 以业务嵌入为中心

所谓业务嵌入是企业研发、生产、采购、市场、销售、售后、技术支持、投资合作等业务环节与知识产权(部门)的资源整合,以及相互间的流程管理及风险控制。比如,市场部门命名的品牌名称在投入使用前应当经过商标合规性的风险评估。业务嵌入的主要目标是优化知识产权的工作流程,控制企业各个业务环节的法律风险,实现企业业务环节知识产权策略与风险的过程化管理。

至少在当前,知识产权在企业内部大多居于支持性的地位。企业业务链的主要环节,常常包括研发、生产、采购、供应、营销、销售、技术支持、投资合作等诸多环节,知识产权应当与企业业务链进行有效的整合,真正发挥控制业务风险、保护竞争优势的支持作用。

前述的业务嵌入总体上还是知识产权与业务链的相对宏观的整合,针对一些特定产业或领域,可以从产业链上的环节或细节入手,进行更为具体的"嵌入",层层剥开各种可能的知识产权管理问题。比如,对于音乐版权的管理,可以将其解剖为各种细节,比如歌曲署名、翻唱、影视插曲、网络音乐、手机铃声、演艺经纪及反盗版等,然后分别探讨其中可能发生的版权实务问题。①

（五）以行政支持为中心

知识产权管理不能脱离企业的行政体系而独立运转,因此,仍有必要从行政支持的角度,观察企业知识产权管理的运行。所谓行政支持,是企业管理层、人事、行政、法务、财务、信息安全等行政支持部门对知识产权(部门)的资源整合及支持。比如,人力资源部在员工离职面谈时应当加入保密义务提示的内容。知识产权一旦提升到战略高度,就需要企业人、财、物等全要素的系统化管理。行政支持的主要目标是要理顺知识产权的职责体系,协调企业内部各部门之间的分工配合。

企业内部与知识产权管理工作相关的支持部门,可能包括决策部门、行政部门(办公室)、人事(HR)部门、法务部门、研发部门、财务部门、IT部门、信息或档案管理部门等。应当根据企业的组织架构体系进行知识产权的行政支持体系分析,并确认相应的岗位职责。

同时,应当建立或完善知识产权的组织保障、制度保障、预算保障、专业技能培训、人才支持、知识产权信息管理系统等支持体系。必要时,可以将知识产权管理纳入绩效考核体系,将技术提案、专利申请量、专利授权量、实施效益等纳入各相关部门的绩效考核体系,推进企业的知识产权管理工作。

当然,还有其他可资借鉴的研究进路,比如周延鹏先生从智慧财产的智慧资本化、产业结构化及资讯网络化等角度,开启了智慧资源规划的金钥匙,②这里不再作介绍。

三、知识产权管理的观察视角

知识产权管理可以宏大叙事,从国家战略的角度纵横开来,从行政管理的角度拓展开来,但本书所称的知识产权管理,是面向企业管理的法律实践,是一种指导发展思路、关注操作细节、重视实证研究、擅于案例解读

---

①　蒋凯:《中国音乐著作权管理与诉讼》,知识产权出版社 2008 年版。

②　周延鹏:《虎与狐的智慧力——智慧资源规划 9 把金钥》,天下远见出版股份有限公司 2006 年版。

的中微观研究,期待围绕知识产权的体制建设、信息分析、经营策略、风险管理和战略规划,探讨如何通过知识产权增强企业技术能力,防御企业侵权风险,坚固企业的利润根基,增强企业的竞争能力,从而通过加强知识产权的经营管理,促进知识产权的转化实施,使知识产权真正成为"浇在智慧火花上的利益之油",源源不断地激发自主创新、原始创新的潜力、动力和活力。

面向企业的知识产权管理,可以从多重视角或多个层次切入进去。当然,不同的视角或层次,可能在某些方面存在交叉或重合,但由于视角或重点的不同,反而可以让大家更加全面深入地了解知识产权管理的内涵。下面是一些面向企业知识产权管理的常见的观察视角:

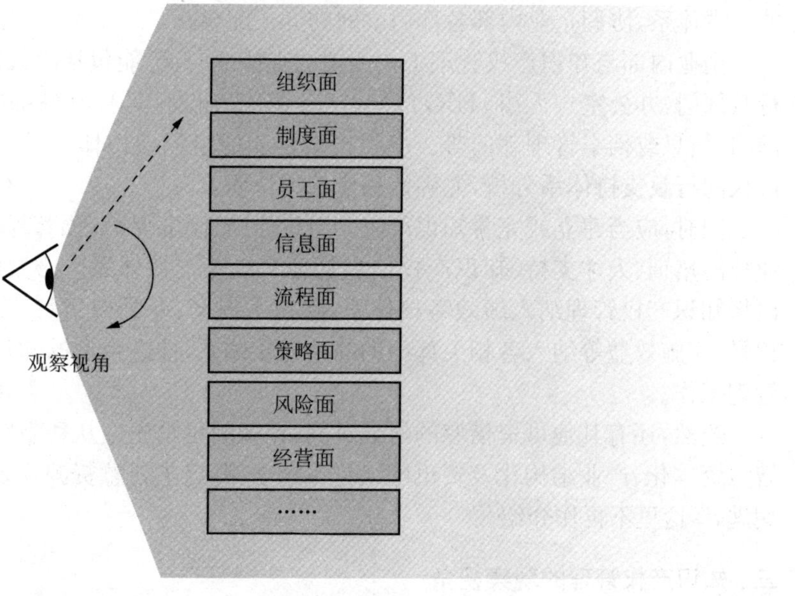

图 4.4　知识产权管理的观察视角

(一) 组织面

主要从组织建设的角度,研究企业的知识产权管理。比如,企业内部知识产权管理机构的定位、组织体系的架构、管理机构的职能,以及管理人员的专业背景与知识结构等。

(二) 制度面

主要从制度建设的角度,研究企业的知识产权管理。比如,企业知识产权管理具体制度的设计，知识产权制度体系的建设，以及相配套的一些操作规则和程序等。

（三）员工面

主要从员工管理的角度，研究企业的知识产权管理。比如，企业与员工之间保密协议的设计，企业与员工之间知识产权归属的处理，对员工发明创新的激励机制，面向员工的知识产权培训等。

（四）信息面

主要从信息管理的角度，研究企业的知识产权管理。比如，专利信息的检索利用，专利地图的制作分析，商业秘密的档案管理，知识产权的信息安全等。

（五）流程面

主要从流程管理的角度，研究企业的知识产权管理。比如，从研发设计、权利获取，到经营利用、侵权防御等流程，研究专利管理；从商标设计、商标注册，到商标使用、商标续展等流程，研究注册商标的管理等。

（六）策略面

主要从策略运用的角度，研究企业的知识产权管理。比如，专利回避设计的策略，专利布局的策略，商标注册申请的策略，知识产权许可的策略、知识产权诉讼的策略等。

（七）风险面

主要从风险控制的角度，研究企业的知识产权管理。比如，如何防止研发创新的知识产权风险，如何规避商标名称通用化风险，如何处理知识产权侵权危机，如何控制商业秘密的泄露风险等。

（八）经营面

主要从经营利用的角度，研究企业的知识产权管理。比如，如何从事知识产权的许可，如何通过知识产权融通资金，如何在企业并购中开展专利的尽职调查等。

（九）行业面

主要从行业合作的角度，研究企业的知识产权管理。比如，如何建立同业知识产权战略联盟，如何处理行业性的知识产权争议或危机等。

四、企业知识产权管理的目标

当下，知识产权已经成为企业重要的经营资源、战略资源和竞争资源，构成了企业核心竞争力的重要组成部分。知识产权不仅在一个国家中的地位不断提高,而且是企业参与市场竞争并获得竞争优势的战略武器。企业知识产权管理的目标,可以从完成知识资产权利化、获得业务自由度、提升业务竞争力、管控知识产权风险、实现知识产权价值等方面进行定位。

(一) 实现知识资产权利化

知识产权大家族中的专利、商标等资产只有通过申请或注册,以法律授权的方式固定下来,才能形成受法律保护的知识产权,从而形成独占使用的市场竞争力和优势地位。如果没有通过法律的方式将其转化为知识产权,企业在面对竞争对手或其他企业的仿冒利用时将无法获得法律意义上的保护,存在知识资产流失的风险。因此,企业要及时将技术成果、商业标识等知识资产申请权利保护,通过法律的方式固定知识产权权利。

(二) 获得业务自由度

这里所谓业务自由度,是指在企业成长或其业务发展的过程中,不受竞争对手的知识产权阻碍或牵制。通过知识产权布局和保护,可以确保市场竞争上的业务自由度,比如通过商标注册的布局,防止他人抢注从而干扰品牌发展。事实上,拥有强大知识产权组合的企业在市场上,更能获得与竞争对手谈判和竞争的筹码,更能获取平等参与市场竞争的机会,如果自身没有知识产权的保驾护航,很容易遭遇竞争对手的知识产权诉讼攻击,并难以招架,在开拓国际市场时尤其如此。

(三) 提升业务竞争力

知识产权的法律保护本身就为企业赢得了一定程度上的垄断使用地位,帮助企业占领技术高地,获得竞争优势。如果企业能够将知识产权与自身业务相结合,更能释放知识产权的商业活力,提升企业的竞争力。比如,一些企业将产品的创新点作为营销的卖点,并申请专利加以保护,此即所谓卖点专利,既能以此为卖点吸引消费者,又能阻挡竞争对手的合法模仿。

(四) 管控知识产权风险

随着中国企业专利商标的海量申请和海量储备,使得行业内外的知识产权争议风险急剧提高。因此,管控知识产权风险应当贯穿于企业全流程管理的每个环节。建立从申请、确权、维护、保护的知识产权全过程管理体系,保障技术成果、商业标识的权利化,防范成果流失、侵权纠纷等法律风险;建立知识产权与研发、生产、采购、市场、销售、投资等业务环节的知识产权管理工作流程,控制各个业务环节的法律风险。

（五）实现知识产权价值

要充分利用知识产权资产，实现知识产权价值，协助、支持企业的业务发展，巩固、提升企业的竞争优势。知识产权价值实现至少包括法律价值和商业价值，要让知识产权为企业带来垄断能力、变现能力和交换能力。以专利为例，所谓垄断能力，是指企业能借助专利垄断产品或技术，进而独占市场或让竞争对手无法绕开技术障碍。所谓变现能力，是指可以通过专利转让、许可、质押或实施等商业运营，为企业带来现金价值。所谓交换能力，是指企业可以借助专利与竞争对手或其他机构进行资源交换，以获得商业利益或降低成本支出。

第二节　知识产权资产管理

一、知识产权资产确认

（一）专利资产确认管理

1. 技术交底

技术开发是一件辛苦的工作，其中蕴含了许多开发人员的经验和成果。如何把开发人员的经验累积成可用的知识，在企业内部得以扩散及传承，以避免新开发工作从零开始，甚至重走冤枉路呢？技术交底就是一个值得企业采纳的制度。通过建立技术交底书的撰写与提交，可以从制度上确保研发人员的创新点能够固定下来，成为专利挖掘的技术来源。

技术交底书是技术人员将其发明创造内容，以书面形式提交给技术管理部门或者专利代理机构的技术文件。一份完整的技术交底书包括八个部分：技术的名称、所属技术领域、背景技术及其缺陷、发明目的、发明内容、有益效果、最佳实施方式、附图及附图说明。

技术交底书最低程度上应当：(1)清楚描述现有技术及其缺点。(2)清楚描述发明采用的技术方案。(3)清楚描述发明技术方案的有益效果。如果技术交底书能提供多个相关实施例、提供产生有益效果的原因、提供附图并详细描述附图，将更有助于专利工程师或专利代理人全面理解、准确发现实质性发明创新点，从而形成核心与外围相互配合、层级严整、保护严密的专利保护体系。

技术交底书一方面可以固化企业的技术知识,另一方面可以作为企业做出技术应用、专利申请等决策的依据和参考。即使企业研发出有质量的技术,也需要通过技术交底书这个载体记载和传递给专利工程师或专利代理人。

从专利申请的角度,一份高质量的技术交底书可以提高专利申请文件的撰写质量和效率,使专利代理人更容易理解发明人发明构思的创新点。因此,技术交底书是联系发明人与专利代理人的重要沟通渠道。从这个角度,高价值专利的成长路径,首先要从撰写高质量的技术交底书开始。

2. 专利筛选

2016 年 12 月国务院印发的《"十三五"国家知识产权保护和运用规划》,要求"促进高价值专利的实施"。何为高价值专利? 高价值专利应当是技术价值、法律价值和商业价值都比较高的专利。从狭义上讲,高价值专利就是指具备较高商业价值的专利。高价值专利应当以高质量专利为基础,而高质量专利又离不开高质量技术的支持。从高质量技术到高质量专利,再到高价值专利,分别历经技术研发、专利申请、专利运营等多个阶段,层层推进,环环相扣。高质量技术关注的是专利的技术质量,高质量专利关注的是专利的法律质量,高价值专利则更关注专利的商业质量。

因此,培育高价值专利的路径,应当先从高质量技术抓起,从高质量专利做起。很多大企业在经过专利数量的膨胀之后,对专利资产的评估都会由"以量取胜"进化到"以质取胜"的阶段。高质量的专利更能在关键产业的关键地位,掐住竞争者的咽喉,提升市场占有率,成为有力的竞争利器。而专利筛选就是一个提升专利质量的制度性措施。

(1) 专利筛选的内涵

对于技术研发能力很强的企业而言,可能存在多项发明创造,并非每件发明创造都需要、都适合申请专利。此时还必须决定应该把哪些发明创造申请专利,或把哪些发明创造优先申请专利,此即所谓专利筛选制度。

专利筛选制度是根据一定的评价标准,对发明创造进行评估,从而决定发明创造是否申请专利或申请专利的优先顺序的制度。专利筛选制度中最为实质的部分,主要是专利申请之前的发明评估,因此,专利筛选也可以称为发明筛选。许多企业或科研机构在申请专利时,都建立有筛选专利的发明评估制度。

（2）专利筛选的目标

专利筛选的目的在于评价技术是否具有专利性，是否值得申请专利，并确保申请专利的品质，增加专利申请的有效性和可靠性。同时，也借此淘汰不必要的或无用益的技术，节省申请、维持专利所耗费的财力。

从理想的角度观察，专利筛选可以避免申请不必要或不需要的垃圾专利或问题专利，以及错误专利。所谓垃圾专利，是指那些难以满足专利法上新颖性、创造性和实用性等要求，而不应该得到授权的专利。所谓“问题专利”（questionable patent），或称“可质疑专利”，这些专利多半是无效的或者其权利要求过于宽泛。①问题专利比垃圾专利的范围更加广泛，除了包括垃圾专利，还包括那些可以授权但保护范围不适当的专利。而所谓错误专利，是指虽然满足专利法的“三性”要求，但从企业策略上考虑应当作为商业秘密而不宜申请的专利。

当然，从专利法的本质目的上讲，不应欢迎垃圾专利和问题专利，因为它们占用了不应当拥有的专利资源。不过，从企业的私利角度看，有时候申请垃圾专利或问题专利却是他们有意的结果。而对于错误专利，从专利法的本质目的上看，本应授权，无可厚非。但是，如果企业不小心造成错误专利的申请，则可能存在不利的后果，自是策略上的失误。

（3）专利筛选的机构

为便于开展发明评估，进行专利筛选，企业应当设立发明评估委员会，这个机构一般不需要固定的形式，可以是一个常设的松散性组织，在需要作出发明评估时才召集评估人员集中讨论相关事宜，日常工作由企业知识产权主管部门来协调。

由于发明评估的内容主要涵盖可专利性（新颖性、创造性、实用性）以及技术的商业价值（经济利益、实施难易、投资成本、市场影响等），也即须周全顾及法律、科技、市场、投资财务等层面。因此从事发明评估的人员最好既有技术人员（包括发明人或设计人），又有法务人员（最好是专利律师或专利代理人）、市场营销人员，可能的话，还包括财务人员。甚至可以邀请战略咨询人员参加发明评估活动，但技术人员与法务人员应当占据

① Questionable patent is one that is likely invalid or contains claims that are likely overly broad. 参见美国联邦贸易委员会 2003 年 10 月发布的报告“To Promote Innovation: The Proper Balance of Competition and Patent Law and Policy”, http://www.ftc.gov/os/2003/10/innovationrpt.pdf, 2004-10-18。

评估委员会的主体。

(4) 专利筛选的内容

专利筛选的目的是保障专利的品质。从专利筛选的角度,专利品质可以从技术、法律和商业三个层面进行评估,下面列举了一些常用的评价指标,作为参考和启发。

表 4.3　专利筛选的标准

评价视角	评价指标
技术层面	专利技术是否成熟?
	专利技术是否易于实施?
	专利是否先进技术或核心技术?
	竞争对手能否回避专利?
	是否存在替代专利的技术?
	……
法律层面	专利授权是否稳定(即是否存在无效的可能性)?
	专利保护范围是否足够?
	专利是否受其他专利的牵制?
	……
商业层面	专利是否能够产业化?
	专利是否存在市场需求?
	是否增加产品的价值?
	实施成本是否可以接受?
	是否符合产业政策?
	……

(二) 商标资产确认管理

1. 挖掘可商标化的标识

根据《商标法》的规定,任何能够将自然人、法人或者其他组织的商品与他人的商品区别开的标志,包括文字、图形、字母、数字、三维标志、颜色组合和声音等,以及上述要素的组合,均可以作为商标申请注册。因此,企业可以从商标法的角度,对企业拥有的商业标识进行审核,将可以商标化的标识及时进行商标注册申请。

对于企业自己设计或选择的商标标识,只要企业管理人员稍微有些商标常识和意识,一般都会主动地、积极地申请商标注册,除非他不了解商标注册的意义。但是,即使拥有良好商标意识的管理人员,也未必意识到自己可能遗忘了一些应当申请商标注册的标识。表面上看,这些企业已经将自己核心的商标进行了注册,然而,另外一些更加容易被消费者接受,或者其他一些同样具有较高商业价值的商标,却受到冷落,并且随时都有可能被"职业注标人"所劫走,或者被他人搭乘商标便车。

在企业业务发展过程中,企业必须持续开发/挖掘和确认新的商标标识。通常,那些未受到充分关注的商标在哪里呢?可以对以下标识进行检查,以确定是否可能遗忘了商标注册申请:境外延伸进入中国的商标、子/副商标、商标简称、商标别称、商号、广告语、产品的外观,甚至产品型号等,在满足商标注册条件的前提下,这些标识都可以申请注册商标。

2. 商标"撤三"的困境

如果大量挖掘商标标识进行申请注册,再加上联合商标或防御商标策略,尤其是多类别或全类别注册,必然会带上大量的注而不用的商标。事实上,商标标识也是一种符号资源,任何企业不应当不合理地大量占有,特别是恶意囤积。只不过,不少企业进行防御性的商标注册,只是一种防止商标抢注或保障业务自由的权宜之计。

但是,这里面临着一个无解的难题。根据我国《商标法》第 49 条第 2 款的规定,注册商标没有正当理由连续三年不使用的,任何单位或者个人可以向商标局申请撤销该注册商标(俗称"撤三")。而根据《商标法实施条例》第 67 条的规定,可以对抗撤销商标注册的连续三年不使用的正当理由只包括:(1)不可抗力;(2)政府政策性限制;(3)破产清算;(4)其他不可归责于商标注册人的正当事由。

既然是防御性的商标注册,通常是不会在其指定的商品或服务上实际使用的,而且不符合所谓"正当理由",因此,"撤三"的困境始终如影随形,是企业无法避免,甚至难以破解的问题。惟有以下"点拨"可供参考:

(1) 防御性的商标注册本来就是卡位,先卡住了,人家可能就懒得来烦你了,毕竟申请"撤三"也要花费精力的。你不可能倒霉到每个防御性的商标注册,都会有人来挑战。

(2) 把注册商标的有效期当作 3 年,而不是 10 年,也即每 3 年申请一次商标。显然,这对全类别特别是全商品注册,成本压力不是一般的大。所以,你得选择哪些核心商标在哪些重要的商品上,需要执行这种“3年一申请”的策略。

(三) 商业秘密确认管理

1. 商业秘密的内涵

企业内部的很多信息都需要作为商业秘密保护,并采用安全的措施,保障这些信息不被外泄,避免被竞争对手利用,甚至破坏自己的商业计划。当然,如果已经通过专利申请而公开的信息,则无法作为商业秘密保护起来。企业可以作为商业秘密保护的信息范围,包括但不限于设计图纸、研发试验数据、纪录和结果、工艺流程、技术诀窍、样品、市场营销策略、销售渠道、货源情报、订货合同、客户名单、经营方法等。

如果想了解商业秘密的泄露或被盗对公司造成的损失有多大,可能难以量化和评估。但商业秘密泄露所带来的损失可从下列领域增加的成本中看出:行政管理费用、市场份额损失、增加的法律官司、增加的安全措施、公司的名誉损失等。

根据2019年修订的《反不正当竞争法》第九条第四款的规定,商业秘密是指不为公众所知悉、具有商业价值并经权利人采取相应保密措施的技术信息、经营信息等商业信息。商业信息作为技术信息和经营信息的上位概念,能够覆盖部分难以被界定为技术信息或经营信息、但具有商业价值的信息,如某公司隐去股东的身份、持股比例、代持人等信息。

从前述法律规定可知,商业秘密的特点包括:(1)秘密性,系不为公众所知悉的技术信息和经营信息等商业信息。所谓“不为公众所知悉”是指商业信息不为其所属领域的相关人员普遍知悉和容易获得。(2)价值性,有关信息具有现实的或者潜在的商业价值,能为权利人带来竞争优势。(3)保密性,采取了一定的保密措施,从而使一般人不易从公开渠道直接获取。权利人为防止商业秘密信息泄漏应采取与其商业价值等具体情况相适应的合理保护措施。

2. 保密的确认

确定商业秘密范围是确保保密质量的关键,有了范围,就能“对号入座”,标准也能统一。企业应当合理界定商业秘密的范围,不鼓励将不需要或不重要的商业信息划入商业秘密保护范围,导致没有保密重点,浪费企业资源。

并不是所有的商业信息都能够或都需要作为商业秘密来保护,如果笼统地将所有信息当做商业秘密来保护,有可能混淆秘密与非密的界限,分不清哪些是企业的商业秘密，哪些不是企业的商业秘密，更不用说做好保密工作。那些直接影响企业的权利、利益和公司经营发展的商业信息，一旦泄密会使企业利益遭受损害的信息应该作为商业秘密来保护；不同的企业会有自己的核心机密，企业要考虑商业信息的重要程度、商业价值等因素，既要全面保护企业的商业秘密，又要突出重点、积极防护企业的核心商业秘密。

企业对属于商业秘密的信息及其载体应当标明保密标识（如保密印章等），使保密信息与其他信息区别开来，一是可以很明确地确定哪些人员具有接触这些信息的权限，防止没有接触商业秘密权限的人员不当接触商业秘密，二是在商业信息或其载体上标明保密标识，按照《反不正当竞争法》的规定可以认定企业已经采取了保密措施，表明企业的保密意图，是认定商业信息是否构成商业秘密时的一个重要证据。由于商业秘密的存在方式或载体是不同的，有的是以纸质文档的方式存在的，有的是以电子文档方式存在的，有的具有有形的载体，有的没有有形的载体，企业都应以人员能够感知的方式标明保密标识。

用以确认商业秘密的具体方式，可以包括：

（1）在包含商业秘密的信息或载体上标明保密标识；

（2）不适宜在包含商业秘密的载体上标明的，用书面形式标明保密标识并粘贴在商业秘密载体上；

（3）不能标明保密标识的，用专门文件加以确认，并将文件送达负有保密义务的有关部门和人员；

（4）在涉及商业秘密的电子文档中以电子印章等方式嵌入保密标识；

（5）使用其他易于为接触者所认知的方式标明保密标识。

3. 信息解密

企业应当定期对商业秘密进行审核，对没有必要作为商业秘密保护的技术信息，应当及时解密。商业信息是不断发展的，之前需要保密的商业信息现在有可能不需要采取保密措施，使不需要保密的商业信息在企业内部自由流通，实现资源共享，并可以突出重点，积极防护，使企业的保密工作有的放矢，也可以降低企业的保密成本。商业秘密解密的最终判断标准是某项商业信息是否有必要或有可能继续作为商业秘密进行保护，具体可以参照以下的保准：

（1）国内或国外已经公开的，尤其是已经通过专利申请文件公开的。

这些已经公开的信息成为公有技术或公有信息,企业的商业秘密已经丧失秘密性,没有必要再采取保密的工作;

(2) 在国内外无竞争能力且不影响本单位的商业秘密安全的技术。随着技术的发展,企业采取保密措施的技术已经更新换代,被新的技术所取代,没有竞争力,也不会影响企业的技术安全的可以解密;

(3) 属于业内纯基础理论研究成果的。单纯的构想和抽象的理论或概念并不是商业秘密所保护的对象,此外,基础理论一般是本领域内的公有知识;

(4) 业内已经流传或者业内一般技术人员基本能够掌握的技术。这也是属于公有领域内的知识,但是应当注意的是,如果仅仅是除了商业秘密所有人以外的有限范围所知晓的商业秘密,并不丧失其作为商业秘密保护的资格;

(5) 企业已经公开的经营计划或营销策略等经营信息,不需要继续保密的;

(6) 其他已经公开或业内公知的,或者已经失去保密价值的商业信息。

(四) 版权资产确认管理

虽然各类作品的取得并不依赖于类似商标或专利的申请或注册程序,但是,正是由于作品版权以作品完成为产生条件,使得版权资产的权利归属以及是否拥有完整的版权,变得更不具有确定性。因此,从一开始就要重视版权与企业的归属关系,通过版权登记或合同约定等方式强化版权资产的确定性。

对不同的企业而言,版权资产的类型及其重要性并不相同。比如,以内容产业为核心的动漫公司,显然其最核心的版权资产是其动漫作品、动漫角度等。而以健康产业为核心业务的企业,其版权资产尽管也有不少,比如产品包装图案、宣传作品、办公软件与数据库等,但其重要性通常不能与动漫公司的核心版权资产相提并论。

二、知识产权资产标引与分级

(一) 专利资产的标引维度

1. 专利资产标引的内涵

专利是企业技术实力的重要表征,是企业参与竞争的战略性资源。专利不只是法律上的权利,更是企业高价值的资产。如何发挥专利资产的效用，从而有助于服务企业的商业策略，提升企业的竞争优势？专利资产标引不失为一种值得应用的实践工具。作为一种信息管理工具和新的专利衡量方法，专利资产标引是根据一定的分类标准，给企业的专利资产标注相应的标签，以方便企业快速检索，并有效利用专利资产的方法。

专利资产标引不同于专利信息标引、专利文献标引或专利数据标引（简称"专利信息标引"），后者主要是基于专利本身包含的信息内容（比如技术领域、发明组成、发明特征、发明效果、国际分类、工艺参数、发明人、申请人等信息）定义标引项，并以此分类和加注标签；而专利资产标引更强调从"资产"的角度，从产品、市场、竞争等角度测量专利资产，并加以标签化。因此，专利资产标引虽然会与专利信息标引存在一些交叉重合的情形，但专利资产标引的视角更为广泛，更符合商业实践的需要。

统计数据显示，在 2016 年，华为技术有限公司位列我国发明专利申请量第一位，其当年申请发明专利高达 4 906 件。而截至 2016 年底，华为公司全球范围内累计获得授权专利 62 519 件。如此庞大的专利规模，如果不进行专利资产标引，显然，即使是内部专利管理人员，也未必能有效掌握公司专利资产的状况。因此，专利资产标引的对象主要是针对企业内部的专利资产，而不是整个行业或覆盖竞争对手的专利数据库。

专利资产标引是企业对专利资产进行信息管理的一种方式和工具。专利资产标引作为企业专利管理体系的构成部分，并不是独立存在的，它与技术交底、发明评估、专利组合、专利稽核、专利淘汰、专利交易等专利管理工作关系密切，并能够为企业管理工作提供有力支撑和协同支持。因此，重视并执行专利资产标引工作，对于企业专利管理及专利运营将大有裨益。

2. 专利资产标引的实施时间

企业进行专利资产标引的实施时间，要从两个方面来考虑。

（1）根据企业专利规模确定标引实施时间

专利资产标引需要耗费大量的时间和精力，而大多数企业的专利管理人员数量极为有限，甚至由技术人员兼任专利管理人员，因此，何时开始推进企业专利资产的标引工作，就需要综合考量管理人员、专利规模等各种因素。当企业拥有的专利规模太小，比如仅有 10 余件专利，进行专利资产标引的意义并不明显，难以展现标引的价值。而专利规模太大时，比如拥有 500 余件专利，此时才开始从头进行专利标引，可能工作量又相对巨大，使得标引工作困难重重。

结合企业的操作实践和对专利管理人员的访谈结果,我们认为,当企业的专利规模达到 50—100 件这个区间时,比较适宜启动专利资产的标引工作,此时可以有效平衡专利规模扩大带来的管理困扰和专利资产标引启动带来的工作强度。此后,企业专利资产标引就进入常态化管理:(1)如果新增的专利不多,可以每年固定一两个时间段对新增的专利进行一次性系统标引;(2)如果新增的专利较多,可以在每个专利产出的同时即同步进行专利标引。相对而言,我们更推崇第(2)种专利资产产出与标引同步进行的做法。

(2) 根据专利产出阶段确定标引实施时间

专利资产标引显然只有在专利技术产出之后,不可能提前进行。但从技术到专利也至少要经过技术交底(或技术提案)、发明评估(或发明筛选)、专利申请、专利授权和专利应用(生产、上市等)几个阶段。专利资产标引可以从发明评估甚至技术交底时开始做起,当然,标引工作并非一蹴而就,事实上,在前述五个阶段都可以根据需要着手标引或重新评估标引工作。

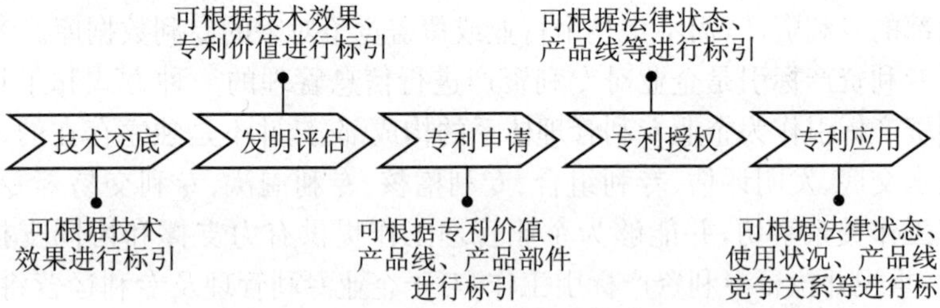

图 4.5　基于专利产出阶段的专利资产标引时间

在技术交底阶段,通常是由发明人或研发项目团队对技术成果进行标引,主要观察的维度是技术效果。在发明评估阶段,通常是由公司技术主管部门或者技术评估委员会对该技术成果是否申请专利或以何种方式进行保护进行决策,因此,评估的维度可能会从技术、法律和商业等层面展开,最后也是归结到该技术成果的价值大小。有的企业则推迟到专利申请时,才根据发明评估的结果对该专利申请进行初步标引,等到专利授权后,再根据当时的情形对前期的标引重新测量以决定是否调整标引项。等到专利应用阶段,可以根据需要进一步增加或调整标引项。比如,根据竞争对手产品的专利侵权情况,就某一专利进行相应的标引。

3. 专利资产标引的维度

根据企业的商业实践及竞争需求，专利资产的标引有多重维度，每个维度都有自己的信息标签，即标引项。当然，并不是针对每一项专利资产的标引维度越多越好，关键还是要切合企业的实际需要。下面介绍几种常见的专利资产标引维度，每个标引维度有其对应的标签或标引项。

（1）基于法律状态的标引维度

在企业的众多专利中，除了已经得到授权而受到法律保护的专利之外，还有专利处于已提交专利申请但尚未授权或者被驳回、专利权终止、专利权无效宣告进行中等法律状态。因此，可以将专利资产按照其所处的法律状态进行标引，以快速识别专利状态，了解该项专利有效与否，并及时跟进年费缴费、专利无效等工作。

（2）基于产品线的标引维度

所谓产品线，是由使用功能相同、能满足同类需求而规格、型号等有所不同的若干个产品项目组成的一个产品类别。专利资产可以根据对应的产品线进行标引，如果公司的产品线分为高端零售系统、无线微店、分销系统、中小零售系统、中小企业管理，那么该企业的专利资产即可按照这五个产品线进行对应的标引，比如“支付宝服务窗”专利技术就可标引为“无线微店”这一产品线。

（3）基于产品部件的标引维度

给产品的各种部件按照分类分别给对应的专利资产打上标签，有利于根据标签的指引一次性找到某一部件的所有专利，也方便对某一部件进行技术升级改进。以汽车的专利为例，可以对发动机、排气管、油门线等零部件的对应专利进行分类标引。

（4）基于技术效果的标引维度

作为一种技术方案，每一项专利（外观设计专利除外）都应当有其解决特定技术问题的技术效果，因而技术效果是专利资产标引不可缺少的标签。将具有同一技术效果的专利进行分类标引，也便于迅速识别和展现企业在特定技术领域的专利优势。例如，对电热水器相关的专利资产，可根据技术效果打上防漏水、防漏电、即热等标签。有时，还可以对基于技术效果的标引方式进一步细分，比如，针对具有某一技术效果的专利组合，按照该技术发展脉络进行不同阶段的标引。例如，对电热水器的活水技术，可以给其专利按照活水技术的发展脉络分别打上机械活水、电子活水等标签。①

(5) 基于使用状况的标引维度

通过标引专利资产是否处于使用、许可、转让或质押等状态,可以帮助企业在专利库存中,快速找出哪些专利是企业的“收益发动机”,哪些专利是“沉睡的专利”,使企业了解并掌握专利资产的实施状况及其价值程度,从而便于对不同状况的专利资产进行分类管理和采取相应举措。

(6) 基于专利价值的标引维度

专利不仅是授予专利权的发明创造,更是一种具有使用价值和交换价值的技术资产,一种能够为产品创造附加值、创造竞争优势的无形资产。专利价值可以用专利稽核的方式进行评价,即企业对其拥有的专利资产,从商业层面和技术层面进行盘点审核,并做出相应的决策。透过专利稽核可以区分出专利资产价值的等级大小,并以“A、B、C”或“重要、一般、不重要”等标签进行分级标引。

(7) 基于竞争关系的标引维度

专利是竞争对手相互攻防的竞争工具和商业利器。企业可以定期或不定期地对竞争对手在市场上销售的产品进行专利分析。如果发现竞争对手的产品涉嫌侵犯自己的专利权,应当及时就相关专利进行标引,包括标注该竞争对手的名称以及涉嫌侵权的产品型号等信息。②在打算主动攻击竞争对手侵权或被竞争对手起诉侵权时,能够以最快的速度找到与之有关的专利,进行进攻和防御。为了将来更好地支撑诉讼,还可以将一些专利产品的使用证据等初步收集整理,并放置于被标引专利相应的文件夹下留存。

(8) 基于其他考虑的标引维度

在实践中,根据行业性质的不同、企业需求的不同,标引的维度也会发生变化。比如,对于通讯、多媒体等高度依赖于标准的行业,可以将专利与对应的标准关联进行专利资产标引。

专利资产的前述标引维度,可以通过不同的标签或标引项加以标记,并使用诸如以下形式的表格加以管理。不过,当企业的专利数量达到成百上千件时,仅依靠 excel 表格进行专利管理自然使用不便,弊端诸多。此时,可以引入或开发专利管理系统,进行专利资产的标引工作。目前很

①② 参见唐立平:《浅谈专利布局的后期管理》,http://www.ceipi.cn/yjcg 5_139.html,最后访问日期:2017 年 5 月 25 日。

多软件公司开发的专利管理软件，都可以实现专利标引的功能，甚至还可以根据用户的需求进行定制化开发。

表 4.4　专利资产标引的呈现形式示例

专利名称（专利号）	法律状态	产品线	产品部件	技术效果	使用状况	专利价值	竞争关系	其他（如技术标准）
专利 A（ZL20081××××××××.8）	授权有效	电热水器	数字式漏电保护器	自动断电、故障诊断	自用、质押	A（重要）	B公司可能侵权（××产品）	—
专利 B								
……								

4. 专利资产标引的应用价值

专利资产标引对于企业的专利管理及运营都具有重要的现实意义。比如，根据专利的价值高低、使用状况等指标，可以及时清理那些不常使用、价值低甚至无价值的专利资产，帮助企业将有限的资金预算和管理资源聚焦于有价值、高质量的专利资产。

(1) 便于节约专利查询成本

如果一家企业拥有的专利数以百计，数以千计，甚至数以万计时，那么当你想要快速准确地找到一件专利时无异于大海捞针，这不仅是一个时间成本的问题，更可能会使你在遇到紧急情况时丧失一些诸如打击竞争对手侵权的最好时机。不同的专利资产标引方式就好像不同的坐标轴，通过多个坐标轴的定位，可以从数千件专利中迅速找到所需的专利资产。事实上，专利资产标引的首要意义就在于能够方便迅捷地找出符合需要的专利。

(2) 便于分类管理专利资产

对每件专利技术的价值或重要程度进行标引，可以便利企业分级分类管理，并根据不同的标引分配不同的资源投入。例如，对于重要程度最高的专利资产，应进行精雕细琢的专利布局、专利组合等精细化管理，匹配最具专业能力的专利服务机构。而对于重要程度较低的专利资产则可相对粗放管理。再如，对于自己不使用但对他人有价值的“青铜专利”，可以考虑转让或者许可；对于不会使用且没有商业价值的专利资产，可以考虑放弃维持。

(3) 便于构建专利组合

考虑到专利组合(patent Portfolio)能增加创新成果保护的规模和多样性,企业通常会寻求获得大量相关专利,以提升专利投资的价值。根据实际需要,结合专利资产各个维度的标引信息,通过标引项的检索和组合,即可将相关专利列表从企业专利数据库中导出,构建出基于某技术领域、某产品、某部件、某功能、某标准的专利组合,实现专利组合的动态构建和管理。一件专利可以对应多个标签,具有共同标签的专利可以构成一个专利组合。专利组合的构建使各专利相互之间形成支撑和协同关系,既可以增加产品的专利竞争力,也可以有效支持专利包的商业运营。

(4) 便于提高专利评估效率

基于预算限制和管理成本,企业对其专利资产会不断进行评估,以决定是否继续维持有效性,是否调整其价值分级等。通过前期的专利资产标引,可以有效支持和提升后期专利资产盘点或稽核的效率,从而不断优化专利资产的质量,节省专利维护的成本,释放专利资产的价值。比如,将价值分级中标引为最低等级的专利,作为优先考虑是否放弃或淘汰的资产。

(5) 便于专利交易利用

企业的专利资产较多都处于搁置不用的状态,如果不是因应策略上的需要,则非但不能带来商业利益,反而还会背负沉重的负担。还有一些专利系囿于企业自身的力量,无法有效推进产业化。所以,需要以转让、许可等交易利用的方式,把专利优势转化为商业价值。通过专利资产标引的识别指示功能,可以方便查找有价值且未使用的专利,方便围绕特定技术或特定产品构建专利组合,从而快速识别、精准运营专利组合,帮助企业富有成效地开展专利交易利用工作,提高专利的利用效率。

(6) 便于识别杀手级专利

专利资产的标引过程也是杀手级专利的发现之旅。所谓杀手级专利,是指自己拥有的可以涵盖竞争对手核心产品的专利或专利组合,此时竞争对手若有侵权之嫌疑。通过关注竞争对手推出的产品,并在自有的专利武器库中进行专利比对,同步标引可能被侵权的专利资产,同步挖掘杀手级专利,既可以在激烈的商业竞争中给对手强力一击,达到专利攻击之效果;也可以在受到竞争对手诉讼攻击时,能够迅速找出杀手级专利起诉反制,发挥专利防御之目的。

（二）品牌资产的商标分级

1. 企业品牌模式

企业的品牌模式有很多类型，业内通常将品牌模式分为单一品牌模式、混合品牌模式、独立品牌模式和不相关品牌模式等四种类型。不过，即使是单一品牌模式之下，也并不表明企业的产品只有一个品牌名称。

采用单一品牌模式的企业，为了区分不同层次、定位或者特质的产品，往往会采用"主副品牌"的策略，即以一个已经成功的品牌作为主品牌，涵盖企业各个系列的产品，同时又给不同产品取一个生动活泼、富有魅力的名字作为副品牌，以突出产品的个性形象。这样就既可节约传播费用，又可以尽量避免危机的连锁反应。比如，"格力"空调品牌旗下有"全能王""睡梦宝""月亮女神""冷静王"等系列空调，既分享了主品牌"格力"的品牌资产，又丰富与突显了具体产品的个性，可以说是一举两得，相得益彰。

表 4.5　不同的品牌模式

品牌模式	内　涵	例　证
单一品牌模式	所有产品系列不论其有多宽广都使用一个主品牌，但该主品牌旗下通常会有若干子品牌。	海尔公司在其冰箱、彩电、空调、电脑、手机等产品均使用同一品牌"海尔"，日本的佳能公司也是一样。
混合品牌模式	每一个系列产品都有独立的品牌名，但所有系列同时又分享一个共同的品牌。	苹果公司旗下有 MacBook、iPad、iPhone、iPod 等品牌，但都分享一个共同的品牌 Apple（或其苹果图形商标）。
独立品牌模式	每一个系列都拥有一个独立的品牌名，其中只有一个系列的品牌可以使用公司名称。	福特旗下的"福特""林肯"等每个品牌都有其各自独立的标志，它们之间的品牌名及总体形象没有关联，因为福特公司认为"福特"是大众市场的汽车，不会为其他高级汽车品牌增值，反而会削弱其他品牌。
不相关品牌模式	每一个品牌都是一个独立互不相干的品牌，且与公司名称无任何联系。	宝洁（P&G）不仅在洗衣粉、洗发水、淋浴皂、纸尿裤等不同系列的产品上采用了完全不同的品牌，而且在同一产品系列上也采取了多品牌模式，其洗发水下属的海飞丝、飘柔、潘婷、沙宣等品牌，分别以"去屑""柔顺""健康亮泽""专业"的不同定位，取得了商业上的成功。

从商标法的角度,主品牌被称为主商标或母商标,副品牌则是副商标或子商标。对于主品牌,多数企业都会有意识的采取商标注册保护。但对于副品牌,有的企业可能只是把它当作一个广告宣传语或者口号,似乎忘记了它也可能是一个商标,甚至有的企业经常把自己的副品牌当作产品类别的通用名称来使用,长此以往,就会产生巨大的法律风险。

2.品牌结构的商标分级

无论采用单一品牌模式还是混合品牌模式,目前多数企业的品牌/商标数量都相当可观,品牌/商标层级都比较复杂,通常可以把企业的品牌/商标至少分为三级(甚至四级)。通过对企业品牌的商标分级,可以针对不同层级的商标,选择不同的商标策略。商标分级是实施商标战略的基础,并将贯穿于商标注册、使用、保护的各个方面。

表 4.6　品牌/商标分级

品牌类型	对应商标级别	商标类型描述
主品牌	一级商标	与企业字号一致的中文商标及对应的英文商标,是企业的主品牌,也是事业群品牌的主要构成元素。
事业群品牌	二级商标	由主品牌和事业群的代表名称组成,商标使用范围覆盖该事业群全部领域。
产品线品牌	三级商标	各事业群下的系列产品品牌商标,商标使用范围覆盖该事业群的某些领域。

商标分级的目的在于给予不同级别的商标以不同的资源支持。比如,在商标监测方面,对于一级商标,可以实行全类监测。如果发现在任何商品类别上有影响主品牌正常使用,会影响品牌声誉的商标可以积极提出异议;对于二级商标,可以只就核心的商品类别实行商标监测;对于三级商标可视其重要程度来参照二级商标的核心类别。

三、知识产权投资的成本控制

根据一项统计,财富 100 强的大公司在全球一些主要国家或地区,从获得一项发明专利到维持发明专利的 20 年有效期,大概要花费 25 万美元到 50 万美元。一家公司如果拥有成百上千件专利,其维护费用不难想象是十分惊人的。因此,做好知识产权投资尤其是专利投资的成本控制,就显得至关重要。

一些企业对知识产权存在偏见，是因为知识产权无法及时带来收益。需要理解的是，知识产权不同于其他的投资产品，它是一种长期投资，并非短期业务。如果对知识产权采取急功近利的态度，在短期内它的确会成为一种财务上的负担。更重要的是，无论是财力雄厚的跨国公司，还是势单力薄的中小企业，都应当关心知识产权投资的成本控制，否则知识产权只会成为企业的负担，甚至是负债。

（一）知识产权投资的成本构成

知识产权投资的成本产生于很多环节，比如，从自主开发专利的角度，在专利的研发、申请、维持、利用、保护等环节，都会发生成本的支出。如果把视野扩展到企业与外部的专利交易，还将在专利的许可、转让、价值评估、尽职调查等环节产生费用的问题。知识产权储备的成本主要可以分为官方费用与非官方费用两大类别：

官费：是指支付给官方机构（如国家知识产权局、人民法院等）的费用。官费既包括知识产权授权主管部门（国家知识产权局）的收费，也包括海关的备案费用、法院的诉讼费用等项目。通常，授权主管部门的收费是知识产权投资过程中，最主要的官费构成部分。

非官费：简单地讲，是指官费之外的开支。非官方费用的构成更是复杂，既可能来自企业的管理活动，比如专利和商标的监控费用；也可能来自对外交易活动，比如知识产权转让和许可费用；还可能来自知识产权相关的服务活动，比如专利代理费用、商标代理费用等。

表 4.7　专利投资中常见的非官费类型

非官费类型	说　明
研发投入	为开发专利技术而投入的设备、资金等。
交易费用	在专利转让、许可、融资等业务中，会发生广告宣传、中介服务、协商谈判等交易成本。
代理费用	委托代理专利申请、应对专利诉讼、反击专利无效宣告请求、进行专利争议仲裁等，都涉及代理费用的支出。
信息成本	在研发过程中进行专利检索分析、在交易过程中进行专利尽职调查等信息收集分析的费用。
管理费用	企业内部对专利进行稽核、归档、监控等管理费用。
……	

（二）知识产权产出的成本控制

1. 削减研发成本的支出

目前,一些政府部门已经出台很多激励创新的政策措施,并提供研发创新或成果转化的基金、补贴等资金支持。企业可以积极了解政策,争取获得政府的资金支持,以减少研发成本的支出。此外,从成本收益的角度来看,合作开发或有偿引进他人的技术有时可能比自主研发创新支出更少。与其独立研究或重复研究,还不如用相对较低的成本买过来,把精力和金钱都用于技术改进创新上面。

2. 控制知识产权申请的数量

首先,要明确知识产权申请目标,除非为了某些特定的战略考虑,应该紧紧围绕现有的产品经营和市场需求,量力而行,按需申请。其次,要建立专利筛选机制,控制专利申请的数量。此外,可以依法合并数项专利申请,节省专利成本。

3. 选择成本更低的保护方式

对一项技术而言,比专利成本更低的保护方式,通常是商业秘密,对软件而言也可能意味着采取版权保护。需要注意的是,商业秘密保护比专利保护成本更低,主要是因为商业秘密的获得不需要申请授权,不需要缴纳官费。但是,商业秘密需要持续不断地维持秘密性,才能保持其权利和价值,面对无孔不入的商业间谍,以及一些不诚实的内部员工,要做到这一点,也需要花费不少的管理成本。

4. 减缓申请费用的开支

企业可以根据《专利费用减缓办法》,请求国家知识产权局减缓缴纳相关申请费用。另外,可以争取地方政府的专利申请资助补贴,降低自己知识产权储备的成本。

（三）知识产权存续的成本控制

1. 定期淘汰知识产权

可以通过专利稽核、商标审计,定期进行知识产权淘汰,放弃或删减不必要的、无用益的专利或商标,可以节约维持知识产权的开支。大部分庞大的、拥有上千个专利或商标的公司都有很大的删减空间。专利淘汰的方式,可以通过书面声明放弃,也可以不缴专利年费消极放弃。一般而言,企业多采取不缴年费的方式。而注册商标在有效期内的维持并没有官费成本,因此企业一般都选择以到期后不续展的方式淘汰不需要的注册商标。

2. 控制知识产权保护的成本

选择合适的保护方式，可以节省一些保护成本。保护知识产权最典型的公力救济方式是行政查处或司法诉讼。一般情形下，通过行政机关查处侵权，简便、快速，费用低，因此行政查处所付出的成本比司法诉讼要小一些。

3. 积极利用知识产权的价值

比如，把闲置的知识产权或对核心业务没有影响的知识产权，向外转让或发放许可，通过获得转让费或许可费，来冲抵知识产权维持的费用开支。《华为创新和知识产权白皮书》显示，截至 2018 年底，华为累计获得授权专利 87 805 项，其中有 11 152 项是美国专利。自 2015 年以来华为获得交叉许可后的知识产权净收入超过 14 亿美元，付费方涵盖美国、欧洲、亚洲公司。

第三节　知识产权全过程管理

一、知识产权布局管理

（一）专利布局管理

专利布局是对专利申请的周密规划和统筹安排，通过对专利申请时间、地域和途径的选择、专利保护内容的谋划等，有策略地部署形成专利格局。专利布局通常以数量为基础，以专利挖掘和专利组合为手段。关键与核心在于“规划”与“策略”。通过规划“设局”，通过策略“成局”，服务于企业发展需求。专利布局的维度可以有九个方面。

1. 专利布局的技术维度

从技术学的角度看，一项技术的发展主要有三个方向：(1)技术的纵向发展。一项技术的水平总是相对于某一时间而言的，技术的发展总是向其极限技术方向发展。比如液晶显示器屏幕清晰度的不断提升，使用寿命的不断延长等。当一项技术达到某一极限时又有新的替代技术产生，比如现在液晶电视屏幕逐渐取代了传统的电视屏幕。(2)技术的应用方向。一项技术总是由已知领域向未知的应用领域渗透，不断地开发出技术的新用途。比如,有的药物本是用于艾滋病的,结果后来发现有助于治疗其他疾病。(3)相关技术与材料的发展。一项技术不是孤立的发展,而是处于一个相关技术群中,技术与技术之间有着广泛的横向联系。一项技术的发展需要相应的工艺、制造技术和材料技术的支持。相关技术的发展会推动主导技术的发展。例如,在微电子行业中,开发一项新产品要涉及40多种材料的电子、化工、机械等许多行业的技术。

因此,企业在取得研究开发成果后,需要考虑:(1)技术上有无改进的可能,改进的方向在哪里?(2)发明可能涉及的应用领域,可能开发的新产品、新用途?(3)支持该项发明实施的相关技术和材料的发展,有无改进的可能,改进的方向和途径为何?有无替代材料?①

总之,不能认为就该技术申请专利后就万事大吉了,而要从这三个方向去全面考虑,制定好专利布局的计划,布置下严密的专利网,尽力不给竞争对手留下可乘之机,从而充分发挥专利布局保护技术、抵御侵权的威力。

2. 专利布局的产品维度

企业投入专利的资源总是有限的,针对不同的产品需要制定不同的专利布局规划,或者根据产品的重要度、成熟度、原创性、贡献率等因素,有所选择地针对某类或某些产品进行专利布局规划。对于市场份额高、销售额较大、市场竞争优势明显、市场成长空间广阔的产品,可以集中投入资源进行专利申请和布局,构建专利组合,提高专利密度,既要保护自己的核心技术,还要注重防御竞争对手的改进甚至专利攻击。

3. 专利布局的类型维度

由于发明、实用新型、外观设计三种类型的专利有各自不同的特点,不同的优势和劣势,在选择申请的专利类型上也需要考虑合适的布局策略。通常来说,基于稳定性和保护期限考虑,会尽量采用发明专利保护核心技术;在涉及多个创新点时,则可根据成果的形式和技术含量,采用发明为主、新型和外观为辅的保护模式。对于外围技术,结合成本因素,可采用新型和/或外观专利为主、发明为辅的组合。

① 戚昌文、邵洋等编著:《市场竞争与专利战略》,华中理工大学出版社1995年版,第162—164页。

（1）比较不同类型专利对于企业的优缺点

表 4.8　不同类型专利对企业的优缺点

类　型	保护范围	保护期限	优　点	缺　点
发　明	产品、方法、用途，适用于容易被仿冒的技术	20 年	保护时间长，保护程度高	授权要求高，审查时间长
实用新型	产品形状、构造、结合	10 年	授权要求低、审查周期短	保护程度不高
外观设计	产品形状、图案及其结合	10 年	授权要求低，审查周期短，易举证	保护范围较小
商业秘密	技术信息和经营信息等，适用于不易被破解的技术	无期限直至被公开	保密，时间较长，企业自主掌握	如果被破解就失去保护

（2）考虑技术符合哪种专利的基本要求

由于发明的技术要求较高，所以要考虑自己的专利技术是否符合发明的技术要求。而有的技术只能申请发明专利，如一种提高效率的输送方法，只能申请发明专利。

（3）考虑企业对不同专利保护的承受能力

不同类型的专利保护力度也有所不同，需要根据该技术对企业的重要程度、将来的发展预测、企业对该技术的投入情况，来决定采用的保护方式，以保证对于一项技术所花费的时间、成本和获得的利益相对等。

4. 专利布局的时间维度

专利申请的时间或时机，也是企业专利布局的重要考量因素。我国实行专利申请在先原则，原则上谁先提交专利申请，专利权就授予谁。不要错失专利申请时机，让自己的研发成果付之东流。专利申请的时机一般考虑四个方面。

（1）竞争对手的情况

做好专利申请前的专利分析，要充分考虑竞争对手目前的状况。如果公司竞争对手较多，其他主体也在研制则应当尽快抢先申请专利。

（2）技术构思及技术方案完善性

如果企业的技术成果尚未成熟，过早申请可能会影响专利申请文件的周延性，导致公开不充分或者保护范围不当等问题。

(3) 应用研究和周边研究的成熟度

要考虑企业基本发明与外围研究成果的协调,防止单纯申请基本专利而被竞争对手开发外围专利限制本企业。

(4) 最晚申请时机

为保证专利申请的新颖性,一般而言,最迟应该在产品上市销售前提交专利申请。

5. 专利布局的地域维度

面对全球众多的国家或地区,并不一定都需要进行专利申请布局,否则其中的花费会让人承受不了,尤其是对于中小企业。决定专利海外申请的首要考虑,即是你的市场在哪里。

一般来说,产品出口国、制造地国、技术授权地区都是应该申请专利的区域,因此,企业应当有的放矢地确定产品出口国(地区)的清单,并依据其产品的种类和性质,有重点地选择专利的申请地。当然,考虑产品出口国、制造地国或技术授权地区时,不应当只局限于目前的状况,而应着眼于将来的业务拓展。从长远的角度,全球的主要市场,比如欧盟、美国、日本,都应当进行专利布局,一旦企业做大做强,都避免不了进军这些市场。

6. 专利布局的数量维度

知识产权储备可以有多种途径,比如自己研发、受让或收购、合作开发或者企业并购,但知识产权储备都涉及数量与质量的平衡问题。总体上看,数量累积是基础,质量提升是关键。

知识产权数量累积,是知识产权管理、运用和保护的基础和前提。事实上,知识产权的竞争最突出地表现就是知识产权数量的竞争。创新型国家的构建,国家知识产权战略的实施,都需要知识产权数量的增长和知识产权总量的积累作为铺垫和基础,否则都是“空中楼阁”“无米之炊”。具体到企业,也需要知识产权数量达到一定规模,才能更加游刃有余地制定和实施知识产权战略。

放眼全球,即使是一些专利大户,也仍然在数量累积上毫不懈怠。2018 年,IBM 公司获得了 9 100 项美国专利,位居美国年度专利授权数量排行榜首长达 26 年之久。三星电子和佳能当年也分别以获得 5 850 项美国专利和 3 056 项美国专利位列榜单第二、三位。这些专利帝国构建了庞大得令人惊叹的专利组合。

不过,知识产权数量增长最好应当服务于知识产权组合优势和规模优势的能量发挥。瓦格纳(Wagner)的研究认为,以单项专利为主导的时代已经过去,在新的专利世界中整体(专利组合)的价值将远远大于局部(单项专利)价值之和,不断扩张的专利申请活动正是企业普遍实施专利组合战略的必然结果。

7. 专利布局的质量维度

专利的质量是专利申请布局时的一个重要维度。从专利质量的角度,至少应当具备以下条件:(1)有一个高水平、高技术含量的技术方案;(2)由高水平专业人员撰写的高质量专利申请文件。专利申请文件的质量是整个专利生存周期影响专利实施和影响专利价值的关键因素,因此提升申请文件的质量,是保障专利质量的重要措施。

专利申请文件的撰写不同于纯技术文件,特别是权利要求书和说明书是发明和实用新型专利申请文件中最重要的两个部分,其撰写质量的好坏不仅可能影响该专利申请在专利局的审批进度,而且可能影响专利的品质。如果一项所有竞争对手都要用到的技术,搭配了非常差的专利申请文件,只能保护单一的模式,其他的技术变化都不在专利保护范围内,则是缺乏品质的专利。简言之,专利申请文件不仅可以决定专利保护范围的大小,而且可能影响专利的有效性。如何提高专利申请文件的质量?

(1) 选择适格的专利代理人。专利代理的质量直接影响企业(委托人)取得专利权的可能性、取得专利权的质量以及取得专利权耗费的时间和花费的金钱,而这些影响通常是滞后的和难以恢复的,甚至是难以被一般企业所认知的。因此,选择一个责任心强、能力较强的专利代理人,就显得十分重要。

(2) 加强发明人与代理人的沟通。技术交底书是联系发明人与代理人的重要沟通渠道。有的发明人只会做、不会写,或者写的不规范,代理人要引导发明人,让他把申请专利的技术讲明白,把现有技术讲清楚,把创新点总结出来。另外,代理人还要引导发明人,这个技术还有没有可以改进的可能,或者可以变通的地方,以周全保护发明创造的利益。

(3) 注意专利申请文件的检查。申请发明专利的,申请文件主要包括:发明专利请求书、说明书(说明书有附图的,应当提交说明书附图)、权利要求书、摘要(必要时应当有摘要附图)。申请实用新型专利的,申请文件主要包括:实用新型专利请求书、说明书、说明书附图、权利要求书、摘要及其附图。申请外观设计专利的,申请文件主要包括:外观设计专利请求书、图片或者照片。如对图片或照片需要说明的,应当提交外观设计简要说明。权利要求书与专利说明书在整个专利申请文件中,处于核心的位置。为防止专利申请文件出现错漏,影响专利申请质量,应当重点注意检查权利要求书与说明书。

(4) 加强专利申请的流程管理。为了控制专利申请的质量,应当加强专利申请的流程管理。比如,在专利申请环节,对发明专利的代理人而言,除了要负责对相关时限作有效监控并及时向委托人报告案件进展状态外,还应就专利局对该申请的审查意见作及时的负责任的处理,在涉及重大修改时应征求委托人的意见,或对申请文件作适当修改,或对审查意见作有理有据的意见陈述。①

8. 专利布局的竞争维度

专利布局的竞争维度是指把竞争思维融入到专利申请布局中去。专利布局的最低限度的目的,是应当能够获得足以覆盖自身产品的专利权利,以防止他人进行仿制,为自身产品争取更大的获利空间。如果通过专利布局还能阻碍竞争对手的发展,或者干扰竞争对手的视线,更是一种面向竞争策略的专利布局方式。比如,在自己申请的核心专利周围布局申请替代性方案,防止竞争对手在核心专利四周开发,这样就将自己的技术领域以及相关市场与竞争对手进行了隔离。

9. 专利布局的标准维度

当前,在移动通信、数字电视等领域,标准与专利相结合已发展为不可避免、不可逆转的趋势。专利申请布局时还要争取自身申请的专利可以成为标准必要专利。企业可以围绕标准的制定或发布,尽可能针对性地进行专利布局。比如,标准中规定了一种信令的功能需求,企业可以策划一个实现这种信令的硬件装置来申请专利;再例如标准中规定了某个装置应该有某一个性能指标,企业可以策划一个对这个性能指标进行调节的方法或系统。

(二) 商标布局管理

1. 商标布局的标识维度

(1) 联合商标

Facebook 虽然未进入中国市场,却已通过商标布局来预防傍名牌。

---

① 参见郭伟刚:《如何评估专利代理的质量》,http://blog. sina. com. cn/u/476a1d5e0100051x, 2007-5-13。

从2006年3月到2011年4月,Facebook一共注册了60余项商标,包括"THE FACEBOOK""FACEBOOK""F"等,涵盖社区网络、照片分享、软件、搜索引擎、电子杂志、游戏等类别,有趣的是,甚至男女服装类别也注册了。更有趣的是,尽管Facebook没有官方中文名称,Facebook却在中国注册了可能的中文音译名称,包括"飞书博""飞思簿""菲丝博克""脸谱""面书""脸书"等,以至于有网友评论说:没有注册"非死不可"吧?①

中国企业也同样如此,福建石狮市福林鞋业有限公司很早就在25类鞋商品上注册了"富贵乌""富贵鸣""富贵鸡""富贵鸽""富贵鹰""富贵鹅""富贵鸠""富贵鹊"等商标,来保护其"富贵鸟"商标。②这样不仅扩大了自己的商标权范围,而且可以防止一些企业采取乔装打扮的手法,居心叵测地使用与其知名商标相近似的文字和图形。此即所谓"联合商标"(Associated Mark)策略,即同一商标权人在相同或类似商品上,申请注册一批和自己真正使用商标(正商标)相近似的商标。

当然,在商标法上一个注册商标本来已有权排除他人在同一种商品或类似商品上注册或使用的与之相近似商标。但有的企业还是愿意进行联合商标的注册,原因在于,联合商标的注册可以直接排斥相关近似商标的注册使用,但正商标(受联合商标保护的商标)却未必一定能够发挥这个效用,比如你的商标是"大大",其他人注册或使用了"大人",当你提起商标争议裁决或商标侵权官司时,商标主管部门或法院可能认为"大人"并不构成与"大大"的近似,毕竟近似不近似是人的主观判断,因此还是把"大人"作为联合商标注册,更能有效保障你期待保护的权利。

(2) 组合商标的分拆

对于文字+图形或者其他要素组合而成的组合商标,建议在整体注册申请的同时,也把各个相对独立的构成要素(比如图案、文字部分)分别提交商标注册,对于核心商标(品牌)尤其如此,如此操作,即使组合商标整体因其中一部分构成要素存在在先申请或在先权利等障碍,另外分拆出来的部分也不会受到影响。当然,这样一来,一件商标申请可能就变成了三件商标申请,甚至更多,相应地,官费和代理费都要翻倍。

事实上,组合商标分拆并非只有提高成功率的功用。有的公司根据实际情况,比如空间有限,在某些产品位置无法标识组合商标的整体,而

---

① 袁真富:《难以阻挡的商标傍傍族》,《中国知识产权》2012年第10期。

② 王小云:《对防御商标和联合商标的思考》,《中华商标》2001年第2期。

只能有所割舍,仅仅标注图案或者文字部分,此时组合商标分拆后注册,有利于公司灵活使用注册商标。在商标保护阶段,组合商标分开注册还有更大的妙用。相对于组合商标,分拆部分的商标由于构成要素更少,还扩大了商标的保护范围,更有利于商标近似的确认。

(3) 商业标识一体化

在选择文字商标时,最好商标名称与企业商号①保持一致。将商号用作商标申请注册,或将商标作为商号登记,这是现代企业普遍采用的做法。如日本的“日立”“丰田”,德国的“拜耳”等。当然,一家企业可能拥有多个商标,不可能每个商标都与企业商号一致,因此只能做到主商标与商号一致。

现在域名既可以使用英文,也可以使用中文,因此,自己的商标也要与域名保持一致。由于商标的名称可以在以.com、.cn、.org、.net 或者.中国、.公司和.网络等结尾的多种顶级域名下注册使用,因此,如果你财力允许可以都注册下来,但我们认为域名并不像商标,其标识来源的作用并不明显,很多人在网上找寻网站是通过搜索关键词或通过链接,而不是通过键入网址(域名),所以,注册一个或几个就可以了。对企业最关键的事情可能是,如何让用户在 google、百度上非常轻松地找到自己的网站。

我们强调商标、商号、域名等商业标识的一体化,是因为这种做法不仅可以起到商标、商号同时宣传的广告效果,更重要的是还可以得到商标、商号、域名等有关法律的多层次、全方位的保护,有效防止他人把你的商标用作其产品商标、企业名称或者域名。

2. 商标布局的商品维度

作为区别商品或服务来源的一种标志,每一个注册商标都是指定用于某一商品或服务上的。如提到长虹,人们会想到彩色电视机;提到五粮液,人们会想到白酒;提到保时捷,人们会想到豪华跑车,等等。应该说,离开商品或服务而独立存在的商标是不存在的。我国《商标法》第 22 条第 1 款规定:“商标注册申请人应当按规定的商品分类表填报使用商标的商品类别和商品名称,提出注册申请。”《商标法实施条例》第 13 条第 1 款更进一步规定:“申请商标注册,应当按照公布的商品和服务分类表填报。”

① 商号是企业名称中的特取部分,如北京万慧达知识产权代理有限公司中的“万慧达”,即为商号(也称字号)。

我国的商标申请应当根据《类似商品和服务区分表》所规定的类别进行申请。《类似商品和服务区分表》是基于1957年6月15日由尼斯外交会议达成的《商标注册用商品和服务国际分类》(尼斯分类)所制定的。我国于1994年加入《尼斯协定》。根据《类似商品和服务区分表》,所有商品和服务被分成45个类别,其中第1到第34类为商品类别,第35到第45类为服务类别。

(1) 不要浪费商品项目的指定数量

如果检索一些商标的注册情况,可以发现,有的注册指定使用的商品和服务项目很多,而有的又很少,甚至只有1—2个商品或服务项目。按照目前的收费方式,每件商标注册申请在同一类别之下,指定使用10个商品(或服务),官方收费是300元(不包括代理费);10个以上商品,每超过1个商品,每个商品加收30元,而指定不足10个商品,即使只有1—2个商品,收费也是300元。毫无疑问,指定使用的商品数量过少,浪费的是申请人的注册费用。

如果你现在发现自己的商标注册没有指定到10个商品或服务项目时,能不能要求增加呢?不能!根据《商标法》第23条的规定:"注册商标需要在核定使用范围之外的商品上取得商标专用权的,应当另行提出注册申请。"也即你至少得再花一笔申请注册的费用。

了解了这一点,在将来申请注册商标时,即使自己实际经营的商品或服务项目不足10个,甚至只生产一种商品或只提供一种服务,也应当尽可能地指定满10个商品或服务项目,以覆盖企业将来可能经营或提供的商品或服务,以及与企业现有或将来产品相类似的商品或服务,因为这样做并不增加额外的费用。

退一步讲,即使企业指定满10个项目,其中有的商品或服务,企业永远都不会去经营,但这样做仍然会有好处,至少你在这10个项目上阻止了别人使用与你相同或近似商标的可能性,从而保证了你商标相对而言的独特性。注册商标时指定使用商品就好比占位,如果你没有占住位置,就只能眼睁睁地看着别人坐下了。

《商标法》第30条规定:"申请注册的商标,凡不符合本法有关规定或者同他人在同一种商品或者类似商品上已经注册的或者初步审定的商标相同或者近似的,由商标局驳回申请,不予公告。"充分利用这个法律资源,可以节省不少注册费用。因为每一个类别的每一个群组下面,都存在大量的商品或服务项目,如果你想把同一类别的所有或大部分商品或服务项目都指定为商标的使用项目,那么,这会花费你数额不菲的金钱。

类似商品是一个相对模糊的概念,按照《尼斯协定》,所有商品(包括服务)被分成45个类别,但同一类别的商品未必就是类似商品,而不同类别的商品也有可能构成类似商品。不过,通常情形下,同一类别同一群组的商品应该是类似商品。因此,商标申请人不需要把所有的商品项目都指定到,而只需在同一群组选择1个或几个代表性商品项目,即可阻止他人在该群组的其他商品上申请注册相同或近似商标。

(2) 覆盖现有的业务范围

商标指定使用的商品项目首先应当覆盖公司的现有业务范围,这是商标注册最基本的考虑。商标指定使用的项目必须首先覆盖自己正在经营的商品或服务,不要让指定使用的商品或服务项目与自己的业务范围发生错位,这可能会导致侵权危机。必须要注意的是,你的业务范围可能分布在商品分类表的多个类别,不要顾此失彼。比如,一家做网络游戏的公司,不能仅仅把商标注册在第9类的"计算机游戏软件"商品上,还要注册在第41类的"在线游戏"服务上。

(3) 囊括未来的业务范围

商标指定使用的商品项目还应当囊括公司未来可能发展的业务范围。这个需要考量公司的业务发展战略规划,以及可能延伸的产品类别。否则,一旦新的业务发展起来,公司还想继续沿用已有的知名商标时,可能在新业务涉及的商品上该商标已经被其他人抢先注册了。如果企业已经有长远的发展规划,对于未来有明确要开拓的经营范围,可提前通过商标注册覆盖其中的商品或服务。如果不及时把自己的商标注册在将来要发展的产品上,嗣后想注册时,可能已被他人抢先注册了。

(4) 延伸到类似的、关联性或竞争性的商品

商标还应延伸注册到公司认为会在业务上产生混淆的类似商品,或具有关联性、竞争关系的商品项目上。尽管注册商标的保护可以延及类似的商品或服务上,但是这些关联性或竞争性的产品是否构成类似商品?以及你所认为的类似商品到底是否类似?商标行政部门的观点完全可能与你的想法不一致。

(5) 思考可能应用的领域

把商标注册在该商标标识有可能会应用到的领域,也是值得考虑的方向。这个层级的防御最不好琢磨,因为这是从商标标识本身的形象或内涵去思考:它适合用在哪些领域?对于打算从事衍生品授权的动漫或

游戏行业，这种思考尤其重要。比如游戏商标“泡泡堂”，除了应该在服装、文具、玩具、图书等常见的衍生商品上注册以外，这个商标名称用在代泡茶叶商品、中药饮片，甚至咖啡厅、洗浴中心似乎也颇为贴切。

（6）占领对己不利的商品领域

把商标注册在对品牌声誉不利的商品或服务，在中国更要引起重视。在很多职业注标人特别偏好卫生巾、避孕套之类商品的背景下，这种考量尤其必要。微软公司在许多领域注册了商标，但就是没有卫生用品，可能微软并不在乎这个，但有人很在乎。曾有人经过精心选择，就决定在面包食品类和妇女卫生用品类申请注册“微软”商标。

3. 商标布局的时间维度

（1）先来后到：商标注册的基本规则

我国商标法贯彻的是商标注册保护原则，在一般情况下，商标只有经过国家知识产权局商标局注册核准后，才能享有商标专用权，得到法律最周全的保护。根据《商标法》第 31 条：“两个或者两个以上的商标注册申请人，在同一种商品或者类似商品上，以相同或者近似的商标申请注册的，初步审定并公告申请在先的商标；同一天申请的，初步审定并公告使用在先的商标，驳回其他人的申请，不予公告。”可见，即使你提出商标注册的申请，如果在时间上落后于别人，同样可能失去获得商标注册的机会，因为我国商标法上采取的是“先申请、先注册”的原则，在同一种商品或者类似商品上，谁先提出商标注册申请，就先给予谁商标权。

作为最基本的商标保护规则，我们建议企业，一旦选取或设计完成了一个品牌，应当立即想到商标注册，及时申请，不要迟疑或者等待，否则会被他人抢占先机。在经济活动中不少企业因忽视商标的及时注册，而备尝苦果。当然，很多企业可能根本就没有意识到要在品牌投入使用前，应该先去申请注册商标。等到发生纠纷后或者风险迫近时，才回过头来后悔当初没有注册商标。

虽然企业的商标被他人抢注后，可以借助商标法、反不正当竞争法等法律资源予以救济，但毕竟耗费时日，牵扯精力，有时甚至影响到企业的生存和发展。因此，避免上述情形的最佳捷径是商标先注册后使用，以免一不小心被他人捷足先登，先注册了自己正在使用的商标。

（2）产品未动、商标先行

套用“兵马未动，粮草先行”的古训来表达商标注册的规划，那就是“产品未动，商标先行”。也即，企业在产品没有推出市场前，应当先行申请注册商标保护,以免被他人抢先申请注册,或者事后发现与他人在先的注册商标发生了“撞车”。2018 年中国的商标注册申请量为 738.95 万件,商标局平均每天能收到 2 万余件商标申请,可见商标申请的竞争十分激烈。

强调“产品未动,商标先行”,并不只是为了防止他人的抢注,还有其他的考虑。我国企业的商标意识普遍比较淡薄,常常在其商标未获得注册保护时,就投入大量的人力、物力、财力宣传推广其商标,没有意识到这里面蕴含的商标风险问题。前面已经讲到,商标要得到商标局的核准注册,需要满足很多条件,包括实质和形式的条件,由于法律上的障碍,不是每件商标申请都能顺利获得商标注册。如果产品和品牌已经推广出去了,但商标最后却没有被核准注册,那么就会陷入比较尴尬的窘境。

当然,在先使用的商标现在也可以得到有限的保护。根据 2014 年实施的新《商标法》第 59 条第 3 款规定:“商标注册人申请商标注册前,他人已经在同一种商品或者类似商品上先于商标注册人使用与注册商标相同或者近似并有一定影响的商标的,注册商标专用权人无权禁止该使用人在原使用范围内继续使用该商标,但可以要求其附加适当区别标识。”因此,即使他人抢注了你的商标,你仍然可以在原使用范围内继续使用该商标。

不过,需要当心的是,等到商标注册人来起诉你商标侵权时,你能否对在先使用商标的事实,提供符合法律要求的使用证据,恐怕并不容易。可以说,多数企业都没有商标档案管理的意识,即使有商标档案管理,其保存的证据能否固定明确的使用时间?能否清楚地表明商标标识及其对应的商品或服务项目?能否证明商标曾经在商业活动中使用过?总之,要最终得到法院的认可,你提供的使用证据要满足诸多法律上的要求,并经得起对方的质证。

(3) 商标申请前的保密工作

企业在申请商标注册时,除了具有商标注册意识之外,还要注意保守商标申请的秘密。比如,对正在委托办理的商标申请事宜,不要随意向无关的人员透露,以防言者无意、听者有心,别人可能利用时间差,先期办理注册申请而导致你的商标申请被驳回。如果企业的商标尚未注册,就想把带有商标的产品拿到展览会去参展,我们建议对此也要保持足够谨慎的态度。对待媒体采访,更要保护好自己商标未来的注册规划信息,否则这种传播的广度和深度是企业不能承受的。

特别是在产品推出之前，这个产品将来会以什么样的品牌上市，这些信息都不要轻易对外散布。有时公司员工并非有心泄密，而是在外聊天时，不小心走漏了风声，而自己还没有意识到可能带来的严重后果，所以经常开展员工商标培训或教育，强化员工的保密意识是大有裨益的。

4. 商标布局的区域维度

在经济全球化的浪潮之中，我国企业面对着新的机遇，也存在新的挑战，要发展、要壮大，就必须竞争国际市场，而商标又是企业参与市场竞争的锐利武器。在日益全球化的今天，"Made in China"应该不仅仅是价格低廉和质量粗糙的代名词，也不应该是低成本劳动力聚集的"血汗工厂"的象征，它需要更多中国企业创造的国际品牌和注册的跨国商标的支持，以获得品质优良的赞誉。富有远见卓识的中国企业家，应该把商标注册的国际化战略，视为企业未来国际化发展的法律盾牌。

世界知识产权组织（WIPO）的马德里商标国际注册体系是该体系成员国企业进行商标国际注册的重要途径。2018 年我国申请人提交马德里商标国际注册申请 6 541 件，同比增长 37%。WIPO（世界知识产权组织）发布的马德里体系年鉴显示，2018 年中国马德里商标国际注册申请量在马德里联盟中排名第 3。

不过，中国申请人 2018 年 6 000 余件的商标国际申请量，与当年中国国内商标申请 700 多万件的总量相比，自然反差强烈。虽然马德里体系不是中国企业在国外申请商标的唯一途径[企业可以根据《巴黎公约》等国际公约的规定，到外国或地区性组织（如欧盟）直接申请商标]，但仍然可以看出，中国企业的海外商标注册规划并不十分积极。

其实，相对于专利的国际申请，商标的国际注册并不那么昂贵。更何况，对于中小企业而言，考虑到成本的因素，面对全球众多的国家或地区，并不一定都需要进行商标注册，否则其中的花费会让人承受不了。决定商标注册国家或地区的首要考虑仍是你的市场在哪里。

一般来说，产品出口国、制造地国、商标授权地区，都是可以考虑申请注册商标的区域，特别是在那些仿冒严重的国家，更是迅速注册的优先选择。当然，企业应当分清轻重缓急，视具体情况，分期分批地、循序渐进地进行境外商标注册。

（三）作品登记管理

1. 作品登记概述

对于作品登记，我国《著作权法》并没有做出规定，只是在《计算机软件保护条例》和《作品自愿登记试行办法》中,才明确规定了作品自愿登记的原则及相关操作办法。软件作品可以《计算机软件保护条例》和《计算机软件著作权登记办法》的规定进行版权登记;而对于软件以外的作品,包括文字作品,口述作品,音乐、戏剧、曲艺、舞蹈、杂技艺术作品,美术、建筑作品,摄影作品,电影作品和以类似摄制电影的方法创作的作品,工程设计图、产品设计图、地图、示意图等图形作品和模型作品,法律、行政法规规定的其他作品等,则可以按照《作品自愿登记试行办法》的规定,自愿进行版权登记。

作品的著作权自创作完成即自动产生,不需要履行登记程序,因此,作品是否登记并不影响作者或其他著作权人依法取得著作权保护。但进行作品登记,可以作为享有著作权的初步证明,便于明确权利归属,方便权利人维权和诉讼,有助于解决因著作权归属造成的著作权纠纷,并为解决著作权纠纷提供初步证据。

2018 年全国共完成一般作品(不包括计算机软件)登记 2 351 952 件,同比增长 17.48%。从作品类型看,登记量最多的是美术作品 992 513 件,占登记总量的 42.20%;第二是摄影作品 917 045 件,占登记总量的 38.99%;第三是文字作品 278 170 件,占登记总量的 11.83%。2018 年全国共完成计算机软件著作权登记 1 104 839 件,同比增长 48.22%。

2. 作品登记需要提交的材料

一般作品的著作权登记材料主要包括:(1)《作品著作权登记申请表》;(2)申请人身份证明文件复印件;(3)权利归属证明文件;(4)作品的样本(可以提交纸介质或者电子介质作品样本);(5)作品说明书(从创作目的、创作过程、作品独创性三方面写,并附申请人签章,标明签章日期);(6)委托他人代为申请时,代理人应提交申请人的授权书(代理委托书)及代理人身份证明文件复印件。

计算机软件的著作权登记材料主要包括:(1)《软件著作权登记申请表》;(2)软件(程序、文档)的鉴别材料。软件的鉴别材料包括源程序和文档,由源程序前、后各连续 30 页,以及任何一种文档前、后各连续 30 页组成。共 120 页。整个程序不到 60 页的,应当提交整个源程序;整个文档不到 60 页的,应当提交整个文档;(3)有关证明文件:①代理人身份证明文件;②申请人有效身份证明文件;③企业法人单位提交有效的企业法人营业执照副本的复印件并加盖公章;④联系人证明文件;⑤权利归属的证明文件;⑥其他证明材料。

（四）以终为始的布局观

为了构建一个执行有力的知识产权工具，企业需要秉持“以终为始”的理念，从以下几个方面进行前瞻性的策略布局与安排。当然，这需要综合考量成本支出、工作繁复度以及竞争必要性等因素。

1. IP 的全覆盖

知识产权全覆盖的目标，是使企业拥有更加丰富的维权武器。比如，同一个产品可以从发明、实用新型和外观设计等角度进行全方面的专利覆盖；商标注册要做到覆盖更多的标识等。

2. IP 的确定性

知识产权确定性的目标，是使企业维权的权利基础更加确定。现在企业在维权时多用《反不正当竞争法》第二条、第五条来打击竞争对手，但是实践表明，《反不正当竞争法》案件的审理难度远高于商标侵权和著作权侵权案件。如果能够把请求《反不正当竞争法》保护的标识、形状等对象，用权利基础更确定的注册商标或外观设计专利等保护起来，可能维权更容易，预期更明确。

3. IP 的稳定性

知识产权稳定性的目标，是使企业维权的基础更加牢固。比如，在撰写专利时要考虑专利无效的可能与应对，要考虑独立权利要求与从属权利要求的架构。

4. 侵权的可视化

侵权可视化的目标，是使企业维权举证更容易。比如，在申请专利时，就需要权利人考虑：第一，将来谁会使用此项专利？第二，如何发现他人正在侵权使用？第三，对侵权事实能不能取证、举证？

5. IP 保护的交叉性

知识产权保护的交叉性，其目标是使企业维权的选择更加多元化。比如，企业在商标设计之初，应当考虑多项权利重叠保护，例如图形化的商标标识可以同时获得商标权和版权的保护；而独特性的产品设计可以申请外观设计专利，也可以作为《反不正当竞争法》中的特有包装、装潢保护。通过交叉性的权利保护，可以提供更多的维权选择。

6. 权利的可规避性

知识产权的可规避性防御，目标是使得侵权者逃避侵权更加艰难。专利侵权诉讼最容易触发回避设计，由于专利权利要求书写欠妥当，更易出现这种权利规避的现象，最后导致可能维权成功了，但并不能有效遏制被告的业务发展。

7. 权利的延伸性

权利的延伸性目标,是使企业维权空间更广阔。有人讲过一个观点,当今的知识产权竞争已经不是单个企业的竞争,更多的是产业链、生态圈的竞争。在这个背景下,维权诉讼的眼界应当突破直接的竞争对手。比如,供应链的专利布局,专利"向产业链上下游延伸",将上游供应商与下游客户的一些产品或技术纳入到自己的权利覆盖之下,当专利战爆发时,你可以通过打击竞争对手的供应商来打击它。

二、知识产权维持管理

(一) 知识产权的维持管理

1. 专利权的维持

发明专利权保护期自申请日起为20年,实用新型和外观设计专利为10年。为维持专利权有效,应自授予专利权当年开始缴纳年费,当年在办理登记手续时缴纳,以后在每年申请日前一个月内预缴年费。专利权人未按时缴纳年费或者数额不足的,自应当缴纳年费期满之日起6个月内补缴并缴滞纳金;期满未缴纳的,专利权应自缴纳年费期满之日起终止。

2. 商标注册的维持

我国商标法规定,注册商标有效期满,需继续使用的,应在期满前六个月内申请续展注册;在此期间未能提出申请的,可给予六个月的宽展期。宽展期满仍未申请的,注销其注册商标。每次续展注册的有效期为十年。一份续展注册申请需缴纳规费1 000元。六个月宽展期内提交续展注册的,还需缴纳250元的延迟费。①

(二) 知识产权的合规使用

1. 专利标识标注的合规性

企业不仅要有申请专利的意识,还应当正确地使用专利标识。根据《专利标识标注办法》,在授予专利权之后的专利权有效期内,专利权人或者经专利权人同意享有专利标识标注权的被许可人可以在其专利产品、依照专利方法直接获得的产品、该产品的包装或者该产品的说明书等材料上标注专利标识。在依照专利方法直接获得的产品、该产品的包装或

① 国家工商总局商标局:关于调整商标注册收费标准的公告,http://sbj.saic.gov.cn/tz/201703/t20170330_176133.html(2017年4月28日最后访问)。

者该产品的说明书等材料上标注专利标识的，应当采用中文标明该产品系依照专利方法所获得的产品。

标注专利标识的，应当标明下述内容：(1)采用中文标明专利权的类别，例如中国发明专利、中国实用新型专利、中国外观设计专利；(2)国家知识产权局授予专利权的专利号。除上述内容之外，可以附加其他文字、图形标记，但附加的文字、图形标记及其标注方式不得误导公众。

在专利权被授予前，在产品、该产品的包装或者该产品的说明书等材料上进行标注的，应当采用中文标明中国专利申请的类别、专利申请号，并标明“专利申请，尚未授权”字样。

除了专利法上的规范，《广告法》第 12 条也对涉及专利的宣传进行了规定：广告中涉及专利产品或专利方法的，应当标明专利号和专利种类；未取得专利权的，不得在广告中谎称取得专利权；禁止使用未授予专利权的专利申请和已经终止、撤销、无效的专利作广告。

2. 商标使用的合规性

商标法对于商标使用有较多的管理性规范，比如，不得自行改变注册商标，未注册商标不得标注注册标记等。如果商标使用不规范，轻则招致行政处罚，重则商标面临被撤销的风险。因此，必须从产品生产、销售、市场营销等各个环节，对产品内外包装、标签上、广告、网页以及宣传册上的商标使用情况进行检测，加强商标使用的管理，避免发生违反商标法规定的风险。

(1) 正确标示注册商标标记

一般而言，对于注册商标的标示，可以在商标的右上方标明㊟或®等注册标记，也可以在商标标识两侧或其他说明性文字里表明“注册商标”。但必须注意，从商标法上讲，㊟、®，或者“注册商标”等标记的背后，其实暗藏着一套注册商标的使用规范。如果使用的商标标识与核准注册的商标图样不一样，但仍然标上注册标记，很可能就违反了《商标法》关于禁止“自行改变注册商标”的规定。

如果对注册商标的主体部分(比如文字图形组合商标中的显著文字部分)进行较大的或根本性的改变，那么，该商标应视为一个新的商标，在此新商标未经核准注册前，就在使用中标上注册标记，则属于《商标法》所禁止的“冒充注册商标”的行为，工商行政管理部门将会予以制止，不但要求限期改正，还可能予以通报或者处以罚款。因此，在标明㊟、®，或者“注册商标”等标记的时候，一定要核查该商标与核准注册的商标图样是否一致。

(2) 不得改变或冒充注册商标

在注册商标的使用过程中,应当与核准注册的商标标识保持一致,不得擅自改变其组合或构成要素。如果无法做到实际使用的商标标识与核准注册的商标标识保持一致,则不得标示"注册商标"或者注册标记,否则构成自行改变注册商标。

注册商标的使用不得超出核定使用的商品或服务范围,否则可能构成冒充注册商标。如果需要扩大注册商标的使用商品或服务范围,应当在扩大使用的商品或服务上,提交新的商标注册申请。

(3) 不得宣传"驰名商标"

根据商标法的要求,在生产、经营过程中不得将"驰名商标"字样用于商品、商品包装或者容器上,或者用于广告宣传、展览以及其他商业活动中,否则可能招致10万元的罚款。九鼎装饰股份有限公司的注册商标于2011年11月被国家工商总局认定为驰名商标。2014年12月至2015年9月期间,该台州分公司在其经营场所一楼门口上方自设的电子显示屏上发布含有"中国驰名商标"内容的广告。2015年9月,台州市市场监督管理局依法对九鼎装饰股份有限公司台州分公司立案查处,并根据《商标法》对其作出责令改正、罚款10万元的处罚。

(4) 及时提出变更申请

如因经营等原因,需要变更注册人名义、地址或其他注册事项的,应及时向商标局提出变更申请。

(5) 避免商标不使用被撤销

《商标法》第49条第2款规定:"注册商标成为其核定使用的商品的通用名称或者没有正当理由连续三年不使用的,任何单位或者个人可以向商标局申请撤销该注册商标。"因此,对于长期不使用的注册商标,他人有权申请撤销。对于确已在使用的商标,更要从产品生产、销售、市场营销等各个环节,留存商标使用的证据,包括但不限于广告宣传材料及其载体、商品包装及其委托印刷合同、销售合同及发票等,避免发生商标已使用但无法提交使用证据的尴尬局面。

(三) 商标使用的标准化

1. 建立商标使用的管理标准

(1) 商标使用标准化的内涵

有的公司对商标的使用比较随意,如果留意观察他们公司的不同系列、不同层次的产品,会惊讶的发现,同样一个商标竟然有多种视觉形象。

一家制造自行车的公司，在不同系列的自行车上，他们的商标（一个飞鸟形象）颜色竟然会不一样，羽毛的根数也会有变化。据说，这是为了让商标更好地适应不同自行车的风格，以及方便安装商标标牌的需要。

得到授权的商标使用人，有时也喜欢根据自己的喜好或者需要，轻微地改变商标标志，甚至使用严重不同于企业核准使用的注册商标的外观或形象。如果企业对自己的客户或合作伙伴，进行一次商标稽核，肯定会发现许多与商标有关的意料不到的状况。

宏碁前任领导者，号称品牌先生的施振荣先生就谈到，经销商或制作厂商常常"自作聪明替宏碁'改良'制作物，反而弄巧成拙。例如，Acer 和箭头之间的距离规定得很死，也准备了很多标准样品，但是做压克力①的厂商，会自己替我们画 CI(Coporate Identihy，企业识别)，大小、距离都和标准不同。"②

为了规范公司内外的商标使用，可以建立商标使用的标准化管理体系。通常，商标使用的标准包括商标标志的元素构成、大小比例、字体形式、颜色背景，以及商标标志的所处位置、与周围符号的间距等内容，而是否标示以及如何标示注册标记也是其中重要的内容之一。

(2) 3M 公司商标的标准化管理

有的企业在商标标准化方面做得非常优秀，当然商标使用的标准化规范管理，是一项跨部门的综合性工作，它包括商标的设计、注册、印制、使用、保管、仓储、销毁等多个环节。而 3M 公司在商标标准化的管理经验，值得参考。

3M 公司在商标保护总体方针的引言部分提到："下列商标标准和方针通常适用于在 3M 制作的所有宣传材料。熟悉它们至关重要。关于更详细的商标方针，请参见您制作宣传材料类型对应部分的相应主题。在开始开发或注册商标之前，请联系 3M 知识产权法律顾问办公室。将有助于您在美国和其他国家拥有商标权利。"仅短短几句话，已充分透露出 3M 公司对于商标管理与保护的战略意识和重视程度。

---

① "压克力"是英文 Acrylics 的音译，在化学物质意义上，Acrylics 是丙烯酸(acrylic acid)及其衍生物和甲基丙烯酸甲酯(methyl methacrylate，亦称甲甲酯)或甲基丙烯酸(methacrylic acid)及其衍生物之总称。目前中文所称之"压克力"则专指由甲基丙烯酸甲酯或甲基丙烯酸及其衍生物所制成之各种产品。

② 施振荣：《全球品牌大战略》，中信出版社 2005 年版，第 62 页。

从3M官网上得到的信息看,公司在宣传中需要使用商标时,明确规定了商标首次使用规则、再次使用规则、新闻稿及口头沟通时提及3M商标时应遵循的原则。不仅如此,3M还不厌其烦事无巨细地明确规范:按顺序使用法律要求的要素;只有在商标注册过且得到法律允许的情况下才能使用®符号;使用合适的字体和位置;必要时将商标符号放在圆括号内;在句子中将产品商标和战略品牌同3M联系在一起;商标为首字母缩写;正确使用其他公司的商标;其他公司使用3M商标;请勿将商标用作动词、物主代词、名词或复数形式;翻译类属描述,而不用翻译商标;在要求或必要时音译商标;请勿篡改商标等等细节问题,并拿出正确的范例以指导员工或关联企业更好地学习如何规范使用公司商标。

虽然我们看到的是从CIS(企业标识系统)角度在3M官网上公布的一些商标标准化的规范,但思路决定行动,从行动中我们可以反观出3M公司对于商标标准化管理的重视。不仅仅是3M公司,其他如Google、APPT① 等许多公司也都有商标标准化意识。②

2. 规范内外的商标使用

(1) 自身使用的规范管理

如何正确地使用商标,包括正确标示注册标记,首先要严于律己。商标注册人或商标权人首先应该对此承担起责任。在可口可乐公司,所有的员工都被清楚地告知要正确使用商标。规范中包括对于只能用在"Coca-Cola"商标上的特殊字体的使用限制,及某些密切相关使用的限制。这一切都使得商标的字体与商标本身一样的不同寻常。这些规范已经如此深入每名员工心中,以至于在内部交流中如果发现商标的不规范使用,其他员工就能将其指出。从员工参加工作之初开始,培训的内容就会包括商标的介绍。实际上,商标部门的人员经常在百忙中抽出时间参加新进员工的培训。商标的介绍从讨论那些被淡化成通用名称的商标开始,如美国的阿司匹林,从而告诉大家这不仅仅是理论上说说而已。商标部甚至制作了一盘录像,名为"通用名称的坟墓"③。

---

① APPT即亚太扑克巡回赛商标,其商标规范详见http://www.appt.com/zh/traditional/media/logo-restrictions/。

② 孙文静:"公司商标使用的标准化管理",上海大学《企业知识产权战略与策略》课程作业(2011年)。

③ 詹姆斯·鲍朱尔:《"Coca-Cola"商标价值最大化的战略和实践》,《中国工商报》2003年12月4日。

的确，特别是对于企业的市场营销和广告策划人员而言，如果没有良好的商标使用规范，他们在实际的工作中，对外使用商标（比如在产品的广告设计上、说明书上，个人的名片上使用）时，可能商标一会儿是胖胖的、一会儿又是瘦瘦的；一会儿是五彩缤纷的，一会儿又是黑白相间的。这显然不利于商标标志的一致性，甚至可能导致出现“自行改变注册商标”的情况。

对于商标标记的标示，由于不是一项法律上的义务，很多商标权人放弃了商标标示的权利。但通过前面的分析，商标标示绝对不是多此一举，而是具有强烈的法律意义和较大的商业价值。因此，商标权人应当珍惜自己的商标权利，积极行使并强化商标的形象。

（2）外部使用的商标管控

除了商标权人以外，合作伙伴，甚至上游的供应商、下游的用户，也应当承担起商标规范使用的职责。比如，商标被许可使用人、销售代理商、特许加盟商、合作伙伴、广告设计人、广告发布者和商标印制厂商等，在从事商标使用、商标宣传、商标设计或商标印制等行为时，应当严格地被要求正确地使用商标标志，以及正确地加注商标标示，甚至包括在哪些情形下可以或不可以使用商标标志。

事实上，有很多外部的商标使用人，根本没有意识到使用商标图样还要遵循什么标准或规定，他们在自行印制有关商标标识时，完全是跟着感觉走，甚至为了整个广告或宣传资料的效果，而随意拉伸、剪切商标标识。所以，商标权人应当与他们进行良好的沟通，作出明确的规范，并进行有效的监督，以准确地向公众表达和传递自己的商标信息。

为了保护 Google 的信誉，Google 要求在使用任何 Google 标志之前，必须得到 Google 明确的书面授权，并且必须遵守相应的规章和使用条款。根据《Google 标志的使用规章》①，Google 可向用户提出有关 Google 标志的大小、字体、颜色和其他图形特征的要求。该规章明确要求：“所有用户必须遵循的一个条件是：你不得篡改我们的徽标。只有我们自己可以对徽标进行更改。你必须保证你所呈现的 Google 标志与 Google 自己使用的 Google 标志在同类可比的介质中保持一致。例如，如果 Google 标志旁带有商标或服务标记，（例如：‘SM’‘TM’或‘®’），那

① 请见 http://www.google.com/intl/zh-CN/permissions/guidelines.html，2006 年 9 月 21 日检索。

么,你在使用我们的标志时,也必须带有这样的标记。此外,你必须在使用这些标志的所有材料中包括这样的声明:‘________是Google,Inc.的商标。’”

同时,该规章还强调,“如果你要在网页上使用Google徽标,徽标的周边与网页上其他图形或文字元素之间的间距必须至少为25像素”,此外,规章还特别禁止“删除、篡改或变更Google标志的任何元素”。

这是Google针对用户使用Google商标的一些基本规范和要求。事实上,很多大公司,尤其是从事特许经营的企业,都十分注重合作伙伴、客户等对自己商标的使用规范。

(四)商业秘密的维持管理

1. 商业秘密的合同签署

合同管理是在处理员工关系、进行对外交往时维持和保护商业秘密的重要手段,一般以保密合同或保密条款的方式呈现,对于内部员工还可能采取竞业禁止合同的手段。这些合同可以单独签订,也可以作为劳动合同或其他合同的一部分。

(1)保密合同

保密措施不仅仅表现为企业内部的保密规章制度,还应当表现为有关的保密合同。原则性的保密义务条款可以这样设计:“受雇员工于任职中或离职后,应严守保密义务,不得以任何方式使第三人知悉或持有公司的任何商业秘密,亦不得自己或使他人以任何方式直接或间接利用公司的商业秘密。”

不过,保密合同还涉及很多操作程序和法律责任,仅有一个原则性的条款显得还过于简单。通常,签署保密合同需要注意下列问题:

——保密人员的范围界定。

一般而言,在劳动合同中的保密义务条款宣示意味较浓。但对于企业之研发人员、营销人员和高级管理人员,订立保密条款,相当重要,切忌轻率对待。因为这些员工知悉企业的重要商业秘密。不过,企业最好根据员工可能接触到商业秘密的程度,以及该商业秘密对企业的重要程度,来决定对员工所采取的商业秘密保护政策。

——保密范围必须明确、具体。

保密范围不能泛泛而言,如何界定“保密”的范围,合同中最好要有明确规定,否则应在员工守则中予以订明。

——保密期间的确定。

企业员工的保密义务不能仅仅存在于任职期间，而是可以延伸至离职之后，与保密的需要相适应。否则，保密义务会成为一纸空谈。

——合同订立过程的合法性。

尤其要防止未有书面委托协议而为他人代签保密合同的事情发生，否则这样的保密合同对被代签人无约束力。

对于企业的合作伙伴和外部人员而言，由于他们并不是企业内部的机构和员工，所以企业的规章制度对他们没有当然的约束力，更需要保密合同的签订来维持商业秘密的利益。这些保密合同的签署可以比照上述内容加以掌握。

（2）竞业禁止合同

尽管可以签署保密合同来阻止因人才流动而导致的泄密行为，但对于离职之后的员工，如何执行保密义务，往往是一个令人头痛的问题。为了配合保密义务的执行，有的公司会选择与一些重要的职员签订竞业禁止合同。

所谓竞业禁止，又称为竞业回避、竞业避让，即要求员工在离职后一定期间内，禁止经营或从事与原公司业务性质相同或有竞争关系的事业，从而切断员工使用原雇主的商业秘密为新雇主服务，或为自己独立营业时所利用的可能性。

竞业禁止合同也是保护商业秘密的一种方式。一般公司多约定为员工离职后一至两年内，不得经营或从事与原公司业务性质相同或竞争的行业。《劳动合同法》第 23 条第 2 款规定："对负有保密义务的劳动者，用人单位可以在劳动合同或者保密协议中与劳动者约定竞业限制条款，并约定在解除或者终止劳动合同后，在竞业限制期限内按月给予劳动者经济补偿。劳动者违反竞业限制约定的，应当按照约定向用人单位支付违约金。"

《劳动合同法》第 24 条第 1、2 款分别规定："竞业限制的人员限于用人单位的高级管理人员、高级技术人员和其他负有保密义务的人员。竞业限制的范围、地域、期限由用人单位与劳动者约定，竞业限制的约定不得违反法律、法规的规定。""在解除或者终止劳动合同后，前款规定的人员到与本单位生产或者经营同类产品、从事同类业务的有竞争关系的其他用人单位，或者自己开业生产或者经营同类产品、从事同类业务的竞业限制期限，不得超过二年。"

由于竞业禁止合同与员工自由择业的劳动权相抵触,因此,企业必须注意竞业禁止条款的合理性问题,否则该竞业禁止合同会被拒绝执行,劳动行政部门、仲裁机构和人民法院也不会承认其法律效力。

一个符合法律规范的竞业禁止合同,通常要满足以下条件:

——竞业禁止的目的须正当。

企业应当是为了保护自己的商业秘密而不是出于限制竞争、保持垄断、限制员工自由择业的目的而订立合同,否则该合同是无效的。依美国案例显示,离职后竞业禁止条款只有在保护营业秘密或其他合法之利益(如接受特殊之训练等)范围内始为有效。换言之,企业如果没有一个合法权益的保护目的,而径行要求员工签署竞业禁止条款,这样的约定可能就会受到质疑。①

——竞业禁止的对象须限定。

一般而言,竞业禁止针对的员工应当局限于因工作关系而知悉本企业重要商业秘密的员工。根据《劳动合同法》,竞业禁止的人员限于单位的高级管理人员、高级技术人员和其他负有保密义务的人员。

竞业禁止发展至今,虽然已经为很多企业运用,但还是存在对象不明确的问题。有些企业走上极端,让所有员工都签署竞业禁止合同,对于非重要岗位的员工来说,签订这种合同反而阻碍了人员的顺畅流通。对于在工作中不可能接触到任何商业秘密的员工,即使签订了竞业禁止合同,也应当属于无效。

——竞业禁止的业务须限制。

限制从事的业务范围最好在合同中列出,而且只有限制与原来工作性质相同或相竞争的业务范围。根据《劳动合同法》的规定,此限制的范围应是“与本单位生产或者经营同类产品、从事同类业务的有竞争关系的其他用人单位,或者自己开业生产或者经营同类产品、从事同类业务”。

——竞业禁止的期限须合理。

竞业禁止期限可由双方根据商业秘密的价值、竞争优势的持续时间、员工知悉秘密的程度来加以协商确定,但法律规定有一个最长期限,以防止对人才流动的恶意限制。《劳动合同法》规定,竞业限制的期限不得超过2年。

---

① 参见张凯娜:《公司应采用保密措施以维护营业秘密》,《智慧财产权管理季刊》1995年第6期。

——竞业禁止的补偿须合理。

对受竞业禁止合同拘束的员工，要给予合理的补偿。合同中不仅必须约定补偿，而且还应该明确补偿的数额或计算方式、支付方式等。对数额的确定，可依据该行业该职位的收入高出社会平均工资收入的差额乘以竞业限制的年限来计算。

需要注意的是，最好在竞业禁止合同中写明要求保护的商业秘密的具体范围，且不得将该行业的一般知识、技能或员工因工作而累积的专业技能都归入商业秘密的范围，否则员工不能利用自己的专业技能，以后如何生存？

2. 合同保密义务的督促

(1) 任职期间的督促

在员工的任职期间，除了与其签订保密合同，必要时还需要签订竞业禁止合同，企业还应当采取相当的措施来督促合同义务的执行。比如，每年定期对员工进行保密教育与培训，让员工全面重温企业保护商业秘密的政策，尤其是正在执行中的做法。比如，完善商业秘密保护的奖罚制度，通过这种机制督促员工执行公司的商业秘密保护政策。

有的企业每隔一段时间（比如两年）会要求员工签一份确认书，再次确认当初受雇时所承担的保密义务，尽管这种确认并无很大的法律意义，但这个行动本身却可以不断加强员工对公司商业秘密政策的理解，不断强化员工的商业秘密保护意识。①

(2) 离职前后的督促

当员工离职时，他所掌握的商业秘密会不会落入竞争者的手中呢？尽管可能已经签订了保密合同和竞业禁止合同，企业还是应当采取一些保障合同执行的督促措施，来使商业秘密被外泄的危险降低到最小程度。尽管没有一个十全十美的办法，下列措施可以考虑使用：

① 脱密措施

企业可以与掌握商业秘密的员工约定，要求员工在离职前一段时间（即提前通知期）通知企业，在该期间企业可以将员工调换至不需保密的工作岗位，以让员工不再接触商业秘密，此即脱密措施。采取脱密措施的期间（脱密期）一般不得超过 6 个月。

---

① 参见[美]丹尼斯·昂科维克：《商业秘密——关于保护公司情报的策略与技术》，胡翔、叶方恬译，企业管理出版社 1991 年版，第 61 页。

脱密措施在员工从原企业原工作转换到新企业新工作的敏感期间设定缓冲区,可以在劳资双方利益影响最小的情况下有效保护企业对商业秘密享有的合法利益。不过,需要注意的是,《上海市劳动合同条例》第16条第2款规定:"劳动合同双方当事人约定竞业限制的,不得再约定解除劳动合同的提前通知期。"根据这个规定,对有竞业禁止约束的员工,不得再采取脱密措施,否则给予员工的限制太多。

② 离职面谈

在员工离职前,企业可安排一次面谈机会,提醒或重申员工的保密义务,此即离职面谈。通常,当员工自动离职时,会提前通知企业。企业应当立刻安排一次同该员工离职前的详细谈话。企业要利用这个机会提醒员工在他离职后仍应遵守保密义务。如果员工签有保密协议,面谈时应重申保密协议的内容。

在面谈前,最好准备一式两份的文件,其中包括保密协议的内容,员工需归还的公司物件、文件及复印件的内容,以及泄露商业秘密应负的法律责任等内容。在面谈结束时,让员工签名确认。这份签名的确认书可以证明,员工在离职时完全清楚自己应遵守的保密义务。

③ 提醒新雇主

在离职面谈中,企业可以了解一下员工离职的原因以及去向,有的公司还先礼后兵,发函主动与员工的新雇主联系,告知其该新进员工与原公司之权利义务关系,并提醒新雇主避免不当使用原公司的商业秘密,及侵权时的诉讼可能性。

这封提醒函无论是否发生实际效用,但至少向员工的新雇主传递了公司商业秘密管理的严密政策和商业秘密保护的坚定决心,表达了公司为解决商业秘密问题,已经作好可能的各种准备。

3. 商业秘密保护的执行措施

为了保障商业秘密,除了合同规范以外,还必须采取其他有效的执行措施。比如,西门子公司就从硬件设备上防止员工复制公司资料,根据级别区分,公司的大部分员工电脑是不能安装软驱和移动硬盘接口的。而IBM公司规定每个员工只有三次查阅同一文档的机会,并且这三次查看的时间、地点、原因都会被严格地记录下来。①从商业秘密保护的角度,我

---

① 罗杰编译:《商业间谍掏空老板》,http://www.kmcenter.org/ArticleShow.asp?ArticleID=2195, 2005-8-20。

们认为，对于构成商业秘密的信息资源，至少应当从以下几个方面采取措施：

(1) 在商业秘密信息的接触方面

对于内部员工而言，企业应当建立一套控制商业秘密的信息接触制度：

① 员工只有因为工作需要，才可以接触相应的商业秘密；

② 不同等级的商业秘密能够被接触的员工，应当区分出不同的范围。比如关键性的商业秘密只有高级管理人员才能接触；

③ 不同性质的商业秘密只应被承担相应职责的员工所接触。比如，研发人员只应当被允许接触相关技术秘密，而非采购渠道的经营秘密。

对于外部人员，未经过企业的批准程序，也未签署保密合同的情况下，不得对其开放商业秘密的信息资源。

为了执行上述规则，可以采取一些安全措施，如门卫、围栏、上锁、限制进入、控制监督参观者等。

(2) 在商业秘密信息的披露方面

如果员工在工作中或工作外，无意或不当地泄露了商业秘密的信息，则会对企业带来巨大的损失。因此，企业必须建立一套信息披露制度，这对于维持商业秘密的秘密性至关重要。

一般而言，只有经过企业授权的人，才能对外公布与商业秘密有关的信息。当然，这里的前提是要让员工了解哪些是商业秘密，否则仍然不知道哪些是不该披露的信息。

下面是一些具体的建议：

——不得擅自交流自己掌握的商业秘密信息。不同部门的员工，除非工作需要，不得相互交流和披露自己掌握的商业秘密。

——不得擅自对外披露掌握的商业秘密信息。企业内部职工泄露商业秘密的比例比较大，据美国一些企业调查，企业的商业秘密，30%是企业的在职员工泄露，28%是离退休的员工泄露，因此加强企业职工的保密教育是十分必要的。有的职工保密意识不强，也会过失泄露企业的商业秘密。

——对外披露得签订保密协议。在对外披露商业秘密时，应当提醒员工与对方签订保密协议，以防止商业秘密对外扩散，无法控制。

——对外披露信息须经过企业审查。企业及其员工对外提供信息，比如通过报刊、网络等媒体发布广告，向消费者、客户寄发产品说明书时，应当由商业秘密主管部门对这些信息进行审核,以避免发生泄露事件。尤其是建立论文审查制度,在研发人员向外寄投论文前,企业应当详细审查论文是否泄露了企业的商业秘密。

——最后要提醒员工谨慎行为,避免发生泄露问题。比如,IBM 公司的 Information Security Guidebook 规定,使用无线电器材及手机时应避免在公开场所,①目的在于防止第三者无意中听到商业秘密。

三、知识产权保护管理

(一) 知识产权侵权监控

及时发现知识产权侵权行为,并及时有效的打击,是企业知识产权得以可持续发展的保障。那么,如何发现他人的知识产权侵权行为呢? 各个企业当然有不同的做法,这里只能提供一些基本的思路供参考。

1. 建立监视侵权的队伍

一些具有规模的企业都建立有专门负责打击侵权的体制,甚至有专业的打假队伍。有的企业专门安排了负责打假的人员,有的企业则训练营销人员参与打假,有的企业甚至聘请专门的中介机构,如商业调查公司或者律师事务所,提供专业的调查侵权的服务。

对于肩负打假重任的人员,无论是外聘的还是内部的,都应当对其进行适当的打假培训,比如了解知识产权的基本知识,如何初步判断侵权行为,如何固定侵权的证据。如果连知识产权侵权知识都不了解的人,很难想象他会出色地完成任务。也许他会持续不断地汇报上来一堆并不需要的信息,或者做出了打草惊蛇的举动,妨碍了公司策略性的打假计划。

2. 掌握发现侵权的渠道

发现知识产权侵权的渠道有很多,企业可以透过各种渠道监视和收集侵权线索,比如通过展览会、产品广告、客户调查、消费者投诉、知识产权引证分析、知识产权授权公告监控、竞争对手监视、侵权举报奖励等。多数情况下,企业主要是借助自己的营销网络来发现、识别知识产权侵权行为。

有的发现侵权的渠道是比较主动的监视行为,有的则是比较被动的发现过程。从保护知识产权的角度,企业不能只是消极地发现侵权,等到

---

① 参见蒋若涵:《IBM 的营业秘密管理制度》(上下),《智慧财产权管理季刊》第13、14 期。

市场上假货已经泛滥成灾时，才惊醒过来，如果那时市场已经被假货搞得乌烟瘴气，丧失了基本的商品信誉，消费者可能会拒绝购买这个品牌的商品，不管它是真货还是假货。此时此刻，你打击侵权的最佳时机可能已经错过了，因此，主动出击，把侵权活动扼杀在摇篮中，当然是最好的选择。

3. 选择制止侵权的途径

发现了知识产权侵权行为，如何去制止它？法律为权利人提供了许多的选择和路线。不过，每一种选择都有其利弊得失，也各有其技巧策略，企业需要谨慎地做出决定。以下是常见的制止侵权的途径。

(1) 自行制止侵权行为

作为一种可能的路线选择，自行制止知识产权侵权只是一种私力救济的方式。发现侵权的企业可以让律师或法务人员发函警告侵权人，希望对方立即停止生产、销售，并回收市场上的侵权产品，并威胁如果不停止侵权，权利人将采取相应的法律行动。

如果为了避免陷入不必要的诉讼大战中，或者为了消除不知情的非恶意侵权（如经销商的善意销售行为），企业采取向侵权人寄发简单的警告函的方式，可以将无心的善意侵权快速平息下去，以提高维权效率、减少维权成本，缩小侵权所带来的损失和负面影响。

但要注意的是，寄发警告函之前必须切实做好诉讼前的调查取证工作，否则被告收到侵权警告后，可能立即有所防御，导致不易取证，甚至转移证据。侵权警告函的写法可以根据不同情况而采取灵活的处理，口气可以强硬，也可以缓和。以专利警告函为例，一般应写明以下内容：

◆ 专利权人的专利号，专利的主要权项内容；

◆ 对方产品或方法侵害了该专利权，希望对方中止或禁止某种侵权行为；

◆ 希望对方在何时就此作出答复；

◆ 如果对方不作答复，专利权人可能采取的措施。

(2) 请求行政机关的查处

依据专利法、商标法、著作权法等知识产权法，企业发现有知识产权侵权行为时，可以向相关知识产权行政机关投诉，请求行政机关查处知识产权侵权行为。比如，发现专利侵权行为，可以请求当地专利主管部门（地方知识产权局）查处侵权行为。

(3) 采取海关保护的措施

很多侵犯知识产权的产品都会通过海关进出，如果侵权商品出口，则会影响权利人的海外市场;如果侵权商品进口,则会影响权利人的国内市场。但很多企业往往忽视了采取海关保护知识产权的措施,失去了在海关控制侵权商品进出口的机会。知识产权海关保护的模式有两种:

一是依申请保护。指知识产权权利人发现侵权嫌疑货物即将进出口后向海关提出申请,海关根据权利人的申请扣留侵权嫌疑货物。依申请保护模式又被称为"被动保护"模式,因为在这一模式下,海关不会主动采取制止侵权嫌疑货物进出口的措施。

二是依职权保护。指海关在对进出口货物的监管过程中,若发现进出口货物涉嫌侵犯已在海关总署备案的知识产权的,将主动采取扣留和调查处理措施。由于在依职权保护模式下,海关有权主动采取制止侵权货物进出口的措施,因此这一模式又被称作"主动保护"模式。应当注意的是,依职权保护模式仅适用于权利人事先将其知识产权向海关总署备案的情形。

(4) 启动诉讼的司法程序

诉讼是处理知识产权侵权最为激烈的方式,也是对侵权人最有震慑力的手段。由知识产权侵权而引发的诉讼主要有两种:一种是民事诉讼,由权利人提起;一种是刑事诉讼,由公安机关立案侦查,并由检察机关提起公诉。

(二) 知识产权诉讼攻击

1. 明确提起侵权诉讼的目标

在发动知识产权侵权诉讼之前,企业应当明确自己提起诉讼的目的为何?比如,是为了增加市场份额,还是争取许可使用费?并需要评估自己的这些目标能否通过知识产权侵权诉讼得以达成。下面我们简单介绍一些常见的知识产权侵权诉讼目的:

(1) 获得侵权赔偿。有的企业发动知识产权侵权诉讼,其基本目的是获得可观的侵权赔偿。

(2) 驱逐不正当竞争。有的企业发动知识产权侵权诉讼,并不在意能否拿到赔偿,关键是要借机打击竞争对手,消除无序的仿冒竞争。

(3) 争夺市场份额。有的企业发动知识产权侵权诉讼,是为了将竞争对手挤出市场,独占天下。

(4) 发放知识产权许可。有的企业进行知识产权侵权诉讼或以诉讼相威胁,只是迫使对方屈服,接受知识产权许可。

（5）消耗被告资源。知识产权侵权诉讼会给被告造成或大或小的干扰，并消耗其时间成本、经济资源。尤其是海外知识产权侵权诉讼，动辄上百万美金的律师费，让一些中小企业胆战心惊，疲惫不堪，在经济上难以招架。

（6）损害被告形象。知识产权纠纷现已成为媒体报道的重点，被告可能因此深受其害，不仅有损长期树立的商业形象，而且可能动摇客户的信心。

（7）借机广告宣传。发动知识产权侵权诉讼的企业，有时经过巧妙运作，能够从媒体的报道中获益良多，至少借机作了广告宣传。

（8）实现商业合作。有的企业利用知识产权侵权指控，逼迫被告与其开展合作，并接受其不公平的条件。

（9）震慑侵权人。侵权诉讼是一个强烈的信号，可以给已有的或潜在的侵权人施加压力，有效减少自己的维权成本。

知识产权诉讼的商业目的非常复杂，除了上述一些商业目的外，知识产权权利人还可能根据具体的个别化的商业考虑，发动知识产权侵权诉讼。作为原告，企业应当考虑金钱和时间的预算，应当对诉讼的成本与收益进行理性分析，不要盲目行动。企业必须自问：诉讼目标到底是什么？诉讼策略是否与其目标一致？采取这些诉讼手段必须支付哪些额外的成本？它可以产生什么样的利益？

2. 确定侵权诉讼的被告

从侵权人的角度，大致有制造者、销售者、使用者、进口者等类型，同时存在这些侵权人时，企业作为权利人应该向谁主张权利？是全线出击还是各个击破？

如果权利人并不想拉长战线，分散力量，可以针对这些侵权人，估算其侵权行为对权利人利益损害的程度，从而排出知识产权侵权诉讼的优先顺序，伺机而动，逐个出击。比如，在多个侵权人之间，选择最有赔偿能力的被告，或者最需要打击的竞争对手，或者著名的跨国公司，作为自己优先考虑的诉讼对象。

不过，需要提醒的是，选择大公司打官司固然比较容易获得赔偿，也容易声名鹊起，但这些大公司在专利诉讼中的反击能力，往往也非常强大，也有实力和财力来进行诉讼对抗。因此，有时候选择一些弱小的被告，反而容易旗开得胜，并可确立打击知识产权侵权的胜诉先例，以影响后续的侵权诉讼案件。

3. 收集侵权证据

在发现侵权活动时,收集固定证据的方式有很多。通常,在知识产权诉讼中,证据的收集主要有以下渠道:

(1) 自己努力收集证据

诉讼中的绝大多数证据是由当事人(或其律师)自己收集的。比如购买侵权产品,并索取正式的发票。有些企业除了聘请律师协助处理侵权事宜外,还会聘请一些专业的调查公司去收集证据。

(2) 证据保全公证

目前,通过公证机关对侵权行为采取证据保全措施,在诉讼中被运用得越来越普遍。因为公证证据的证明力和有效性高于未公证的证据,除非有相反证据,法院一般都会认定公证证据的有效性。

(3) 利用行政查处搜集证据

通过行政机关的行政查处,可以获得权利人不便获得的证据,比如一些合同、账簿、侵权数量等材料。另外,行政机关做出的侵权处理决定,本身就是证明侵权行为的可靠证据。

(4) 申请海关调查取证

权利人可请求海关实施知识产权保护。权利人如发现侵权嫌疑货物即将进出口的,可以向货物进出境地海关提出扣留侵权嫌疑货物的申请,借助海关对被扣留的侵权嫌疑货物是否侵犯知识产权所进行的调查及认定来保留相关证据。

(5) 请求法院保全或调取证据

根据我国《民事诉讼法》,如果企业向法院起诉后,认为证据可能灭失或者以后难以取得,可以向法院申请保全证据。另外,当事人及其代理人因客观原因不能自行取得的证据,或者人民法院认为审理案件需要的证据,人民法院应当调查收集。申请法院调取的证据通常分为三类:第一,保全被控侵权产品;第二,调查被控侵权单位的财务账册,以便确定赔偿额;第三,调取被控侵权人存在侵权的证据。

我国《专利法》《商标法》《著作权法》《关于诉前停止侵犯专利权行为适用法律问题的若干规定》《关于诉前停止侵犯注册商标专用权行为和保全证据适用法律问题的解释》及《关于审理著作权民事纠纷案件适用法律若干问题的解释》等法律和司法解释,规定了在专利权、商标权、著作权侵权案件中,均可以申请诉前证据保全。

4. 确定诉讼的管辖法院

按照法律的规定，权利人提起诉讼，既可以选择被告住所地人民法院，也可以选择侵权行为地人民法院，而侵权行为地又包括侵权行为实施地和侵权结果发生地。不要以为在哪里打官司效果都一样，选择一个有利的诉讼地点，也是诉讼成功的一个重要因素。一个有利的诉讼地点，主要表现在以下几个方面：

（1）地点便利的考虑。如果企业把远在千里之外的被告拉到本地或自己方便的地方诉讼，不仅出庭方便，文书传递方便，而且可以节省很多外地诉讼的差旅费用支出。

（2）法院因素的考虑。法院的倾向、审判水平、办事效率及其法官的素质对诉讼的发展和结果都很重要。有的律师会通过研究以往的案例，找出不同法院对待某类案件的态度，从而选择有利于自己的法院进行诉讼。

（3）地方保护的考虑。特别是被告在当地是纳税大户时，在那里诉讼就更容易受到地方保护主义的阻力。

选择一个有利的诉讼的地点以及管辖法院，已经成为权利人的一种诉讼策略。在实践中，由于被告住所地是固定不变的，因此选择不同的侵权行为地，成为改变管辖地的一个很好的策略。很多企业在律师的帮助下，通过对侵权行为的调查和取证，都愿意选择向非被告住所地的侵权行为地法院，特别是向原告所在地法院起诉，以减少案件受到的外界干扰。

当然，诉讼地点的选择并不随心所欲，必须合乎法律的规定。以专利侵权诉讼为例，根据最高人民法院《关于审理专利纠纷案件适用法律问题的若干规定》（法释〔2001〕21 号），诉讼地点的选择应当符合以下规则：①从地域管辖的角度，针对专利侵权行为，应当到侵权行为地或者被告住所地的人民法院起诉。②从级别管辖的角度，专利侵权纠纷的第一审案件，应当到各省、自治区、直辖市人民政府所在地的中级人民法院和最高人民法院指定的中级人民法院起诉。

5. 确定诉讼的事由

很多时候，原告多个知识产权受到侵犯，这时就需要考虑采用哪一个或哪一些知识产权来发起诉讼攻击了。把所有被侵权的知识产权都拿去诉讼，虽然可以保证更多的胜诉机会，但因为涉及知识产权较多，也会拖延整个诉讼的处理时间。如果企业不是为了获得更多的赔偿，而是为了尽快把侵权人赶出市场，就不必如此大动干戈，只需在能够一举消灭对方侵权产品的前提下,拿出最可靠的知识产权,在尽可能短的时间内,攻击对方最明确的侵权行为,即可达到事半功倍的效果。

有时,在同一对象上存在多种知识产权保护,此时也需要考虑以何种知识产权提起诉讼最为合适。比如一件商标除了商标权外,还可以享受到多种知识产权的保护。如果商标是一件独创的作品,可以得到著作权的保护;商标是未注册的知名商标,可以主张知名商标的特有名称保护;商标使用引起不正当竞争的,还可以告对方不正当竞争。

选择或采取不同的诉讼理由,作为一种诉讼策略有时还可以打破案件的僵局。比如,在一个商标案件中,原告起诉被告的商标使用侵犯了自己的商标权,但是在诉讼中发现被告已经先行进行了商标注册,根据商标注册的申请在先原则,此时原告明显处于不利的状态。然而仔细分析,被告注册的这个商标是一个图形商标,而这个图形商标的版权恰恰是属于原告的。如果原告主张被告侵犯版权,可能比起诉侵犯商标权,更具有威慑性和胜诉希望,并可能因此夺回自己的商标,此即以侵犯版权之诉"围魏救赵",支援商标侵权之诉。

6. 把握诉讼的时机

时机的选择,在不同的案件中是不一样的,但基本的原则是不可仓促行事。有的权利人往往一发现有侵权行为出现,便立即提起侵权诉讼,而在诉讼中又常常因为证据不足,或自己的知识产权存在瑕疵,或对方根本不侵权,给自己造成被动,以至酿成更大损失。因此,起诉一定要慎重,要选择好时机。

在许多情况下,侵权产品的出现可能并不会影响到知识产权权利人的经济效益,此时,权利人不必急于提起诉讼,而应当把诉讼前的准备工作尽量做充分。当然,要防止起诉时超过3年诉讼时效。

如果权利人有胜诉的把握,又担心侵权人会因提起诉讼而转产、改行、毁灭证据、藏匿财产,可以在起诉前或起诉时,向法院提出采取保全措施的申请,以有利于案件审结后判决的执行。

当然,在选择诉讼时机的问题上,还有很多策略性的考虑。比如,出于更大收益的考虑,有的企业发现侵权人后,并不急于起诉,而是放水养鱼,静观其成。等到这些侵权企业发展到较大规模后,才发起诉讼,收网捕鱼,不仅给侵权企业以沉重打击,而且也能获得更多赔偿。

此外,有的企业等到被告企业准备上市之前,才发动知识产权侵权诉讼,干扰其融资计划;有的企业挑选在影响较大的展览会开幕前,向被告企业发起知识产权侵权诉讼，干扰被告的客户与其下单签约。凡此种种，不胜枚举。

（三）知识产权诉讼防御

1. 检查程序上能否提出异议

（1）能否提出主体资格异议

在知识产权诉讼中，对侵权行为有起诉权的仅限于特定的权利人。有权提起知识产权侵权诉讼的主体包括两类，一类是知识产权权利人，另一类是知识产权侵权纠纷中的利害关系人。利害关系人的范围，主要包括知识产权许可合同的被许可人、合法继承人等。《最高人民法院关于审理商标民事纠纷案件适用法律若干问题的解释》（法释〔2002〕32 号）第 4 条规定，此处的利害关系人，包括注册商标使用许可合同的被许可人、注册商标财产权利的合法继承人等。在发生注册商标专用权被侵害时，独占使用许可合同的被许可人可以向人民法院提起诉讼；排他使用许可合同的被许可人可以和商标注册人共同起诉，也可以在商标注册人不起诉的情况下，自行提起诉讼；普通使用许可合同的被许可人经商标注册人明确授权，可以提起诉讼。

在知识产权侵权诉讼中，作为被告一方，如果发现原告的主体资格并不适格，应当提出主体资格异议，比如商标普通使用许可合同的被许可人未得到商标注册人的明确授权，可以提出异议，从而在程序上消灭对方的起诉权。当然，被告也可以提出充分的证据，证明自己不是适格的被告，从而脱离诉讼的纠缠。

（2）能否提出管辖权异议

知识产权纠纷不是任何法院都可以受理。知识产权侵权案件的级别管辖都比较严格，专利纠纷第一审案件，由各省、自治区、直辖市人民政府所在地的中级人民法院和最高人民法院指定的中级人民法院管辖。商标、著作权等民事纠纷第一审案件，一般由中级以上人民法院管辖，但各高级人民法院可以根据本辖区的实际情况确定若干基层人民法院管辖。比如上海浦东新区、徐汇区、普陀区和杨浦区人民法院就有权受理除专利侵权以外的商标侵权、著作权侵权等知识产权侵权一审案件。被告应当审查原告起诉的法院是否满足知识产权案件级别管辖的规定。

此外，被告更要关注原告起诉的法院在地域管辖上是否有权受理此案。比如，根据《关于审理商标案件有关管辖和法律适用范围问题的解释》第 6 条的规定，因侵犯注册商标专用权行为提起的民事诉讼，由商标侵权行为的实施地、侵权商品的储藏地或者查封扣押地、被告住所地人民法院管辖。根据《关于审理著作权民事纠纷案件适用法律若干问题的解释》第4条的规定,因侵犯著作权行为提起的民事诉讼,由著作权侵权行为的实施地、侵权复制品储藏地或者查封扣押地、被告住所地人民法院管辖。被告要根据这些法律规定,审查受理知识产权侵权的法院是不是适格的法院。比如,在商标侵权诉讼中,可以审查该法院所在地是不是商标侵权行为的实施地、商标侵权商品的储藏地或者查封扣押地、商标侵权被告住所地的人民法院。

如果受理原告起诉的人民法院不属于有权管辖此案的法院,被告应当及时在答辩中提出管辖异议。提出管辖异议,一方面可以避免对方利用管辖法院,进行地方保护主义;另一方面改变管辖法院,有可能会减少自己的诉讼成本,并提高对方诉讼成本;此外,有些被告在诉讼过程中提出管辖异议,是为了拖延诉讼时间,以做好充分的应诉准备或者另有其他打算。

(3) 能否提出证据异议

在某种程度上讲,打官司就是打证据。证据是指能够证明民事案件真实情况的各种事实,也是法院认定有争议的案件事实的根据。作为证据应当满足"三性"的要求:合法性、相关性和真实性。合法性,指证据必须符合法律规定的条件,不为法律所禁止,才能够作为诉讼证据。比如,证据的收集要合法,不能以非法的手段收集证据等;而相关性,是指证据对特定的案件事实有证明作用和价值;真实性则是指证据必须要符合案件的事实情况,不是伪造的。

证据对于一场诉讼的成败,起着十分关键的作用。如果能够否定原告的证据,不但可能降低知识产权侵权的程度,或者降低侵权赔偿的数额,而且甚至可能赢得不侵权的胜利。被告在知识产权侵权诉讼中,要仔细分析研究原告所提供的证据,检视其是否具有合法性、真实性和相关性,并积极开展于己有利的证据搜集工作,做到知己知彼,心中有数,以便进行有的放矢的质证。

此外,还可以审查原告的主张是否已过诉讼时效。如果超过诉讼时效的抗辩理由成立,对方的侵权指控将会被法院驳回,被告企业因此可以免除承担侵权赔偿的责任。

2. 寻找知识产权侵权抗辩的理由

发生知识产权侵权纠纷后,被告的企业要善于综合运用法律上的各种侵权抗辩事由。有的时候，一些侵权抗辩事由的运用，对于纠纷的解决具有四两拨千斤的作用。侵权抗辩的事由很多，比如，商标侵权的抗辩事由包括商标已经失效的抗辩（如注册商标没有续展、已被撤销等）、不构成商标侵权的抗辩（如主张商标不近似、商品不类似、不会产生混淆等）、在先使用的抗辩、正当使用（合理使用）的抗辩等；著作权侵权的抗辩事由包括独立创作、权利用尽、合理使用、法定许可等抗辩。下面着重介绍常见的专利侵权抗辩事由。

——专利权已经失效的抗辩。如果原告的专利权已经超过专利保护期而终止、已经因未按规定缴纳年费被终止、已经被书面声明放弃、已经被专利复审委员会宣告无效的，那么原告的专利权已经失效，不再具有法律效力。

——未落入保护范围的抗辩。如果运用全面覆盖原则比较原告专利（发明与实用新型）与被告涉嫌侵权物，发现涉嫌侵权物（产品或方法）缺少原告的专利权利要求中记载的技术特征，或者涉嫌侵权物的技术特征与原告专利的技术特征相比，有一项或者一项以上的技术特征存在本质区别（排除等同原则的适用）；或者通过对比分析，发现被告侵权产品的外观与原告外观设计专利（以表示在专利申请文件中的图片或者照片中的该产品的外观设计为准）不相同或也不近似，那么根据专利法的规定，被告的产品未落入原告的专利保护范围，可以据此主张不侵权。

——禁止反悔原则的抗辩。作为被告的企业，可以通过国家知识产权局了解专利权人原始的专利申请档案，包括申请过程中审查员的审查意见通知书、专利申请人的陈述意见书、专利申请人对专利申请所作修改前的文本及修改的原因等，这样才有可能判断专利权人是否违背了禁止反悔原则。

——现有技术或设计的抗辩。《专利法》第 62 条明确规定，在专利侵权纠纷中，被控侵权人有证据证明其实施的技术或者设计属于现有技术或者现有设计的，不构成侵犯专利权。所谓现有技术或设计是指专利申请日以前在国内外为公众所知的技术或设计。

——专利权用尽的抗辩。所谓专利权用尽，是指享有专利保护的产品，由专利权人或其授权的人（合称权利人）首次销售或通过其他方式转移给他人以后，权利人即无权干涉该产品的使用和流通。换言之，权利人已经用尽了相关专利权，不能再度行使。《专利法》第 63 条第 1 款明确规定,"专利权人制造、进口或者经专利权人许可而制造、进口的专利产品或者依照专利方法直接获得的产品售出后,使用、许诺销售或者销售该产品的",不视为侵犯专利权。

——在先使用权的抗辩。我国《专利法》第63条第1款明确规定了在先使用权的存在:"在专利申请日前已经制造相同产品、使用相同方法或者已经作好制造、使用的必要准备,并且仅在原有范围内继续制造、使用的",不视为侵犯专利权。对依据在先使用权产生的产品的销售行为,也不视为侵犯专利权。

——临时过境的抗辩。我国《专利法》第63条第1款明确规定,"临时通过中国领陆、领水、领空的外国运输工具,依照其所属国同中国签订的协议或者共同参加的国际条约,或者依照互惠原则,为运输工具自身需要而在其装置和设备中使用有关专利的",不视为侵犯专利权。

——科研和实验使用的抗辩。我国《专利法》第63条第1款明确规定,"专为科学研究和实验而使用有关专利的",不视为侵犯专利权。由于此种情形并非为了生产经营,不仅无损于专利权人的利益,还可以借此促进科学技术的发展和进步,因此专利法并不加以限制。

——药品和医疗器械审批的抗辩。根据《专利法》第69条第5项明确规定,"为提供行政审批所需要的信息,制造、使用、进口专利药品或者专利医疗器械的,以及专门为其制造、进口专利药品或者专利医疗器械的",不视为侵犯专利权。该规定主要是为专利期满后的药品和医疗器械的仿制者提供专利侵权的豁免,使其可以在药品和医疗器械的专利期满前,通过制造、使用、进口该专利药品或者专利医疗器械,提供行政审批所需要的信息,完成上市前的审批手续,使仿制的药品和医疗器械可以在其专利期满后迅速上市。

——无知侵权的抗辩。所谓无知侵权,是指当事人没有合理的理由,知道其行为侵犯了他人的专利权。我国《专利法》第63条第2款规定:"为生产经营目的使用或者销售不知道是未经专利权人许可而制造并售出的专利产品或者依照专利方法直接获得的产品,能证明其产品合法来源的,不承担赔偿责任。"可见,在专利法上,无知侵权只是不承担赔偿责任,对于停止侵权等民事责任,仍然需要承担。

3. 反击对方的侵权指控

当企业被别人告上法庭时,在传统上都会给外界产生负面的联想,因为一般人都对被告有着一种先入为主的负面印象。因此,很多企业总是不太愿意一直坐在被告的位置上，它们需要反攻，发起针对原告（或指控人）的挑战，反击对方的知识产权侵权指控，其目的除了扭转被动的局面外，有时是为了打压对方咄咄逼人的气势，甚至迫使其坐到谈判桌前，促成双方的和解谈判。

（1）请求无效知识产权

在专利、商标等知识产权的授权程序中，由于审查人员的工作经验、认识水平不同，对有关法规理解、掌握不同，加之在文档检索上有时不可避免地会出现漏检，同时，在专利授权、商标注册的判断基准上又存在着客观上的不确定性，因此，一些不符合法律规定的发明创造、商业标志也能够获得专利权和商标权。特别是我国专利法对实用新型和外观设计的专利申请实行形式审查制，因此，有大量的不符合专利法规定的实用新型和外观设计专利申请也获得了专利权。既然如此，在知识产权侵权诉讼中，作为被告的企业，认为原告的知识产权不符合法律规定的授权条件，可以通过法定程序请求宣告专利权或注册商标无效。

（2）请求确认不侵犯知识产权

在最高人民法院颁布的《民事案件案由规定》（法发〔2008〕11号）中，确认不侵犯专利权纠纷、确认不侵犯注册商标专用权纠纷、确认不侵犯著作权纠纷已经作为独立的民事案由列入其中。在现实世界里，有些权利人四处散发知识产权侵权的警告函，威慑竞争对手及其客户，但并不打算与之走上法庭，或者通过其他途径，辩明知识产权侵权的是非，协商解决争议的办法。如此一来，受到侵权警告但又无辜的企业却背上了侵权的黑锅，并且无处争辩是非，陷入被动的境地，不仅商业信誉严重受损，而且大量客户因担心侵权问题纷纷流失。为了变被动为主动，受到侵权警告的企业提起诉讼，请求确认不侵犯知识产权诉讼，便成为脱离侵权这个泥潭的重要法宝。

通常，在满足下列条件的情形下，企业针对权利人提出确认不侵犯知识产权之诉，比较容易被法院所接受：①企业已经受到权利人实际的侵权威胁。比如，权利人已经向企业发出了明确的侵权警告，已经向企业的客户或者合作伙伴等发出知识产权侵权警告，已经针对企业的产品开展了侵权举报或行政查处，等等。否则，如果企业没有受到实际的知识产权侵权威胁，则确认不侵犯知识产权之诉没有成立的基础。②权利人在合理的期限内，一直迟延向法院起诉。③受到知识产权侵权威胁的企业，因此而受到经济损失或信誉损害。

(3) 起诉原告侵犯知识产权

对于拥有自主知识产权的被告而言,如果发现指控自己侵犯知识产权的原告,其产品也有侵害自己专利权、商标权、著作权等知识产权的问题时,可以迅速向原告提出知识产权侵权指控,通过知识产权反击对方,达到互相制衡的目标。不过,尽管起诉原告侵犯自己的知识产权也具有相当强大的威慑力,对改善侵权的负面形象助益甚巨,但是,向原告发起知识产权侵权诉讼时,不能盲目和冲动,应当有根有据,否则,不仅达不到预定的目的,反倒浪费自己的时间和金钱。

(4) 提出不正当竞争之诉

有的企业发动知识产权侵权指控乃至诉讼,可能是无中生有,或别有深意,根本目的不在于赢得诉讼,而在于打压竞争对手,比如把已经无效的专利拿来指控竞争对手,或者毫无根据地散播被告侵权成立的信息,借此打击被告。此时,被告可以向原告提起不正当竞争之诉,以消除自己因被控侵权带来的不良形象,挽回自己的商业信誉。

(5) 起诉对方构成垄断行为

我国《反垄断法》第 55 条特别提到:"经营者滥用知识产权,排除、限制竞争的行为,适用本法。"事实上,反垄断法的许多条款都可以适用于知识产权领域。比如,《反垄断法》第 13 条规定:"禁止具有竞争关系的经营者达成下列垄断协议:……(四)限制购买新技术、新设备或者限制开发新技术、新产品",该条可以禁止专利权人限制被许可人购买新技术、新设备或者限制开发新技术、新产品,诸如此类,兹不详述。

因此,企业如果认为知识产权权利人利用侵权指控或侵权诉讼,强迫、威胁自己签订或接受不公平的协议、条件,或者从事其他限制竞争的活动,构成垄断行为的,可以援引《反垄断法》等法律的规定,向对方提起垄断之诉。

(6) 提出不利于对方的其他诉讼或请求

考虑到反击对方知识产权侵权指控的主要目的,在于压制对方的诉讼攻势,或者提供交易的法律筹码等,因此,凡是不利于对方的类似诉讼或请求,都可列入考虑范围,并不限于前述五种情形,只要能够有效地打击和遏制对方咄咄逼人、毫不让步的气势,扭转自己比较被动的状态,为改变自己的谈判地位增添重要筹码,即是成功的反击。

4. 进行预防性的安排

知识产权侵权诉讼是一个风险极高、前景难以预测的法律游戏。任何受到侵权指控的被告，在诉讼过程之中，甚至在诉讼来临之前，都必须认真地对待这些问题：如果侵权成立将会怎么办？如何降低侵权诉讼带来的负面影响？而解决这些问题的方式，除了继续应对诉讼之外，还应当根据实际情况，作出预防性的安排，下列是一些常见的措施：

（1）暂停产品销售

如果被告经过知识产权侵权的评估，认为知识产权侵权的风险较大，那么，可以考虑暂停侵权产品的销售，尤其是被告还有顾客满意的替代品，停止销售受到指控的侵权产品，可以降低败诉后可能的赔偿数额。

（2）取得客户支持

有的知识产权权利人在诉讼结果尚不明朗时，就给被告的客户发出侵权警告或通知，要求或暗示其不要销售或使用“侵权产品”。为避免卷入侵权诉讼，一些客户有时宁愿放弃销售或使用被控侵权的产品。

被告如果无法做到停止销售，对产品不侵权又充满信心，则应当及时与客户进行沟通，说明事实，寻求共识和支持，设法安抚客户仍然购买现有产品，必要时可以签署知识产权不侵权的保证书，并为客户提供补偿的保证，如果客户被起诉侵权，被告愿意派出律师支持应诉，并承担一切法律上的责任。

（3）开展回避设计

在专利诉讼中，如果原告想独占市场，被告难以取得授权时，应当考虑开展专利的回避设计，开发替代产品。由于侵权诉讼的时间很长，少则一、二年，多则四、五年，对于一些技术并不复杂的产品，完全有时间在诉讼结束前，推出不侵权的新产品。通过回避设计，推陈出新，可以让被告在受到停止侵权的裁决而无法生产被判侵权的主打产品后，不至于陷入瘫痪。

（4）利用剩余市场

作为一个策略性的考虑，可以将侵权产品制造、销售、使用的地域，转移至权利人未取得知识产权保护的国家或地区。由于知识产权具有地域性，如果在其他国家或地区，原告没有取得专利、商标等知识产权授权，则在这些地方使用其知识产权，不会构成侵权。

针对知识产权侵权诉讼而采取的策略或措施，在诉讼实践中千变万化，又因时因地而各有不同，这里无法揭其全貌。比如争取诉前或诉中的侵权和解、通过企业并购消灭侵权争议等措施，都可以认为是因应知识产权侵权诉讼的策略安排。

第四节　业务链上的知识产权管理

一、研发环节的知识产权管理

(一) 技术研发与专利管理

1. 专利权属管理

一般而言,作为职务成果的专利申请权与专利权都归属于雇用单位,此点为法律所明确。企业无须与员工特别约定,也可依法律之规定,直接取得这些职务成果的知识产权。

但是,企业应当在员工新进的岗前培训或职业手册中,特别告诉员工职务成果归单位所有的事实。因为员工并非法律人士,未必了解这些规定。企业履行告知义务后,能让员工明确职务成果的法律归属,以避免因不知法律规定而擅自处置的情形发生。此外,这种告知义务,也表明企业对权利归属的重视程度,以警示员工不要恶意处置职务成果,否则会带来相应的法律责任。

从专利纠纷的角度,确定专利权归属这个问题不容忽视。专利权纠纷可分为"权属纠纷""合同纠纷"和"侵权纠纷"等,而有些"侵权纠纷"案件的审理,首先面临的也是权属的确定问题。也就是说,专利的权属不确定,侵权也就无法确定。尽管我国现行专利法上对权属问题有所规定,但仍不够清晰,这也是实践中经常发生权属争端的一个重要原因。如果能够通过合同在有关当事人之间明确约定专利权的归属,则会减少此类纠纷发生的机会,从而避免不必要的诉讼及花费。

如果企业要避免与员工就职务成果发生争执,只是简单的引用法律声明职务成果归企业所有,并不能解决问题,因为员工会对什么是职务成果提出疑问。比如,在工作之余,主要利用单位物质技术条件开发的技术,员工可能认为这并不是企业交给自己的任务,也不是在上班期间做出的,只是顺便利用了一下企业的场所、设备等物质条件而已,应该归自己所有。在这种情况下,争议就会发生,不仅耗费精力,而且影响企业员工的情绪。企业想最大限度地维护自己的利益,可以在合同中对职务成果作出明确的定义,对什么时间、什么情况下发明创造属于职务成果,进行合理的界定。

在与专利权相关的员工管理中，除了明确约定职务成果的归属外，还应当约定员工必须为所开发的职务成果的专利申请等事项，提供便利和必要的文件。以避免员工跳槽后对企业的知识产权事宜再也置之不理。

2. 专利申请评估

法律为技术成果的保护，提供了专利、商业秘密等多样化的选择。作为法律赋予的一种垄断权，专利虽然享有独占的优势，但也存在固有的一些不足之处。有时采用商业秘密，更准确地说是采用技术秘密来保护技术成果，可能更有意义。从发明创造保护的角度，比较专利与商业秘密，实质上是比较专利与技术秘密。关于专利与技术秘密的不同之处，可以简单归纳如下：

表 4.9　专利与技术秘密的差异比较

保护形式 比较因素	专　利	技术秘密
取得方式	申请取得，需要专利局依申请而审查授权	自动取得，不需履行任何行政程序
取得条件	需要满足新颖性、创造性、实用性等专利性条件	只要具有商业价值，并采取保密措施，即可享有权利
创新程度	创新程度要求相对较高	创新程度要求相对较低，甚至可以忽略
技术公开	通过专利说明书等文件，公开技术	不但不公开技术，反而需要采取保密措施
权利主体	同样的发明创造只能被授予一项专利，不能由多数人分别取得专利权	同样的技术成果，只要是各自独立研发，可以由多数人分别享有技术秘密
权利范围	权利要求清晰，保护范围明确	因保密限制，保护范围相对不清晰
独占程度	在授权地区垄断利用	如果他人独立研发出同样的技术，则独占地位不复存在
成本支出	需要花费申请、维持费用，以及代理费用等	不需要申请、维持和代理费用，但需要保密成本
地域限制	只在专利授权国家或地区享有权利	只要保密得当，可在全球所有保护商业秘密的国家享有权利
保护时间	发明专利 20 年，实用新型专利和外观设计专利 10 年	只要权利人愿意，并采取保密措施，可以无限期获得保护

由上可见,专利与技术秘密存在较大的差异,而且因其差异而各具优劣。所以,尽管专利制度已经施行多年,但专利保护并不能取代技术秘密,两者相辅相成,有时还互为依靠。企业在选择保护发明创造的权利形式时,需要斟酌各自取得方式、成本支出、保护时间、权利范围等因素,来综合衡量专利与技术秘密的优劣。

3. 专利回避设计

"回避设计"(Design around)是技术创新过程中一种常见的技术开发策略,即通过设计一种不同于受专利保护的新方案,来规避该项专利权。本质上,专利权本身并不能回避,但是技术研发人员可以采用不同于受专利权保护的技术方案的新的设计,从而避开他人某项具体专利权的保护范围。①通过回避设计进行后续开发,可以在市场竞争中有效避免他人专利的牵制,获得自主经营的空间。

对他人的专利进行回避设计,首先需要确定拟回避专利的保护范围大小。通过分析其权利要求书,结合专利说明书和相关审查过程中的往来文件,确认该权利要求字面的真实含义,以及其等同物的范围。将前述分析得到的专利保护范围大小作为对比基准,来检验将来回避设计的方案是否包括拟回避专利的所有必要技术特征,

根据全面覆盖原则、等同原则和多余指定原则的规则,换一个角度来看,如果回避设计的方案存在以下情形,则不构成专利侵权:

表 4.10　不构成专利侵权的情形

专利必要技术特征	回避设计方案的技术特征	对　比	结　论
A+B+C+D	A+B+C	回避设计方案相比于专利缺少一个或一个以上必要技术特征,且无多余指定原则的适用	侵权不成立
A+B+C+D	A+B+C+E	回避设计方案相比于专利有一项或一项以上必要技术特征不相等,则不构成专利侵权,且无等同原则的适用	侵权不成立

① 吴锦伟:"知识产权是否可以实现回避设计",http://www.chinaecnet.com/mkt/zt054255.asp,2006-4-17。

4. 专利奖酬的激励

我国《专利法》第 16 条规定:"被授予专利权的单位应当对职务发明创造的发明人或者设计人给予奖励;发明创造专利实施后,根据其推广应用的范围和取得的经济效益,对发明人或者设计人给予合理的报酬。"可见,雇用单位在取得职务成果之专利权后,应给予员工相当的奖励或适当的报酬。

在激励发明创新方面,通常采用奖酬制度,特别是企业准备追求专利数量的积累时,就必须要鼓励技术人员做出发明。很多知名企业都设计有合理的奖酬制度,使技术人员有从事发明创造的诱因。

(1) 发明人或设计人的奖酬

在实务上,对作为发明人或设计人的员工,主要有三种典型的发明或专利奖酬形式:

① 专利申请奖金

当发明创造通过企业内部评审且完成对外申请文件时,企业即给予发明人或设计人专利申请奖金。由此可鼓励员工尽力提供或协助公司准备专利申请文件。因为专利的申请授权往往需要 2—3 年,若一个工程师提出方案,3 年以后才拿到奖金,诱因不高,故在专利申请时奖励,可以让发明人或设计人得到立即的诱因。

当然,专利申请不等于真正取得专利权,为防止员工提出质量低劣的技术方案,企业应当完善内部的发明评审制度。而且这部分奖金是固定金额,不应太高,否则企业会面临较大的成本负担。

② 专利取得奖金

等到专利获得主管部门的授权,并获得专利证书后,再发给发明人或设计人专利取得奖金。这部分奖金是固定金额,也不应太高,毕竟专利尚未实施。有的企业还会在此阶段另外再颁发奖牌,或于公布栏公布该专利证书,让发明人或设计人获得无形的荣誉感,也可以营造激励员工发明创造的氛围。

前两种奖金一般采用定额计算,大约在数千元到数万元不等,视企业财力及对发明创造的重视程度而定。

③ 专利运用奖酬

有的企业在发明创造运用于对外授权或销售产品上有明显贡献时,也会再颁给发明人或设计人专利运用奖金。此种奖酬一般是依据专利运用带给企业利润一定的比例计算。

当然,奖酬的形式不能只限于物质。非金钱的鼓励,比如职位晋升、出国访问、奖牌发放有时更能激励员工的士气,使员工在企业内部感受到温情的人性关怀和较大的发展机会。

(2) 其他相关员工的奖励

在发放专利奖酬时,除了要关注发明人或设计人的奖酬问题,还要关注其他与该专利相关的员工奖酬问题。因为,那些参与了发明创造工作,但未能认定为合作发明者的人可能会满腔怒火,那些在促进发明创造商业化的过程中做了很多工作的人则心怀嫉妒,甚至导致整个团队四分五裂。①所以,对于促进专利实施转化等工作的其他员工,也要给予奖酬和鼓励。

2007 年 4 月施行的《上海市发明创造的权利归属与职务奖酬实施办法》第 13 条第 2 款即鼓励这样的做法:"被授予专利权的单位在专利权有效期限内,实施、许可他人实施、转让其职务发明创造后,单位应当对发明创造的转化做出突出贡献的人员给予奖励。"

(二) 整合商标注册与产品开发

1. 商标规划介入产品开发

商标注册申请启动的最佳时机在哪里? 在实务上,一枚商标从注册申请到核准注册,往往需要一年左右的时间。因此,一般最安全的做法是在产品开发阶段即应进行商标申请工作,以使产品上市时即能使用取得注册的商标。

企业应当整合商标注册与产品开发,不要等产品设计成熟,准备上市时,才想到设计或选取商标,才想到着手进行商标注册。如果你在产品研发之时,或者在新产品开发方案制作之时,就意识到商标注册的问题,那么等产品上市时,注册商标可能已经拿到手中了。

更重要的是,如果提前做好商标注册的工作,可以避免他人(尤其是职业注标人或竞争对手)恶意的商标异议,防止商机被迫拖延。根据商标法,商标从申请到注册,要经过一系列的程序,包括提出申请、形式审查、初审公告、实质审查、核准注册、注册公告等环节,其中又可能蔓生出限期补正、驳回申请、异议、复审,甚至行政诉讼等程序。可能阻挡商标注册的异议程序就埋伏在初步审定公告后的这一环节。

---

① [美]亚历山大·I.波尔托拉克、保罗·J.勒纳:《知识产权精要》,于东智等译,中国人民大学出版社 2004 年版,第 46 页。

2. 新产品的商标储备

截至2018年底,我国国内有效商标注册量(不含国外在华注册和马德里注册)达到1 804.9万件。"大数据"的背后不仅显示了中国商标申请量的快速增长,也暗示了商标申请注册的障碍越来越多。

如果你等到新产品快要上市时,才去设计新的商标,恐怕有些"为时已晚",小心折腾到产品都上市了,公司还没有找到可以申请注册的心仪商标。虽然现在商标局已经大大提高了商标审查的效率,并且2014年5月实施的新商标法也为商标审查设置了审查时限,但是,提前进行商标设计才能更好地配合公司的产品上市,无论如何,从商标申请到核准注册,都需要不少时间。因此,在新产品立项开发后,埋头于创新的同时,不要忘记同步启动商标设计。

事实上,即使还没有具体的新产品立项,也应提前进行适当地商标储备或布局。既然在数以百万计的商标申请丛林中,设计与选择心仪商标的空间越来越小,难度越来越大,那么,更要提前规划,根据公司自身的业务范围、产品定位、品牌属性、产品特质、发展趋势等,有针对性地不断"研发"新商标,并提交商标注册申请。尤其是对于那些不喜欢使用单一品牌名称的公司,商标"研发"更应当作日常事务,常抓不懈。

商标储备与防御商标、联合商标的注册具有不完全相同的目标。防御商标主要是防止他人在不相同或不相类似的商品上注册相同商标,联合商标是防止他人在相同或类似的商品上注册近似商标,本质上都是以防御他人使用为目的,而商标储备则是基于商业持续性发展的考虑。

二、供应链上的知识产权管理

根据供应链各个环节的职能不同,一般可以将供应链划分为四个环节,包括采购环节、生产环节、市场环节、销售环节,兹分别介绍其中可能发生的知识产权风险,尤其是商标风险。

(一) 采购环节的知识产权风险

采购环节主要是控制供应商带来的知识产权风险。采购过来的零件或产品,有可能侵犯了第三人的专利权,将该零件或产品用于生产自己的产品,再销售出去,则可能会侵犯他人的专利权,即使能够提供合法来源(如采购合同、发票等)而免于赔偿责任,也会带来交付不能、市场开拓受阻等市场风险。又如,采购的产品所贴附的标识,有可能侵犯第三人的注册商标专用权或著作权,从而导致自己的产品在海关通关、展会或销售过

程中遭遇查扣或查处。为了控制采购环节的知识产权风险,应当采取如下措施:

1. 核查并保管供应商的资质证明及交易文件。应当要求供应商提供营业执照等基本的经营资质证明,并对采购的产品所涉及的知识产权权属情况进行核实。对供方信息、进货渠道、采购合同等信息资料进行妥善管理,防止因人员离职、场所变动等原因导致重要文件丢失。

2. 通过合同规避和分担知识产权风险。在采购合同专列知识产权条款,让供应商提供知识产权不侵权的担保,并对发生知识产权侵权责任时如何应对侵权指控、应对侵权诉讼、如何承担责任等问题进行明确约定。

(二) 生产环节的知识产权风险

1. 生产工艺的商业秘密保护

生产环节的知识产权风险主要集中在商业秘密保护上。生产阶段是产品从设计图纸转化成为实物的桥梁,同时也是知识产权同产品相结合的重要环节。对于生产过程中生产工艺技术的改进及产品生产设备的改进,应当及时记录,以书面方式提请研发部门进行评估,确认是否可以申请知识产权。在未提交专利申请之前,或者决定作为技术秘密保护时,应当注意保密工作,比如:

(1) 建立工艺图纸发放回收监控制度,在完成产品生产后,及时回收工艺图纸,避免工艺泄露。

(2) 严格控制外来人员进入生产区域参观,谨防泄露生产工艺。外来人员参观生产区域时,应当统一管理监督,入厂参观者必须由相关部门的接待人员陪同带领,在规定的路线进行参观,不得单独离队参观。

(3) 控制施工现场的泄密风险。施工现场发生泄露秘密的可能性较高,原因在于施工现场较为开放、人员混杂,极易发生泄密事件。

如果企业采用委托制造的方式与他人合作,在合同中需对知识产权的权利归属、使用和收益进行明确的规定,并规定保密义务,以防止生产商侵占本企业的知识产权。

2. 商标印制的规范管理

为加强商标印制管理,保护注册商标专用权,维护市场经济秩序,《商标印制管理办法》对商标标识的印制单位和印制委托人的印制活动进行了规范。不过,这是从商标行政管理的角度颁布的规章。事实上,作为商标权人,企业自身也必须做好商标印制的管理工作。当然,首先应当考虑的是,必须签订严密的商标印制协议,尤其是对违约行为配以明确的违约责任。

商标印制企业有时是商标侵权违法行为的源头，如果商标权人不对商标印制企业进行有效的管控，很容易让自己的商标标识从商标印制企业，流窜到市场上成为假冒商标的来源。关于商标印制，在这里仅强调以下几点：

(1) 委托有资质的印制企业。凡欲从事印刷的企业需要取得《印刷经营许可证》，而要从事商标标识的印制则需要取得“包装装潢印刷品印刷”或“商标标识印刷”经营范围的营业执照。

(2) 做好商标印制的质量标准管理。商标权人委托商标印制企业印制商标标识，必须事先制定商标标识的质量标准，包括外观、形状、材质、尺寸、比例、色彩、图样、字体等，定期抽查验收，保证商标标识的质量符合企业的要求。

(3) 商标印制企业应当向商标权人提供有关商标印制的模具、模板、印戳等专用印制器具的清单，定期共同对到期“专用器具报废”进行现场核销，并作好相应记录。

(4) 严禁商标印制企业向第三方转包商标印制业务。

(5) 禁止商标印制企业擅自超量印制商标权人的商标标识，尤其禁止接受其他人的委托擅自印制商标权人的商标标识。

(6) 建立商标标识印制的采购订单管理制度，商标权人应当指定专门的部门和专职人员负责商标标识印制的订单发放、收货、验收、库存等工作。订单须标明商标名称、型号、数量、交期、品质要求等。

(7) 应当要求商标印制企业制定或健全有效的商标标识(含半成品)出入库制度，作成相关记录并存档不少于两年。对印制的商标标识，商标印制企业应做好保管工作，不得流入市场。

(8) 商标印制企业对废次商标标识(含半成品)，以及无法消耗的剩余标识，应当建立和完善销毁制度，避免流入尤其是禁止擅自销售到市场上。

(三) 市场环节的知识产权风险

企业在策划广告方案或营销方案时，必须检查其中可能存在的知识产权问题。比如重点宣传的那些广告用语、口号、图标等是否别人已经享有版权或商标权。谨慎的做法是在使用某个简短有力的宣传口号或广告语之前，应当评估一下是否可能发生包括商标侵权在内的法律风险，比如这个宣传口号或广告语是否已经存在商标权，自己的使用方式和表现形式是否构成对其商标权的侵犯。此外,前面介绍的知识产权使用的合规管理,也涉及市场营销中需要注意避免发生的知识产权风险。下面重点谈一下商标名称通用化和埋伏营销的问题。

1. 商标名称通用化的风险

(1) 商标名称通用化的现象

2010 年 4 月 8 日,创业板上市公司朗科科技发布临时公告,称其第 1509704 号“优盘”商标被国家工商行政管理总局商标评审委员裁定撤销。在这则公告的背后,其实又上演了一出所谓商标名称通用化(genericide)的悲剧,许多著名的商标都已经品尝过这样的教训:由于商标名称所具有的显著特征被减弱,逐渐演变为特定商品的通用名称,如此一来商标不仅可能失去商标法的保护,品牌价值更是面临灰飞烟灭的危险。

类似这种商标(品牌)名称变成普通名词,作为原本指示的产品类别之代名词的现象,我们称为商标名称通用化,更为专业的法律术语称作商标退化,英文里称为 genericide(意为 a brand name or trademark that has become a generic name for its product category)。从下表的不完全列举中,我们可以看到,在国外许多赫赫有名的商标名称,最后都沦落为普通的产品通用名称。

表 4.11　商标名称通用化的一些例子①

商标名称	通用化之结果
aspirin(阿司匹林)	原为拜耳(Bayer)公司的止痛药品牌,如今泛指任何止痛药
Band-Aid(OK 绷)	原是 Johnson & Johnson 附消毒纱布的胶布的品牌,如今已取代 plastic bandages 一词,成为 OK 绷的通称
Chapstick	原为惠氏(Wyeth)生产的护唇膏品牌,如今已取代 lip balm 一词,成为护唇膏的通称
escalator	原为奥的斯电梯公司(Otis Elevator Company)的电扶梯品牌,现已成为电扶梯的通称
Gore-Tex	原为 Gore 公司所开发的防水快干材料,如今成为登山健行户外服装的代名词

① 参见菁妹妹:“我的品牌变动词了!”,http://www.breakthrough.com.tw,2006 年 12 月 25 日访问;佚名:“商标名称转为普通名词”,http://res.koonew.com,2006 年 12 月 25 日访问。

（续表）

商标名称	通用化之结果
Jell-O	原是 Kraft 食品公司的果冻品牌，现泛指一般的果冻甜点
Lycra(莱卡)	原为杜邦(DuPont)公司的品牌，现泛指具有弹性的人造纤维
Post-it	原为 3M 公司的品牌，现泛指任何便利贴
velcro(魔鬼黏)	原为 Velcro 工业公司的品牌，现泛指所有一端有许多尼龙小钩，可钩住另一端的尼龙粘扣带
Walkman	原是索尼(Sony)公司的随身听商标，现指任何随身听
xerox	原是施乐(Xerox)公司的商标，现已成为静电复印的代名词
Filofax	原是记事本(personal organizer, appointment book, memo book)的品牌名称，现已变成记事本的替代字
Scotch tape	思高牌胶带、是 3M 公司生产的透明胶带。现在一般透明胶带多称为 Scotch tape
zipper	拉链，源自 1920—1925 年美国所生产的一个厂牌名
Nylon	尼龙，原是杜邦(DuPont)公司的商标，现已为尼龙产品的通用名称
……	……

商标注册、使用之后，倘若发生商标名称通用化的情形，其显著性将大为弱化甚至不复存在，其识别性也深受影响，不能发挥商品区分、商誉彰显的功能，商标价值自然受到严重削弱，这对于企业经营的影响，绝对不可低估。我国在 2014 年修订《商标法》时，在第 49 条第 2 款已经明确指出，注册商标成为其核定使用的商品的通用名称的，任何单位或者个人可以向商标局申请撤销该注册商标。

(2) 防止商标名称通用化的措施

为全面避免商标名称通用化的后果，商标权人除了正确规范自己的商标使用与管理行为之外，还要监督干涉其他人故意或过失的错误使用行为。下列建议也许有助于权利人应对商标名称通用化的风险：

——选择显著性强的标识。从商标法的角度观察，显著性较弱的商标即使不发生通用化的结果，也容易被他人以合理使用为抗辩事由，以某种合法的方式使用在自己的商品上。因此，在商标注册申请前，最好考虑选择显著性较强的任意性或臆造性标志，它们与商品的特征联系更少，也更能得到法律的保护。

——商标、商品名称与新产品同时推出。当一种新产品问世时,如果没有简便易记的名称可用来称呼产品,那么,此时防止商标名称通用化的最好方法,就是在新产品上市销售时,创造一个易于记忆、易于接受的通用名称,并在产品的推广促销活动中注意区隔商标标识与商品名称,并明确告知消费者,这样就不会让消费者把商标当成产品名称来指代了。①

——积极宣示商标信息。商标的使用本应有一套管理规范,比如对商标的标示方式、设色、位置、比例等加以明文规范,例如:在商标一旁加注"注册商标""®""TM"等,以与商品说明或广告用语等相区别,并借此强调自己的商标权利,以防止商标名称被作为通用名称胡乱使用,损害自己的商标权益。

——干预商标名称的错误使用。包括制止字典错误的解释,②发布声明劝告商标正确使用,制止商标名称通用化的侵权行为。

——持续进行商标显著性回复之努力。商标显著性减弱而退为通用名称后,也有可能回复其显著性,发生起死回生的奇迹。例如,美国法院于1888年及1896年曾分别判决缝纫机之Singer(胜家)商标及汽车轮胎之Goodyear(固特异)商标,在其产品专利期间届满时,均已成为表示该种商品之普通名称而欠缺显著性。然而,由于其长时间的专用与广告,Singer商标于1938年被判决重新取得显著性商标之地位。Goodyear商标也因广泛而长期之专用,而于1959年被判决回复其具有显著商标之特质。③

2. 埋伏营销的商标风险

1984年第23届洛杉矶奥运会通过与企业订立赞助协议、出售电视广播权等措施,使洛杉矶奥运会成为"第一次赚钱的奥运会"。自此,奥运会不仅给运动员提供了施展才能的机会,也给企业提供了推广品牌的平台。一些跨国公司深谙体育营销价值,经常一掷千金赞助大型活动,每逢奥运会举行,便会倾力争夺赞助权。

---

① 参见袁真富:《警惕:商标淡化》,《中华商标》2000年第8期。

② 比如,《欧洲共同体商标条例》(1993年12月20日第〔EC〕40/94号令)在第10条特别规定:"如果共同体商标编入词典、百科全书或类似参考书,给人的印象好像成为注册指定商品或服务的通用名称,出版社应根据共同体商标所有人的要求,保证至少在最近再版时,注明该词为注册商标。"

③ 参见曾陈明汝:《商标法原理》,中国人民大学出版社2003年版,第129页。

但是,也有相当一部分头脑灵活的公司,并未花费数千万美元去争当奥运会的指定赞助商,却也搭乘奥运会的便车,同样达到了借助奥运会提高品牌知名度的目的。作为一种营销策略,埋伏营销是指一些企业不支付赞助费用,却通过各种营销活动,将其与一些重大活动(通常是体育赛事、文化活动等)建立某种联系。①埋伏营销又称为伏击营销、偷袭营销、隐性市场、隐性营销或者寄生营销(parasitic marketing),主要发生在重大活动的临近期间及其进行期间。

从狭义上讲,埋伏营销仅指一方通过直接的努力削弱或侵袭竞争者通过赞助而获得的与一个重大活动的官方关系。从广义上讲,除了直接和有意的引起公众误导外,埋伏营销还指企业在未经授权或同意的情况下,试图通过创造某种联系,来利用特定活动的商誉、名誉和声望。②这里的所谓"联系"(association)可能是赞助关系,也可能是另外的合同、合作或其他支持关系。

通常,只要不直接利用重大活动受保护的标志、作品和其他设计,不违反主办方设置的合同条款,埋伏营销就能够合法地存在。比如,表达世博元素的符号太多,埋伏营销者已经找到突破口。在上海世博会前夕,上海公交媒体上曾反复播放和酒的视频广告,画面上不时跳出一行短句:"2008 年 8 月 8 日,我和你;2010 年 5 月 1 日,和世界在一起。"显然,广告只字不提世博会,但却处处暗示世博会。

(四) 销售环节的知识产权风险

从商标权人的角度看,经销商也存在许多需要进行商标管理的行为。实际情况自然是千变万化,比如要警惕经销商抢注商标(如果未在国内注册或未在海外注册)。在这里再谈谈以下问题:

1. 经销商的字号问题

经销商(包括代理商)作为一个经营实体,有的是以企业或公司的名义出现的,那么经销商叫什么名称,取什么字号,一般不应该受到商标权人(品牌厂商)的干涉。不过,现实中,有的经销商在自己的企业名称中,

---

① Cristina Garrigues, Ambush Marketing: A Threat to Global Sponsored Events?, British Spanish Law Association newsletter, April 2004.

② Jason K. Schmitz, Ambush Marketing: The Off-Field Competition at the Olympic Games, *Northwestern Journal of Technology and Intellectual Property*, Vol.3, No.2, 2005.

把品牌厂商的商标用作自己的字号,作为商标权人的品牌厂商这时就必须要小心了。因为品牌厂商与经销商只是一时的合作关系,同时,经销商还有自己独立的利益诉求,如果经销商的字号也用你的商标,很容易在市场上造成混乱,消费者或其他经营者可能会误以为该经销商是隶属于品牌厂商的企业,或者双方存在密切的投资或控股等关系。

2. 经销商自主品牌的擅自标注

有的经销商很明白,自己销售品牌厂商的产品,只是"为他人作嫁衣裳",为长远利益计,必须打造自己的自主品牌,于是,个别经销商在自己销售的品牌产品上,擅自加贴或标注自己的品牌(商标),从而借品牌产品的销售和使用,同时宣传经销商自己的品牌。比如,甲经销商在销售乙公司生产的A品牌的洗发水时,将自己注册在洗发水商品上的B商标加贴在A品牌洗发水上,使得A品牌的洗发水上同时有两个注册商标并列。毫无疑问,这种不恰当行为可能构成商标侵权,作为品牌厂商可以在经销合同上禁止这类行为,到时可以选择以合同违约,或者以商标侵权作为诉讼请求的基础。

3. 产品分装或组合时的商标使用

经销商为了促销或者其他目的,在销售过程中有可能将商标权人的产品进行拆分包装,比如将大袋包装的品牌大米分装了若干小袋后出售;或者将商标权人的产品进行组合包装,比如将两瓶品牌葡萄酒放在一个新的大包装内组合销售。这时,如果在产品分装或组合后的新包装上,经销商自行印制了商标权人的商标,是否属于商标侵权或者其他违法行为,并不能一概而论。比如,如果产品分装或组合后,已经相当于重新加工或者制造了新产品,这可能更容易被认定为商标侵权。反之,则有可能被认定为合理使用。当然,这只是一个抽象的判断,需要具体情况具体分析。

作为商标权人则要小心产品分装或组合的情形发生,因为这可能会带来公司品牌或产品识别的体系混乱,甚至会在此过程中发生不可控制的质量控制风险。因此,一方面,要透过销售合同等方式防止这类情形的发生,另一方面,特别是在合同无法约束的情形下,更要认真分析相关情形,评估是否构成商标侵权,从而决定是否采取法律行动,以保护自己的品牌利益。

4. 赠品上的商标使用

作为市场营销的策略之一,"赠品促销"是在产品、服务营销或销售时向消费者赠送产品或礼品,大多用于吸引消费者购买新产品、弱势产品或者奖励顾客的重复购买或增加消费量,等等。很多品牌厂商喜欢根据促销商品的定位、消费人群特点以及商品关联性等，定制类似优盘、开瓶器、名片夹、手环等赠品用于促销，而不是采购他人已经投放市场的商品，因为定制赠品可以印上自己的品牌名称、LOGO或者广告语。毫无疑问，品牌厂商不会轻易放过赠品作为媒介传播品牌的机会。

当赠品上印有品牌或LOGO时，商标侵权问题就不容忽视。如果你提供的赠品本身就是采购进来的侵权商品，自然难逃侵权命运。《北京市高级人民法院关于审理商标民事纠纷案件若干问题的解答》（京高法发〔2006〕68号）明确指出："搭赠是销售的一种形式，因此搭赠侵犯注册商标专用权商品的行为是商标侵权行为，搭赠人应承担停止侵权的责任；明知或者应知所搭赠的商品是侵犯注册商标专用权的商品的，还应当承担损害赔偿责任。"

不过，很多公司更多地是担心定制赠品上的商标风险问题。让我们假设一下，如果金帝巧克力促销时赠送一只可爱的"玩偶"，安利保健品促销时赠送一个"保温杯"，而这些玩偶、保温杯都是品牌厂商向某些生产厂商定制或委托加工的。那么，在这些赠品上标注品牌厂商的品牌或LOGO，会不会有侵权之虞？因为品牌厂商也许在这类赠品所属的商品上没有注册商标，而恰恰又有其他厂商注册了相同或近似的商标。

大多数情形下，构成商标法意义上的"商标使用"是构成商标侵权的基础。因此，避免自己的品牌用于赠品上构成商标法意义上的"商标使用"，是规避商标侵权的关键所在。为了不构成"商标使用"，可以考虑以下七个建议：

（1）避免在赠品上单独标注品牌名称或LOGO。这种情形比较容易被认定为"用于识别商品来源"的"商标使用"行为。

（2）在赠品上标注品牌名称或LOGO时最好带上促销商品名称。比如，在玩偶赠品的吊牌上标注"金帝巧克力"（字体最好一样大小），显然，即使人家在玩偶类商品上注册有"金帝"商标，也难以主张"金帝巧克力"标识是对玩偶商品的来源指示或商标使用。

（3）如果空间允许，可以将促销商品（如巧克力、保健品）的包装图片，同时在赠品所标注品牌名称或LOGO的前后或上下一并印上，如此更能清晰地向消费者传递明确的信息：赠品上的品牌名称或LOGO所指示的商品并不是赠品本身。

（4）在赠品上明确标注"赠品"或"非卖品"或类似字样，这样可以降低或避免与赠品所竞争商品上的"雷同"商标发生所谓混淆或误导的可能性。

(5) 在不影响品牌宣传效果的基础上,可以将赠品生产商的品牌名称或LOGO,同时印在赠品上,与促销商品的品牌并存。当然,要确保生产商印上去的品牌名称或LOGO不存在侵权的问题。更重要的是,不要让消费者将生产商的品牌或LOGO,当作你促销品牌的子品牌或姊妹品牌,或者产生相反误认。

(6) 如果赠品或其包装的空间允许,可以将促销品牌厂商的公司名称显著标注,更能与赠品所竞争商品上的"雷同"商标,明确区分出不同的商品来源。

(7) 如果企业名称包含了所要传播的品牌名称,可以不需单独印制品牌名称或LOGO,直接印上"×××公司惠赠"即可。尤其是该品牌已经被他人注册并使用在赠品所属商品上时,如此使用更具安全性。①

三、知识产权交易的营销管理

(一) 知识产权营销的流程管理

传统的、法律意义上的知识产权在今天已经成为一种创造利润的资源。事实上,产品和技术的创新不是目的,知识产权的申请授权也不是目的,只有当知识产权能够为公司带来实际利润的时候,知识产权才是有用的资源。

有的大公司累积了数量不菲的专利,但并非每一件专利都为公司所利用实施。这些搁置不用的专利,如果不是因应策略上的需要,则不但不能给公司带来利润,反而还让公司背负了沉重的专利维护费用。而另有一些企业囿于自己的力量,无法有效从事专利的产业化工作,因此,需要开展有效的专利营销,把专利优势转化为商业价值。当然也有一些经营专利的公司,本来就是以售卖专利为其生存基础,对他们而言,专利营销是关乎企业生存发展的重要议题。

考虑到不同类型的知识产权有较大的差异性,这里主要以更受关注的专利运营为例,介绍专利营销的流程管理。专利营销的流程与方案在实践中各有不同的表现,并没有统一的路径可供依赖,有些专利交易甚至是基于偶然的因素而达成,并没有经过营销的程序。以下兹从专利权利人的角度,简要阐述专利营销的基本流程。

1. 明确营销目标

通过适当的专利营销,专利提供方与接受方都可以获得不同的期望,

---

① 袁真富:《赠品的商标管理》,《中国知识产权》2014年第9期。

达到各自的目标。比如，专利提供方可以期待通过专利授权收取许可费，降低专利储备的支出。而专利接受方则可以期待把获得的技术转换为商业利益。1997年，美国德州仪器公司斥资3.95亿美元买下了阿马提通讯公司，其目标就是阿马提公司的数字用户线路(DSL)技术，这项技术大大加快了电话线传输数据的速度。德州仪器购买这个专利组合后，就在当时年60亿的ADSL调制解调器市场开辟了一番新天地。①

无论如何，在对外营销自己的专利时，必须清楚地了解自己的目标，并确保这些专利营销的目标与企业的经营目标和发展战略保持一致。否则，可能引起严重的后果。

综合参考我国台湾地区刘尚志教授、袁建中先生，以及日本发明协会的研究，专利买卖双方的目标基本可以归纳如下：

表4.12　专利买卖的策略目标

专利卖方的目标	专利买方的目标
◆ 获取技术移转之权利金，以回收研究开发之投资 ◆ 降低专利储备费用 ◆ 通过技术的优势，以控制及扩大已有之市场或相关市场 ◆ 必要时与投资相结合，可提升竞争力并获取更高之利润 ◆ 加速标准化，扩大需求 ◆ 降低扩大生产规模或自行实施的风险 ◆ 把技术本身的问题经由授权转移给他人 ◆ 获得交互授权，学习更多技术 ◆ 加强本身技术优越性之宣传 ◆ 藉由技术移转，可以寻求合作伙伴，切入难以进入之国外市场 ◆ 出售对于自己相对而言已无比较利益之技术，可进一步获取剩余利益 ◆ 对技术接受者之使用情形加以了解可修改自己的技术 ◆ 排除反垄断法的限制 ……	◆ 迅速取得技术，缩短进入市场时间 ◆ 避免自行研发的风险与成本，降低学习成本 ◆ 进入新的市场 ◆ 提高技术水准，增加生产力 ◆ 可从现有之成果模仿及改良开始努力，将资源作更进一步的投资与更有效之利用 ◆ 避免侵权的法律纠纷 ◆ 可以比较各种现成之技术成果，作最适当之选择 ……

注：本书综合整理。

---

① 王晋刚："知识产权收购攻略"，http://www.cbex.com.cn/cqsc/cqsc11.shtml，2006-03-28。

当然,专利买卖并不是有利无弊,有时各方也会产生机会成本。比如,对专利许可人而言,可能制造不必要的竞争对手。发放许可证的结果,可能在原来没有竞争者的地区或领域制造出新的竞争对手来。因为大多数许可证都是发放给具有相类似业务的公司,于是,即使是看起来没有什么直接关系的许可证,从长远看也可能对专利提供方形成一定的竞争。所以,在发放许可证时,需要考虑许可证对专利提供方目前的经营有什么影响和价值等因素。鉴于发放许可证而造成竞争者的可能性,有的公司甚至转而采取合资经营等方式来代替单纯的技术许可。

表 4.13 专利买卖双方的机会成本

卖　方	买　方
◆ 制造不必要的竞争对手 ◆ 为小利而失去竞争优势 ◆ 核心技术的流失 ◆ 无法控制的经营风险 ……	◆ 技术受制于人 ◆ 产品生产与销售地区受到限制 ◆ 改良技术必须回馈给原技术人 ◆ 得到的技术是过时的、容易被模仿的 ……

所以,在专利营销时不仅要考虑到对自己有利的一面,还要考虑到对自己不利的一面。因此,在开展专利营销时,需要时刻牢记:专利营销对企业目前的经营有什么影响和价值?只有时时记住这些问题的答案,并对此有明确的认识,才能实现专利营销的真正目标。

2. 确定营销标的

企业可以把哪些专利售卖出去?通常而言,大多是核心市场的非核心技术、非核心市场的核心技术,或者非核心市场的非核心技术。至于核心市场的核心技术,往往对自己经营的影响甚巨,除非自己难以实施,或者无力耕耘市场,一般不会轻易售出。当然,有的企业基于某些考虑,也可能把个别核心市场的专利售卖出去。

确定营销的目标专利之后,还要从法律上对其进行初步的评估。比如,这个技术是否真的获得了专利,或者已经提出专利申请?专利权是否仍然有效?专利的法律状态是否稳定?是否存在侵权的嫌疑?

企业如果有能力和余力,从法律上分析自己专利保护程度的强弱,是否满足专利授权的要求,是否存在无效的可能性,对企业的专利营销是大有裨益的。尤其是对于实用新型专利和外观设计专利而言,由于在取得授权时,并没有经过实质审查,因此,买方有可能担心该专利被无效的可能性。专利权人可以委托相应的专业机构,出具相关的专利检索报告,证明专利满足授权条件,这样可以大大增强买方的信心。

在实践中,有的买方在完全了解了卖方的专利技术后,也主动向专利管理部门提请专利无效,以达到免除专利授权许可费的目的。所以,作为技术提供方,企业一开始就要有预防专利被无效的准备,而营销前的专利自查,无疑可以给自己充分的准备,当发现缺陷时,马上采取措施。

对于出口的专利技术,还要调查自己的专利在出口目标地是否有效,或者同样的技术是否在出口目标地被他人申请为专利。因为专利具有地域性,也许在中国是自己的专利,在美国就是别人的专利了。所以技术出口要检索,防止出口技术引起专利侵权。

3. 定义目标客户

谁是真正的客户？这个问题有时并非是显而易见的。准确定义目标客户是专利营销成功的关键。企业一般通过各种媒介,包括各种广告、信件等去影响其可能的客户,如果目标客户定义不准或出现错误,会使得很多营销活动无法取得应有的效果。只有找准了目标客户群,企业才能针对性地制定专利营销方案。

实践中,影响专利交易的因素有很多,表 4.14 列举了买方所具备的可能影响专利交易的一些因素。在专利营销时,对专利买方进行评估是非常重要的事情,因为买方的状况如何,直接影响到专利交易,特别是专利授权的后续效果。通常,对于专利授权的许可费多设有销售提成或利润提成的条款,如果买方没有能力成功地将专利商品化,也没有能力让专利产品具有竞争力,那么卖方的提成利益无疑是空中楼阁。

表 4.14　影响专利交易的买方因素

公司规模	公司发展战略
技术转移经验	团队状况
专利与其现有技术的相容性	技术能力
组织结构	研发投入程度
营销能力	财务状况
管理与沟通能力	相关资讯的提供
研发经费及预算	相关设备的提供
人员训练	……

在评估一个企业是不是自己营销的目标客户时,可以对其提出几个关键的问题①:

(1) 该专利是否切合买方的需求?

待售的专利应当与买方当时的事业发展战略相契合,否则专利技术不可能得到良好的商业经营。即使在达成专利授权合同后,也不要忽略持续与买方保持联系,以了解买方的事业目标是否发生改变。理想的情况,是专利交易的双方都将自己的需求清楚地表达出来。当买方提出清楚明白的策略目标时,营销人员可以将专利技术的优势清楚地条列出来,供其参考斟酌。确定专利与需求两者有紧密的结合后,再考虑审查下一个问题。

(2) 买方实施专利的时间范围?

如果 2018 年签订专利授权合同,但直到 2022 年,买方都没有将该专利应用至旗下现有产品或新开发产品的计划,那么这项专利授权可能达不到预期的目标,特别是在提成支付许可费的情形下。由于一些公司购买专利,不是为了产业化实施,而是出于战略性搁置,因此,关注买方实施专利的具体时间计划,对于保障卖方的利益相当重要。

(3) 买方是否有预算发展该专利?

从纸面上的专利到产业化的应用,往往尚有一段距离,有时需要较大的资金来完善专利的技术方案或发展相关的配套技术。另外,生产设施的配备、营销力量的投入等等,都需要资金的支持。因此,买方有多少预算来发展专利,关乎专利产业化的成功。

选择一个正确的目标客户至关重要,因为专利的最终商品化取决于客户的努力,而非专利技术是否先进之类的因素。大多数专利其实都是处于早期的阶段,需要买方经过多年持续不断的精力与投资,才能将专利转换为可以成功渗透入最终市场的产品,尤其是在医药产业,专利商品化的过程非常漫长而且多变。而多数专利权人都相当倚重许可费的收入,只有与正确的授权对象合作时,才可能实现预期的收入。

4. 开展营销活动

(1) 撰写专利介绍

对专利相关的信息进行适当的披露,让潜在的买方有所了解,才有就

---

① 参见 Todd S.Keiller:“智慧财产销售程序”,载于美国大学技术经理人协会:《技术移转实务指南》第七篇第 2 章,我国台湾技术经理人协会 2004 年编译发行。

专利交易进行沟通的可能。这里的专利介绍不同于专利申请文件，后者是为取得专利权而面向专利局撰写的文件，更强调法律性。而专利介绍是为进行专利交易而面向潜在客户撰写的文件，更强调商业性。

专利介绍并不需要详细说明专利的技术特性和实施方案，但应该包含足够引发阅读者兴趣，并可能给其带来利益的信息。简单讲，专利介绍就是一种广告形式，除了简洁有力的技术说明外，需要更多地描述专利相比现有技术带来的技术优势和商业价值。不过，专利介绍不宜太长，否则会令人厌倦。如果客户感兴趣，在签署保密协议后，可以向其提供更详细的资讯，包括简短的市场概述、技术领域、技术背景、发明人背景、专利状态、技术细节等信息。

（2）拟定交易形式

专利交易的形式存在多种形态，典型的如专利转让、专利许可和专利入股，此外，还有交叉许可等情形。企业对于专利期待以什么方式加以交易，最好有一个初步的考量，尽管随着交易谈判的进展，专利交易的形式或许发生改变。

（3）拓展专利营销渠道

找到自己的目标客户群之后，就要利用各种可能的营销渠道，让目标客户接触到专利交易的信息。常见的一些渠道包括：与潜在客户个别接触、参加技术交易市场或展览会、通过专利代理商寻找买家、借助交易网站营销、寻找专利侵权人谈判或讨论授权事宜等。

（4）保持商业秘密控制

尽管专利的说明书等申请文件已经由国家知识产权局向社会公开了，但伴随着专利的营销活动，仍然存在一些不可披露的商业秘密。比如，专利实施过程中的一些技术参数、设备规格、适应环境等资讯，可能并没有披露在专利申请文件中。在专利营销时只需要撰写技术摘要，无须详细说明，特别是不要泄露其中的技术秘密。在营销过程中，客户可能需要获得更多的信息，如果涉及商业秘密，则应当要求客户在接触之前先行签署保密协议。

专利营销是一个复杂的过程，充满了情势的变更，穿插着策略的运用；不仅牵涉到许多细节的处理，更需要一定经验的累积，才能有效地达成营销的目的。企业营销人员需要根据专利的特质、市场的前景、客户的需要等因素，灵活制订专利营销的方案，增加交易成功的几率。

(二) 知识产权营销的策略运用

知识产权营销的策略手段繁多,方法灵活,比如欲擒故纵策略:故意放纵侵权行为,等待侵权人形成市场规模,或者严重依赖知识产权之时,再伺机出击,迫使签署许可合同。下面主要从专利权的营销策略出发进行简要介绍。

1. 权利组合策略

(1) 专利与专利的组合

主要是指两项以上专利相互搭配,共同利用或授权,以放大单个专利的力量,获得更大的整体收益。比如,企业内部不同级别的专利,在授权之时可以相互搭配组合。通常,具有互补作用或改进关系的两项专利,最适宜组合利用。

丹麦的利昂制药公司在某些治疗皮肤病的药品上使用了这种专利组合方法。该公司所生产的达力士软膏,专利保护期还有 3 到 4 年,然而这种药是稳步治疗牛皮癣的推荐药品,于是利昂制药公司就研制了第二种药品——Daivobet,用于治疗牛皮癣所引发的急性病症。这两种药在疗法上互补,而后者的专利权还有 17 年。利昂制药公司把这两种药品搭配到一起推荐给医生和病人,用于治疗同一种疾病,这样就保证了在 Daivobet 的专利有效期内销售达力士药膏同样能获得收益。①

专利组合的目标是整合企业内部的专利资源,提升专利的附加价值。特别是个别专利因为受限于各种因素,不易单独实施或授权,只有与其他专利配合使用或组合授权,才能发挥最大的效用。

(2) 专利与技术秘密搭配

专利申请将导致公开自己的技术内容,尽管可以获得强势的法律保护,但也更容易刺激竞争对手的模仿和侵权行为。尤其值得警惕的是,如果专利申请公开后,最终没有获得专利授权,那么企业就两手空空地公开了自己的技术内容,无异于赠送竞争对手一项技术成果。

因此,为了防止他人利用专利说明书公开的技术内容进行仿冒,企业可以仅对技术的基本轮廓申请专利保护(但需满足专利的授权要求),而将技术核心内容或影响产品质量的关键技术作为技术秘密保留起来不予申请,或在撰写说明书时巧妙隐藏。此即专利保护与技术秘密相搭配的

① 马库斯·利特兹格:《知识产权的战略管理》,崔文杰译,《新华文摘》2005 年第 10 期。

策略。

比如,专利说明书中只列出体现发明者目的的最基本的技术内容,而将影响技术效果的工艺、较佳或最佳条件、优选配方等作为技术秘密保留下来。这样,即使他人按说明书进行仿制,但由于质量和效果达不到最佳,在市场上也难以真正形成对原有技术的竞争力。专利保护与技术秘密相搭配,可以有效防止企业在主动参与或被动卷入专利竞赛时,过度暴露自己技术所带来的一些负面影响。①

企业在专利之外还保留有技术秘密,一方面可以更大程度地保障企业在技术实施的垄断利益,另一方面也可以更好地促进专利的授权。比如,在专利授权的同时,可以把技术秘密作为优惠条件进行附赠,或者在专利授权之外,额外再收取一笔技术秘密的许可费。当然,技术秘密也可以作为吸引他人购买专利授权的筹码。

知识产权的组合搭配还包括专利与商标、专利与著作权等,这里不再讨论。但必须提醒的是,把知识产权搭配授权,需要满足合规性,谨防遭遇反垄断审查或不正当竞争之诉。

2. 孵化经营策略

对于新生的专利,特别是具有开创意义的专利或专利组合,其技术应用价值和商业开发价值尚未获得市场检验,或者技术本身并不成熟,商业开发的风险比较高,而市场前景又难以预测。因此,大多数企业都不太愿意冒险去实施它。面对这种状况,有的企业就着眼于长期的技术转移,并不急于把这些新生的或者不太成熟的专利推向市场,而是针对这些专利进行包装设计,进一步投资开发或升级,甚至以专利为基础,成立科技企业进行孵化,开始产业化的道路,等到专利商业化成功之时,再对外授权专利,甚至连同企业一并出售,以提高专利移转的成功率。

被誉为知识产权专卖店的高通公司,在发展 CDMA 的最初阶段,尽管拥有为数不少的专利和标准,但谁都不愿意冒着巨大的风险来做 CDMA,向高通公司交纳知识产权许可费以制造 CDMA 设备。运营商感兴趣的不是高通公司提交给标准化组织的那几张纸,而是他们什么时候能够用成熟的商用 CDMA 设备来铺设网络,而且这些设备最好是摩托罗拉、爱立信、朗讯等通信巨头生产制造的,这样用着才让人放心。

---

① 袁真富:《中国专利竞赛:理性指引与策略调整》,《电子知识产权》2006 年第 11 期。

因此,作为一个技术公司,高通公司尽管当时首先想到的赢利模式是收取知识产权许可费,但是,为了生存,这个原本想靠卖技术和标准赚钱的公司成立了自己的手机部、基站部,自己生产制造起 CDMA 的全套设备。

果然,后来随着 CDMA 产品和市场的逐渐成熟,随着高通公司向运营商供货,那些原来和高通公司纠缠在官司中的公司逐个选择了与高通公司庭外和解,签订了知识产权协议。到现在,全球已经有 100 多家公司签订了这样的协议,使用高通公司的专利来生产制造设备。接下来,高通公司放弃了制造业,专注于研发和知识产权授权,将手机部卖给了日本京瓷,将基站部卖给了爱立信,成为了令人羡慕的知识产权专卖店。①

3. 市场细分策略

市场细分策略实质上是对专利使用的领域进行细分,然后在不同的领域分开进行专利授权。比如,专利权人可能具有在一个领域中实施该项专利的能力,例如诊断上的应用,但是没有能力在另一个领域实施该项专利,例如治疗上的应用。专利权人可以自己继续在诊断应用领域中实施该项专利,还可以把该项专利授予一个商业伙伴在治疗领域中实施。通过将专利授权给另一个人在另一个领域中实施,专利权人开辟了从另一个领域中获得收入来源的途径。

很多专利的应用范围很广泛,例如,一项专利的应用范围可以分为“人类应用”“植物应用”和“兽医应用”,甚至在人类应用领域中还可以进一步细分,例如:诊断、治疗疫苗、预防接种疫苗等。如果专利权人限制使用许可的特定领域,可以使专利权人获得:

(1) 保留在一些应用领域实施专利的权利;

(2) 将其保留的应用领域的使用许可再授予第三人。

例如,对于专利权人来说,可以:

- 将人类应用领域的第一份独占使用许可授予被许可人甲;
- 将植物应用领域的第二份独占使用许可授予被许可人乙;
- 将兽医应用领域的第三份独占使用许可授予被许可人丙。

这样,通过将不同领域的使用许可分别授予不同的被许可人,专利权人可以从专利商业化中获得最大的预期利益。而且,专利权人可以借此选择哪个被许可人适合哪个领域的专利实施,通过综合考虑某一被许可

① 参见佚名:《“知识产权”专卖店》,《中国知识产权报》2002 年 11 月 1 日。

人独特的专门技术、市场地位、现有产品范围以及市场营销和分销网络，从而决定在最适合的领域授予其专利许可。

如此一来，专利权人还能保留在自己有能力领域中实施专利的权利，例如在诊断应用领域；而在自己没有资源、能力或市场网络的实施领域，例如除诊断应用以外的其他所有人类应用领域，授予他人开发。

当然，从地域范围的角度，专利还可以通过区分若干不同的地理范围，来发放独占的专利许可。比如，同一专利在东北三省发放一个独占许可，在江浙沪发放一个独占许可。不过，由于商品的流动性非常强，很难通过专利许可来分割国内市场，因此，这种在同一国内市场上区分地域授权的做法，难以被客户所接受。不过，把不同的国家分成不同的地域，分开进行专利许可在很多时候是可行的，而且也容易被接受。但一些具有全球营销网络和市场眼光的企业，往往会要求全球范围或多个国家范围的专利授权。

4. 诉讼威胁策略

一些专利权人发动专利侵权诉讼，目的就是为了发放专利许可。专利授权的许可方式，简单地讲有“胡萝卜型许可”和“大棒型许可”。“胡萝卜型许可”是通过技术市场或广告销售等途径进行专利授权许可。而“大棒型许可”是把专利授权给侵权的厂商，这种许可方式则总是诉诸法律的、不友好的或带有进攻性的。因为没有人会愿意自愿拿出支票问你想要收取多少专利费，所以提起侵权诉讼就成为兜售专利许可的一种特别方式。①

因此，有的企业通过监视侵权人，来发现授权机会。事实上，无论侵权人是无意侵犯，还是有意侵权，都清楚地表明他需要这个专利。既然如此，拥有专利的企业通过诉讼或诉讼威胁等手段，强迫侵权人付费购买专利许可，当然更有成功的希望。目前，已经有一些公司专门通过诉讼或诉讼威胁来收取专利许可费，并以此作为公司的主要利润来源。

需要注意的是，有的企业借助专利侵权诉讼的威胁，可能会迫使一些未侵权的企业接受许可，以避免更大的麻烦。因为被指控的企业惧怕无休止的诉讼程序，不负责任的新闻报道，或者为了避免高昂的律师费和巨额赔偿的诉讼风险，往往愿意和权利人达成和解，接受其权利许可及一些

---

① 参见[美]朱莉·L.戴维斯、苏珊娜·S.哈里森著：《董事会里的爱迪生——智力资产获利管理方法》，江林等译，机械工业出版社 2003 年版，第 90 页。

苛刻条件。

2002年2月28日,思科公司的副总裁罗伯特·巴尔(Robert Barr)在美国联邦贸易委员会的一次会议上指出:"诉讼的高昂花费使他们(指知识产权权利人——笔者注)得益,因为他们可以提出少于诉讼花费的许可费,寄希望于人们付钱,即使对方没有侵权,但是由于惧怕昂贵的诉讼有可能不得不妥协……"①但这种滥用专利的行为,很可能构成不正当竞争或触犯反垄断法。

5. 专利联营策略

专利联营(patent pool)是基于产业利用的目的,将若干企业拥有的相关专利集中起来进行组合,各企业内部之间相互交叉许可,但统一对外发放许可。

MPEG-2技术标准的专利联营模式即其表现。MPEG-2标准的核心技术来源于十多家高校和企业的专利技术,其中包括著名的飞利浦、索尼、东芝、富士通、佳能等跨国公司,以及美国加州大学等。为此,MPEG-2建立了一个专利联营性质的专利组合(Patent Portfolio),汇集各国394个"必要的发明专利"。以这些专利技术为依托,构建了MPEG-2标准的完备技术体系,并通过一个专门的机构MPEG LA(MPEG Licensing Administrator)来负责MPEG-2标准核心技术的对外许可工作。②

企业之间组建专利联盟,从事专利联营,通过若干专利技术的捆绑,发放一揽子许可,可以放大单个专利或单个企业的影响,获得更多的授权机会,更广的授权对象以及更强的谈判地位,从而产生更大的经济收益,甚至具有操纵市场和左右价格的力量。

目前,大公司之间基于共同垄断市场,对外排挤其他竞争对手的市场进入,或共同压榨其他竞争对手的经济收益等原因,相互搭配专利,从事专利联营,建立技术标准的现象,已经屡见不鲜,这一方面值得我国企业借鉴学习,另一方面也要对此保持警惕。

6. 引证分析策略

世界上每天有新的专利文献出版,每件专利都引用了一些其他相关

① See Robert Barr' Report, http://www.ftc.gov/opp/intellect/barrrobert.doc, 2004年4月6日访问。

② 参见张平、马骁:《标准化与知识产权战略》,知识产权出版社2002年版,第94—95页。

专利或公开信息。与此相似，专利也被其他专利、图书和期刊文献引用。以引证为基础的专利研究叫做专利引证分析，它是按照科学论文引证联系的方式探寻专利间的联系。专利引证分析的中心意思是：当一件专利被引用（如10次、20次或更多次），那么，这项专利很可能包含一种重要的技术发展趋势，很多后来的专利是在其基础上研究出来的。①

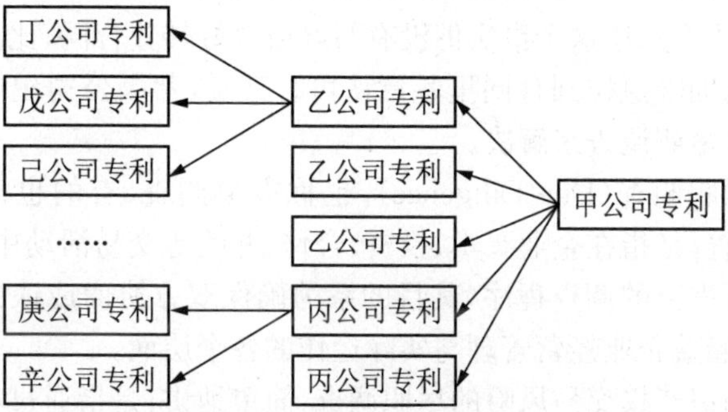

图4.6　专利引证示意图

专利引证分析还可以为寻找授权对象服务。专利被引证的次数越多，表明其基础作用越强。如果他人的专利引证了你的专利，那么其专利作为改进专利或外围专利，在产业化实施时极可能依赖于你的专利技术，并需要取得你的授权。事实上，他人可能正在侵权利用你的专利，认真分析这些专利引证者的专利实施情况，或许有可能找出潜在的授权对象。

四、知识产权交易的尽职调查

（一）知识产权交易的尽职调查概述

知识产权转让、许可等交易中蕴含的法律问题并不简单，即使像苹果公司这样的明星企业也栽进了iPad商标转让的漩涡里。2009年12月，苹果公司穿着马甲——英国IP Application Development公司（英文缩写恰恰是精心设计的"IPAD"），以现在看来低得令人难以置信的价格3.5万英镑，从台湾唯冠那里收购了在多个国家注册的IPAD商标，其中包括中国大陆注册的IPAD商标。要知道，在2009年7月，仅仅在几个月前，

① 王玲编译："专利引证分析及其应用"，http://www.sipo.gov.cn/sipo/wxfw/wxyjyfz/zlwxyj/1998/zlyzfxjyy.doc，2008-3-5。

苹果公司从汉王科技手中购买 i-phone 商标,就花费了 365 万美元!

然而,深圳唯冠提出自己在中国大陆注册的 IPAD 商标,台湾唯冠无权处置,拒绝将该商标转让给苹果公司。这场 IPAD 商标之争后来闹得沸沸扬扬,就像热播电视剧一样人尽皆知,苹果最终花了 6 000 万美元,才重新从深圳唯冠那里,抱得 IPAD 商标归去。显然,苹果公司的马甲公司在签署商标转让协议时,要么没有调查清楚 IPAD 商标在中国大陆的商标权属,要么知道这个事实但没有写好或签好转让合同,比如没有让台湾唯冠把深圳唯冠拉到合同里签章认可。其实,苹果公司犯的低级错误很容易通过尽职调查来解决。

所谓尽职调查(Due Diligence),也称审慎调查,有的也译为谨慎审核,正当调查,是指在企业买卖、投资、合作、并购等交易活动中,事先针对特定标的所进行的调查程序,其目的系为确保双方协商或谈判基础的正确,内容则涵盖企业经营管理与实际运作的各个层面。

对于知识产权交易风险的尽职调查,简单地讲,是指通过收集和分析对方的知识产权信息,预测和评价相关的风险问题和收益机会,作为调查方决策参考的依据。知识产权交易的风险调查比起一般产权交易的风险调查要复杂得多,因为知识产权(尤其是专利)有较高的技术含量,法律程序也比较复杂。知识产权交易风险的尽职调查涉及法律、财务等多个层面,后面主要侧重于法律层面的尽职调查内容。

知识产权风险的尽职调查过程,主要由尽职调查准备、调查实施、调查结果分析、调查结果应用四个环节构成。在尽职调查的准备阶段,需要制定调查活动计划,主要包括尽职调查目标的制定、调查内容的确定、人员和时间安排等;在尽职调查的实施阶段,要依据调查计划,运用调查方法,如专利、商标检索分析等开展调查,并对调查过程进行控制和调整;在尽职调查的结果分析阶段,需要对所获得的信息进行提取和分析,判别是否存在重大的侵权风险或法律隐患。在分析和比较的基础上,形成调查结果的总结报告;在尽职调查的结果应用阶段,根据调查报告,判别企业在知识产权交易中可能面临的法律风险问题及其风险成本,判别消除或克服知识产权风险的难易程度,并为消除或克服知识产权风险提供决策依据。

(二) 专利交易法律风险的尽职调查

从广义上讲,专利风险调查的内容范围大致涉及以下几个方面:(1)技术层面,比如专利技术是否成熟;(2)法律层面,比如专利是否获得授权；(3)管理层面，比如调查受让专利的企业是否拥有足够的专利经营管理能力。而从专利交易的卖方和买方两个角度观察，专利风险调查的内容又大有不同。我们下面从专利买方的角度，介绍专利交易法律风险的尽职调查项目。

1. 专利权是否已获得

如果卖方的专利还只是一件专利申请，并没有获得国家知识产权局的授权，那么，这个专利申请能不能顺利获得授权，不免要充满疑问。如果专利申请最终未获得批准，即使斥资买下也不能独占使用。此外，假使专利申请在未来能够经过审查而获得授权，但也要警惕专利申请人为了顺利获得授权，而修改缩小专利权利要求的保护范围。结果等你获得专利权时，发现此时的专利已非交易时的专利了，因为保护范围缩小了，商业价值大打折扣。

2. 专利权是否被终止

有些专利权可能因为没有按照规定缴纳年费，甚至因为书面声明放弃等因素而被依法终止了。被终止的专利已经进入公有领域，不需要花费金钱即可无偿利用。因此，查明该专利是否被终止，对于买方关系重大。

3. 专利权在哪里有效

专利权具有地域效力，在中国申请的专利只在中国有效，在美国申请的专利只在美国有效。如果你打算买来专利，制造产品，然后销往美国，那么必须调查卖方卖给你的专利是不是包括美国专利，卖方是否在美国也获得了专利授权，否则可能另有他人在美国享有专利权，买方的产品出口会受到专利侵权的指控。

4. 专利权何时到期

在我国，发明专利的保护期为自申请之日起 20 年，实用新型和外观设计专利的保护期为自申请之日起 10 年，超过保护期后，专利技术就进入公有领域，不能独专其利。因此，专利剩余的有效期限越短，专利的商业价值也就越低。

5. 专利权由谁享有

只有专利权人才有权处分其专利的转让、许可等事宜，所以，必须调查一下这个专利是不是由卖方享有。如果卖方是个人的话，还有必要确认一下这是不是非职务发明创造，防止发明人将职务发明创造申请为个人的非职务专利，为未来埋伏权属争议。对于卖方受让而来的专利，不能只看其专利转让合同,还要查明该专利转让是否已经过国家知识产权局的登记,否则卖方仍不是适格的专利权人,还没有真正成为专利的所有人。

6. 是否取得共有人的同意

如果卖方和他人共有专利权的话,卖方必须获得共有专利权人的授权才能进行转让、许可等交易。否则,卖方属于擅自处分,在法律上归于无效,从而影响买方的利益。

7. 是否对外发放过专利许可

专利是否对外发放过许可,对买方利益的影响非常大。如果专利权人已经对外发放了独占许可或排他许可,并已备案可以对抗第三人时,买方不能再接受专利权人的任何形式的许可,否则买方付了钱也不能使用该专利,只能去追究专利权人的违约责任。如果专利权人已经对他人发放过普通许可,买方有权再获得普通许可时,需要评估专利权人发放给他人的专利许可是否会影响自己的商业利益,同时可以据此要求降低许可费。在专利权人对外发放过许可后,如果买方去受让这个专利权,那么将会受到前手专利许可的极大限制。在前手独占许可的限制之下,买方无法实施该专利;在前手排他许可的限制之下,买方尽管可以自己使用,但无法再次对外开展许可业务。

8. 是否存在专利质押等担保

如果专利已经被质押,买下这个专利风险很大。一旦专利权人无法清偿债务,债权人有权以该专利折价或者以拍卖、变卖该专利的价款优先受偿。而且根据《担保法》第 80 条的规定,专利权出质后,出质人(专利权人)不得转让或者许可他人使用,除非经出质人与质权人协商同意的,才可以转让或者许可他人使用。

9. 是否正发生法律争议

即使是已经获得授权的专利权,也会面临着许多不确定的法律争议。比如,可能有第三人基于各种原因,正在请求宣告该专利无效;可能有第三人正在指控专利权人的此项专利侵犯其专利权等在先权利;可能第三人正在请求确认他为此项专利权的所有人。如果卖方的专利权正在发生诸如此类的争议,那么很明显,这里潜伏着巨大的风险,无论是专利权被宣告无效或部分无效,或者被判定为侵权,或者被确认归属于他人,都会影响买方的重大利益。更重要的是,如果买方中途接手这个烫手山芋,还得耗时耗力耗钱去处理这些法律争议。

10. 是否成熟的专利技术

不要误以为专利就是成熟的科技成果，事实上，大多数专利技术都是不成熟的，并不能满足产业化的需要。有的专利技术仅仅是一个可能实现的技术方案，从技术方案到产品制造往往相距甚远，如果再到大规模生产，则更遥不可及，因为中间还要经过一系列工业性的开发试验等。因此，买方应当评估专利技术是否具有成熟性，是否可以直接或比较容易进行市场应用。不要花了一大笔钱买下专利后，才发现该专利存在目前无法解决的缺陷，或者生产成本太高，市场无法接受，结果在投资后又不得不宣布放弃。当然，越不成熟的技术，其交易价格就应当越低，因为买方还要跟进很多产业化的投资。

11. 是否依赖于背景技术

如果一项专利是在其他专利或者技术秘密（背景技术）的基础上改进获得的，并且在实施该项专利时，还需要依赖背景技术权利人的许可，才能消除法律上的侵权障碍，那么，单独买下这个专利还是不能自由地加以商业利用。显而易见，这种专利的价值受到极大的限制。如果背景技术也为该专利的权利人所享有，则可以协商一并受让这些背景技术，或者签署价格合理的永久许可协议。

12. 是否存在改进技术或配套技术

如果专利权人对其专利作了诸多的改进，又申请了独立的专利或作为技术秘密加以保护，那么，应当要求卖方披露这些改进技术的基本信息，以防止卖方日后拿着改进技术的知识产权来敲诈买方高额的许可或转让费。在卖方披露这些改进技术的信息后，买方应当评估其知识产权是否值得购买？如果不购买会有什么影响？假设缺乏改进技术，产品的制造不能达到最优的效果，那么，买下目标专利，也许还是不能达到预期的目的。

如果某一项专利或技术秘密，既不是目标专利的背景技术，也不是目标专利的改进技术，但仍然可能是协助目标专利发挥最佳效果的配套技术，如果这些配套技术不能一并取得，将降低目标专利的技术价值和商业价值。

13. 是否欠缺授权的实质条件

通过文献检索分析等途径，检查目标专利是否在新颖性、创造性、实用性等方面存在缺陷，从而评估专利在将来是否有被宣告无效的可能性。如果买方发现了充足的证据，也可以自己提出专利无效宣告的请求，从而消灭该专利权，得以免费实施。

14. 专利申请文件是否存在瑕疵

专利申请文件包括权利要求书、专利说明书等文件,其中最为重要的是权利要求书。如果权利要求的保护范围写得很窄,会影响专利的经济价值,因为它垄断的市场有限;而权利要求的保护范围写得太宽,又容易遭到竞争对手的无效宣告,因为太宽的保护范围就意味着面临更多的"在先技术"的挑战。此外,如果专利申请文件对专利技术的公开不充分,也会受到无效宣告的威胁。

15. 是否易于回避设计

有些专利可以形成强大的技术壁垒,阻挡竞争对手的市场进入或技术研发。而有些专利只能保护有限的范围,竞争对手可以轻易进行回避设计,绕过专利而不构成侵权。买方可以通过技术和法律上的分析,评估该专利是否易于回避设计。如果易于回避设计,则可以压低交易价格,甚至无需购买,自己回避开发,还能拥有新的专利。

16. 发明人是否支持专利的实施

表面上看,发明人似乎与专利的交易没有什么关系,实则不然。因为没有发明人的技术支持,有些专利即使买回来也无法实施,或者无法克服一些技术问题。因此,如果卖方专利的发明人积极参与专利的交易,支持专利的实施,对于买方后续的专利利用意义重大。在并购高科技企业时,有的企业还十分看重并购是否包括目标企业的技术骨干,如果专利开发的技术人员并没有包括在收购名单之中,买方还会思量该项交易的可行性。因为专利技术也需要更新换代,对一项专利或一个专利组合进行后续技术升级,如果缺少原始开发者,此项工作会变得非常困难。①

17. 专利权人是否具有足够的技术能力

如果专利权人具有强大的研究开发能力和技术支持能力,不仅可以持续改进专利,使专利产品一直处于有利的竞争地位;而且可以有效支持买方开展专利产业化的工作,使纸上的专利技术落实到现实的生产经营中。

18. 专利组合是否存在问题

随着专利联营的兴起,使得专利的风险调查更为复杂。一个打包许可的专利池里,可能存在几十上百,甚至成千上万的专利,除了要调查专

① 参见袁雯卿:"专利交易的尽职调查",上海大学知识产权学院《企业知识产权战略与策略》课程论文,2007 年 6 月。

利池里是否存在垃圾专利(欠缺授权实质条件),相关专利是否在买方的目标市场有效等问题外,更要警惕"一女二嫁"的问题。有的专利池里,看似存在几个不同的专利,而且在不同的国家获得了授权,但实际上是同一个技术主题和技术内容的专利,只是在不同的国家使用了不同的名称,或者在申请文件上有些许表达上的差异。而专利权人很可能把这些"名为数个、实为一个"的专利权,在相同的使用范围内多次授权给买方,达到重复收费的目的。

(三) 商标交易法律风险的尽职调查

1. 商标是否核准注册

如果交易的商标根本没有注册,或者在到期时没有及时续展注册,或者已经被依法撤销,则没有法律上的权利可言,任何人都可以使用该商标,甚至会被他人注册,从而妨碍自己从商标交易中获得的所有权或使用权等权利。当然,假设未注册或未续展注册的商标是驰名商标或知名商品的特有名称或外观(包装、装潢),还是可以享受《商标法》或《反不正当竞争法》的保护,不过,要主张驰名商标或有一定影响的商品名称或外观,并不是一件容易的事情。

有些情况下,商标虽然没有核准注册,但可能已经正式提出注册申请,属于正在申请程序中的商标。这样的商标存在两种结局:(1)可能因为缺乏显著性、侵犯在先权利等法律障碍,最终没有获得核准注册。(2)商标最终获得核准注册,当然是符合商标交易双方期望的结果。但是,从商标提出申请到商标核准注册的过程,有时并不平静,一旦遭遇异议人提出商标异议,就可能把商标核准注册的时间往后拖延很长一段时间,更重要的是,如果受让这样的商标,还会惹来一堆麻烦,应对商标异议将使你疲于奔命。

2. 对方是否有权处置商标

查明商标注册的真实性后,还要了解与你交易的人有权利处置这个注册商标吗? 它是不是这个注册商标的权利人(注册人或所有人),或者经过权利人特别授权的代理人。如果商标是共有的,他是否经过共有人的同意呢? 你可以通过查验商标注册证书、商标转让合同、交易授权书,或者查询商标公告或中国商标网,来了解交易商标的真正权利人是谁,目前谁有权利将商标转让、许可或质押等。

需要了解的是,除非许可合同允许,商标的被许可人(包括独占许可的被许可人)都没有资格将其授权使用的商标再次转让或许可,也不可以进行质押。

对于那些从注册人或前一权利人手中受让注册商标的人而言,如果只是拿着一份商标转让合同,并不能保证他就有权利处置那个商标。因为受让人自注册商标转让公告之日起才享有商标专用权,所以,即使商标转让合同签字生效了,但商标转让尚未公告,受让人还不是真正的商标权人。

在企业并购、特许经营等活动中,也不要想当然地认为,对方正在使用中的商标将一并转让或许可给自己。就像大名鼎鼎的劳斯莱斯汽车公司却不享有劳斯莱斯(Rolls Royce)商标的所有权,真正的权利人是劳斯莱斯飞机发动机公司,结果当大众公司花了天价收购了快要破产的劳斯莱斯汽车公司后,价值连城的劳斯莱斯商标却不在收购的资产之中,最后被宝马公司花了比大众公司便宜得多的价钱买走了。所以,不要相信自己的主观判断,风险调查不能自由想象。

3. 商标在何地有效

权利人亮出的商标注册证的确表明他享有商标权。但需要警惕的是,你还要查看这个商标注册的国家或地区是哪里。商标权的效力具有地域性,在中国注册的商标只在中国境内有效,在法国注册的商标只在法国境内有效。

如想取得中国境内的商标所有权或使用权,那么你必须确认这个商标已经在中国核准注册。如果你想使用这个商标在中国制造商品,同时还要出口到欧洲,那么,这个商标除了在中国需要注册外,还需要在欧洲有关国家也取得商标注册,否则在出口时会遇到商标侵权的麻烦。

4. 商标注册何时到期

商标注册皆有期限,有效期为 10 年。不过,期满可以续展注册。关键的问题是,如果商标注册已经快要到期了,要督促商标注册人去完成续展手续。特别是在转让前(转让后续展就是受让人自己的事情了),或者在许可、质押期间,更要确保商标注册人的续展注册,以免损害自己的商业权益。

5. 商标指定使用项目为何

注册商标的专用权以核定使用的商品或服务为限。因此,了解商标注册时的指定使用的商品或服务项目是十分重要的,以避免权利人超出核定使用的范围,发放许可或从事转让,因为这可能引发商标侵权等问题,假如别人已经在权利人超出核定使用范围的那些商品或服务上注册了相同或近似的商标。

另外，也要查核自己需要使用的产品或业务范围，是否与对方商标注册所指定的商品或服务项目一致，如果你需要实际使用的业务领域是“在线游戏服务”（属于41类）上，但对方的商标注册在“计算机游戏软件”（第9类），那么你无论是购买他的商标所有权还是使用权，显然都不太合适。因此，检查对方商标注册与自己业务的契合度，也是非常重要的调查内容。

6. 商标注册是否满足授权条件

商标注册需要满足显著性、非功能性，以及不属于禁用标志、不侵犯他人权利等一系列授权条件。因此，要对交易的商标进行评估，以免将来商标因为违反法律规定，或者侵害他人权利而被宣告无效。

比如，商标的显著性较弱对于商标保护的影响十分巨大，一些使用通用名称，或者使用日常用语的商标，并不能限制他人（包括竞争对手）的合理使用或正当表达。在美国曾经有一个案例，一商家将“Fish Fri”（字面上有“炸鱼、煎鱼”之意）的字样用于油炸食物的塑料混合粉末包装上，“Fish Fri”商标权人认为该使用行为侵犯其商标权。法院审理认为“Fish Fri”是说明性词语，“Fish Fri”商标仅仅在第二层含义的界限内才受到保护，被告使用Fish Fri词语不会引起消费者对商品来源的混淆，并未侵害原告使用在相关商品上的“Fish Fri”商标。原告不能就这一词语的第一含义主张专属权，排除被告的使用。因此法院判决被告胜诉。可见，商标的显著性强弱对于商标的保护范围或独占范围干系甚大。

7. 商标是否变成通用名称

根据2014年新《商标法》第49条第2款，注册商标成为其核定使用的商品的通用名称的，任何单位或者个人均可以向商标局申请撤销该注册商标。事实上，正如前述所讨论到的，像Escalator（自动扶梯）、Thermos（热水瓶）、Aspirin（阿司匹林）、Nylon（尼龙），原本都是著名企业的注册商标，后来都成为了相关产品的通用名称。在我国，“优盘”（U盘）、“雪花”（面粉）等商标，都被商评委或人民法院认定为通用名称，从而丧失了专用权。

8. 是否存在相关的商业标志

前面提到为了有效保护商标，有的企业注册了防御商标和联合商标，有的企业把商标与商号（企业名称）、域名保持了一致。如果只是购买商标许可，倒不是太大的问题，但如果你是通过商标转让、企业并购等方式收购对方商标的所有权，为了避免将来存在相关商业标志导致市场混淆，甚至违反法律强制性规定,需要审核对方是否存在与交易商标有近似等关系的商业标志,并进一步考虑是不是需要把这些相关的防御商标、联合商标、商号或域名等商业标志,都一并移转过来,尤其是以下相关的商业标志:

(1) 同类注册的相同或近似商标。包括与交易商标在相同或类似商品上注册的近似商标,以及在类似商品上注册的相同商标,应当一并转让。《商标法》第42条第2款规定:"转让注册商标的,商标注册人对其在同一种商品上注册的近似的商标,或者在类似商品上注册的相同或者近似的商标,应当一并转让。"该条第3款规定:"对容易导致混淆或者有其他不良影响的转让,商标局不予核准,书面通知申请人并说明理由。"可见,商标注册人必须一并转让前述近似商标(包括类似商品上的相同商标),是商标法上的强制性要求,否则转让要遇到法律障碍。

(2) 跨类注册的相同或近似商标。与交易商标在不相同或不相类似商品上注册的相同或近似商标,商标法并未要求必须一并转让,但是,从商业谨慎的角度考虑,还是要评估哪些类别的相同或近似商标,应当一并收购过来,避免将来发生混淆。比如,权利人有一枚商标分别注册在第12类汽车和28类玩具上,最好在收购汽车上的商标时将玩具上的商标一并收购过来,不要在收购之后分属两家,否则将来玩具汽车会与你的真正汽车在商标使用上发生冲突。

(3) 与交易商标相同的商号。如果上海米其玩具有限公司将"米其"玩具商标卖给了你,但对方在商标出售后仍然叫做米其玩具公司,终究是一个埋伏的炸弹。想象一下,如果对方还在做玩具,虽然用不了"米其"商标,但在玩具商品或其包装上仍然醒目地打上"米其玩具公司",消费者会分得很清楚吗?

9. 商标是否存在许可、质押等限制

假设一个注册商标已经质押了,再转让给你,显然不是一件好事情。因为一旦该商标所担保的债务不能清偿,质押权人(债权人)有权以该商标专用权折价,或者以拍卖、变卖该商标专用权的价款优先受偿。结果,你花钱买来的商标最终飞到了别人的怀抱。

除了商标权质押外,存在商标之上的限制还有已有的许可协议,尤其是独占许可。根据独占许可的特点,除了被许可人以外,商标权利人不得向第三方发放许可,也不能自己使用该商标。如果已经存在独占许可的情形,则不允许你再去向权利人获得第二个商标许可,否则得到的也是不稳定的许可,享有独占许可的被许可人很快就会前来干涉。

10. 商标是否存在争议

交易的商标是否存在诸如权属争议、撤销注册或宣告无效等争议？如果存在这些争议，对方将来完全可能失去对交易商标的所有权，甚至交易商标的注册都因撤销或无效而不复存在。

思考题

1. 企业知识产权管理的目标有哪些？
2. 企业专利资产标引的维度有哪些？
3. 企业专利布局应当从哪些方面开展？
4. 企业商标布局应当从哪些方面开展？
5. 从员工管理的角度，企业应当如何保护商业秘密？
6. 如何采取措施防止商标名称通用化？
7. 专利交易法律风险的尽职调查项目有哪些？
8. 商标交易法律风险的尽职调查项目有哪些？

本章参考文献

1. [美]苏珊娜・S.哈里森、帕特里克・H.沙利文:《董事会里的爱迪生:领先企业如何实现其知识产权的价值》(第 2 版)，何越峰主译，知识产权出版社 2017 年版。

2. 袁真富:《专利经营管理》，知识产权出版社 2011 年版。

3. 袁真富、苏和秦:《商标战略管理》，知识产权出版社 2007 年版。

4. 马天旗主编:《专利布局》，知识产权出版社 2016 年版。

5. [印度]甘古力:《知识产权:释放知识经济的能量》，宋建华、姜丹明、张永华译，知识产权出版社 2004 年版。

6. 施振荣:《全球品牌大战略》，中信出版社 2005 年版。

7. [美]马克・R.哈里根、理查德・F.韦加德:《商业秘密资产管理(2016)——信息资产管理指南》，余仲儒组织翻译，知识产权出版社 2017 年版。

8. [美]安德鲁・J.谢尔曼:《收获无形资产:挖掘企业知识产权中的隐藏价值》，何越峰主译，知识产权出版社 2017 年版。

9. 周延鹏:《知识产权:全球营销获利圣经》，知识产权出版社 2015 年版。

10. 朱雪忠:《知识产权管理》，高等教育出版社 2010 年版。

图书在版编目(CIP)数据

知识经济与企业知识产权管理/马忠法等著.—2版.—上海:上海人民出版社,2019
ISBN 978-7-208-16132-0

Ⅰ.①知… Ⅱ.①马… Ⅲ.①知识经济-关系-企业-知识产权-管理 Ⅳ.①F062.3②D913.04

中国版本图书馆 CIP 数据核字(2019)第 224020 号

责任编辑 徐晓明
封面设计 傅惟本

知识经济与企业知识产权管理(第二版)
马忠法 等 著

出　　版 上海人民出版社
(200001 上海福建中路 193 号)
发　　行 上海人民出版社发行中心
印　　刷 常熟市新骅印刷有限公司
开　　本 635×965 1/16
印　　张 25.5
插　　页 2
字　　数 404,000
版　　次 2019 年 12 月第 2 版
印　　次 2019 年 12 月第 1 次印刷
ISBN 978-7-208-16132-0/F·2608
定　　价 88.00 元